XINBIAN DAXUE JUNSHI LILUN JIAOCHENG

新编大学军事

理 论 教 程

主 编 文家成

副主编 孙延杨 闫开龙 曾亦林

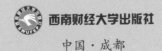
西南财经大学出版社

中国·成都

图书在版编目(CIP)数据

新编大学军事理论教程/文家成主编. —成都:西南财经大学出版社,2018.6(2018.8 重印)

ISBN 978 - 7 - 5504 - 3494 - 3

I.①新… Ⅱ.①文… Ⅲ.①军事理论—高等学校—教材 Ⅳ.①E0

中国版本图书馆 CIP 数据核字(2018)第 107124 号

新编大学军事理论教程

主　　编:文家成

副主编:孙延杨　闫开龙　曾亦林

责任编辑:孙婧

助理编辑:金欣蕾　陈何真璐

封面设计:墨创文化

责任印制:朱曼丽

出版发行	西南财经大学出版社(四川省成都市光华村街55号)
网　　址	http://www.bookcj.com
电子邮件	bookcj@ foxmail.com
邮政编码	610074
电　　话	028 - 87353785　87352368
照　　排	四川胜翔数码印务设计有限公司
印　　刷	郫县犀浦印刷厂
成品尺寸	185mm × 260mm
印　　张	16.25
字　　数	373 千字
版　　次	2018 年 6 月第 1 版
印　　次	2018 年 8 月第 2 次印刷
印　　数	5001— 9000 册
书　　号	ISBN 978 - 7 - 5504 - 3494 - 3
定　　价	36.50 元

《新编大学军事理论教程》
编委会名单

前　言

2007 年，教育部、总参谋部、总政治部印发了新修订的《普通高等学校军事课教学大纲》。该大纲规定："军事课程是普通高等学校本、专科学生的必修课。"该大纲对课程性质、课程目标、课程要求、课程内容、课程建设、课程评价做出了明确规定。长期以来，我们按纲施教，成效显著。党的十九大召开后，我们与时俱进、开拓创新，再次组织长期从事大学军事理论教学的专职教师和军队、武警、地方院校的相关学者，结合教学实践经验，出版了这部《新编大学军事理论教程》。

本教程以马克思列宁主义、毛泽东思想、邓小平理论、"三个代表"重要思想、科学发展观、习近平新时代中国特色社会主义思想为指导，按照教育要面向现代化、面向世界、面向未来的要求，适应我国人才培养战略目标和加强国防后备力量建设的需要，为实现中国梦强军梦、培养高素质的社会主义事业建设者和保卫者服务。

本教程以国防教育为主线，以军事理论教学为重点，力图通过军事教学，使学生掌握基本军事理论与军事技能，增强国防观念和国家安全意识，强化爱国主义、集体主义观念，加强组织纪律性，促进综合素质的提高，为中国人民解放军训练和储备合格后备兵员和培养预备役军官打下坚实基础。

本教程按《普通高等学校军事课教学大纲》的规定和要求设置课程内容，构建编写逻辑。本教程融思想性、理论性、知识性、教育性、趣味性、可读性为一体，做到观点明确、准确，材料新颖、翔实，语言流畅、简练；做到现实与历史相呼应，概念与案例相结合，文字与图案相匹配，融汇军事理论和军事技术新成果，体现国防和军队建设的时代特征。

一方面，本教程适当增加了中国国防史和军事史的容量，使"疑今者，察之古；不知来者，视之往"（《管子·形势第二》），即对今天有疑惑不解的事可以考察古代，对未来不了解则可以考察过去，以汲取古代军事文化营养，以史为鉴、托古开今，推陈出新，从而彰显我们这个历史悠久的国度的国防和军事文化底蕴，释放更多优秀传统文化价值和精神，增强学生对中华文化的自信心和自豪感。本教程在第一章里增设了"国防经济"的内容，意在增强学生的富国强军观念和建设国防、保卫国防的责任担当意识。另一方面，本教程特别重视对军事理论和军事科技新成果的运用，为学生点拨更多新的探索点，以拓宽和延伸学生的国防和军事视野。

　　本教程所涉及的新案例、新数据截至 2018 年 4 月，同时引用了一些专家学者的研究成果，书中均一一标明，在此谨向他们表示衷心感谢。限于我们的能力和参考资料，本教程中难免存在错漏或不尽如人意之处，恳请读者不吝赐教，以便我们再次修订时改正。

编　者

2018 年 4 月

目　　录

绪论 ……………………………………………………………………… (1)

第一章　中国国防 ………………………………………………… (4)

第一节　国防概述 ……………………………………………… (4)

第二节　中国国防建设 ………………………………………… (33)

第三节　中国武装力量 ………………………………………… (43)

第四节　国防动员 ……………………………………………… (59)

第五节　中国国防法规简介 …………………………………… (65)

第二章　军事思想 ………………………………………………… (74)

第一节　军事思想概述 ………………………………………… (74)

第二节　军事思想史 …………………………………………… (76)

第三节　毛泽东军事思想 ……………………………………… (90)

第四节　邓小平新时期军队建设思想 ………………………… (121)

第五节　江泽民国防和军队建设思想 ………………………… (129)

第六节　胡锦涛国防和军队建设重要论述 …………………… (132)

第七节　习近平新时代强军思想 ……………………………… (133)

第三章　战略环境 ………………………………………………… (143)

第一节　战略环境概述 ………………………………………… (143)

第二节　国际战略格局 ………………………………………… (148)

第三节　中国周边安全环境 …………………………………… (158)

第四章　军事高技术 ·· (189)

第一节　军事高技术概述 ·· (189)

第二节　高技术在军事上的应用 ···································· (190)

第三节　高技术与新军事变革 ······································ (222)

第五章　信息化战争 ·· (226)

第一节　信息化概述 ·· (226)

第二节　信息化战争概述 ·· (228)

第三节　信息化战争的发展趋势 ···································· (243)

第四节　信息化战争与国防建设 ···································· (244)

参考文献 ·· (250)

绪　论

2007年1月，教育部、总参谋部、总政治部印发了新修订的《普通高等学校军事课教学大纲》。该大纲规定："军事课程是普通高等学校本、专科学生的必修课。"该大纲还规定："军事教育以国防教育为主线，以军事理论教学为重点，通过军事教学，使学生掌握基本军事理论与军事技能，增强国防观念和国家安全意识，强化爱国主义、集体主义观念，加强组织纪律性，促进综合素质的提高，为中国人民解放军训练储备合格后备兵员和培养预备役军官打下坚实基础。"该大纲还对课程性质、课程目标、课程要求、课程内容、课程建设、课程评价做出了明确规定。

普通高等学校军事课教学，以马克思列宁主义、毛泽东思想、邓小平理论、"三个代表"重要思想、科学发展观、习近平新时代中国特色社会主义思想为指导，按照教育要面向现代化、面向世界、面向未来的要求，适应我国人才培养战略目标和加强国防后备力量建设的需要，为实现中国梦强军梦、培养高素质的社会主义事业的建设者和保卫者服务。

在中华人民共和国的法律制度上，有多部法律直接或间接阐述了对学校国防教育的有关规定。《中华人民共和国宪法》第五十五条规定："保卫祖国，抵抗侵略是中华人民共和国每一个公民的神圣职责。依照法律服兵役和参加民兵组织是中华人民共和国公民的光荣义务。"《中华人民共和国国防法》第七章设专章对国防教育做出规定。《中华人民共和国兵役法》第四十五条规定："普通高等院校的学生在就学期间，必须接受基本军事训练。根据国防建设的需要，对适合担任军官职务的学生，再进行短期集中训练，考核合格的，经军事机关批准，服军官预备役。"《中华人民共和国国防教育法》专设"学校国防教育"一章（第二章），全面阐述学校国防教育的各项规定。其中，第十三条规定："学校的国防教育是全民国防教育的基础，是实施素质教育的重要内容。"第十五条规定："高等学校、高级中学和相当于高级中学的学校应当将课堂教学与军事训练相结合，对学生进行国防教育。高等学校应当设置适当的国防教育课程，高级中学和相当于高级中学的学校应当在有关课程中安排专门的国防教育内容，并可以在学生中开展形式多样的国防教育活动。"这就用法律的形式规定了高等学校的学生在就学期间接受军事课教育的责任和义务。自觉接受军事训练，努力学好军事课程，既是青年学生履行保卫祖国的神圣义务的具体行动，也是遵守国家法律的基本要求。

普通高等学校依法依规把军事课作为必修课，系统地对学生进行国防教育，有利于提高全民国防观念，振奋民族精神；有利于加强国防后备力量建设，巩固国防；有利于实现中国梦强军梦；有利于培养德、智、体全面发展的有理想、有道德、有知识、有纪律的"四有"新人。

党的十九大报告指出："要以培养担当民族复兴大任的时代新人为着眼点，强化教育引导、实践养成、制度保障，发挥社会主义核心价值观对国民教育、精神文明创建、精神文化产品创作生产传播的引领作用，把社会主义核心价值观融入社会发展各方面，转化为人们的情感认同和行为习惯。"这一重要论断赋予了社会主义核心价值观新的内涵。中国特色社会主义进入新的时代，社会主要矛盾发生了转变，人们的思想境界也必须随之大提升，以适应新时代新使命的新要求。党的十九大报告为培育和践行社会主义核心价值观提供了重要遵循。普通高等学校依法依规把军事课作为必修课，是践行社会主义核心价值观的一项重要举措，是把社会主义核心价值观融入国民教育和精神文明建设过程，转化为学生的自觉追求的一项基础性工作。

对"中国国防"的教学，让学生可以了解我国国防历史、经验教训，使"疑今者，察之古；不知来者，视之往"（《管子·形势第二》）。本部分汲取了古代军事文化营养，以史为鉴、托古开今，从而彰显我们这个历史悠久的国度的国防和军事文化底蕴，释放更多优秀传统文化价值和精神，增强学生对中华文化的自信心和自豪感，进而让学生积极了解我国国防建设的现状和发展趋势，熟悉我国的国防法律法规和国防政策的基本内容，懂得中国今天的和平环境不是上苍赐予的，而是靠中国的经济实力和军事实力维系的。因为有"两弹一星"，因为有航母、战鹰，因为有战车、火炮，因为有强大战斗力的铁血军人，嚣张的敌人才不敢对我国轻举妄动。本部分旨在让学生牢记公民、组织的国防义务和权利；了解我军的性质、任务和军队建设指导思想；掌握国防建设和国防动员的主要内容；增强依法建设国防的观念；懂得没有一个巩固的国防，没有一支强大的军队，中华民族伟大复兴就无从谈起，就会成为水中花、镜中月。

对"军事思想"的教学，让学生可以了解军事思想的形成与发展过程，汲取古代军事文化营养，托古开今；熟悉我国现代军事思想特别是毛泽东军事思想、邓小平新时期军队建设思想、江泽民国防和军队建设思想、胡锦涛国防和军队建设重要论述、习近平新时代强军思想主要内容、科学含义以及地位和作用；树立科学的战争观和方法论。

对"国际战略环境"的教学，让学生可以了解国际战略格局的现状、特点和发展趋势；正确认识我国周边安全环境的现状和安全策略；明白我们不是生活在和平的国际环境中，只是生活在一个和平的国家里，从而增强国家安全意识。

对"军事高技术"的教学，让学生可以了解高技术的内涵、分类、发展趋势及对现代战争的影响；熟悉高技术在军事上的应用范围；掌握高技术与新军事变革的关系，从而激发学习科学技术的热情。

对"信息化战争"的教学，让学生可以了解信息化战争的形成、发展趋势和与国防建设的关系；熟悉信息化战争的特征；树立打赢信息化战争的信心。

普通高等学校依法依规把军事课作为必修课，系统进行国防教育，有利于全面推行素质教育。《中共中央国务院关于深化教育改革，全面推行素质教育的决定》在阐述"全面推行素质教育，培养适应二十一世纪现代化建设需要的社会主义新人"时强调："规范国防教育，提高学生的国家安全意识，继续搞好军训工作并使之制度化。"中共中央、国务院把国防教育与全面推行素质教育紧密联系起来，是因为国防教育不仅具有"增强全民国防观念，提高全民国防意识"的"国防功能"，而且具有"提高学生整体素质"的"育人功能"。

国防教育具有很强的德育功能。党的十八届三中全会通过的《中共中央关于全面深化改革若干重大问题的决定》强调："全面贯彻党的教育方针，坚持立德树人，加强社会主义核心价值体系教育，完善中华优秀传统文化教育，形成爱学习、爱劳动、爱祖国活动的有效形式和长效机制，增强学生社会责任感、创新精神、实践能力。"2014年5月4日，习近平在北京大学师生座谈会上指出："核心价值观，其实就是一种德，既是个人的德，也是一种大德，就是国家的德、社会的德。国无德不兴，人无德不立。"立德树人是教育的根本任务，是培养什么人、怎样培养人的根本问题。教育必须把德育放在首位，使我们培养的人才既有高度的道德素养，又有建设社会主义的真实本领。国防教育的直接目的是培养公民的国防意识，增强公民的国防观念。而国防意识的核心是爱国主义思想。国防教育是关系国家、民族的荣辱兴衰和生死存亡的大事，最能在青年学生中引起强烈的心理共鸣，从而激发出他们强烈的爱国热情。因而国防教育是爱国主义教育最有效的方法，是培养学生良好思想道德品质的有效途径，具有很强的德育功能。

国防教育具有很强的智育功能。《中共中央国务院关于深化教育改革，全面推行素质教育的决定》指出，"智育工作要转变教育观念，改革人才培养模式，……高等教育要重视培养大学生的创新能力、实践能力和创业精神，普遍提高大学生的人文素质和科学素质"，并强调智育工作的重心是"激发创新意识，培养创新能力"。国防教育对于推进这一重心工作具有很重要的作用。国防教育所依托的学科体系主要是军事科学，但普通高等学校的军事课程内容又不同程度地涉及文、理、工、医学科领域，这不仅有利于学生开阔眼界，扩大知识面，而且有利于学生打破专业学习的思维定式，拓展思维空间，进一步提高自己的综合思维能力和创造力，促进"智育"发展。我国著名科学家钱学森生前在论及21世纪的公民应该具备的科学知识时，就提到军事科学知识。2013年3月1日，习近平在中央党校80周年庆祝大会暨2013年春季学期开学典礼上强调："经济、政治、历史、文化、社会、科学、军事、外交等方面的知识，领导干部要结合工作需要来学习。"

国防教育具有很强的体育功能。军事训练是普通高等学校军事课程的重要内容。军事技能训练具有很强的体能锻炼和运动技能锻炼功能。军训期间的摸、爬、滚、打，既可以使学生掌握基本的军事技能，也可以锻炼学生的体魄，增强学生的体质，促进体育发展。

现代教育质量观认为，必须以全面素质来评价大学生的质量和学校的教育效果。我们有责任通过多种教育方式和手段，促进学生全面发展，提高学生的整体素质；有责任发挥国防教育的"双重功能"，取得"国防效益"和"育人效益"双丰收。

根据普通高校多年军事课教学实践的一般经验，联系我国新时代的发展形势和我军改革深入的实际情况，本教程没有把军事技能训练内容编入其中，此内容留待准备实施军事技能训练时，再按规定编印相关教程。

第一章　中国国防

第一节　国防概述

《中华人民共和国国防法》（以下简称《国防法》）指出："国防是国家生存与发展的安全保障。"党的十九大报告强调："我们的军队是人民军队，我们的国防是全民国防。我们要加强全民国防教育，巩固军政军民团结，为实现中国梦强军梦凝聚强大力量。"国防连着千万家。"天下兴亡，匹夫有责。"关心国防、热爱国防、建设国防、保卫国防是每一个中国人义不容辞的神圣责任和义务。

一、国防的产生和基本特性

（一）国防的产生

国防随国家的产生而产生。原始社会初期，"古者禽兽多而人少，于是民皆巢居以避之，昼拾橡、栗，暮栖木上，故命之曰有巢氏之民。"（《庄子·盗跖》）《墨子·节用》说："古者人之始生，未有宫室之时，因陵丘堀穴而处焉。"那时，没有阶级和国家，自然无所谓国防。

原始社会末期，人类征服自然的能力不断增强，家庭和私有观念不断膨胀，一部分人为了掠夺另一部分人的物质利益，便以武力征服或消灭对方。被掠夺的人为了维护自己的生命和物质利益，又总是组织起人力物力去抵抗外来的侵犯，这样就形成了进攻和防御的斗争。但是，这样的进攻和防御还不能称为"国防"，因为国家还没有产生，它不是国家行为。

随着人类社会生产力的发展，社会出现了农牧业和手工业大分工，随之出现了产品交换，从而加速了氏族内部的贫富分化，生产资料和劳动产品也相应地由共有变为私有。随着私有观念的膨胀，私有制度的形成，人类社会逐渐产生两大对立的阶级——奴隶主阶级和奴隶阶级，也就是剥削阶级和被剥削阶级。奴隶们在不堪忍受奴隶主的压迫时往往奋起反抗。奴隶主阶级为了镇压奴隶们的反抗，维护其经济利益和统治地位，就建立起一种暴力机构，把原先用作掠夺其他部落的物质利益的武装力量转变为阶级统治工具。于是，一个有统治区域、统治人群、统治权力、统治工具的社会机构——国家出现了。国家建立后，国家与国家之间难免发生利益矛盾，譬如国土疆界、人口归属、自然资源等方面的争夺。当这种矛盾不可调和时，战争就爆发了。为了生存与发展，每一个国家都不得不加强防御。这种由国家组织的、反映国家意志的整体性的防御活动，就是真正意义上的"国防"。

（二）国防的基本特性

1. 国防具有多样性

国防的性质因国家的社会制度和政策而异，具有多样性。按照军事战略和国防建设目标，国防可分为两种类型，即自卫型和扩张型。自卫型国防在国防建设上以防止和抵御外敌入侵为主要目标。扩张型国防在国防建设上以侵略、称霸为主要目标。如果再细分国防类型，国防可分为中立型和联盟型。对外奉行中立政策的国家，其国防是中立型的；对外奉行结盟政策的国家，其国防是联盟型的。其实，中立型国防仍属于自卫型国防，而联盟型国防则兼有自卫和扩张两种性质。

我国奉行独立自主、和平共处的外交政策，所以，我国的国防是自卫型的。

2. 国防具有时代性

时代，即根据政治、经济、文化、科技状况划分的历史时期。任何一种形态的国防都有它的时代背景。按社会制度，国防可分为奴隶制、封建制、资本主义制度、社会主义制度的国防。按社会发展形态，国防可分为农业时代、工业时代、信息时代的国防。按战争演进形态，国防可分为石木化、金属化、火器化、机械化、信息化战争形态的国防。不同形态的国防，是对当时生产力和生产关系的反映，因而具有不同的时代特征。

3. 国防具有依赖性

国防是国家的防务，它因国家防务而存在和有意义。国防不能独立存在，国防的巩固与发展具有多种多样的依赖性。譬如：国防依赖国家政治昌明，依赖国民经济发展，依赖军事力量强大，依赖科学技术进步，依赖文化发达，依赖外交成效，依赖教育深入，依赖公民国防观念增强等。

4. 国防具有不可替代性

没有国防的可行性，就没有国家主权的独立性。国防是国泰民安的必要保障。国防的历史和现实证明，国家不能没有国防，国防的职能是不可替代的。

二、现代国防的定义及其基本要素

虽然国防意识和国防行为是随国家的产生而产生的，但"国防"一词在我国是到了汉代才出现的，最早见于《后汉书·孔融传》。孔融向汉献帝进谏说："臣愚以为宜隐郊祀之事，以崇国防。"这句话的意思是："我认为应当减少郊外祭祀活动、节约开支，以加强国家防务。"这里所说的"国防"，不等同于现今的国防，它的含义还很狭窄，主要是指战争。到了近代，"国防"一词普遍使用，但其含义仍然囿于军事领域。《中华人民共和国国防法》对"国防"的定义是："国家为防备和抵抗侵略，制止武装颠覆，保卫国家的主权、统一、领土完整和安全所进行的军事活动，以及与军事有关的政治、经济、外交、科技，教育等方面的活动。"这个定义所包含的国防主体、国防对象、国防任务、国防目的、国防手段，是构成国防的基本要素。

（一）国防的主体是"国家"

国防的主体是指国防活动的实行者，通常是指国家。首先，从国家的本质看，国家是阶级统治的工具，是统治阶级利益与意志的体现。维护这种利益与意志，必须通过国家权力。国防就是维护统治阶级利益与意志的这种权力。只有依靠国家的这种权力才能使国防得以实行，只有国家才能有效地组织、领导和建设国防。所以，国防是国家的事业，是国家固有的职能，而国家是国防行为的主体。其次，从国防的本义看，国防是国家的防务，是全民族的防务，与国家的各个部门、各种组织以及每一个公民都息息相关。所以，加强国防建设，进行国防斗争，绝不仅仅是军队的事，而是国家所有组织和公民的共同责任。

（二）国防的对象是"侵略"和"武装颠覆"，国防的任务是"防备和抵抗侵略，制止武装颠覆"

（1）防备和抵抗侵略。侵略是指侵犯别国的领土、主权，掠夺其财富，奴役其人民以及进行政治、经济、文化渗透等行为。"侵略"是国防的首要对象。"防备和抵抗侵略"是国防的核心任务。国防所要防备和抵抗的"侵略"，不仅是"武装侵略"，还包括政治、经济、文化等方面的"非武装侵略"。在当代，主权国家对主权国家的"非武装"侵略大多以武力为后盾。防备和抵抗"非武装"侵略，必须使用国防手段。

（2）制止武装颠覆。"武装颠覆"是指反动势力不直接出兵，利用阴谋手段，从对象内部或利用别人的武装力量，达到推翻合法政权的目的的行为。"武装颠覆"是国防的第二个对象。"制止武装颠覆"是国防的中心任务。这是由我国的国情和安全形势决定的。我国宪法规定："社会主义制度是中华人民共和国的根本制度，禁止任何组织或个人破坏社会主义制度"，"中国人民对敌视和破坏我国社会主义制度的国内外的敌对势力和敌对分子，必须进行斗争"。那些以推翻社会主义制度、推翻人民民主政权、分裂国家为目的的武装颠覆活动，是危及我国的国体和政体，对国家的主权、统一、领土完整和安全构成严重威胁的活动，必须坚决制止。不过，当这类活动未采取武装形式时，一般由国家安全部门处置，不需要运用国防武装力量。如果颠覆活动以武装形式出现，如武装暴乱、武装叛乱等，那就必须使用国防武装力量，坚决予以制止。

（三）国防的目的是"保卫国家的主权、统一、领土完整和安全"

（1）保卫国家的主权。一个国家的主权是指这个国家独立自主地、不受任何外来干涉地处理自己对内对外事务，维护国家尊严和领土完整的最高、最神圣的权力。国家和主权不可分割。主权是国家区别于其他社会集团的特殊属性，是国家存在的根本标志。主权具有两重性，即对内、对外属性。对内，它是统治权，包括根据本国的意愿组织政府，选择社会制度和发展道路。对外，它是独立权。国家在国际交往中不受其他国家或组织的控制和干预。它是国家独立的根本标志。因此，捍卫国家的主权是国防的首要目的。

（2）保卫国家的统一。国家的统一是指国家由一个中央政府对领土内的一切居民和事务行使完整的管辖权，不允许另立中央政府或分割国家的管辖权。从国际法的角度说，保卫国家统一、反对分裂，历来是一个国家的内部事务，绝不允许外国干涉，这是一个原则性问题，不能有丝毫的含糊。因此，"维护国家的统一"，历来是国防的重要目的。

（3）保卫国家的领土完整。领土是一个国家主权管辖下的区域，包括领陆（含飞地）、领水、领空和底土。领土是国家的构成要素之一，属国家行使最高权力的空间范围。凡属于本国的领土，决不能丢失，决不允许被分裂、被肢解和被侵占。同时，任何国家不得破坏别国的领土完整，任何集团和个人不得搞旨在分裂本国（或别国）领土完整的活动。国家的领土被侵占，主权必然遭侵犯。国防捍卫国家的主权，必然保卫国家的领土完整。

（4）保障国家的安全。安全是指没有危险或不受威胁。一个国家只有在没有危险或不受威胁的环境中，才能有效地建设和不断地发展。因此，维护国家的安全，是国防的主要目的之一。一旦国家遭到外来侵略，安全受到威胁，国防就必须履行自己的职能，抵御和挫败敌人的侵略，确保国家的安全。当国内敌对分子进行武装暴乱或者叛乱，危及国家安全的时候，国防力量就要依法采取措施，防止和平息这种暴乱或叛乱，确保国家安全。

（四）国防的手段是"军事活动，以及与军事有关的政治、经济、外交、科技、教育等方面的活动"

国防手段是指为达到国防目的所采取的方法和措施。

（1）军事活动。军事活动是国防的主要手段。侵犯国家利益的形式很多，其中危害最大的是武装侵犯。对付武装侵犯的敌人，主要采取军事手段。因为军事手段最具威慑力，它可以通过对敌显示军事力量的强大，使企图来犯的敌人望而生畏，放弃侵略企图。又因为军事手段最具杀伤力，它可以通过打胜仗、大量歼灭敌人，致使敌人无力继续侵略而终止侵略行动。同时，军事手段又是解决国家之间矛盾冲突的最后手段。当国家之间发生矛盾冲突时，最好通过非军事手段解决，当矛盾激化到无法用非军事手段解决时，才使用军事手段打败敢于来犯的敌人。

（2）与军事有关的政治活动。政治活动是国防的重要手段。这并不是说在整体上政治从属于国防，这里的"政治"仅指"与军事有关的"一种国防手段，而不是政治本身的全部含义。政治与国防关系密切。一方面，国防直接保卫的国家主权，是政治的第一需要；国防直接保卫的国家领土，是政治的物质前提；国防直接保卫的国家安全利益与发展利益，是政治的根本追求。国家政权、政治制度也要靠国防力量来捍卫。另一方面，政治对国防起着决定性的支配作用：国家的政治需要决定国防的根本性质和基本类型；国家的政治指导思想和路线，决定国防的方向、方针和原则；国家的政治制度，决定国防的根本体制；国家的政治素质制约国防的客观效应。其中，构成国防手段的政治要素主要包括政治制度、政治思想工作、政治宣传等。

（3）与军事有关的经济活动。与军事有关的经济活动多种多样，主要有国防经济建设和国防经济斗争。国防经济建设作为为国防而进行的生产、分配、交换、消费及管理实践活动，是国防建设的重要内容之一。军品生产直接为国防活动提供物质产品；军品分配和军品交换保证军品的合理配置与到位；军品消费的结果则是保持一定的军事实力，从而有效地保障国家安全。

（4）与军事有关的外交活动。外交活动与国防有着密切联系，其中的国防外交，既是国家外交的重要组成部分，也是国防活动的一个重要方面。国防外交活动主要指国家与国家之间为了国防目的而开展的外交活动。由于这种外交主要涉及军事领域，所以又称军事外交。它既有通常意义上外交的一般特征，又具有区别于其他外交工作的特殊规律，是集外交与军事于一体的活动。从总体上讲，国防外交主要涉及国家与国家之间，军事集团与军事集团之间的军事政治关系、军队关系、军事战略关系、军事科技关系和军事经济关系等。具体可以划分为：军事双边往来、多边军事交往、非官方军事交往、军事科技交流和军工合作、军事结盟、军事援助、军事经济合作、边防管理等。

（5）与军事有关的科技活动。虽然不能把科学技术的发展完全归功于战争，但战争对科学技术的军事应用和军事技术的加速发展，的确起着重要的促进作用。特别是第二次世界大战以后，信息技术、新材料技术、新能源技术、生物技术、航空航天技术、海洋开发技术先后出现，并应用于军事领域，有力地推动着国防建设，使科技活动成为国防不可或缺的手段。

（6）与军事有关的教育活动。教育本身是一种活动。从广义上讲，凡是增进人们的知识和技能、影响人们的思想品德的活动都是教育。从狭义上讲，教育主要指学校教育。与军事有关的教育活动，就是根据党和国家的某些要求，有目的、有计划、有组织地对受教育者进行以爱国主义为核心的国防教育，以增强他们的国防观念、爱国主义思想的活动。

三、国防经济

（一）国防经济的内涵

关于国防经济的定义，目前主要有以下三种观点：第一，国防经济是保障军事需要而进行的经济活动，它是军品生产部门和军事劳务部门的总和；第二，国防经济是国家为国防和战争的目的而进行的物质生产及与此相适应的生产关系的总和，它主要包括国防生产、与之相适应的生产关系和国防经济部门；第三，国防经济是在国家参与和调解下进行的、服务于国防的诸经济过程和经济管理体制的总称。

在上述三种观点中，第三种观点更准确一些。因为第一种观点把国防经济看作保障军事需要的物质生产活动和劳务支出，有许多重要的国防经济活动过程未包含其中，如国家资源的分配过程、国防经济潜力建设活动等。第二种观点侧重于国防工业的生产和再生产活动，忽略了国防经济中非国防部门同国防相联系的经济活动。第三种观点概括了国防经济的基本特征：国防经济是保障国家防务需要的经济过程和经济活动，是直接在国家参与或调解下的经济活动，是同国防需要有关的各种经济过程和经济体制的总称。比较而言，第三种观点更能表达国防经济的内涵。[①]

国防经济是在战争和国防建设实践中逐步形成的一种经济关系，其最终目的是为支撑和形成国防实力服务。国防实力的形成需要源源不断地从社会获取人力、物力、财力。国防经济是国防实力的物质基础。

国防经济的外在成果最直观地体现在武器装备的制造上。马克思主义在研究经济和社会的过程中，对国防与经济问题进行了经典性论述。恩格斯在《反杜林论》中有一著名论

---

① 库桂生. 国防经济学说 ［M］. 2 版. 北京：高等教育出版社，2003：258-259.

断："暴力的胜利是以武器的生产为基础的，而武器的生产又是以整个生产为基础，因而是以'经济力量'，以'经济情况'，以暴力所拥有的物质资料为基础的。"这一论断，明确阐释了安全、暴力、武器装备、经济基础之间的内在联系。

一个国家或民族的经济力，从不同的角度考察会呈现不同的形态：如果把它当作个人经营的工具，它就是私人经济；如果把它当作全体国民物质养育的机构，它就是国民经济；如果把它当作保证国家及民族现在和将来安全的工具，它就是国防经济。

私人经济、国民经济和国防经济是相互联系、相互依存，一定情况下存在矛盾性的三个经济形态。国防经济活动是为了国家或民族的安全。为了国家或民族的安全，国防经济活动有时会损害私人经济的"收益"，或影响社会对物质资料的需要。为了私人经济的"收益"或社会物质需要，国防经济活动有时会危害国家或民族的安全。当私人经济、国民经济与国防经济出现矛盾时，私人经济、国民经济的目的要服从国防经济的目的。道理很明确，没有国家或民族的安全，私人经济和国民经济的目的不可能完全实现。当然，在满足国防经济的要求时，也不能忽视私人经济和国民经济的合理需要。因为，没有成效卓著的私人经济和发达繁荣的国民经济，就没有坚强卓越的国防经济。

（二）国防经济学的含义与发展阶段

国防经济学是一门从军事科学和经济科学中发展出来的交叉学科。它以国防经济现象为研究对象，它的任务主要是解决如何使用有限的国防资源，使其达到最大的国防经济效益的问题。作为经济学分支学科的国防经济学本质上是一门研究国防经济资源配置效率特点和规律的学科。

亚当·斯密在《国民财富的性质和原因研究》中专门论述了国防开支对社会的影响，并提出筹措国防经费的方法。进入20世纪以后，生产力和科学技术的迅猛发展及大型机械兵器的广泛应用，为国防经济研究的发展奠定了物质基础。

早期的国防经济学研究侧重于国防开支的筹措和国防开支对国民经济的影响，但是随着20世纪中期冲突范围的扩展，应战争的需要，国防经济学理论界的研究主要集中在军工生产、后勤管理、战争运筹以及削弱对手经济等方面。随着第二次世界大战的结束，经济学家们开始关注战后的经济恢复问题。在冷战初期，西方的一些经济学家认为以经济手段实现国家安全成为西方国家的战略政策目标，包括出口控制、贸易制裁、经济援助等经济手段成为这一时期国防经济学研究的主要内容。

1960年，现代国防经济学正式形成。这一时期，西方的国防经济研究主要是围绕北约与华约的战争对峙展开的，其研究重点是西方国家及其军事联盟的防务问题。主要涉及军备竞赛模型、国防采办和军事联盟内部防务费用分担等问题。随着冷战进入最后阶段，国防经济学的研究内容进一步拓展到国防开支与经济增长、兵员征集系统的经济选择以及国防工业的基础与结构等问题。20世纪80年代末期以来，国防经济学又面临一些新的问题。整体上看，这些问题主要集中在军费理论、国防工业基础理论、军备竞赛和裁军理论、冲突理论和军事人力理论等方面，研究的重心则为新形势下国防采办和军队供给效率、核扩散和非常规冲突等问题。

（三）国防经济的基本问题

生产力与生产关系、需求与供给、成本与价格等问题是经济学的永恒主题。围绕这些基本问题研究国防经济，可以发现国防经济的基本问题。

1. 国防建设与经济建设之间的关系

国防建设与经济建设，是国家发展战略全局中的重大问题。国防建设与经济建设的关系之所以成为国防经济学的基本问题，主要原因在于国防建设与经济建设之间存在着广泛、紧密的联系和复杂、多样的矛盾。对于国家而言，无工不强，无商不富，无粮不稳，无兵不安。这既是历史留下来的宝贵理论遗产，也是现实国防斗争的重要启示。在经济建设与国防建设中，经济建设是国防建设的基础。武器装备、人力资源以及军队编制甚至战略战术形式，从根本上讲是由经济情况决定的。经济是战略的支撑，战略是对资源的有效运用。

从资源配置的角度看，用于经济建设的资源会直接增加社会财富总量；用于国防建设的资源会增强国防实力、维护国防安全，为经济建设提供安定的国家环境，间接地促进社会财富的增加。同时，国防建设是经济建设的重要条件，没有安全就不可能发展，国防力量就成为维护国家利益最有效的手段；国防领域的军事技术和民用技术具有较强通用性，军事技术转化为民用技术后会促进民用技术进步、促进经济增长；国防支出属于财政的购买性支出的组成部分，增加国防支出会扩大社会总需求，在总需求不足的情况下，国防支出也是一种宏观调控手段。由此可见，国防建设和经济建设是一个国家经济中不可分割的组成部分。它们相互依存、相互作用，共同促进国防稳定和经济发展。

2. 国防需求与国防经济供给的关系

需求与供给是经济学研究的基本内容。需求与供给反映了社会经济活动发展的基本目的和实现目的的途径，是经济学的一个永恒主题。维护国家安全，进行国防和军队建设，必然产生国防需求。满足国防需求，就是为国防活动特别是武装力量建设和作战提供资源，建立相应的国防经济力量特别是经济基础。没有强大的国防科研与生产能力，国防供给能力就严重不足。因此，国防需求是国防经济形成的根源，也是国防经济发展的根本动力，没有国防需求也就不需要投入资源进行国防建设。这种看似浅显的论断，却包含着国防经济发展变化的几乎所有重大命题。国防经济的基础问题以及国防和军防建设实践中的前沿问题，大多是围绕国防需求与国防供给的关系展开的，而且这个关系贯穿于实践与理论研究的全过程。

国防需求主要包含了国防需求什么、需求多少等问题，国防供给包括供给什么、供给多少、如何增强供给能力和提高供给水平等问题。这些基本问题直接引申出了一系列重大实践和理论问题，如国防费投入规模问题。国防费投入是国防和军队建设的基本保障形式，国防费投入规模问题是世界各国普遍关注的重大问题。实质上，这个问题是由国防需求和国防供给决定的。当前，我国国防和军队建设进入全面变革时期，国防需求处于快速增长时期，但我国的国防供给能力还不能在数量和质量上满足必要的国防需求。这就要求我国走出一条中国特色国防和军队现代化建设路子。

3. 国防资源配置效率

效率是经济活动的本质要求。经济活动如此，国防和军队建设也是如此。对战争以及军队建设的投入历来是一大财政负担。《孙子兵法》曰："内外之费，宾客之用，胶漆之材，车甲之奉，日费千金，然后十万之师举矣。"随着机械化装备的大量运用，战争及军队建设消耗发生了巨大增长。以油料消耗为例，第二次世界大战期间，美军人均日消耗为11.7千克。信息化武器装备的研制生产成本也在飞速提高。据分析，同代装备价格每隔十年翻一番，改进一代装备的价格是原来价格的4~6倍。战争消耗的大幅度增加，武器装备研制生产成本的大幅度提高，国防建设投入的大幅度增长，使国家财政面临沉重负担，因而提高国防资源配置效率具有十分重要的意义。西方国防经济学从20世纪60年代开始，几乎将国防建设资源配置效率作为国防经济学的全部内容，希奇、麦基因的《核时代的国防经济学》（1960年）、哈特利和桑德勒的《国防经济学》（2001年）等著作，均体现了这一理论。国防建设虽然不是经济活动，但也必然体现经济性要求。因此，应尽可能降低国防建设成本，提高国防建设效率，以较小的投入取得较大的成果。

国防资源配置效率包括两个层次：一是国家配置在国防上的社会财富的比重。一般用军费支出占国内生产总值的比例来衡量。合适的国防资源与民用资源配置结构，应该以确保军费支出能够达到维护国家安全的目的为度。同时，尽量减少民用的生产性资源在国防领域的耗费。二是国防费用在各种国防支出中的合理分配，即要使既定数额的国防支出能够达到最大限度维护国防安全的效果。

国防建设效率体现在国防和军队建设的各个方面。在武器装备研制、生产方面，需要大量的经费投入。武器装备的复杂性和高耗性，要求研制、生产、管理的科学性和高效性，避免国防经费无效或低效使用。在军事人力资源方面，要用好军事人才和军事力量。武器装备是军队现代化的标志，军事人才是军队现代化的内核。军事人才和军事力量具有十分明显的专用性，必须定好规模、培养人才、提高效率。在军队建设方面，应突出提高战斗力。军事训练、演习、军事设施建设等，是提高军队战斗力的重要方法和条件，也需要投入相应的经费。这既是一个军事问题，也是一个经济问题，我们必须遵循国防建设投入与国防实力产出规律。

（四）国防经济的基本原则和规律

1. 国防经济的基本原则

董问樵先生在《国防经济论》中认为，国防经济的原则和一般的经济原则不同。一般的经济原则要求以最小的耗费实现尽可能大的效益。这是一切经济学和经济政策的基础，但在具体的国防经济建设或解决具体的国防经济问题中，需要有统领国防经济活动的具体的原则。由于国防关系国家生存和安全，国防经济的基本原则显然不同于一般经济活动所追求的以最低成本获取最大经济收益的原则，国防经济有两个体现国防经济特殊性的基本原则：一是"民族的生活条件与战斗条件一致"的原则，二是"民族的经济力和国防力一致"的原则。

蒋百里先生所著《国防论》中有这么一段话："民族的生活条件与战斗条件一致者强，相离者弱，相反者亡。"特别是在当代，经济的内容比古代宽泛得多、丰富得多、复杂得多，社会的生活和战斗也发生了极其深刻、复杂的变化。国民经济构成民族生活条件的基础，国防经济构成民族战斗条件的基础。一国国民经济力量的大小，决定其生活条件之优劣；国防力量的大小，决定其战斗条件的强弱。因此，"民族的生活条件与战斗条件一致"是国防经济的第一个基本原则。

国防经济的第二个基本原则是"民族的经济力和国防力一致"。民族的经济力包括资源力、对内经济活动力和对外经济活动力。资源力是一个国家赖以生存和发展的物质基础和基本条件，包括自然资源、人力资源两个方面。对内经济活动力是指一个国家在一定时期经济建设和整体经济发展的能力。经济活动力是综合国力的基石和核心部分。对外经济活动力反映了一国经济在国际社会中的地位和在国家间实现资源优化配置的能力。在国际政治实践中，经济实力不仅制约着国家的工农业生产能力，影响着对外贸易水平，而且直接制约着其国防和军事力量的发展和规模。

国防经济除了上述两个基本原则之外，还有两个特殊原则。一是国民经济的利益要服从于国防经济的安全的原则。就是说国防安全第一，经济利益第二。二是国防经济的安全性适应国民经济的经济性原则。就是说，虽然国防经济注重的是国防的安全，但也不能不考虑经济上的利益。

2. 国防经济的规律

在国防经济的不同领域有着不同层次的规律，包括宏观的、中观的、微观的。它们构成了国防经济发展和运行的规律体系。一般地说，国防经济规律可以归纳为八个方面：一是军事与经济相互作用的规律，二是战争发展与经济发展相适应的规律，三是军队结构随之改善、战斗力随之提高的规律，四是国防消费变化规律，五是国防动员数量的变化规律，六是武器装备相应贬值的规律，七是国民经济动员转化与战争发展阶段相适应的规律，八是国防经济既依赖国民经济又有助于国民经济的规律。

国防经济规律具有层次性，既有主要规律，又有派生规律。

国防经济的基本规律是：国防与经济之间、国防经济与国民经济之间相互作用的规律。

国防经济的主要规律有：①国防经济规模剧烈波动的规律；②国防经济强调集中统一的规律；③科技率先在军事中运用的规律；④国防生产力布局空间不断扩大和相对分散的规律。

国防经济的派生规律有：①国防经济与民用经济日益融合的规律；②武器装备相应贬值的规律；③军费有机构成提高的规律；④军队结构知识化的规律。

国防经济的各规律不是孤立存在的，它们具有鲜明的相关性、互补性。

（五）中华人民共和国对国防经济的研究

中华人民共和国成立以前，已有学者对国防经济做了大量的研究，并取得了大量的优秀成果。中华人民共和国成立以后，对国防经济的研究也不断发展，并取得了大量新的优秀成果。

1. 1949—1966 年，国防经济的主要研究对象是国外国防经济的发展经验

中华人民共和国成立后，部分学者在对战争经济研究的基础上，针对新现实，运用新

手段，全面研究中华人民共和国国防建设问题。在此阶段，国防经济的主要研究对象是国外国防经济的发展经验。学界针对美国国防经济发展中的战略问题、军费变化、军工经济、军事采办和军火贸易问题、军事人力经济学与裁军问题等，运用马克思主义政治经济学方法，进行了深入研究，认为美国依靠军事实力，通过不断增加军费拨款，广泛建立军事同盟和军事基地，其目的是独霸世界，主要思想支撑就是"实力论"。这个阶段，国防经济学科还没有正式建立，但研究方法、对象和内容以及力图解决的基本问题，已经与当代经济学范围相近。

2. 1966—1976 年，国防经济研究的主题主要集中在战备经济领域

这一阶段的国防经济研究由于"文化大革命"的爆发而趋于停滞，国防经济研究主题主要集中在战备经济领域。在这十年中，研究论题基本上针对苏联的战争威胁，围绕"深挖洞、广积粮"式战备动员和"劳武结合"式军备建设展开。在"文化大革命"后期，国防现代化建设提出了重视国防科学技术、减少军队员额、提高军队战斗力的要求，故对此问题的论述较多。但是该阶段很少有产生长期影响的学术成果。

3. 1976—1985 年，国防经济研究的发展促进了国防经济学科的建立和一批国防经济研究机构的涌现

1975 年，邓小平提出了"军队要整顿"的思想。进入新时期后，确立了以现代化为中心的国防和军队建设总目标。围绕着这些重要思想，学界更加注重国防建设中的科技与经济问题研究。该阶段发生的几场现代局部战争直接推动了国防现代学术研究。瞄准战争准备的需要，认真研究现代局部战争的主要经济和技术特征，提出应对措施的应用性研究成为该阶段的一个亮点。此阶段，国防经济研究方法仍以马克思主义政治经济学为根本基础。也有一些学者运用了现代观点和方法，如"系统论"等，并提出了一些新观点，在一定程度上推动了当代国防经济学的创新。同时，国防经济学科的成立为各种研究机构科学运用学术资源、展开现代战争中亟待解决问题的研究提供了科学平台，并促使下一阶段国防经济学繁荣期的到来。

4. 1986 年到 20 世纪末，国防经济学术研究空前繁荣

该时期，国防经济正式列入学科目录，成为应用经济学的有机组成，学术研究空前繁荣。该时期的学术研究是继 20 世纪 80 年代前后几场现代局部战争、高技术战争和新军事革命思想提出后，在国防现代化建设所面临的现实问题基础上全方位推进的，在军事战略与经济建设的关系、国防经资源的配置、军品属性等理论方面，以及在军费理论、军工经济与军品采办、军品贸易理论与实践、海权论、国防动员理论、军事人力经济学问题等方面有很多论著。该阶段，国防经济学的研究手段出现了较大差异，以马克思主义政治经济学为基本手段的理论型国防经济学和以数量方法为基础、重视实证研究的当代国防经济学都有所发展，而且两种理论体系进行了多方面学科对话。

5. 21 世纪以来，国防经济学逐步转型

严格意义上的国防经济学转型，发生在 1985 年学科建设正式开始后。学界一般认为，马克思主义政治经济学框架下的国防经济理论，为我国国防经济学发展做出了巨大贡献。随着国防经济建设的现实问题越来越多，运用数学分析等工具进行研究的要求直接推动着

当代国防经济学的发展。在研究方法上，需要运用较为规范的研究假设、模型构建、科学计算、实证验证等研究程序，并将其推广到一般，即从以往既重视归纳式研究又重视演绎式研究向重视演绎研究模式转变。在研究对象选择上，当代国防经济学更加重视基础理论研究，提出了学科新体系，如研究军费及其效率等资源配置问题。在研究内容上，更加重视建设现代国防经济学科体系，把威慑、规避战争以及战争的爆发与终止，战略影响、军备竞赛和军备控制等内容列为主要研究内容。这样，曾经普遍采用的军品生产与消费的研究范式，开始向研究战略、战争、军费、军品和军人等问题的范式转变。

四、中国国防历史

中国国防历史悠久。公元前 21 世纪，伴随着奴隶制国家——夏王朝的出现，国防便产生了。中国社会历经了奴隶社会、封建社会、半殖民地半封建社会和正在经历的社会主义社会几个历史时期，与之相伴，国防经历了多次强盛与衰落的交替，同时也给我们留下了宝贵的国防遗产、深刻的经验教训和启示。

（一）中国古代国防

中国古代国防是指中国奴隶社会和封建社会时期的国防。即从公元前 21 世纪夏王朝建立，到清朝后期（1840 年鸦片战争）的国防。这一历史时期的国防，共经历了近四千年的漫长历史。这期间，中华民族经历了无数次的战火焚烧，形成了强大的民族凝聚力，最终成为一个"中华民族多元一体格局"的大疆域国家①。

1. 中国古代国防的兴衰更迭

公元前 21 世纪初的某一年，"禹于是遂即天子位"（《史记·夏本纪》），我国历史上第一个王朝——夏王朝建立。夏王朝是一个在夏部落联盟的基础上形成的国家。当时，其他一些部落表面上奉夏为天下共主，实际上拥有自己的军队，而且独立性很强，有时甚至与夏王朝"争一日之命"。因此，夏王朝建立之后特别重视国防建设，以抵御外族侵犯，维护王权。

夏王朝是中国国防史的开端，也是中国军事史的开端，主要表现在以下几个方面：一是出现了完整意义的战争，夏禹伐三苗和夏启与有扈氏的战争，是我国历史上最早具有阶级性的、完整意义的战争。二是出现了最早的军队，军队已由血缘为基础的武装发展到以地域、财产为基础的奴隶主国家的武装。三是出现了最早的金属兵器，虽然大量的兵器为木石材质，但出现了少量的青铜戈、戚、铜镞等。《绝越书》有"禹穴之时，以铜为兵"的记载。四是以"旅"为军队最大的编制单位，旅为五百军人。五是出现了最早的皮甲和甲士。六是出现了最早的车兵和车战，《尚书·甘誓》所述夏初甘之战就讲到了车战。

夏王朝自孔甲继位以后，国力渐衰，国防渐弱。桀继承夏朝王位之后，好色贪杯，"作倾宫、瑶台，殚百姓之财"②，加重了夏王朝的内忧外患。

约公元前 1600 年，商国的君主汤（即成汤）率兵与夏桀大战于鸣条。战前，汤作《汤誓》鼓舞士气，大振军威。夏桀战败，夏王朝灭亡。商王朝随之建立，开国君主为汤，

---

① 费孝通. 中华民族多元一体格局［M］. 北京：中央民族大学出版社，1999.
② 孟世凯. 夏商［M］. 北京：中国青年出版社，1994.

是谓商汤。《周易·革》把这个历史大事件称为"汤武革命",评价它"顺其天而应乎人"。这是一个奴隶主阶级代替另一个奴隶主阶级的革命。

《诗·大雅·荡》中有:"殷鉴不远,在夏后之世。"意思是说,殷人的子孙应该以夏的灭亡为戒。其实,商汤早就意识到了这一点,他在建立商朝之后,减轻征敛,鼓励生产,安抚民心,从而扩展了统治区域,就连远居黄河上游的氐人、羌人部落都来纳贡归服。但是,当时商王朝周边分布着许多小国,它们与商王朝的疆域犬牙交错,与商王朝的关系时好时坏。所以,商王朝一方面大力发展生产,另一方面十分重视国防建设,除了在边境设立边防卫戍部队外,还时常派人对对方进行侦察,以掌握敌情,加强国防。

商王朝国防主要有六个特点。一是军队主要由王室军队以及宗族和方国军队构成。二是"师"为军队最大的编制单位,师为一万军人。三是文官武官不分,"寓将于卿",出将入相。四是出现了最早的国防"动员"活动,即所谓的"登人""登众"。据甲骨文记载,商王朝已开始实行人口登记制度,有"登人"或"登众",即临时征集兵员的记载。《尚书·多士》篇说:"惟殷先人,有册有典。"可见当时已有人口统计行为。五是王室妇女也率众出征,妇好就是典范。六是青铜兵器大批生产,工艺高超。七是战车数量较多,作战方式主要是步战和车战,同时,出现了少量的骑兵。

资料:

中国历史上第一位女性军事统帅

妇好,商朝君主武丁的妻子,中国历史上有据可查的第一位女性军事统帅。甲骨文中关于妇好的记载有200多条。她曾率领13 000多人的军队去攻打前来侵犯的鬼方,并大胜而归。因功勋卓著而深得武丁、群臣及国民的爱戴。她不仅能率领军队东征西讨为武丁拓展疆土,还是一位杰出的女政治家,能受君命主持当朝的各种祭祀活动。妇好因积劳成疾于30余岁英年早逝。国君武丁极为悲痛,追谥曰"辛",予以厚葬,修筑享堂时时纪念。商朝的后人尊称妇好为"母辛""后母辛"。1976年,在河南安阳殷墟发现妇好墓,陪葬品不仅有生活用品,还有不少戈、钺、镞等兵器。

帝辛继任商朝君王,世称殷纣王、商纣王。纣王"好酒淫乐,嬖于妇人","重刑辟,有炮烙之法","以酒为池,悬肉为林"。(《史记·殷本纪》)其统治大失民心,导致国防不固。此时,以岐山为中心的周族大力发展农业,迅速崛起,成为西部诸侯国中的强国。周文王姬昌联合一些诸侯国企图推翻殷纣王的残暴统治,因病身亡而未能实现凤愿。约公元前1056年,周武王姬发继承父亲姬昌的遗志,经过多年精心准备后,发出伐纣檄文,率军队在孟津同诸侯军队汇合,与商军大战于牧野。"纣师虽众,皆无战之心"(《史记·殷本纪》),"前徒倒戈,攻于后以北"(《尚书·武成》)。纣王帝辛见大势已去,便在国都朝歌的鹿台自焚而死,商王朝就此灭亡。西周王朝随之建立,姬发为开国君主,是谓周武王。

《周易·系辞下》说:"是故君子安而不忘危,存而不忘亡,治而不忘乱。是以身安而国家可保也。"周武王为了巩固政权,一方面汲取商王朝由兴而衰直至灭亡的教训,另一方面在承袭商王朝国防长处的基础上有所发展。其国防主要有六个特点。一是建立属国、分封诸侯。诸侯和贵族拥有军队,但数量有限制。大国三军,次国两军,小国一军。二是文武官员不分职,但司马是专门的、重要的军事机构,负责国家军赋,组织军事训练,执行军事法令,掌管军队。平时,军政与军令并存。设太师,主管发布军令和作战指挥;设司徒,主管军事行政的实施。他们各负其责,互相制约。三是建立起一套烽燧报警制度,烽火台遍布各诸侯国,若发现敌情,就点燃预备的干狼粪,靠"狼烟"传递情报,以告知其他诸侯迅速前往救援。四是建立一支"虎贲"禁卫部队,守卫宫廷,随王出征。五是改进青铜兵器,发明了戈矛结合的武器——戟。六是发展战车,战车成为军力和国威的象征。车战成为主要作战样式。

西周末期,周幽王无视国防的严肃性,点燃烽火取悦其妃子褒姒,戏弄诸侯和国民,使国防形同虚设,招致外族入侵,镐京陷落,自己命归黄泉。公元前770年,周平王继任后,被迫迁都洛邑,史称东周。东周可分为春秋和战国两大阶段。

春秋、战国时期,诸侯之间争霸、兼并战争更加激烈,用兵数量逐渐增多,战争时空逐渐扩大,引起了军事大变化、国防大发展,其总的趋势适应了封建大一统的要求。大国兼并小国,强国吞并弱国成为这一时期的特征。为了不被兼并,各国都崇尚武备,重视国防建设,采取各种办法富国强兵,图强称霸。这在客观上形成了各国之间在军事理论和军事技术相互竞争的局面,从而促进了军事思想和战略战术的发展。

春秋、战国时期的国防理论颇多颇深。如"有文事者,必有武备;有武事者,必有文备。"(《孔子家语·相鲁》)"国无小,不可易也;无备,虽众不可恃也。"(《左传·僖公二十二年》)"无恃其不来,恃吾有以待也;无恃其不攻,恃吾有所不可攻也。"(《孙子兵法·九变》)这个时期的国防建设十分引人注目。其国防主要有五个特点。一是强化富国强兵思想。各诸侯十分重视谋求生存与强国之道,十分重视对战争方略的研究与探索。这一时期,兵学之花争奇斗艳,形成了我国古代兵学繁荣与鼎盛的第一个高峰,造就了一大批著名的军事家,如管仲(春秋时期齐国)、魏舒(春秋时期晋国)、孙武(春秋时期吴国)、吴起(战国时期先后侍鲁、魏、楚三国)等,还造就了一大批著名将领,如乐毅(战国时期燕国)、蒙恬(战国时期秦国)、白起(战国时期秦国)、廉颇(战国时期赵国)等。二是纷纷推行改革。各国奋力图强,推行"胡服骑射",建立强大的骑兵部队。军队有步兵、骑兵、车兵、舟师四个兵种,且作战方式多种多样。秦国的商鞅变法最为成功,秦国重农励兵,以法治军,由弱变强。三是大力发展铁兵器。军事技术发展很快,青铜兵器不断被铁兵器替代。据《吕氏春秋·开春论·贵卒篇》记载:"中山之人多力者曰丘牖。衣铁甲操铁杖以战,而所击无不碎,所冲无不陷。"四是诸侯加强国防建设。各诸侯国实行征兵制和募兵制。在诸侯国中,车千乘、骑万匹、甲士数十万已较普遍。五是文武分职,设立专职将帅。晋文公"作三军,谋元帅",为元帅之始。春秋兴起的"将军"职务,为历代所沿用。

公元前221年,秦始皇统一六国,标志着诸侯割据称雄的封建国家并存状态结束,以郡县制为基础的中央政权的、多民族的、统一的封建国家建立。为了巩固新生的中央政权，秦王朝定疆域，书同文，车同轨，行同伦，统一币制和度量衡。这时，国防才真正担负起巩固和发展统一政权、抗击外族入侵的双重任务。当时，在北方草原上，一个古老的民族——匈奴空前强盛，不时侵扰东北、西北地区。为了巩固国防，秦始皇采取了一系列措施。一是设郡而治，筑路通邮。秦始皇统一六国的第二年，就开始了中国古代最早的大规模的道路建设。秦"为驰道于天下，东穷燕、齐，南极吴、楚，江湖之上，濒海之观毕至。道广五十步，三丈而树，厚筑其外，隐以金椎，树以青松"（《汉书·贾山传》）。由此可见，其修筑范围之广、规格之高。二是坚决抵抗入侵之敌。大将蒙恬率兵 30 万北击匈奴，镇守北部边疆。三是修筑长城。秦始皇"以墙（长城）制骑"，防阻匈奴骑兵长驱直入，袭扰、威逼腹地。四是徙民实边，兵民结合，加强边防。

公元前 210 年，"七月丙寅，始皇崩于沙丘平台"（《史记·秦始皇本纪》）。秦始皇死于他第五次东巡途中的沙丘宫（今河北广宗）。之后，秦二世胡亥即位，进一步加重对农民的剥削和压迫。秦二世元年（公元前 209 年）七月，陈胜、吴广在大泽乡（今安徽宿州市东南）"率疲弊之卒，将数百之众，转而攻秦，斩木为兵，揭竿为旗"（《过秦论》），发起中国历史上第一次大规模农民起义。起义不到三个月，赵、齐、燕、魏等地均有人打起恢复六国的旗号自立为王。起义后的六个月内，吴广、陈胜先后被部下杀害。其间，刘邦率三千子弟响应此次起义，攻占沛县等地。公元前 207 年，秦王子婴向刘邦投降，秦朝灭亡。之后，楚汉相争，刘邦打败项羽，于公元前 202 年称帝，立国号"汉"，史称西汉，定都长安。汉承秦制，使以汉族为主体的统一国家得到巩固。公元 8 年，王莽篡汉，建立新朝，推行新政。

两汉时期，国防建设主要有七个特点。一是扩大冶铁规模，提高冶铁技术。炒钢、百炼钢出现，可用优质熟铁和钢料制造兵器。铁兵器完全代替了铜兵器，该时期是兵器和生产工具铁器化完成时期。铁铠甲制作精良，逐步代替皮甲。二是注重文治，实行"文武并用"的"长久之术"。三是改善对外关系，争取和平环境。从汉高祖到汉武帝前期，汉王朝先后多次与匈奴和亲。和亲为汉王朝初期的国防巩固和经济发展，争取到了 70 多年相对和平稳定的周边环境，其积极意义是不可忽视的。四是实行"网疏而民富"（《史记·货殖列传》）的政策，以富国强兵。经过文景之治，到汉武帝时，"人给家足，都鄙廪庾皆满，而府库余货财。京师之钱累巨万，贯朽而不可校"（《史记·平准书》）。五是重视骑兵的发展。秦代就有《厩苑律》，对放牧、马匹的调教、管理均有规定。汉朝重视养马业，创立了"加厩律""马复令"，鼓励民间养马。此外，官方设立了养马苑，汉景帝时有官马 30 万匹，汉武帝时有官马 40 万匹，从而使骑兵发展迅速，国防从"以墙（长城）制骑"的消极防御方略转为"以骑制骑"的积极防御方略。六是加强军屯，巩固边防。汉文帝时，重视守边备塞，选募民人（普通百姓）以及罪人常居边塞屯田。汉武帝时，开始实行军屯，并把军屯作为国防建设的重要内容。七是发展国防交通。汉代在秦代所筑道路的基础上，扩建、完善了北部、东部、东北、南部、西南、东南六条交通干线，把四方交通支线相连，形成了全国性的水陆交通网，将沿途的政治、经济、军事要地连为一体，有效加强了国防建设。

东汉后期，皇权旁落，外戚、宦官势力相继操纵国家大权，激化了朝野争斗。军阀割据，群雄并立，东汉王朝名存实亡，形成了魏、蜀、吴三国鼎立的局面。200 年，曹丕代汉称帝。数年之间，蜀、吴统治者相继称帝。280 年，西晋统一各国，结束了分裂局面。时隔不久，316 年，匈奴贵族建立的汉国取代了西晋。西晋皇室部分贵族南渡，于 317 年建立了偏安一隅的东晋王朝。之后，南方相继出现了宋、齐、梁、陈四个朝代，史称南朝（420—589 年）。北方相继出现了 20 多个政权组织，史称十六国时期（316—439 年）。北魏统一北方不久，又分裂为东魏、西魏，后又分别被北齐、北周所替代，是为北朝（386—581 年）。

三国、两晋、南北朝时期的战争十分频繁，其类型包括封建统治阶级内部之间的战争、地方豪强之间的战争、民族之间的战争。频繁的战争，促进了国防建设。这个时期的国防斗争有四个主要特点。一是发展军事技术。齐梁时期出现了杂炼钢，即把生铁和熟铁混杂冶炼，以使兵器更加锋利。蜀国诸葛亮改进的连弩——元戎，可一弩发十箭。魏国曹操军队使用的"霹雳车"（较大的抛石车），攻击力巨大。南朝时期的攻城战车，高数丈，可升降，一车 20 轮，攻城效果较好。铠甲逐渐制式化，形成三种型号，方便选用。造船技术进一步发展，战船被称为"舰"。吴国有舰船 5 000 多艘，有的舰船可驰马往来，能容纳 2 000 人左右。南朝祖冲之造的"千里船"，号称日行千里。北燕时期出现了马镫，马镫对骑兵技术和战术的发展起了很大的作用。它最大限度解放了骑兵的双手，增强了骑兵作战时的稳定性，从而增强了战斗力。二是改革军制。秦代的"征兵制"被改为"世兵制"，即"父死子替"的世袭兵制。三是提高战略运用水平。如《隆中对》中的料敌审势、因情定策的战略；多集团、多角斗争中的联盟战略；水陆配合、分进合击的进攻战略；城邑坚守、坚壁清野的防御战略；后发制人、攻心夺气、以少胜多的军事谋略等。四是重视军事人才的选拔和培养。一些有识之士"不拘一格，唯才是举"，打破了门阀世族垄断朝政的局面。如曹操先后三次发出求贤令，明确提出"明扬仄陋，唯才是举"，即不分地位高低，出身贵贱，只要有才能就可录用。诸葛亮提拔了出身低微且"放荡无礼"，但有才能的张嶷为越巂太守；将有突出战功的下级军官王平破格提拔为将军。蒋琬原是荆州一个缮写文书的小吏，但很有发展潜力，诸葛亮把他培养成蜀国重臣。王猛原是一个贫困书生，但很有处世谋略。苻坚把他作为自己的第一谋士。

581 年，北周外戚杨坚建立隋朝，替代周朝而称帝，即隋文帝。589 年，隋文帝举兵灭陈，结束了南北分裂的局面，实现了新的统一。隋文帝深知国富兵强的重要性，在强化政治统治和经济改革的同时，加强了国防建设。其国防建设有四个主要特点。一是实行三省六部制，强化中央集权，加强对军队的控制。二是革新府兵制，将府兵制与均田制合二为一。军人平时耕作，轮番训练，战时执戈出征。这样，减少了国家的军费开支，减轻了财政负担。三是扩大垦田面积，发展生产。同时，修仓储粮，备战备荒。隋文帝末年，粮食的储存已达到"计天下储积，得供五六十年"（《贞观政要》）的程度。四是建筑和加固城墙，兴修陆路，开拓水路，既加强了经济建设，又加强了国防建设。

隋文帝杨坚死后，隋炀帝杨广即位。隋炀帝统治残暴，激化了阶级矛盾，引起隋末农民起义。一些贵族和地方官吏也乘机而起，导致国家四分五裂。李渊父子在太原起兵，灭亡隋朝，建立唐朝，重新统一了中国。唐太宗李世民以前朝为戒，革故鼎新，制定了一系列国家发展方略，如大力加强民族团结，发展对外友好关系。中国是一个以汉民族为主体的多民族国家，在隋、唐时期，民族团结进一步加强。唐王朝的民族政策得到各民族的拥护，尊称唐太宗为"大可汗"。同时，唐朝重视与外国加强友好往来，尤其与日本往来甚密。唐朝大力发展农业生产，扩大种植面积，使经济得以繁荣，出现了"贞观"和"开元"盛世；大力发展手工业和商业，使许多产品远销海外，举世闻名；大力发展科学技术，医学、天文、地理、建筑、桥梁学等方面发展很快；大力发展文化艺术，唐朝出现了许多文学家、艺术家，唐诗至今居于中国文学高峰。唐朝统治者不仅重视政治、经济、文化、科学、教育的发展，也十分重视国防建设。唐太宗明确提出："中国虽安，忘战必倾；教育之法，信不可忽。"唐朝贤相魏征也一再向太宗进谏"居安思危"。

唐朝的国防建设有五个主要特点。一是强调"兵农合一"。二是调整军事布局，"内重外轻，居重驭轻，举关中以临四方"，把26万精锐部队重点部署在京都附近，使朝廷始终拥有一支战略机动部队。这种军事布局在安史之乱以前起到了"中外相维"的积极作用。唐朝中后期，逐步形成了"外重内轻"的局面，导致一些节度使拥兵自重，对抗朝廷，以致发生安史之乱。三是发展兵器。锋利的刺击兵器——枪代替了矛、戈、戟；精良的防护装备——盔甲发展到13种；发明了抛掷石弹的"将军炮"，即需要200人操作的大威力武器装备，攻城守城效果俱佳；舰船数量增多，质量提高；唐代中期发明了火药，唐代末期开始把火药应用于军事。四是注重骑兵部队建设，增强部队快速机动的能力。当时，官方养马70万匹，历史上就有"秦汉以来，唐马最盛"的说法。五是在防务上实行"怀柔四方，华夷一体"的战略，使唐朝北部边疆出现了数十年无兵灾战祸的太平盛世。

唐玄宗在晚年，"自恃承平，以为天下无复可忧，遂深居禁中，专以声色自娱"（《资治通鉴·唐纪》），因而"毁戈牧马"，"罢将销兵"，国不备战，国防不固，军不教战，民不知兵。安史之乱使唐朝元气大伤，黄巢起义使唐朝雪上加霜。各地武装势力纷纷割据，称王称帝，出现了五代（后梁、后唐、后晋、后汉、后周）十国的局面。中国又一次陷入了分裂状态。960年，后周掌握禁军的节度使赵匡胤发动陈桥兵变，被部下黄袍加身，建立宋朝，史称北宋。到宋徽宗赵佶时，政治日趋腐败，引起农民起义。1127年，宋徽宗和宋钦宗被金人俘虏，北宋灭亡。宋钦宗的弟弟赵构幸免被俘，在应天（今河南省商丘市）称帝，即宋高宗。他重建宋朝，后来定都临安（今浙江省杭州市），史称南宋。

在北宋建立之初，为了巩固政权，统治者很重视国防建设。其主要特点有七个。一是统治者把军队分为四种。第一种是禁军，即由中央直接管辖的精兵。禁军集中于京师地区，主要任务是守备京师，驻守控制军事要地，征战抗敌。第二种是厢兵，即各州的守军。厢兵主要是供地方官吏役使，或用于修筑城池，或用于垦荒种地，或充当运粮的役卒等。第三种是乡兵，即非正式的地方武装，也叫民兵。乡兵平时不脱离生产，政府不予供养，必要时充当禁军、厢兵，具有后备军的性质。如果国家征用，国家会给予一定的粮饷补助。乡兵每年要集中教阅，以掌握军事技能。第四种是蕃兵，即边地少数民族组成的边防军。蕃兵主要任务是护卫边疆。禁军和厢军具有募佣性质，乡兵和蕃兵具有义务性质。二是在政治和军事上削弱地方实力，强化中央集权。为此，统治者采取了多种措施：第一，各州直属中央，中央机构分为政事、军务、财政三大系统，相互平衡，由皇帝直接统管，另设御史台司监察；第二，节度使成为"无职掌"的虚衔，出守外地，叫作使相；第三，朝廷直接派官吏管理州郡，他们的官名为知州，知州一般由文人担任，三年一换；第四，各州设通判官。通判官由朝廷直接派遣，负责监督知州行动。三是把财权集中控制在中央，设立诸路转运使和转运判官，主管所属州郡的水陆转运和财政税收，使"财利尽归于上"(《宋史纪事本末·收兵权》)。四是进一步发展和运用火器。从北宋开始，中国进入了冷兵器和热兵器并用的时代。北宋的兵器制造有 11 个细目。其中的火器主要是燃烧性火器，用弓弩或抛石机发射、抛投火把。爆炸性火器也有萌芽。南宋发明了金属爆炸性火器，它是世界上最早的金属炸弹。南宋发明的一种叫突火枪的管形火器，虽然是用竹子制作的，但已具备了射击性管形火器的基本要素——身管、火药和子弹。英国普丁顿教授认为，突火枪的原理是后世欧洲步枪的先导。五是水军有所发展。南宋绍兴末年，宋军将领李宝率领宋军水师秘密沿海北上，在青岛附近的海域，一举歼灭了准备南下攻占宋都临安的金军舰队，在中国历史上写下了最早的大规模海战史。六是重视选练精兵。北宋之初，朝廷选定了"样兵"，然后将"样兵"分送各地，各地按"样兵"标准挑选新兵，再由教头进行严格训练。尤其是"禁军""厢军"的选拔。七是兴办武学。中国的武学，即军官学校，前秦苻坚时期和唐朝时就曾有过，但未成定制。北宋神宗熙宁五年(1072 年)恢复武学，招收武生百余人，由朝廷选派武学教授(后改为博士、教谕)教兵法和武艺。北宋神宗元丰三年(1080 年)，朝廷颁布由《孙子》《吴子》《六韬》《司马法》《三略》《尉缭子》《李卫公问对》组成的《武经七书》，将其规定为武学必修课本。到了南宋，武学进一步发展，加强了武学考试制度。

北宋、南宋共经历 321 年，其国防的作用功不可没。南宋晚期，朝廷腐败，不行"精兵"之策，冗官、冗兵、冗费泛滥，积贫、积弱成灾。1271 年，成吉思汗的孙子忽必烈正式定国号为元。1276 年，元军攻占南宋都城临安，宋朝灭亡，元朝统一了全国，结束了中国历史上自五代以来分裂割据和南北长期对峙的局面，促进了中国统一的多民族国家的发展。元朝是中国历史上疆域最辽阔的朝代，行省制度、宣政院和澎湖巡检司的设置，有效地统治了全国广大地区，加强了中央政府对西藏和台湾地区的管辖。

元朝国防建设的主要特点：一是实行行省制度。在中央设中书省，中书省为全国最高行政机构。其他地区设行中书省，简称行省或省，由中央政府委派官吏管理。在边远地区实行行省制度，该制度对于加强行政管理和边防建设起了重要作用。二是设置澎湖巡检司。元朝时期，大陆和台湾(当时称琉球)的关系进一步密切，元朝设置了澎湖巡检司，加强了对澎湖和台湾的管辖和海防建设。三是设置宣政院。元朝中央设置宣政院，专门管理全国的佛教事物和吐蕃地区的行政事务。中央政府在吐蕃地方委派官吏，驻扎军队，清查户口，征收赋税，实行有效管理。从此，西藏正式成为元朝的行政区域，西域的边防建设得到了加强。四是改造军队。其军队可分为四种。第一种是蒙古军，由蒙古族人组成。规定 15 岁以上、70 岁以下的蒙古族男人，全部编成军队。他们是元军的主体。第二种是探马赤军，也是由蒙古族人组成。他们是元军的精锐骑兵，即"选锋"，又为"重役军"，或叫"先锋军"，专门担负攻坚冲锐的战斗任务，也担负战略要地的镇守任务。第三种是汉军，由契丹、北方汉族、女真等被征服地区的人组成。第四种是新附军，由南宋降卒组成。按任务的不同，元朝的军队又可分为宿卫和镇戍两种。"宿卫诸军在内，而镇戍诸军在外，内外相维，以制轻重之势。"（《元史·兵志》）五是发展骑兵。战国之后，各朝各代的骑兵日益发展，至元朝，骑兵发展到了一个新的高潮。蒙古族人人能骑马狩猎，而且骑术很高。据赵琪所著《蒙鞑备录》记载：蒙古族的马匹充足，"凡出师，人有数马，日轮一骑乘之，故马不闲弊"。所以，元朝骑兵的战斗力非常强大。六是发展火器。竹子管形火器在元朝发展成金属管形火器。元代至顺三年（1332 年）制造的铜火铳，是中国也是世界上现存的最古老的有明确纪年的金属管形火器，比欧洲现存的最古老的火铳早约半个世纪。金属管形火器的出现，是兵器发展史上的一个重大变革。从此，火器逐步代替冷兵器，向近代化枪炮方向发展。元朝晚期，火炮已运用到了水战上，装备了舰船，出现了世界上最早的舰炮。

元王朝统治不到一百年，内忧外患增多。朱元璋在元末农民起义的推动下，于 1368 年推翻了元朝，在应天府称帝，建立起明王朝。明朝恢复了汉族地主阶级在中国的统治，继承和发展了秦汉唐宋的中央集权专制制度，废除了有一千多年的丞相制度，把吏、户、礼、兵、刑、工六部直接隶属于皇帝，还分封子弟到各地为王，以加强皇权统治。

明王朝统治中国 276 年，在国防建设方面的主要特点：一是实行卫所兵制。因防设卫，是明朝卫所兵制的主要原则。它是对前朝"以屯养兵"制度的继承和发展，实际是一种寓兵于农、守屯结合的国防制度。同时，明朝实行军户世袭制度，一人从军，一家永远为军户。军屯在较大程度上保证了军需物资，军户世袭在较大程度上保证了兵源，但也引出了不少弊端。二是重视边防建设。边防建设是明朝国防建设的重要方面，其重点主要集中在北部边防，其做法主要有四个方面。第一，在政治上采取"华夷一家"的民族政策。对北部境外的民族，特别是蒙古族先是"以德怀之"，后来又"以威服之"，实行"德威并施"策略。所谓"以威服之"，就是"修武备，谨边防。来则御之，去不穷追"（《明史·兵志二》）。第二，建设防御工事，以墙制骑。为了抗击北部各个骑兵集团南下袭扰，保护国家安全，明王朝耗巨资重修和增筑长城，前后修建 18 次，历时 200 余年，几乎与明王朝同始终。此外，明朝统治者在长城重要地段配置较多的火器，以坚固的长城抗击北方强悍的骑兵。第三，设立"九镇"，实施点面结合的防御。明朝长城长达 12 700 多千米，沿线设有"九镇"，以便重点防御，以点控线，以线制面。"九镇"实际上就是九个防区，即辽东镇（治所在今辽宁省辽阳）、蓟州镇（治所在今河北省迁西附近）、宣府镇（治所在今河北省宣化）、大同镇（治所在今山西省大同）、太原镇（治所在今山西省偏关）、延绥镇（治所在今陕西省榆林）、宁夏镇（治所在今宁夏）、固原镇（治所在今宁夏银川）、甘肃镇（治所在今甘肃省张掖）。第四，训练精锐部队，实施机动与城守相结合的防御。明嘉靖三十九年（1560 年），戚继光提出："北方之事，须革车二千，练骁万骑，甲兵数万。"（《纪效新书·或问》）这样既可练就精锐，又可机动用兵。明隆庆二年（1568 年），戚继光任蓟州镇总兵，他针对北方境外的军情，组建了一支精锐部队。这支部队装备有先进的火器，是以车营为主，把骑兵营、步兵营、辎重营融为一体的机动部队。该部队在防御上采取"驻重兵以当其长驱""乘边墙以防其出没"的策略，以车制骑、以骑制骑，把机动与城守相结合，防守与出击相结合。因此，"继光在镇16年，边备修饬，蓟门晏然"（《明史·戚继光传》）。三是重视海防建设。其主要方向是东南海防，其主要做法有两个方面。第一是"重抚百姓"。首先是把军事斗争与政治手段相结合，对于曾经依附倭寇而又脱离倭寇返乡的一般百姓不予治罪，对于杀了倭寇而逃跑归来的人予以奖赏。其次是兵民共建海防，将渔民组织起来，无事时让他们在海上劳动生活，遇到倭寇入侵时，组织他们随同兵船一齐追剿。在明嘉靖后期的抗倭斗争中，东南沿海地区人民自动募集义兵，捐银献财抗击倭寇侵扰，出现了"少壮守阵，老稚妇运砖石"的群众抗倭形势。第二是海陆结合、分区设防、互相支持。戚继光根据当时的实际情况，提出了"水陆兼施，陆战为切"（《纪效新书·总叙》）的海防策略，这个策略基本上被明朝采纳了。戚继光在加强海上斗争的同时，重点加强了海岸的防御能力。明朝在广东、福建、浙江、江苏等东南沿海各省之间都划分了防区，各个省内也划分了防守区域。水兵"哨贼于远海"，"击贼于近洋"。在海洋御敌是第一道防线。陆兵守海岸、守城镇，利用有利地形，歼灭登陆立足未稳之敌。一旦有事，防区之间、水兵陆兵之间相互支援、协同作战。四是进一步发展和广泛运用火器。据《武备志》记载，明朝的火器有180多种。其爆炸性火器分为炸弹类、地雷类和水雷类三种。其抛射性火器分为管形火器和火箭两种。管形火器分为枪和炮两种，即通常所说的土枪、土炮。明朝中叶以后，火炮的炮弹已由实心弹发展为爆炸弹，是世界上最早出现的"开花弹"。明朝的火器专家根据火药气体向后喷射时的反作用力，发明了以火药为动力的火箭，即通常所说的土火箭。这种火箭可分为单级火箭和多级火箭两种。明朝还输入、改进和仿造了一些外国火器。随着火器的发展，明朝的军队装备火器的比例逐步提高。不仅步兵加强了火器装备，水军舰船也加强了火器装备，一度不用于作战而用于运输的战车也装上了火器，成为新的车营。这不仅增强了步兵的战斗力，还增强了火器的机动力。明朝中叶，京都的十万将士中，火器手占了六成之多。

明朝末年，陕北地区连年灾荒。1628年，旱灾严重，农民缺粮断炊，官府照旧催租逼税，农民被迫起义。1643年，李自成率领农民起义军经过15年艰苦奋战，占领西安。1644年，李自成改西安为西京，定国号为大顺。同年3月，李自成率农民起义军攻入北京，推翻了明王朝的统治。同年，吴三桂引清军入关，清军占领并定都北京。李自成兵败南逃，队伍覆灭。清朝逐步统一全国。清朝初期，沿用明朝官制，在中央设内阁和六部，决定权操纵在满族的贵族手中。后来，雍正皇帝增设军机处，由皇帝选派亲信组成。军国大事全由皇帝决定。军机处的设置，使皇权得到进一步加强。从顺治开始，经康熙、雍正、乾隆、嘉庆，先后177年是清朝的兴盛时期，曾出现过"康乾盛世"。

清朝前期，疆域十分辽阔。明清时代，称南海诸岛为"万里长岛""千里石塘"。在清朝统一的政权下，各族人民之间的经济、文化联系更加密切，边疆地区得到了开发，中国作为一个统一的多民族国家，比以往各个朝代有进一步的发展与巩固。

清朝前期十分重视国防建设，其主要特点：一是沿袭努尔哈赤建立的八旗兵制。以黄、红、蓝、白并镶以别色为标志旗，把军队分为八支。它兼有政治、经济、军事三种职能，兵不离耕，耕为战备，"出则为兵，入则为农，耕战二事，未尝偏废"（《清太宗实录》）。后来，又发展为满、汉、蒙八旗，均为世袭兵制。八旗兵以骑兵为主，长于骑战。

入关后，清朝廷为了补充军力，实行"以汉制汉"政策，把降清的明军和招募的汉人组建成绿营兵。因以绿旗为营标，故称绿营兵。绿营兵的数量多于八旗兵，极盛时期，兵力多达60余万。二是加强海防。1661年，郑成功领兵打败了盘踞台湾38年的荷兰殖民者。1662年年初，荷兰殖民者正式投降，台湾回到了祖国怀抱。1683年，清军进入台湾。1684年，清政府设置台湾府，隶属福建省。台湾府的设置，加强了朝廷对台湾的治理，增进了台湾同大陆的联系，促进台湾的开发；还加强了朝廷对南海诸岛的管理，进一步巩固了中国的海防。三是粉碎噶尔丹的分裂活动。清朝初年，游牧在伊犁河流域漠西蒙古的准噶尔部族逐渐强盛，部族首领噶尔丹的野心膨胀，自称"可汗"，对康熙大帝提出了由他统治北方的分裂要求。1690年，噶尔丹在沙俄的支持下，悍然进军内蒙古。康熙大帝亲自带兵迎战。清军在乌兰布通打败了噶尔丹的军队。后来，噶尔丹再次大举内犯。1696年，康熙大帝再次亲征，清军大败噶尔丹于昭莫多。噶尔丹兵败，众叛亲离，不久死去。清朝控制了漠北蒙古，进而控制了天山南北。四是平定大、小和卓的叛乱。18世纪中期，居住在新疆天山南部的维吾尔族贵族大和卓、小和卓兄弟发动叛乱。乾隆皇帝派兵平息，得到了维吾尔族人民的支持，平息了叛乱，清朝政府重新统一新疆地区。清朝政府在新疆各地驻扎军队，设置哨所，加强对西北地区的统治。五是签订中俄《尼布楚条约》。沙皇俄国是一个欧洲国家，本来同中国并不接壤。16世纪后期，沙俄乘清军入关之机，强占中国的雅克萨等地。1685年，康熙大帝命令清军分水陆两路进攻侵占雅克萨的沙俄侵略军。俄军战败而投降。但是，清军撤走后，沙俄侵略军又重新侵占雅克萨。1686年，康熙大帝再次命令清军讨伐沙俄侵略军，迫使沙俄政府同意通过谈判解决中俄两国东段的边界问题。通过平等协商，1689年，中俄双方正式签订第一个边境条约《尼布楚条约》，从法律上确定黑龙江和乌苏里江流域包括库页岛在内的广大地区都是中国的领土。六是加强对西藏的管辖。清朝入关前，就同西藏的喇嘛教（佛教的一支）有联系。清朝入关后，五世达赖亲自到北京朝见顺治皇帝。顺治皇帝正式赐予他"达赖喇嘛"的封号。后来，康熙大帝又赐予另一个喇嘛教首领五世班禅以"班禅额尔德尼"（即大师）的封号。清朝政府确立了达赖和班禅在宗教上的地位，并规定以后历世的达赖和班禅都必须经过中央政府的册封。1727年，雍正皇帝设置驻藏大臣，代表中央政府同达赖和班禅共同管理西藏。从此，中央政府对西藏的管理大大加强了。

清王朝经过"康乾盛世"之后，由于重内轻外，"防民甚于防外"，导致朝廷政治腐朽，官吏昏庸，财政拮据，国防废弛，军队腐败，内乱丛生，外患不息。1840年，鸦片战争后，中国逐步沦为半殖民地半封建社会。中国近代史由此开端。

2. 中国古代国防的基本特点

各朝各代的国防均有自己的特点，但有一些是共同的特点，特别是国君紧握兵权，严格控制国防的领导权，历朝历代莫不如此。概要地讲，中国古代国防的基本特点有五点。

（1）寓兵于农。在中国古代，由于生产力发展水平不高等原因，几乎所有的王朝都重视国防后备力量的建设，推崇寓兵于农。农民和带有农民性质的武装组织，早在夏朝的民军制中就体现出来。到了商朝、西周和春秋时期，民军制度逐步完善，在贵族和平民中普遍按照常备军建制，预编民军组织。战国、秦、汉时期，为维护封建统治，统治者规定所有役龄男子必须服役，形成了常备军、劳役队伍、在乡民兵并重的局面。三国、两晋、南北朝，豪强大族兴起，招募私兵成风，荫附于豪强大族的奴婢佃客，既是豪强大族的私人武装，又是豪强大族的主要劳力。这时，国家常备军主要来源的世袭军户也戍屯结合，亦耕亦战，具有民兵性质。隋唐时期，普遍实行府兵制度，国家军队几乎全部由多数时间在家生产的民兵组成，从而把中国古代的兵农合一制度推向高峰。在宋、元、明、清时期，以民兵为主体的后备力量的形式不断发展变化。两宋的乡兵、保甲，元朝的全民皆兵和军户，明朝的卫所兵，清朝的八旗兵和乡兵、团练等，都曾发展到较大规模，形成重要的武装力量。

（2）富国强兵。中国历朝历代都很重视富国强兵，只是有的朝代做得好一些，有的朝代做得差一些。在历代国防兴衰更迭的经验教训中，他们认识到国不富则无强兵之本，兵不强则无卫国之力。因此，他们很重视国防与经济的关系，如奖励军功，尤重耕战。春秋时期，齐国著名的政治家管仲说："甲兵之本，必先于田宅。"这阐明了国防强大必须依赖经济的发展。秦始皇能征服六国，一统帝业，一个重要的原因就是秦国特别重视富国强兵，大力推行变法，以发展经济、增强国力。汉高祖夺取天下后，为了巩固政权和国防，实行了裁军赐爵、与民生息、重视农业的政策，快速恢复和发展生产，从而增强了军力，使国防得到加强。西汉与唐朝的军屯制，在发展经济、增强军力、巩固国防方面收到了明显的效果。明朝把开发边疆、繁荣经济同抵御外来侵略结合起来，也起到了富国强兵的作用。

（3）注重防御。中国历朝历代重视"围墙战略"，即防御战略。为防范北方强悍的游牧民族的袭扰，他们十分重视修筑像长城这样的防御性的国防工程。自秦始皇大修万里长城开始，之后的历代王朝的君王都热衷于此。但是，一些王朝在"围墙战略"中注入了积极防御的战略精神，即防中有攻的战略精神。纵观中国古代国防史，除积贫积弱的宋朝之外，其他几个比较强盛的王朝的君王奉行的大多是积极防御战略。他们在注重发展经济的同时不忘边患，力图国富兵强；当外敌入侵之时，敢于英勇抗击；在条件具备与形势需要之际，敢于进行战略反攻，远程奔袭，打败敌人。如汉武帝千里出塞，打败来犯的匈奴；唐太宗打败入侵的突厥；明成祖五次远征漠北，扫除边患；康熙大帝亲征噶尔丹，捍卫疆土。正是因为奉行这样的积极防御战略，外患才得以扫除，国家才能在较长时期得以和平发展。

（4）追求统一。中国有史以来就是一个多民族的生存共同体，历史上生活在中国疆域内、属于中央统辖下的各民族政权，都是中国内部的地方性政权。数千年的中华文明史，是在统一观念的主导下实现和维护中华民族大融合、大统一的历史。自秦统一后的两千多年间，中国统一或基本统一的时间占三分之二以上。历史上每一次民族对峙、国家分裂之后，最终的结局仍是民族大融合与新的空前大统一的国家出现。中国战争史的主流是谋求统一的战争。国家统一理念是中华民族与生俱来的"胎记"，是人们普遍的价值取向与理想追求。以国家统一为乐，以江山分裂为忧，成为中华民族天经地义的政治价值取向。"六合同风，九州共贯"的盛世气象成为社会政治的理想境界，并发展成为中华民族的政治思维定式，推动着中华民族的整体发展。

（5）推崇慎战。自古以来，中国处于半封闭性的大陆环境。中国的东部、南部是大海，西部、北部是高山、大漠。中国的地域辽阔，物产丰富，生存空间优越，有自给自足的天然条件。由于这种优越的地缘环境，加上整个封建社会一直被占统治地位的儒家文化影响，中国古代国防总体上表现出了很强的"爱和平、求和平、保和平"的特征；对战争持慎重的态度，重视以理以义服人，反对野蛮征服和穷兵黩武。"兵者，国之大事。死生之地，存亡之道，不可不察也。"（《孙子兵法·计》）"非利不动，非得不用，非危不战。主不可以怒而兴师，将不可以愠而致战。"（《孙子·火攻》）在维护国防安全的方法上，中国古代国防强调运用谋略，主张"不战而屈人之兵"。

（二）中国近代国防

中国近代国防，是指从1840年第一次鸦片战争至1949年中华人民共和国成立这一历史时期的国防。1840年第一次鸦片战争以后，中国遭到外敌入侵的战争有十多次，共计34年，在中国近代史中占了约三分之一的时间。这期间，中华民族遭受侵略战争和进行反侵略战争是国防斗争的主要内容。这近110年，是中华民族屡遭外敌的侵略与欺侮、中国国防每况愈下、中国人不堪回首的历史，也是中华民族以反抗外国列强的侵略和压迫、争取民族独立和解放的斗争历史。

1. 中国近代国防史概要

（1）第一次鸦片战争（1840年6月—1842年8月）。清朝晚期，政治腐败，阶级矛盾尖锐。这时世界资本主义正处于上升时期，极力扩张海外市场，扩大殖民地。当时，中国社会经济中占主导地位的是自给自足的自然经济，外国商品很难在中国打开销路。于是，以英国为首的资本主义国家就向中国大量偷贩鸦片，给中国人民带来了深重的灾难，导致中国白银外流，国库空虚，财政困难。1838年年底，道光皇帝派林则徐为钦差大臣赴广东查禁鸦片。次年6月，林则徐在广州虎门海滩当众销毁鸦片约115万千克，并多次打退英国的挑衅。1840年6月，英国对华发动了第一次鸦片战争。战争持续至1842年8月，英军进犯南京。在整个第一次鸦片战争中，英军仅以48艘舰船，4 000人的"东方远征军"就打开了中国的门户。软弱无能的道光皇帝派耆英、伊里布等人与英军议和。1842年8月，清政府与英国签订了丧权辱国的《南京条约》。从此，中国逐步陷入半殖民地半封建社会，"天朝大国"加速衰落

（2）第二次鸦片战争（1856年10月—1860年10月）。第二次鸦片战争是1856年至1860年间发生在中国本土，英国与法国联手进攻清朝的战争，又名"亚罗号战争"或"英法联军之役"。1856年春，法国天主教神甫马赖非法闯入中国广西西林地区胡作非为，被当地地方官员逮捕处死。法国对此十分不满，决定伺机报复。同年10月，清军广东水师在一艘中国商船"亚罗号"上缉捕了海盗和水手共12人，英国驻广州领事借机与中方纠缠，故意扩大事态，进而以"亚罗号事件"为借口进犯广州，遭到了当地民众的坚决反对。于是，英国和法国组成联军，于1857年12月攻陷广州。1858年5月20日，英法舰队攻陷大沽炮台，逼近天津。清政府派桂良、花沙纳为钦差大臣赴天津谈判。同年6月，清政府分别与俄、美、英、法等国代表签订《天津条约》，随后又在上海签订中英、中法通商章程。与此同时，沙俄趁火打劫，用武力迫使黑龙江将军奕山签订《中俄瑷珲条约》，

割去中国黑龙江以北、外兴安岭以南大片领土。1860 年 8 月，英法联军 1.8 万人再次攻陷大沽炮台入侵北京。清朝咸丰皇帝逃往热河（今承德）。1860 年 10 月，英法联军闯入北京西郊的圆明园，大肆抢掠珍宝文物，然后纵火焚烧，使这座具有中西建筑风格、举世闻名的皇家园林毁于一炬，给中国文化造成无法估量的损失。咸丰皇帝软弱无能，命恭亲王奕䜣分别与英法代表签订中英、中法《北京条约》，同时批准中英、中法《天津条约》。沙俄又迫使清朝政府签订《中俄北京条约》，割去中国乌苏里江以东大片领土。外国资本主义的蛮横侵略与清朝封建统治者的妥协投降，使中国继第一次鸦片战争之后又一次大量丧失领土及其主权。沙俄侵占中国领土达 144 万多平方千米，成为在第二次鸦片战争期间从中国攫取利益最多的国家。

（3）中法战争（1883 年 12 月—1885 年 4 月）。1883 年 12 月，法国派侵略军进攻在越南的清军驻地，挑起中法战争。战争初期，清军作战接连失利。清政府于 1884 年 5 月与法国签订了《中法会议简明条约》，助长了法国侵略者的野心。同年 8 月，法军舰队向台湾进攻，击沉 9 艘中国兵船，清政府被迫再战。1885 年年初，法军进犯广西边界。同年 3 月，清军老将冯子材英勇抗敌，在镇南关、凉山大败法军，使法军前敌统帅尼格里受重伤。刘永福率领的中国黑旗军在临洮大败法军。清军的镇南关大捷沉重打击了法国侵略军，引起了法国政局的动荡，茹费理内阁因此倒台。但是，清政府却派代表在巴黎与法国秘密议和，双方于 4 月订立《停战协定》。同年 6 月，清政府又授意李鸿章与法国在天津签订屈辱的《中法新约》。法国由此达到了侵占越南、打开中国西南门户的政治目的。中法战争成了中国不败而败的战争。

（4）中日甲午战争（1894 年 7 月—1895 年 4 月）。1894 年（甲午年）春，朝鲜爆发农民起义，即朝鲜东学党起义。朝鲜王国请求清朝政府出兵帮助镇压。1894 年 6 月初，清政府派兵到朝鲜，日本也乘机派兵进入朝鲜。不久，朝鲜的农民起义平息。日本不但不撤军，反而向朝鲜增加军队。1894 年 7 月 25 日，日本海军在朝鲜牙山口外丰岛附近海面上向清军发动突然袭击。8 月 1 日，清政府被迫对日宣战，任用李鸿章主持战事，派兵渡过鸭绿江进驻平壤。9 月，中国陆军和海军先后在平壤战役和黄海海战中受挫，致远舰管带邓世昌、经远舰管带林永升在战斗中英勇牺牲。之后，日军分陆海两路进攻中国东北，侵占九连城、安东（今丹东）、大连、旅顺等地。1895 年 1 月底，日军攻占威海卫军港，北洋舰队全军覆没。北洋水师提督丁汝昌宁死不屈，自杀殉国。4 月，清政府派李鸿章在日本的马关与日本又签订了丧权辱国的中日《马关条约》。从此，中国社会的半殖民化程度进一步加深，中华民族的灾难也更加深重。

（5）八国联军侵华战争（1900 年 5 月—1901 年 9 月）。1900 年，英、美、德、法、俄、日、意、奥 8 个帝国主义国家联合发动了对中国的侵略战争。19 世纪末，帝国主义的侵华行为激起了中国人民的强烈不满，中国北方爆发了义和团反帝爱国斗争。帝国主义侵略者为了镇压义和团运动，进一步瓜分中国，串通一气，借口清政府"排外"，联合对中国大举进犯。八国联军于 1900 年 6 月攻占大沽炮台，8 月 14 日又攻陷北京。慈禧太后、光绪皇帝和亲贵大臣逃往西安，派奕劻和李鸿章为全权大臣向侵略者乞和。9 月，德国元帅瓦德西被推选为联军总司令来到中国，侵略军陆续增加到了 10 万人，由北京、天津出发，分别侵占山海关、保定、正定以至山西境内。在此期间，沙俄帝国主义又单独调集步兵、骑兵17万人，分6路侵占中国东北，企图吞并东北三省。清朝政府全盘接受帝国主义的苛刻条件，于1901年9月7日签订了屈辱的《辛丑条约》。八国联军的侵华战争进一步加深了中国的民族危机；《辛丑条约》的签订，标志着中国完全沦为半殖民地半封建社会。

帝国主义的侵略，使中华民族蒙受了奇耻大辱。从1840年鸦片战争到1911年辛亥革命的70多年间，帝国主义通过军事侵略和外交讹诈，强迫中国签订了500多个不平等条约。香港被迫割让给英国；澳门被葡萄牙霸占；沙俄侵吞了中国150多万平方千米的土地；日本占领了台湾及其澎湖列岛；旅顺、胶州湾、广州湾等地成了帝国主义侵略者的租借地。帝国主义列强逼迫清朝政府割地160多万平方千米，共赔款2 700多万元，白银7亿多两（不含利息），若把利息计算进去，仅《辛丑条约》中规定的"庚子赔款"本息就达9.8亿多两。当时，中国被迫开放口岸多达82个。在1.8万多千米的海岸线上，大清帝国竟找不到自己享有主权的港口；外国商船和军舰在中国内河、领海任意航行，自由停泊；外国人在中国境内犯罪，中国人无权审理；外国人在租界实行殖民统治，形成了"国中之国"；外国人横蛮染指中国的警察权和外交权，使中国有海无防，有边不固，绝大部分领土成了帝国主义的势力范围：俄国的势力范围在长城以北，英国的势力范围在长江流域，日本的势力范围在台湾、福建，德国的势力范围在山东，法国的势力范围在云南，等等。帝国主义在中国攫取了大量特权，中华民族美丽富饶的国土被践踏得支离破碎。

2. 清朝晚期国防观念的嬗变

清朝晚期国防观念的嬗变，是在外敌疯狂入侵、朝廷统治者软弱无能、仁人志士勇敢反击侵略者的大背景下发生的。这种嬗变主要是晚清国防观念由古代国防观念向近代国防观念转变，由零散的国防观念向系统的国防观念发展。

（1）鸦片战争中，中国近代国防观念开始萌发。鸦片战争爆发，晚清朝野出现了主战派和主和派之争，争论主要围绕两点展开：一是要不要进行反侵略斗争，即关于"止戈求和"思想的争论；二是敢不敢发动民众进行反侵略斗争，即关于"民心可用"思想的争论。通过争论，萌发了近代国防观念。首先，国防观念开始由对"家族天下"的忠诚向对"民族国家"的热爱转变。主战派中坚人士林则徐在被主和派打压的情况下，保持"苟利国家生死以，岂因祸福避趋之"的情怀，表现出了他以及一批进步人士的民族国家意识，反映了鸦片战争时期爱国志士的国防观念开始由"忠君"向"爱国"转变。其次，重视民众在反侵略斗争中的重要作用。两次鸦片战争，民众英勇抗击外敌，使侵略者遭到了沉重打击。一些爱国人士向朝廷建议：重赏募勇，剀切晓谕，激以大义，以众击寡，"何患国威之不扬，何虑凶锋之不挫"①，并建议朝廷把侵略者的无理要求告诉国民，激起民愤，然后"加温谕以拊循之，加恩赏以鼓舞之，自然民争效命"②。这表明中国近代国防观念开始萌发。

（2）洋务运动中，中国近代国防观念缓慢发展。中国幅员辽阔，边防线和海防线长。在19世纪七八十年代，晚清朝野围绕"塞防"和"海防"问题进行争论。塞防派强调传

---

① 张晓生，吴华. 中国近代战策辑要：上卷［M］. 北京：军事科学出版社，1993：349.
② 张晓生，吴华. 中国近代战策辑要：上卷［M］. 北京：军事科学出版社，1993：351.

统的以陆防为重心的国防战略，海防派主张把国防战略重心由陆防向海防转移。相关争论促进了中国近代国防观念的发展，尤其是海权意识、领土主权意识逐渐觉醒、明晰。在林则徐、魏源等人"师夷长技以制夷"思想的影响下，军队向西方购进了先进的武器装备。19世纪60年代，李鸿章领导的淮军设立200人的洋炮队。之后，淮军的新式炮队不断发展，并不断学习西方先进的作战方式。林则徐、魏源等人提出"器良、技熟、胆壮、心齐"的建军思想，促进了军队建设。1879年，日本吞并中国的属国琉球，并把琉球改名为冲绳，使晚清朝廷感受到了来自海上的威胁，进一步唤起朝野对海防的关注。19世纪80年代，晚清政府最终完成了将国防重心从陆地边塞转移到海洋方向的历史性过渡，成立海军事务衙门，以加强对海防事务的领导，这标志着中国近代新的国防体系的建立。

（3）维新运动中，中国近代国防观念加速转型。晚清时期的维新运动，使具有近代意义的宪政思想、民族思想、民主思想、国家思想逐步被中国知识分子群体中的有识之士所接受，这些思想不同程度地融入了他们的国防观念，并影响着朝野人士，使更多人的民族国家意识和国民意识进一步强化。康有为明确提出去"朝号"而立"国号"。民主革命党人沈翔云呼吁："国家之土地、疆域、庶务、主权，何一非本于吾民，故曰国家者，民众之国家也，非一人之私产也。"① 这些认识，反映了中国近代国防观念的加速转型。这些观念，即国民积极支持国防建设、自觉履行国防义务的观念，已经有了现代国防观念的某些内涵。

（4）辛亥革命前夕，中国近代国防观念基本形成。晚清时期，在中国的殖民主义者的暴行，特别是在中日甲午战争中中国的战败，促使许多中国人进行反思，抚伤思痛，形成一个共识——救亡图存必须富国强兵。1895年，康有为上书光绪皇帝，期待中国效法西方列强"以民为兵"。1898年，他再次上书朝廷"广设武备学堂"，培养兵学人才。他在《大同书》中强调，各级学堂应该重视体育，尤其应该重视兵式体操。1902年，留学日本的蔡锷发表题为《军国民篇》的文章，倡导实行军国民教育。同年，蒋百里发表《军国民之教育》的文章，系统地提出了军人精神教育大纲和学校、社会、家庭实行军国民教育的方法。1903年，梁启超发表《论尚武》的文章，助推了军国民教育思潮的扩展。同年5月，留学日本的学生成立"军国民教育会"，以"养成尚武精神，实行爱国主义"为宗旨。这些倡导使尚武精神复苏，民族斗志振奋，得到了许多国民的响应，消除了国民对侵略者的畏惧心理，并使国民多次拿起武器打击侵略者。这些理论和行为，说明晚清时期中国近代国防观念基本形成。但是，晚清朝廷积重难返，政权大势已去，最终难逃崩溃的下场。

3. 民国时期的国防

在旧中国遭受帝国主义侵略，清政府又腐败无能的情况下，一大批忧国忧民的仁人志士不断地组织人民群众向帝国主义、清朝政府进行了多种形式的斗争，以孙中山为代表的资产阶级革命家，首举"民族""民权""民生"的"三民主义"大旗，提出"驱除鞑虏，恢复中华，建立民国，平均地权"的口号。1911年，四川保路运动爆发，直接引发了10月10日的武昌起义，即辛亥革命。辛亥革命得到了全国15个省以及上海民众的热烈响应，

---

① 史文，许敏. 晚清时期对国家起源的思考和诠释 [J]. 武汉大学学报（人文科学版），2006（1）：57.

清王朝的统治迅速土崩瓦解。12月,临时政府成立,孙中山被推选为临时大总统。1912年1月1日,孙中山在南京宣誓就职,宣告中华民国正式成立。

辛亥革命是中国近代史上的一次伟大的反帝反封建的资产阶级革命,它推翻了两千多年的封建君主制度,建立了资产阶级民主共和国,使人民获得了一些自由和民主权利,在政治和思想上获得了一定的解放,也给中国资本主义经济的发展创造了一定的条件。但是,由于资产阶级的软弱性和妥协性,辛亥革命没有完成反帝反封建的历史任务,中国半殖民地半封建社会的性质也没有得到改变,中国任人宰割的历史悲剧仍没有结束,帝国主义仍然在通过扶植中国各派军阀作为自己的代理人,加紧对中国的控制和掠夺。

袁世凯攫取政权后,加紧了复辟帝制的活动。他镇压了以孙中山为代表的讨伐袁世凯的"二次革命",同时投靠帝国主义,大量出卖国家主权。1915年,日本为了把中国变为它的殖民地,以支持袁世凯做皇帝为诱饵,提出灭亡中国的"二十一条"。袁世凯为了称帝,不惜出卖国家权益,几乎全部接受"二十一条"。是年12月,袁世凯宣布实行帝制,自称"中华帝国皇帝"。袁世凯的复辟丑剧激起全国范围的反袁高潮。1916年3月,袁世凯被迫取消帝制。6月,他在全国民众的唾骂声中绝望而死。

袁世凯死后,北洋军阀分化为直、皖、奉三大派系。除此之外,各省各地区还出现了大大小小的军阀,势力较大的有滇系和桂系。这样,中国出现了军阀割据的混乱局面。各派军阀争权夺利,混战不已,中国依然是有边不固,有海无防,人民有家难安,处在水深火热之中。1917年11月7日,列宁领导的俄国十月社会主义革命取得胜利,给中国人民指出了解放斗争的方向,促使中国人民进一步觉醒。

第一次世界大战结束后,1919年1月,英、法、美、日、意等帝国主义国家在法国巴黎召开所谓"和平会议"。中国政府代表要求归还第一次世界大战期间被日本抢去的德国在山东侵占的各种权力,遭到无理拒绝,列强甚至把原来德国在中国山东的一切权利转给日本。这激起了中国人民的强烈愤怒,于是爆发了五四爱国运动。这是一次彻底的反帝反封建的爱国运动,无产阶级开始登上政治舞台,起了主力军的作用,青年学生发挥了先锋作用。

1921年7月23日,中国共产党正式成立。从此,中国无产阶级有了自己的战斗司令部,中国人民救亡图存的革命斗争有了自己的组织者和领导者。1926年,国共两党合作进行北伐战争,消除了封建军阀割据的局面。但是,1927年4月12日,蒋介石集团叛变革命,对中国共产党人进行大屠杀。是年7月15日,汪精卫集团公开"分共",发动政变,疯狂屠杀中国共产党人和革命群众,使中国又陷入内战之中。

1931年,侵华日军蓄意发动九一八事变,遭到东北地区部分爱国军民自发的顽强抵抗。国民政府企图避免事态扩大,以便它集中兵力围剿中国共产党领导的红军和革命根据地,所以对日本侵略军采取妥协政策。1937年7月7日,日军在北平附近挑起卢沟桥事变,扩大侵华事态。当中华民族到了最危险的时候,中国共产党发出了救亡图存、全民抗战的号召,得到了中国各党派、各民族、各阶级、各阶层、各团体的响应,抗日战争全面爆发。中国国民党领导的爱国将士和中国共产党领导的抗日军队,分别担负着正面战场和敌后战场的作战任务,形成了共同抗击日本侵略者的强大力量,经过14年抗日战争,彻底打败了日本侵略军。这是近代以来中国人民反抗外敌入侵第一次取得完全胜利的民族解放战争，它洗雪了中华民族百年来遭受外敌蹂躏的民族耻辱，成为中华民族由衰弱走向复兴的历史转折点，为中华民族的崛起和振兴开辟了道路。14年抗日战争胜利之后，蒋介石挑起内战，中国共产党又领导人民群众进行解放战争，完全解放了祖国大陆。1949年10月1日，一个独立的、人民民主专政的新中国——中华人民共和国诞生在世界东方。

4. 中国近代国防衰弱的主要原因

中国近代国防之所以衰弱，有外因也有内因，主要还是内因。

（1）闭关自守。17世纪40年代，当中国处在清军入关、清王朝的统治在全国建立之时，正是划时代的轰轰烈烈的英国资产阶级革命的时期。经过几十年复辟与反复辟的斗争，英国在1688年确立了君主立宪制度，正式确立了英国资产阶级的政治统治。18世纪后半叶，英国又率先进行工业革命。随着蒸汽机的发明和推广，英国的社会生产力大幅度提高，主要社会产品迅猛增长，英国成为世界最强大的资本主义国家。法国是当时仅次于英国的资本主义国家。1789年的法国大革命，荡涤着欧洲大陆的封建势力，更推动着工业革命的发展。到19世纪三四十年代，英国已完成了工业革命，法、美等国家的主要工业实体也都采用机器生产。西方先进的资本主义国家为了寻找迅速增长的工业产品市场和廉价的工业原料来源，就疯狂地向外扩张。他们开辟新航路，强迫别国缔结通商条约，以武力掠夺别国领土，使其成为它们的殖民地。正如列宁所指出的："资本主义如果不经常扩大其统治范围，如果不开发新的地方并把非资本主义的古老国家卷入世界经济漩涡之中，它就不能存在和发展。"在这样的国际环境中，清王朝及其后继统治集团政治腐朽，抱残守缺，对世界发展变革的大势懵懂无知，还妄自称大，故步自封，未能清醒地意识到西方列强正觊觎中国，已把中国作为它们瓜分的重要目标，因此未能顺应历史潮流而励精图治、充实国力、巩固国防，因而导致国力衰退，国防废弛，最终被欧美列强冲破国门，野蛮掠夺，肆意瓜分，使中国沦为半殖民地半封建社会的国家。

（2）政治腐败。清王朝后期，政治日益腐败，尤其是晚期的慈禧专权，更是祸国殃民。虽然清王朝也曾为求"自救"，实施了3次大规模的"洋务""维新""宪政"等"新政"，但封建社会已丧失了自我内在更新的机能，任何不触及根本的变革，都无法消除封建体制的千年积弊，只有等待外力的致命一击。特别是政治腐败的情况，到晚清时更是到了登峰造极的地步。嘉庆以后，清王朝官场腐败不堪，积重难返。鸦片战争后，清廷的地方督抚坐大，集地方财、政、军权于一身，对清廷政令置若罔闻。辛亥革命虽然结束了封建统治，但此后的北洋政府却为了巩固自己的统治，不惜出卖国家的利益。以蒋介石为代表的国民政府，始终把消灭中国共产党作为首要目标，对国内实行独裁统治。清王朝政府以及之后的北洋政府、民国政府都因政治腐败而失去了民心，它们没能代表中国的国家利益，更没能代表广大人民群众的根本利益，所以无法对中国社会进行有效的控制和管理，这在客观上为欧美列强侵略瓜分中国造成了条件。

（3）经济落后。国防力量是建立在国家经济和科技基础之上的。近代中国经济和科技落后，是中国近代国防衰弱的重要原因。在人类历史上，中华民族曾在很长时期处于政治大国和经济大国的地位，火药、指南针、印刷术、造纸术四大发明举世瞩目。但是到了18

世纪，近代世界兴起新一轮科技革命和工业革命，把中国远远抛在了后头。中国用自己发明的火药制造烟花爆竹庆太平，祭鬼神。西方列强则用中国发明的火药制造先进的枪炮。明王朝末期，明军正规军已有过半的士兵是火枪手。但清王朝总认为可以"弓马定天下"，看重冷兵器，忽视了先进的热兵器的发展。到鸦片战争前夕，清军的火器几乎全无发展，以致太平天国军队占领岳州后，缴获吴三桂留下的火器后就军威大振了。清王朝国防观念的落后，导致了军事科技的落后。到了晚清，随着国家人口的增多，自然灾害的频繁发生，加之外敌入侵的战争破坏，国库出现了空虚和入不敷出的情况。经济薄弱，科技发展无从谈起，巩固国防更是一句空话。而此后的国民政府所谓的"十年建设"也只是东南一隅，成果甚微，在对内对外战争中又消耗得差不多了。没有强大的经济和科技力量作支撑，国防自然难以坚固。

（4）武备废弛。晚清以及之后的北洋军阀、民国政府的国防指导思想错位，军事思想落后，军队纪律松弛，也直接导致维护国家安全的核心力量——军事力量的薄弱。清王朝建立以后，国防指导思想一直是重内轻外，防备汉人造反胜过防备外敌入侵。这种思想在晚清更盛。在治军方面，八旗军原本能吃苦耐劳，战斗力很强，自入关以后，就以高贵民族和胜利者的身份傲居，纸醉金迷，贪图享受，连例行的训练也要暗中花钱雇人去顶替，导致军队战斗力日益衰弱。清军中的许多王公贵族更是贪生怕死，如清军的统领叶志超，在中日两军交战的关键时刻，竟然弃城而逃；北洋水师"济远"号管带方伯谦在海战中临阵脱逃；等等。加之清军官场腐败，无能之辈官运亨通。凡此种种，导致了清朝军心涣散、装备落后、武备废弛、有国无防的境况。

（四）中国国防历史的启示

回顾我国几千年的国防历史，有过声威远播、天下归附的昌盛；有过引而不发、强虏驻足的安宁；有过遍体创伤、不堪回首的屈辱；有过抗敌卫国、凯歌撼天的胜利。今天，重温这一漫长的国防历史，我们从中至少可以得到五点启示。

1. 政治开明是国防强大的决定因素

政治指导国防建设，国防维护政治地位。政治开明是国防强大的根本，历朝历代的兴衰都反映了这一规律。春秋战国时期，诸侯争霸，兼并战争不断，各国都极力奋发图存，举贤任能，修明政治，把加强国防作为建国的根本大计。如齐国重用管仲、孙膑、孟尝君、邹忌等人才而崛起，一度成为北方霸主；越国重用范蠡、文种等人才而灭吴复国。又如汉高祖刘邦重用张良、萧何、韩信等人才夺取天下；继而命相国萧何据撰秦法，适应新政，制定出《九章律》；又命叔孙通整理朝纲，制定政治礼仪制度，撰写出《汉仪十二篇》《汉礼度》等仪法法令方面的专著，采取文武兼用政策治国。之后的文帝、景帝至武帝，都效法前朝，实行比较开明的政治，为西汉200多年基本安定的局面奠定了基础。相反，秦始皇一统天下之后，梦想其子孙千秋万代世袭他的帝业。但秦朝实行暴政，激起农民起义，秦二世胡亥仅仅当了3年皇帝就断送了秦朝帝业。晚清朝廷政治腐败，抱残守缺，不思改革，导致经济落后，国防赢弱，面对列强入侵则屡屡乞降求和，割地赔款，致使中国陷入半殖民地的苦难深渊。

2. 经济繁荣是国防强大的物质基础

经济繁荣是国防强大必需的物质基础，国防强大是经济繁荣不可或缺的力量保障。中国历代统治者大都认识到富国才能强兵，自强方可自立的道理，都把发展经济作为巩固国防、争夺霸权的重要举措。如春秋战国时期，晋国原先是一个弱小的国家。晋国公子重耳任国君（晋文公）之后，勤于修政，励精图治，"轻关易道，通商宽农，懋穑劝分，省用足财，利器明德，以厚民性"（《国语》）；在农业上，号召改进工具，施惠百姓，奖励垦殖；在贸易上，降低税收，积极争取邻商入晋，互通有无；在国防上，"赋职任功""举善援能"，致力于精兵强民，仿效前朝招募州兵、开垦私田，大力发展生产，增强国防力量。仅仅两三年时间，晋国经济有了飞跃发展，之后又先后兼并二十余国，开创了晋国长达百年的霸业。又如，秦国重用商鞅实行变法，使秦国得以振兴。第一次变法，重点是改革户籍制度以实行什伍连坐法，明令军法以奖励军功，废除世卿世禄制度以削减朝廷开支，建立二十等爵制且严惩私斗，奖励耕织以重农抑商，改法为律以制定秦律，推行小家庭制度等。第二次变法，重点是开阡陌封疆，废井田，制辕田，允许土地私有及买卖，推行县制，初为赋，统一度量衡等。在国防上，加强军事力量，强化作战、阵法演习，不断提高战斗力，以致兵动而地广，兵休而国富。秦军因此"无敌于天下"，南征北战，驱逐匈奴，立威诸侯，为秦国成就统一大业起了重大作用。

3. 国家统一和民族团结是国防强大的关键条件

一盘散沙的组织是没有力量的，一盘散沙的民族是没有希望的，一盘散沙的国家是不会强大的。国家的统一和民族的团结是国家强大的关键，也是国防强大的关键，这已经被历朝历代的事实所证明。

晚清时期至抗日战争初期，中国所经历的两次鸦片战争、中法战争、甲午战争以及抗日之初的战争，中国或屡战屡败，或不战而败，或不败而败。因此，侵略者强加给中国一系列不平等条约，如《南京条约》《北京条约》《望厦条约》《瑷珲条约》《马关条约》《辛丑条约》等。而且，每个条约都使中国割地赔款，丧失主权。同时，侵略者在中国制造多起"惨案"，如"五卅惨案""沙基惨案""万县惨案""南京惨案""济南惨案"等，每次惨案都有侵略军在中国领土上向中国公民开枪开炮，屠杀中国公民，掠夺中国财物。究其根本原因，是晚清朝廷以及之后的北洋政府政治腐败，导致军阀割据，争权夺利，民族一盘散沙，无力抵抗外侮。

1931年九一八事变后，中国共产党为了挽救民族危亡，号召一切愿意抗日的力量联合起来，结成广泛的抗日民族统一战线，并为此做出极大的努力。1937年七七事变后，在中国共产党进一步艰辛努力下，正式形成了全国抗日民族统一战线，各方面的爱国力量空前团结，以国民党军队为主体的正面战场和以共产党领导的八路军、新四军为主体的敌后战场积极配合，同仇敌忾打击日本侵略者。经过14年的艰苦抗战，中国人民打败了日本侵略者，在中国近代史上第一次取得反侵略战争的彻底胜利。

中华人民共和国成立以后，全国各民族人民在中国共产党的领导下，团结一心，发展生产，改善生活，国防不断得到巩固和发展，军队的战斗力不断得以提高，多次打败侵略者的武装挑衅，胜利地进行边境自卫还击作战，有效保卫了国家的安全和人民的安宁。

4. 科学技术进步是国防强大的必需保障

国防现代化的核心是军队现代化，军队现代化的核心是武器装备现代化，武器装备现代化的核心是科学技术现代化。所以，科学技术的进步是国防强大的根本保障。

人是夺取战争胜利的决定因素，武器是夺取战争胜利的重要因素。只有当人与武器实现最佳结合时，才能产生强大的战斗力，才更能够夺取战争胜利，才更能够减少夺取战争胜利的代价。正如马克思所说："批判的武器当然不能代替武器的批判，物质的力量只能用物质力量来摧毁；但是理论一经群众掌握，也会变成物质力量。"被誉为科学学的奠基者的贝尔纳认为："自古以来，改进战争技术，一直比改善和平生活更需要科学。这并不是由于科学家具有好战的特性，而是因为战争的需要比其他需要更加急迫。"手枪战胜利剑，自动步枪战胜手枪，大炮战胜自动步枪，导弹战胜大炮，反导导弹拦截导弹，无人机参战……种种铁的事实说明，科学技术对于巩固国防，对于发展军事，对于赢得战争胜利至关重要，不可或缺。

国家安全的需要催生了国防科学技术。国防强大和打赢战争的需要促进了国防科技的发展。所以，科学技术的进步是国防强大的保障。国家不可一日无防，国防不可一日无科学技术。随着国家安全和打赢战争的新需求，直接从事武器装备研制的国防科学技术对武器装备发展的影响必定是全面的、决定性的，武器装备的科技含量必定会更高，种类必定会更多，结构必定会更系统，性能必定会更强。

5. 国防理论创新是国防强大的必要先导

理论从实践中来，也指导实践；实践检验理论，也推动理论发展。科学理论是技术创新的基石，同时也是技术创新实践的总结。技术创新是科学理论的试金石，同时也进一步丰富、完善科学理论，催生新的科学理论的诞生。二者是相辅相成的关系，具有哲学意义上的对立性及统一性。

国防理论的创新是伴随国家安全的需要进行的，它不仅对发展武器装备、形成新的军事能力、增强战斗力和威慑力具有特别重要的先导作用，而且对发展和繁荣军事理论也会产生积极的意义。国防科学技术的发展和突破，离不开国防理论的指导。在信息技术不断运用于国防领域、军事变革迅猛发展的今天，国防理论的战略导向作用更为明显。

在国防科技发展与国防科技理论紧密结合的当代，国防科技理论创新已成为军事理论研究的重要课题。长期以来，美军的国防科技理论创新较为超前，从而催生出新的军事理论、新的武器装备、新的作战方法。研究和借鉴国外国防科技创新理论，从实际出发探索本国国防科技发展路径、发展模式，对于不断完善和创新我国的国防战略，不断发展和创新我国的国防技术有着重大而深远的战略意义。

第二节　中国国防建设

国防建设是指国家为了满足自身安全利益的需要而提高国防能力所进行的与此相关的建设。它是国家整体建设的重要组成部分。

一、中华人民共和国国防建设领导体制

国防领导体制是指国防领导组织体系及相应的制度。它包括国防领导机构的设置、职权划分、相互关系等。它是国家政权组织和机构的重要组成部分。

（一）中共中央的国防领导职权

中国共产党是中国社会主义事业的领导核心，《中华人民共和国宪法》和《中华人民共和国国防法》都规定了中共中央在包括国防事业在内的国家生活中发挥着决定性的领导作用。《中华人民共和国国防法》规定："中华人民共和国的武装力量受中国共产党领导。"在中国，有关国防、战争和军队建设的重大问题，都由中共中央、中央军委、中央政治局及其常务委员会做出决策，通过必要的法定程序使之上升为党和国家意志在全国范围内统一贯彻执行。国家对国防活动实行统一领导。党的中央军事委员会和国家的中央军事委员会对国防和军队的领导职能完全一致。

（二）全国人民代表大会及其常务委员会的国防职权

中华人民共和国全国人民代表大会是最高国家权力机关。它在国防方面的职权主要有：决定战争和和平问题；制定有关国防方面的基本法律；选举中央军事委员会主席，根据中央军事委员会主席的提名，决定中央军事委员会其他组成人员，并有权罢免以上人员；审查和批准包括国防建设计划在内的国民经济、社会发展计划和计划执行情况的报告；审查和批准包括国防经费预算在内的国家预算和预算执行情况的报告；改变或者撤销全国人民代表大会常务委员会在国防方面的不适当的决定；应当由全国人民代表大会行使的国防方面的其他职权。

全国人民代表大会常务委员会是全国人民代表大会的常设机构，在国防方面的职权主要有：在全国人民代表大会闭会期间，如果遇到国家受武装侵略或者必须履行国际共同防止侵略的条约的情况，决定战争状态的宣布；决定全国总动员或者局部动员；制定有关国防方面的法律；在全国人民代表大会闭会期间，审查和批准包括国防建设计划在内的国民经济和社会发展计划，包括国防经费预算在内的国家预算在执行过程中所必须作的部分调整方案；监督中央军事委员会的工作；在全国人民代表大会闭会期间，根据中央军事委员会主席的提名，决定中央军事委员会其他组成人员的人选；根据最高人民法院院长和最高人民检察院检察长的提请，任免军事法院院长和军事检察长；决定同外国缔结的有关国防方面的条约和重要协定的批准和废除；规定军人的衔级制度；规定和决定授予在国防方面国家的勋章和荣誉称号；全国人民代表大会授予的国防方面的其他职权。

（三）国家主席在国防方面的职权

中华人民共和国主席在国防方面的职权主要有：根据全国人民代表大会的决定和全国人民代表大会常务委员会的决定，宣布战争状态；根据全国人民代表大会的决定和全国人民代表大会常务委员会的决定，发布动员令；公布全国人民代表大会及其常务委员会制定的有关国防方面的法律；根据全国人民代表大会常务委员会的决定，对在国防方面有突出贡献的人员授予国家的勋章和荣誉称号；根据全国人民代表大会常务委员会的决定，批准和废除同外国缔结的有关国防方面的条约和重要协定。

（四）国务院在国防方面的职权

中华人民共和国国务院是最高国家权力机关的执行机关，是最高国家行政机关。它在国防方面的职权是领导和管理国防建设事业，包括：编制国防建设发展规划和计划；制定国防建设方面的方针、政策和行政法规；领导和管理国防科研生产；管理国防经费和国防资产；领导和管理国民经济动员工作和人民武装动员、人民防空、国防交通等方面的有关工作；领导和管理拥军优属工作和退出现役军人的安置工作；领导国防教育工作；与中央军事委员会共同领导中国人民武装警察部队、民兵的建设与征兵、预备役工作以及边防、海防、空防的管理工作；法律规定的与国防建设事业有关的其他职权。

（五）中央军事委员会在国防方面的职权

中华人民共和国中央军事委员会是最高国家军事机关，负责领导全国武装力量。其职权主要包括：统一指挥全国武装力量；决定军事战略和武装力量的作战方针；领导和管理中国人民解放军的建设，制定规划、计划并组织实施；向全国人民代表大会或者全国人民代表大会常务委员会提出议案；根据宪法和法律，制定军事法规，发布决定和命令；决定中国人民解放军的体制和编制，规定总部以及军区、军兵种和其他军区级单位的任务和职责；依照法律、军事法规的规定，任免、培训、考核和奖惩武装力量成员；批准武装力量的武器装备体制和武器装备发展规划、计划，协调国务院领导和管理国防科研生产；会同国务院管理国防经费和国防资产；法律规定的其他职权。

中央军事委员会实行主席负责制，中央军委主席为全国武装力量的统帅。军委主席负责制还是我们党章规定的重大制度，是中国特色社会主义政治制度和军事制度的重要组成部分，在党领导军队的一整套制度体系中处于最高层次、居于统领地位，关系到我军最高领导权和指挥权，是坚持党对军队绝对领导的根本制度和根本实现形式。2017年11月初，为了落实《中共中央政治局关于加强和维护党中央集中统一领导的若干规定》，中央军委发出《关于全面深入贯彻军委主席负责制的意见》。该意见指出，中央军委实行主席负责制，是党和国家军事领导制度长期发展的重要成果，凝结着我们党建军治军的宝贵经验和优良传统。全面深入贯彻军委主席负责制，关系人民军队建设根本方向，关系新时代强国强军事业发展，关系党和国家长治久安，关系中国特色社会主义前途命运。

中央军事委员会由以下人员组成：中央军委主席，副主席若干人，委员若干人。中央军委机关由15个职能部门组成。为了协调国防领导工作，《中华人民共和国国防法》规定："国务院和中央军事委员会可以根据情况召开协调会议，解决国防事务的有关问题。会议议定的事项，由国务院和中央军事委员会在各自的职权范围内组织实施。"

二、中华人民共和国国防建设历程和主要成就

中华人民共和国成立后，中国进入了崭新的历史时期。国防建设全面发展，日益强大，成就瞩目。中华人民共和国近70年国防的光辉历程，大体可分为五个时期。

（一）初创时期（1949年10月—1953年11月）

这一时期的国防斗争和国防建设主要是对外抵御侵略战争，对内医治战争创伤，军队开始进行正规化、现代化建设，新型国防建设初具雏形。

第一，解放祖国大陆，奠定安定局面。中华人民共和国成立之初，全国大部分地区已经解放，但在西南、中南、西北、华北部分地区及东南沿海部分岛屿，仍有部分国民党残余部队和大批武装土匪负隅顽抗。中国人民解放军继续对国民党残余部队实施战略追击，先后在新解放区开展大规模的清剿土匪的斗争。到 1953 年年底，彻底消灭了大陆上残余的国民党军队，解放了除台湾、金门和少数沿海岛屿以外的全部国土，基本上肃清了大陆上的土匪，粉碎了反革命势力的复辟阴谋，奠定了国内的安定局面，为社会主义建设创造了良好的环境。

第二，抗美援朝，保家卫国。1950 年 6 月，朝鲜战争爆发，美国派第七舰队到台湾海峡，企图阻止我国解放台湾省。不久，美国组织一支所谓"联合国军"，在朝鲜越过"三八"线，直逼鸭绿江边，严重威胁着中国安全。同年 10 月 25 日，中国人民志愿军在彭德怀司令员的指挥下，跨过鸭绿江，同朝鲜人民军一起抗击以美军为首的侵略军，连续取得 5 次大规模的战役胜利，歼敌 109 万（其中美军 39 万），把美国侵略军打回到"三八"线以南。1953 年 7 月，美国被迫签订《朝鲜停战协定》，朝鲜战争以美军失败而停止。刚刚站起来的中国人民第一次向现代化装备的强敌显示了自己不可战胜的力量，英勇的中国人民志愿军有效地捍卫了中华人民共和国的尊严和安全。

第三，开始进行军队正规化、现代化建设。在抗美援朝战争期间，我国坚持"边打仗边建设"的方针，先后组建了空军、海军、公安军和炮兵、装甲兵、工兵、铁道兵以及领导机关，并使武器装备得到初步改善。1953 年年底，我军完成了由单一兵种向诸军兵种合成军队的转变。同时，我国大力改善和新建军事院校，加强人才培养，至 1953 年年底，基本形成了比较完整的军事院校体系；广泛开展了文化教育和军事技术训练，提高了干部、战士的文化水平和军事技能；制定和颁发了条令、条例，中国人民解放军的建设开始正规化、现代化。

（二）全面建设时期（1953 年 12 月—1965 年）

1953 年 12 月，全国军事系统党的高级干部会议召开，确定了军队建设的总方针和总任务：在我军现有的基础上，积极地有步骤地把我军建设成一支优良的现代化的革命军队，解放台湾，防御帝国主义的侵略，保卫我国社会主义建设，保卫亚洲和世界和平。会议还强调"建设我军为世界上第二支最优良的现代化的革命军队"，在全军要实现"统一装备、统一编制、统一训练、统一制度、统一纪律"的正规化建设。在这一方针的指引下，中国人民解放军的正规化、现代化建设全面展开，国防建设突飞猛进。

第一，全面开展军队的正规化、现代化建设。一是压缩军队规模。我国连续进行了四次大规模的精简整编，兵员由 1951 年最多时的 611 万人精简到 1957 年的 237 万人。二是调整军队的领导体制和武装力量体制。1954 年 9 月，中共中央军事委员会重新成立，直接领导人民解放军和其他武装力量。几经调整，恢复和确立总参谋部、总政治部、总后勤部三总部的领导体制，加强了对全军的集中统一领导；重新划分了军区。1950 年大军区有 6 个，1955 年增加至 12 个，1956 年增加至 13 个。军区体制由一、二、三级军区和军分区四级体制，改为军区、省军区、军分区三级体制，精简了机关，提高了指挥效能。此外，我国将陆、海、空、防空、公安军五大军种改为陆、海、空三大军种。三是建立正规化的军事制度。实行了义务兵役制、薪金制、军衔制；修改和贯彻了内务、纪律、队列三大条令，部队面貌发生了根本性变化。四是调整军事院校。撤销了大部分文化学校，建立了政治学院、高等军事学院和海军、空军、炮兵等军兵种高等学院，初步形成了诸军兵种院校齐全的初、中、高级院校相衔接的军官培训体系。军事科学院和国防科学技术委员会相继成立，军事理论和国防科学技术的研究工作进一步加强。五是统一了部队编制。通过精简整编，军队的编制和体制更加科学合理，战斗力大大增强，初步形成了具有中国特色的国防体系。六是按现代战争要求加强诸军兵种合成训练。通过这些措施，中国人民解放军走上了建设正规化、现代化军队的道路，基本形成了在现代条件下合同作战的能力。

第二，建立国防工业和国防科技体系。1954年9月，第一次全国人民代表大会通过并颁布的《中华人民共和国宪法》，首次以"法"的形式确立了中华人民共和国国防的地位和作用，提出了包括国防现代化在内的"工业、农业、国防、科学技术"四个现代化建设的奋斗目标。我国第一个五年计划实施后，国家把发展国防工业和国防科学技术作为一项重要任务，先后新建和扩建了79个规模较大的军工厂，武器装备生产进入了仿制苏联装备的阶段。从1960年起，我军武器装备又进入了自行设计、自行制造的阶段。在中华人民共和国成立后的十几年里，我国不仅建立了完善的国防工业体系，还建立了一大批国防科研院所，基本上实现了常规武器国产化。在此期间，第一架喷气作战飞机试飞成功；步兵武器实现制式化；我国自行研制的潜艇、护卫舰、扫雷舰下水；坦克实现国产化。我国基本满足了师以下部队装备的需要。此外，我国尖端技术研究也取得重大进展。1964年10月16日，我国第一颗原子弹爆炸试验成功，大大缩短了我国同当时世界发达国家军事力量的差距。

第三，加强战备，保卫陆海边防。中华人民共和国成立后，美国陈兵台湾海峡，直接威胁着中国安全，台湾的国民党军队也经常对大陆东南沿海地区进行袭扰破坏。为此，我军在开展全面建设的同时，加强了东南沿海地区的战备建设，修筑了一批国防工程。中国人民解放军于1955年解放了浙江沿海的岛屿，1958年又进行了炮击金门的作战，第一次粉碎了美国企图制造"两个中国"的阴谋。从1959年3月开始，中国人民解放军进行了为期三年的平息西藏武装叛乱作战。1962年10月至11月，我军胜利地进行了中印边界自卫还击战，驱除了印度侵略军，保卫了我国领土和主权。

（三）曲折发展时期（1966—1976年9月）

20世纪60年代中期，我国的安全环境发生了重大变化，面临着严峻而复杂的国际形势。美国侵略越南、老挝、柬埔寨，威胁着中国的安全，苏联在中苏边境集结重兵，多次对中国进行武装挑衅。1966年5月至1976年10月的"文化大革命"，使党和人民遭到中华人民共和国成立以来最严重的挫折和损失。在此期间，国防和军队建设遭到严重挫折，受到严重损失。在内忧外患的环境中，中国以战备工作为中心，国防建设在曲折中有所发展，取得了一些成果。

第一，立足于"早打、大打、打核战争"的战略方针。面对严峻而复杂的国家安全环境，为了保卫国家安全，中共中央提出立足于"早打、大打、打核战争"的战略方针，在继续加强东南沿海岛屿防御工程建设的同时，在东北、华北、西北地区主要预设作战方向重要的交通枢纽、要点，构筑坑道等野战和永备性工事。1969 年后，毛泽东多次强调要加强人民防空、城市防卫建设和战略物资储备，提出了"深挖洞、广积粮、不称霸"的战略思想，全国很快出现了修建防空工事的高潮。

第二，加强战略后方建设。为了防范外敌突然袭击，中共中央组织了全国战略后方建设（又称"大三线"）和各地区的战略后方建设（又称"小三线"），把东部地区的一些重要工厂搬迁到西部地区，把大城市里的一些重要工厂搬迁到偏僻的山区。

第三，发展国防尖端科技。在各种干扰不断的情况下，许多老一辈无产阶级革命家力排干扰，坚持发展国防尖端科技。1964 年，我国第一颗原子弹爆炸试验成功，这标志着我国拥有了战略核武器，可以打破长期以来美帝国主义对我国的"核讹诈"。1966 年 10 月 27 日，我国成功地进行了地对地导弹核武器试验，精确地命中了目标。1967 年 6 月 17 日，我国第一颗氢弹爆炸试验成功。1969 年，我国成功地进行了地下核试验。1970 年 4 月 24 日，我国第一颗人造地球卫星发射成功。这些成果，极大地增强了我国的国防力量。

第四，成立第二炮兵。1966 年 7 月 1 日，中国人民解放军战略导弹部队领导机关在北京宣告成立，周恩来总理将其命名为"第二炮兵"。从此，中国人民解放军由陆军、海军、空军、第二炮兵组成。

第五，取得自卫还击作战的胜利。在这一时期，我军胜利地进行了珍宝岛自卫还击作战（1969 年 3 月）、西沙群岛自卫还击作战（1974 年 1 月），以及援越抗美作战（1965—1969 年），有效地改善了周边安全环境，确保了国家安全。

（四）现代化建设新时期（1976 年 10 月—2012 年 10 月）

1. 1976 年 10 月至 1989 年 5 月

1978 年 12 月，党的十一届三中全会召开，邓小平同志提出"和平与发展"是当今世界两大主题的观点。中共中央确定党的工作重点和国防建设指导思想实行战略性转变的重大决策，中国进入了一个以现代化建设为中心任务的社会主义发展新时期，开创了国防建设的新局面。

第一，国防和军队建设指导思想实现战略性转变。1980 年年底，中共中央确立了我国新时期积极防御的军事战略方针。1985 年 5 月 23 日，中央军委扩大会议召开，做出了军队和国防建设指导思想实行战略性转变的重大决策。其转变的实质是：把军队和国防建设指导思想从过去立足于"早打、大打、打核战争"的临战状态转到和平时期正常建设的轨道上来，在服从国家经济建设大局的前提下，抓紧时间，有计划、有步骤地加强以现代化为中心的国防和军队建设，提高军事和政治素质，增强我军在现代条件下的自卫能力。

第二，把教育训练提高到战略地位。1981 年 9 月，我军在华北地区举行了空前规模的现代条件下的军事演习，中央军委主席邓小平检阅参演部队，做了《建设强大的现代化正规化的革命军队》的讲话，从而推动了我军在新形势下教育训练的全面深入开展，推动了军事理论和国防科技研究。

第三，军队实行精简整编。1984 年之前，我军撤销了基建工程兵、铁道兵。1985 年 5 月，部队裁减 100 万人。经过三年多的努力，军委三总部机关人员编制比 1985 年以前减少了近一半，将 11 个大军区调整为 7 个大军区，并组建合成集团军以及新型的专业部队，使我军不断向"精兵、合成、高效"的建军道路迈进。

第四,加速了我军武器装备现代化建设。1981年,我国用一枚运载火箭发射3颗卫星取得成功。1982年,我国进行了潜艇水下发射火箭的试验,弹头准确地溅落在预定海区。

2. 1989年6月至2002年10月

1989年6月,党的十三届四中全会召开,江泽民同志当选为中共中央总书记。同年11月,党的十三届五中全会召开,江泽民同志当选为中共中央军事委员会主席。1991年年初,海湾战争爆发。随着国际形势和战略格局的重大变化,随着我国改革开放的深入和经济建设的迅速发展,我国国防和军队建设快速发展。

第一,军队战争准备的形态和样式发生了方向性的转变。1993年1月,中央军委提出,把军事斗争准备的基点放在打赢现代技术特别是高技术条件下的局部战争上。我军军事斗争准备的基点,实现了由原先应付一般条件下的局部战争向准备打赢现代技术特别是高技术条件下的局部战争的转变。

第二,确定了中国特色军事变革的目标模式。1995年,中央军委决定,军队建设要实现由人力密集型向科技密集型、由数量规模型向质量效能型转变。

第三,确定了中国特色军事变革的基本途径。党的十六大确定了中国特色军事变革的基本途径:"努力完成机械化和信息化建设的双重历史任务,实现我军现代化的跨越式发展。"

第四,香港、澳门顺利回归祖国。1997年7月1日,香港回到祖国怀抱。1999年12月20日,中国政府恢复对澳门行使主权。

第五,颁布国防新法规。1997年3月14日,我国颁布了第一部《中华人民共和国国防法》。2001年4月28日,我国颁布了第一部《中华人民共和国国防教育法》。

3. 2002年11月至2012年10月

2002年11月14日,党的十六届一中全会召开,胡锦涛同志当选为中共中央总书记。2004年9月,党的十六届四中全会召开,胡锦涛同志当选为中共中央军事委员会主席。我国国防建设在以胡锦涛为核心的党中央和中央军委的领导下,根据我国面临的多种安全威胁,完成了多样化军事任务、对国防和军队现代化建设提出了新的要求。这一时期,我国国防和军队建设整体跃升。

第一,认真履行新世纪新阶段我军的历史使命。2004年12月24日,中央军委扩大会议召开,胡锦涛同志科学概括了新世纪新阶段我军的历史使命,即"三个提供、一个发挥":在新世纪新阶段党团结带领全国各族人民全面建设小康社会、实现中华民族伟大复兴的历史进程中,军队肩负着为党巩固执政地位提供重要力量保证,为维护国家发展的重要战略机遇期提供坚强安全保障,为维护国家利益提供有力战略支撑,为维护世界和平与促进共同发展发挥重要作用。2007年10月,党的十七大修改通过的党章,把"新世纪新阶段军队历史使命"的内容写入党章,大力推进了我国国防建设和军队建设。

第二,国防和军队建设贯彻落实科学发展观。2006年1月3日,胡锦涛同志视察解放军报社时强调,要坚持把科学发展观作为加强国防和军队建设的重要指导方针,努力推动国防和军队建设又快又好地发展。这一时期,国防和军队建设要贯彻"五个统筹",即统筹中国特色军事变革与军事斗争准备，统筹机械化建设与信息化建设，统筹诸军兵种作战力量建设，统筹当前建设与长远建设，统筹主要战略方向与其他战略方向建设。

第三，加快推进中国特色军事变革。2004年9月召开的党的十六届四中全会强调："积极推进中国特色军事变革和军事斗争准备"，"按照建设信息化军队、打赢信息化战争的目标，提高信息化条件下的防卫作战能力。坚持从严治军、依法治军，加强军事法制建设，提高军队正规化水平"。部队随之展开信息化条件下的军事演习，由单一军种对抗向诸军种联合对抗转变，由一般电磁环境向复杂电磁环境转变，由自我保障向三军一体保障转变，突出跨战区机动、实兵对抗、联合作战、立体攻防等内容，有效提高了国防能力和军队战斗力。

第四，努力发展国防科技，不断提高武器装备自主创新能力。在一些基础性、前沿性、战略性技术领域取得重大突破，掌握了拥有自主知识产权的国防关键技术和核心技术，推动了我军高技术武器装备的自助式、跨越式、可持续发展。新技术武器装备建设起点更高、质量更高、效益更高而成本更低。2006年，航空科技实现重点型号"三大跨越"：歼-10系列飞机研制成功并批量装备部队，实现中国军用战斗机从第二代向第三代的历史性跨越；太行发动机研制成功并装备部队，实现了军用航空发动机从第二代向第三代的跨越；新一代空空导弹研制成功并装备部队，实现了空空导弹从第三代向第四代跨越。2009年10月，第一台千亿次超级计算机——天河一号在国防科技大学诞生，对于破解国防和经济领域的重大难题具有重要战略意义，进一步加强了综合电子信息系统建设。此外，我国的诸军兵种部队综合集成建设有长足发展，国防能力得到整体提升。

第五，加快实现富国与强军的统一。2005年3月，胡锦涛同志在十届全国人大三次会议上强调，统筹好国防建设和经济建设的关系，是贯彻科学发展观的必然要求。党和国家把国防建设与经济建设协调发展作为强国之策、强军之策。党和国家站在国家安全和发展战略全局的高度，统筹经济建设与国防建设，走中国特色军民融合式发展路子，在全面建设小康社会进程中实现富国和强军的统一。

资料：

现代化建设新时期国防建设主要成果（1993—2012年）：

1993年12月26日，新舟60首飞成功。

1995年5月29日，东风-31洲际弹道导弹试射成功。

1996年12月3日，99式坦克定型。

1998年，歼-7定型量产。

1998年3月23日，歼-10战机首飞。

1999年11月20日，第一艘载人航天试验飞船神舟号发射成功。

2003年4月，武直-10原型机完成首次试飞，2012年装备部队。

2003年5月25日，北斗一号第三颗卫星升空，组网完毕。

2003年10月15日，神舟五号载人航天胜利返回。

2003 年 11 月，空警-2000 首次试飞，2005 年列装。

2004 年 7 月，094 型核潜艇建造完成。

2005 年 6 月 16 日，"巨浪二型"潜射导弹试射成功。

2007 年 4 月 14 日，第二代北斗导航卫星开始发射，到 2012 年 10 月 25 日发射了 16 颗，具备了亚太地区精确定位能力。

2008 年 12 月 15 日，巨浪三型潜射导弹试射成功。

2010 年 1 月 11 日，第一次陆基中段反导试验。

2011 年 9 月 29 日，天宫一号发射成功。

2012 年 9 月 26 日，辽宁号航母入列。

2012 年 11 月，歼-15 舰载机着舰成功。

（五）新时代时期（2012 年 11 月至今）

2012 年 11 月 15 日，中国共产党第十八届中央委员会第一次全体会议召开，习近平当选为中共中央总书记、中共中央军事委员会主席。以习近平同志为核心的党中央着眼实现"两个一百年"奋斗目标、实现中华民族伟大复兴的中国梦，立足国家安全和发展战略全局，坚持和发展马克思主义军事理论，围绕国防和军队建设做出一系列重要论述，确立党在新时代的强军目标，明确把人民军队建设成世界一流军队的时代课题，布局展开强军兴军的战略举措，全力推进国防和军队建设，开创了强军兴军新局面。

第一，紧紧扭住忠诚于党、听党指挥这个根本，人民军队思想政治根基更加牢固。一是习近平主席始终把坚持党对人民军队的绝对领导作为强军之魂，在 2014 年 10 月召开的全军政治工作会议中，鲜明提出人民军队政治工作时代主题，即紧紧围绕实现中华民族伟大复兴的中国梦，为实现党在新形势下的强军目标提供坚强政治保证。二是全军每年一个主题，搞好部队思想政治教育，组织开展党史军事学习教育，着重打造强军文化，打好意识形态斗争的主动仗。广大官兵维护核心、听从指挥的忠诚信仰不断强化，争做习主席的好战士，争当有灵魂、有本事、有血性、有品德的新时代"四有"革命军人，争创具有铁一般信仰、铁一般信念、铁一般纪律、铁一般担当的"四铁"过硬部队成为价值追求。三是全面彻底清算郭伯雄、徐才厚流毒影响，从思想上、政治上、组织上深化清理。人民军队政治生态得到有效治理，人民军队重整行装再出发，踏上了强军新征程。

第二，适应强国强军时代要求深化改革，人民军队组织架构和力量体系实现革命性重塑。一是习近平主席把深化国防和军队改革作为决定军队未来的关键一招，亲自领导、设计和推动改革。这次国防和军队改革力度、深度、广度是中华人民共和国成立以来没有过的，我军打破了长期实行的总部制度、大军区体制、大陆军体制，形成了军委管总、战区主战、军种主建的新格局，调整组建 5 大战区、5 大军兵种、军委机关 15 个职能部门，领导指挥体制实现了历史性变革。二是裁减军队员额 30 万，调整军兵种比例，建设现代化联勤保障部队，部署展开武警部队改革，部队规模结构和力量编成得到优化。三是军队院校、科研机构、训练机构改革不断深化，打造军队院校教育、部队训练实践、军事职业教育"三位一体"新型军事人才培训体系。四是坚持改转并行,推进职能、作风、工作方式"三个转变",完善法规制度和政策机制。人民军队体制一新、结构一新、格局一新、面貌一新。

第三,聚焦能打胜仗,强化练兵备战,军事斗争准备取得重大进展。党的十八大以来,习近平同志领导军事斗争的理论和实践成果丰硕,人民军队的军事能力有了质的跃升。一是制定新形势下军事战略方针,引领人民军队积极进取、主动塑造,军事力量建设和运用实现拓展提升。二是树立战斗力标准,大抓实战化军事训练,大抓战斗精神培育,大抓联合作战和新型军事人才培养,建立联合后勤、打仗后勤,军队练兵备战上升到了一个新水平。三是大力实施科技兴军战略,构建军民融合创新体系,设立国防科技"创新特区",发展高新技术武器装备,国防科技和武器装备建设进一步加快,由"跟跑并跑"向"并跑领跑"转变,我国自主设计建造的航空母舰出坞下水,歼-20、运-20等一批先进武器装备列装部队,天河二号超级计算机、北斗二号卫星工程等一批关键技术实现重大突破。四是进行一系列重大军事行动,开展钓鱼岛维权斗争,划设东海防空识别区,组织海空力量出岛链常态巡航和抢险救灾、国际维和,实施海外护航撤侨行动,建立吉布提海外保障基地等。五是加强边境管控、反恐维稳等,有效维护了国家主权、安全、发展利益,提振了国威军威,增强了民族自信心和自豪感。

第四,围绕永葆人民军队本色正风肃纪、厉行法治,人民军队实现浴火重生。一是习近平主席和军委针对一个时期部队特别是领导干部中存在的突出问题,紧紧扭住全面从严治党和全面从严治军不放松,从制定军委加强自身作风建设十项规定到全面落实《关于新形势下党内政治生活的若干准则》《中国共产党党内监督条例》,从践行群众路线、"三严三实"(严以修身、严以用权、严以律己,谋事要实、创业要实、做人要实)到"两学一做"(学党章党规、学系列讲话,做合格党员),从整顿思想、整顿用人、整顿组织、整顿纪律到"八个专项清理整治"(坚持党对军队绝对领导、贯彻依法治军要求、服从服务战斗力建设,严格个人自查、严格组织把关、严格落实整改、严格领导责任,切实把军队社团工作存在的突出问题解决好,推动军队社团管理工作健康有序发展)、全面停止军队有偿服务、实行巡视全覆盖,一步步革除积弊、正本清源,部队新风气不断上扬。二是以顽强意志品质正风肃纪、严惩腐败,严肃查处一批高级干部严重违纪违法案件,大力纠治发生在官兵身边的不正之风。三是加大依法治军、从严治军力度,制定颁发《中央军委关于新形势下深入推进依法治军从严治军的决定》,加快构建中国特色军事法治体系,强化法规制度执行力,推动我军治军方式根本性转变,从而增强国防能力。

资料:

新时代时期国防建设主要成果(2013—2017年):

2013年1月27日,第二次陆基中段反导拦截技术试验成功。

2013年4月26日,高分一号卫星发射。迄今为止,我国已经发射了高分四号卫星(2015年)。

2013 年 12 月 2 日，嫦娥三号探测器发射升空，12 月 14 日登陆月球。

2014 年 3 月 21 日，新型导弹驱逐舰"昆明舰"交舰入列（052D）。

2015 年 11 月 2 日，C919 大型客机首架机总装下线，2017 年 5 月完成首飞。

2016 年 4 月 19 日，新型东风-41 洲际弹道导弹试射成功。

2016 年 11 月 18 日，天宫二号和神舟十一号载人飞行任务成功。

2016 年 7 月 6 日，运-20 交付使用。

2016 年 11 月 3 日，长征五号首飞成功。

2017 年 3 月 9 日，歼-20、运-20 列编空军序列。

2017 年 4 月 23 日，国产航母 001A 建造完毕，完成涂装。

2018 年 1 月 19 日，我国在酒泉卫星发射中心用长征十一号运载火箭，成功将吉林一号视频 07、08 星发射升空，获得圆满成功。这是酒泉卫星发射中心执行的第 100 次航天发射任务，是吉林一号卫星工程的第四次发射，也是长征系列运载火箭的第 264 次飞行。

第三节 中国武装力量

一、中国武装力量的组成

武装力量是国家或政治集团所拥有的各种武装组织的总称。《中华人民共和国国防法》第二十二条规定："中华人民共和国的武装力量，由中国人民解放军现役部队和预备役部队、中国人民武装警察部队、民兵组成。"它的任务是：巩固国防，抵抗侵略，保卫祖国，保卫人民的和平劳动，参加国家建设事业，全心全意为人民服务。

二、中国武装力量的组织机构

随着形势和任务的发展，当前，我军按照"军委管总、战区主战、军种主建"的总原则，在中央军委机关实行多部门制，在领导管理上实行军委—军种—部队的领导管理体系；在联合作战指挥上实行军委—战区—部队的作战指挥体系。这有利于坚持党对军队绝对领导和军委集中统一领导，有利于军委机关履行战略谋划和宏观管理职能，有利于加强权力运行制约和监督。

（一）中央军委机关

2016 年 2 月之前，中央军委下设 4 个总部机关，即中国人民解放军总参谋部、总政治部、总后勤部、总装备部。在新一轮国防和军队改革中，中央军委机关进行了重大调整改革，实行多部门制，由原来的四总部机关调整组建为 7 个部（厅）、3 个委员会、5 个直属机构，即以下 15 个职能部门。

1. 军委办公厅

军委办公厅是中央军委的重要办事机构和执行机关，承担着落实军委首长指示和组织协调军委各职能部门有序运行及相关组织管理工作。其制发的规范性文件具有军事规章的效力。

2. 军委联合参谋部

军委联合参谋部主要履行作战筹划、指挥控制和作战指挥保障，研究拟制军事战略和军事需求，组织作战能力评估，组织指导联合训练、战备建设和日常战备工作等职能。

3. 军委政治工作部

军委政治工作部主要履行全军党的建设、组织工作、政治教育和军事人力资源管理等职能。军队党的建设是军队全部工作的基础和关键，政治工作是我军的生命线。军委政治工作部要按规定编设政治干部、健全基层党组织，构建严密的权力运行制约和监督体系，使军队党的建设和政治工作得到巩固和加强。

4. 军委后勤保障部

军委后勤保障部主要履行全军后勤保障规划计划、政策研究、标准制定、检查监督等职能。军委后勤保障部负责调整优化保障力量配置和领导指挥关系，构建与联合作战指挥体制相适应，统分结合、通专两线的后勤保障体制。

5. 军委装备发展部

军委装备发展部主要履行全军装备发展规划计划、研发试验鉴定、采购管理、信息系统建设等职能，着力构建由军委装备部门集中统管、军种具体建管、战区联合运用的体制架构。

6. 军委训练管理部

军委训练管理部主要负责全军军事训练的统一筹划和组织领导工作。这有利于加强部队和院校管理，使军事训练与部队管理紧密融合，更好推进实战化训练和依法治军、从严治军。

7. 军委国防动员部

军委国防动员部主要履行组织指导国防动员和后备力量建设职能，领导管理省军区，从战略层面加强对国防动员和后备力量建设的组织领导。

8. 军委纪律检查委员会

军委纪律检查委员会主要负责向军委机关部门和战区分别派驻纪检组，发挥纪检监督作用，推动纪委双重领导体制落到实处，强化纪检监督的独立性、权威性。

9. 军委政法委员会

军委政法委员会主要负责推进依法治军、从严治军，以更好发挥政法部门的职能作用，防范和查处违法犯罪活动，保持部队纯洁和巩固。

10. 军委科学技术委员会

军委科学技术委员会主要负责加强国防科技战略管理，推动国防科技自主创新，协调推进科技领域军民融合发展。

11. 军委战略规划办公室

军委战略规划办公室主要负责完善全军战略规划体制机制，以强化军委战略管理功能，加强军队战略规划集中统管，提高国防和军队建设质量和效益。

12. 军委改革和编制办公室

军委改革和编制办公室主要履行国防和军队改革筹划协调职能，指导推动重大改革实施，负责全军组织编制管理等工作。

13. 军委国际军事合作办公室

军委国际军事合作办公室主要负责对外军事交流合作，管理和协调全军外事工作等。

14. 军委审计署

军委审计署主要履行军队审计监督职能，组织指导全军审计工作。

15. 军委机关事务管理总局

军委机关事务管理总局统一负责军委机关及有关直附属单位的管理保障工作。这有利于加强资源的统筹管理和使用，减少保障机构和人员，提高管理和保障效益。

（二）军种

根据中央军委全面深化国防和军队改革的总体部署，2015 年 12 月 31 日，中国人民解放军陆军领导机构、中国人民解放军火箭军、中国人民解放军战略支援部队正式成立。因此，中国人民解放军由陆军、海军、空军、火箭军和战略支援部队五大军种组成。各军种由相应职能部门和兵种组成。

（三）战区

中国人民解放军战区于 2016 年 2 月 1 日正式成立。原先的沈阳军区、北京军区、济南军区、南京军区、广州军区、成都军区、兰州军区七大军区被调整组建为东部战区、南部战区、西部战区、北部战区、中部战区。

这次战区调整划设工作，是从军委管总、战区主战、军种主建的总原则出发，根据我国安全环境和军队担负的使命任务确定的。这有利于健全联合作战指挥体制，构建联合作战体系，更好地维护国家主权、安全和发展利益，维护地区稳定和世界和平。调整划设战区不会改变中国的国防政策和军事战略。我国始终奉行防御性国防政策，坚持积极防御军事战略方针。

战区归中央军委建制领导，为正大军区级。战区设有战区陆军机关、战区空军机关、战区海军机关等军种机关和相关职能机关及保障部门等。

战区的职权使命是：战区是本战略方向的唯一最高联合作战指挥机构，按照"平战一体、常态运行、专司主营、精干高效"的要求，根据中央军委赋予的指挥权责，对所有担负战区作战任务的部队实施统一指挥和控制，担负应对本战略方向安全威胁、维护和平、遏制战争、打赢战争的使命。

资料：

五大战区管辖的范围及指挥的武装力量

东部战区的管辖范围为江苏省、浙江省、安徽省、福建省、江西省和上海市。其领导和指挥战区内的三个集团军、东海舰队、空军、火箭军、武装警察部队及其他武装力量。该战区的机关驻地为南京。

南部战区的管辖范围为湖南省、广东省、广西壮族自治区、海南省、云南省和贵州省。其领导和指挥战区内的三个集团军、南海舰队、空军、火箭军、武装警察部队及其他武装力量。该战区的机关驻地为广州。

西部战区的管辖范围为四川省、陕西省、甘肃省、青海省、重庆市、西藏自治区、宁夏回族自治区和新疆维吾尔自治区。其领导和指挥战区内的三个集团军、空军、火箭军、武装警察部队及其他武装力量。该战区机关驻地为成都。

北部战区的管辖范围为辽宁省、吉林省、黑龙江省和内蒙古自治区。其领导和指挥战区内的四个集团军、海军、空军、火箭军、武装警察部队及其他武装力量。该战区机关驻地为沈阳。

中部战区的管辖范围为河北省、山西省、山东省、河南省、湖北省、北京市和天津市。其领导和指挥战区内的五个集团军、北海舰队、空军、火箭军、武装警察部队及其他武装力量。该战区机关驻地为北京。

（四）省军区、军分区、人民武装部

1. 省军区（卫戍区、警备区）的性质和主要职能

2016 年 1 月，中央军委印发《关于深化国防和军队改革的意见》，确定"优化预备役部队结构，压减民兵数量，调整力量布局和编组模式""军民融合发展""加强国防动员系统的统一领导"等改革任务。这些改革都与省军区息息相关。在这轮军改中，省军区领导体制业已进行了重大调整。省军区转隶划归新组建的军委国防动员部管理，同时要接受所处战区的联合指挥。与之相对应的是省军区职能和机构的缩编。

省军区在这轮调整中的变化主要有四个方面。一是领导体制变化。在七大军区时代，各省军分区属大军区领导，在军改中调整为由新组建的中央军委国防动员部领导。二是工作对象变化，由主要面向陆军改为面向所有军兵种。省军区原本被划分陆军系统。改革"大陆军"体制后，省军区面向陆海空各军种进行对接。省军区主官也不再由陆军将领包揽。三是职能更为集中。军改后，各省军区辖有的作战部队转隶陆军，省军区职能向动员兵役、军民融合、保障协调等工作聚集。四是领导结构变化。这轮裁军重点是压减非战斗人员，省军区也是裁军重点之一。

省军区转隶划归中央军委国防动员部领导，同时是省（直辖市、自治区）党委的军事工作部门和政府的兵役工作机构，受中央军委国防动员部和同级地方党委、政府的双重领导。新形势下，省军区系统的使命任务可以概括为"六部"，即应急应战的指挥部、地方党委的军事部、后备力量的建设部、同级政府的兵役部、军民融合的协调部、宝贵财富的服务部。

作为应急应战的指挥部，省军区系统主要是平时应急，积极协同配合地方党委、政府，组织指挥民兵遂行抢险救灾、反恐维稳、处置突发事件等行动；战时应战，在战区统一指挥下，组织指挥民兵担负支援诸军兵种部队作战、动员支前、保护交通护卫道路、维护社会稳定等任务。

作为地方党委的军事部，省军区系统主要是为同级地方党委履行抓武装工作、管武装工作职能当好参谋助手，协调抓好落实工作。

作为后备力量的建设部，省军区系统主要是坚持党管武装根本原则，组织领导民兵建设、预备役部队编兵整组、动员征集和相关协调，打造过硬的后备力量。

作为同级政府的兵役部，省军区系统主要是组织协调地方有关部门，抓好兵员征集、退役军人安置等方面的工作。

作为军民融合的协调部，省军区系统主要是贯彻军民融合发展战略，为加快形成全要素、多领域、高效益的军民融合深度发展格局搭桥铺路，发挥桥梁纽带作用。

作为宝贵财富的服务部，省军区系统主要是为离退休干部做好服务保障工作。

2. 军分区（警备区）的性质和主要职能

军分区（警备区）是人民解放军在地区（地区级市、自治州、盟）设立的一级组织，隶属于省军区，同时是地区（地区级市、自治州、盟）党委的军事工作部门和政府的兵役工作机构，受省军区和同级地方党委、政府的双重领导。军分区机关设四个处，即政治工作处、战备建设处、国防动员处、保障处，主要负责民兵的军事训练、政治工作和装备管理，组织实施战时动员，进行兵役登记和兵员征集等。边防军分区还负责边防部队的军事、政治、后勤和装备工作，以及边境的管理、维护、控制等。

3. 人民武装部的性质和主要职能

人民武装部是人民解放军在县（旗、县级市、市辖区）设立的一级组织，隶属于军分区，同时是县（旗、县级市、市辖区）党委的军事工作部门和政府的兵役工作机构，受军分区和同级地方党委、政府的双重领导。人民武装部主要负责后备力量建设和战备工作、兵役和动员工作，指挥民兵作战等。我国在乡（镇）、街道设立的基层人民武装部，属非现役机构，配备专职人民武装干部，接受同级地方党委、政府和上级军事机关的双重领导。

（五）军事科学研究机构和军事院校

中国人民解放军相继成立陆军领导机构、火箭军、战略支援部队，把军委机关从4个总部改为15个职能部门，把7大军区调整划设为5大战区，完成海军、空军、火箭军、武警部队机关整编工作，成立中央军委联勤保障部队，调整和改革了一批军队院校。

调整和改革后，军委直属院校有2所；军兵种院校有35所，其中，陆军12所、海军8所、空军10所、火箭军3所、战略支援部队2所；武警部队院校有6所。

中国人民解放军国防大学是中国最高军事学府，为我军高级任职教育院校，为副战区级，归中央军委建制领导，是全军唯一的综合性联合指挥大学。2017年7月，根据中央军委命令，以原国防大学、南京政治学院、西安政治学院、艺术学院、后勤学院、石家庄陆军指挥学院、武警政治学院，以及装备学院部分专业培训任务和相关机构为基础，调整组建新的国防大学。2017年7月19日，中共中央总书记、国家主席、中央军委主席习近平为国防大学授军旗、致训词。

有些院校是从原来隶属于四总部的院校转隶到陆军、空军、战略支援部队等军种。如今隶属战略支援部队的中国人民解放军战略支援部队信息工程大学是以原中国人民解放军信息工程大学、原中国人民解放军外国语学院为基础重建的（原来的中国人民解放军信息工程大学隶属原总参谋部）。原总后勤部的"第二军医大学"保留原名称但在军改期间，先是转隶中央军委训练管理部，时隔一年后又转隶到海军，组建成中国人民解放军海军军医大学，对外仍称第二军医大学。在军医院校中，除了第二军医大学外，原总后勤部的第三军医大学和第四军医大学分别隶属陆军和空军，更名为中国人民解放军陆军军医大学和中国人民解放军空军军医大学。

此次调整和改革后的多所院校是由之前的几所院校合并组建的。有的是在 6 所院校基础上组建而成；有的是由 4 所院校合并改建而成，并取了新的名称。

中国人民解放军国防科技大学是军委直属院校，是以原来的中国人民解放军国防科学技术大学、国际关系学院、中国人民解放军国防信息学院、西安通信学院、中国人民解放军电子工程学院，以及解放军理工大学气象海洋学院为基础重建的。

中国人民解放军陆军装甲兵学院以原中国人民解放军装甲兵工程学院、原中国人民解放军装甲兵学院、原中国人民解放军装甲兵技术学院为基础重建。

中国人民解放军陆军工程大学以原解放军理工大学和原中国人民解放军军械工程学院主体为基础组建。

中国人民解放军陆军步兵学院由原南昌陆军学院、原石家庄机械化步兵学院合并组建。

中国人民解放军陆军勤务学院以原中国人民解放军后勤工程学院和原中国人民解放军军事经济学院为基础组建。

中国人民解放军陆军炮兵防空兵学院以原中国人民解放军陆军军官学院、原南京炮兵学院、原中国人民解放军防空兵学院和原沈阳炮兵学院为基础组建，是一所副军级院校。

中国人民解放军陆军边海防学院作为全军唯一的边海防高等教育院校，是由原中国人民解放军边防学院、原乌鲁木齐民族干部学院、原昆明民族干部学院合并改建的。

三、中国人民解放军

中国人民解放军自 1927 年 8 月 1 日南昌起义创建以来，经历了中国工农红军、八路军和新四军、中国人民解放军几个发展阶段，在土地革命、抗日战争、解放战争中立下了不朽功勋。中华人民共和国成立后，经历抗美援朝战争、边境自卫反击作战，捍卫了国家主权和领土完整，在革命化、现代化、正规化建设中得到很大的发展，成为人民民主专政的坚强柱石、保卫社会主义祖国的钢铁长城、建设社会主义的重要力量。

（一）中国人民解放军现役部队编成和装备

中国人民解放军现役部队是国家的常备军。经过 2015 年年底的调整，中国人民解放军现役部队由陆军、海军、空军、火箭军和战略支援部队五大军种组成，主要担负防卫作战任务，必要时可以依照法律规定协助维护社会秩序。

1. 陆军

图 1-1 陆军军旗

中国人民解放军陆军成立于 1927 年 8 月 1 日，是我党最早建立和领导的武装力量，历史最长，战功卓著。陆军是在陆地上作战的军种。它既能独立作战，又能与其他军兵种联合作战，是决定陆地战场胜负的主要力量，在防御外来入侵、保卫国家领土主权、维护国家和平统一和社会稳定与安全等方面，起着不可替代的重要作用。中国人民解放军陆军军旗如图 1-1 所示。

解放战争胜利后，中国人民解放军陆军维持着 70 个军的编制。经过逐渐整编，陆军在 1961 年精简为 31 个军。1985 年进行"百万大裁军"，陆军已有的 35 个军精简、升级为 24 个集团军，标志着中国陆军正式走向现代化军兵种合成之路。海湾战争后，2003 年，陆军精简为 18 个集团军。

党的十八大以后，2015 年 12 月 31 日，中国人民解放军陆军领导机构成立。中共中央总书记、国家主席、中央军委主席习近平向陆军授予军旗并致训词。2017 年 4 月 18 日，习近平接见新调整组建的军级单位主官，并对各单位发布训词。同年 4 月 27 日，中央军委决定，以原 18 个集团军为基础，调整组建 13 个集团军，番号分别为中国人民解放军陆军第七十一、七十二、七十三、七十四、七十五、七十六、七十七、七十八、七十九、八十、八十一、八十二和八十三集团军。

中国人民解放军陆军集团军主要担负陆地作战任务，最高领导机关为中共中央军事委员会。成立陆军领导机构，是党中央、中央军委和习近平主席做出的战略决策，是深化国防和军队改革的一个重大举措，有利于加快陆军现代化建设步伐，为健全联合作战指挥体制创造条件，也有利于军委机关调整职能、精简机构人员。

调整组建新的集团军，是对陆军机动作战部队的整体性重塑，是建设强大的现代化新型陆军迈出的关键一步，对于推动我军由数量规模型向质量效益型转变具有重要意义。

（1）陆军的编成。

陆军由步兵（摩托化步兵、机械化步兵、山地步兵）、炮兵、装甲兵（坦克兵）、防空兵、陆军航空兵、电子对抗兵、防化兵、通信兵、工程兵等兵种及侦察兵、测绘兵、汽车兵等专业部（分）队组成。

陆军机关设有参谋部、政治工作部、后勤保障部、装备部。

陆军部队的编制序列为：军委陆军—集团军—师（旅）—团—营。团以上大多采用合成编组，如集团军通常下辖若干个步兵师（旅）、装甲（坦克）师（旅）、地炮师（旅）、防空旅、直升机大队、工兵团、通信团以及各种保障部（分）队等。

（2）陆军各兵种及主要武器装备。

①步兵及武器装备。步兵是以枪械、小口径火炮、导弹和装甲车辆为基本装备，主要在陆地上遂行作战的兵种。步兵按机动和战斗方式，可分为徒手步兵、摩托化步兵和机械化步兵。其武器装备有轻武器（手枪、自动步枪、冲锋枪、手榴弹、火箭筒）、反坦克导弹、轻型火炮（迫击炮、无后坐力炮）和战斗车辆等。

②炮兵及武器装备。炮兵是以火炮、火箭炮、反坦克导弹和地地战役战术导弹为基本装备，主要遂行地面火力突击任务的兵种。其武器装备有各种口径的加农炮、榴弹炮、加农榴弹炮、迫击炮、火箭炮、反坦克导弹和地地战役战术导弹等。

③装甲兵及武器装备。装甲兵是以坦克为基本装备，主要遂行地面突击任务的兵种。其武器装备有主战坦克、特种坦克、装甲车辆和自行火炮等。

④防空兵及武器装备。防空兵是陆军中以地空导弹、高射炮和高射机枪为基本装备，主要遂行地面防空作战任务的兵种。其武器装备有高射机枪、高射炮和防空导弹（以车载四联装防空导弹、野战防空导弹和单兵便携式防空导弹为主）等。

⑤陆军航空兵及武器装备。陆军航空兵是以军用直升机为基本装备，主要遂行以航空火力支援地面作战和机降作战任务的兵种。其武器装备有武装直升机、运输直升机和其他专用直升机等。

⑥电子对抗兵及武器装备。电子对抗兵是实施电子对抗侦察和电子干扰的兵种。其武器装备有电子侦察设备、电子干扰设备和电子伪装器材等。

⑦防化兵及装备。防化兵是军队中担负防化保障任务的兵种。其装备有核爆炸探测仪器，化学与生物观测器材，核辐射探测仪器，化学侦察器材，洗消车辆和喷火、发烟器材等设备。

⑧通信兵及装备。通信兵是担负军事通信任务的兵种。其装备有固定通信装备器材、野战通信装备器材和其他装备器材等。

⑨工程兵及装备。工程兵是担负军事工程保障任务的兵种。其装备有地雷爆破器材、渡河桥梁器材、伪装器材、工程侦察器材和工程机械设备等。

中国人民解放军陆军现已发展成一支现代化的合成军种，除上述诸兵种外，在其编成里还有侦察兵、测绘兵和汽车兵等若干专业兵种。

（3）陆军的建设方向。

为适应国家安全利益和未来军事斗争的需要，建设精干合成、灵敏多能的新型陆战力量，陆军正加速现役主战装备更新换代和信息化改造，优先发展陆军航空兵、轻型机械化部队和信息对抗部队。

2. 海军

图 1-2　海军军旗

中国人民解放军海军成立于 1949 年 4 月 23 日，是以舰艇部队为主体，在海洋上作战的军种。它既能独立在海上作战，又能与其他军兵种联合作战，是海上作战的主要力量，在保卫国家领海主权和海洋利益，保卫海洋国土具有不可替代的重要作用。现代海军具有在水面、水下、空中和岸上实施攻防作战的能力，同时还具有实施战略袭击的能力。海军军旗如图 1-2所示。

自郑和下西洋结束后，中国疏远海洋多年。中国人吃够了海军力量薄弱的苦头，早就梦想有一支强大的海军。为了实现这个海军梦，中国共产党领导中国海军做出了不懈努力。

（1）海军的编成。

海军由潜艇部队、水面舰艇部队、海军航空兵、海军岸防兵、海军陆战队和其他专业勤务保障部队构成。舰队下辖保障基地、舰艇支队、航空兵师和水警区等。

海军机关设有参谋部、政治工作部、后勤保障部、装备部。

海军的编制序列为：军委海军—海军舰队—基地—舰艇支队—航空兵师—水警区等。

（2）海军各兵种及主要武器装备。

①潜艇部队及武器装备。潜艇部队是以潜艇为基本装备，在水下遂行作战任务的兵种。其武器装备有国产多种型号的常规动力潜艇、核动力潜艇以及引进的部分常规动力潜艇。艇上的武器装备有鱼雷、水雷、巡航导弹、弹道导弹等。

②水面舰艇部队及武器装备。水面舰艇部队是以水面舰艇为基本装备，在水面遂行作战任务的兵种。其武器装备有多种型号的驱逐舰、护卫舰、导弹护卫艇、猎潜艇、扫雷舰艇、护卫艇、布雷舰和登陆舰艇等。舰艇上的武器装备有各种舰炮、舰舰导弹、舰空导弹、反潜武器、舰载直升机等。

③海军航空兵及武器装备。海军航空兵是以飞机为基本装备，主要在海洋和濒海上空遂行作战任务的兵种。其武器装备有歼击机、强击机、轰炸机、歼击轰炸机、侦察机、反潜机等。机载武器有航炮、航空火箭弹、航空炸弹、空空导弹、空舰导弹、鱼雷、水雷和深水炸弹等。

④海军岸防兵及武器装备。海军岸防兵是以岸舰导弹和岸炮为基本装备，部署在沿海重要地段、岛屿，主要遂行海岸防御作战的兵种。其武器装备有各种类型的岸舰导弹和自动化火炮。

⑤海军陆战队及武器装备。海军陆战队是以两栖作战武器为基本装备，主要遂行登陆作战任务的海军兵种。其武器装备有自动化的步兵武器、反坦克导弹、防空导弹、火炮、火箭炮以及舟桥、冲锋舟、气垫船、水陆两用坦克和装甲输送车等。

海军除上述五个主要兵种外，还有侦察、观察、通信、工程、航海保障、水文气象、防险救生、后勤供应和维修等专业勤务保障兵种。

（3）海军的建设方向。

为适应国家安全和未来军事斗争准备的需要，海军将着眼于建设一支多兵种合成、具有核常双重作战手段的现代化海上作战力量，把信息化作为海军现代化建设的发展方向和战略重点，突出发展海上信息系统，加强新一代武器装备建设；加强适应信息化条件下作战需要的海上机动兵力建设，增强近海海域的整体作战能力、联合作战能力和海上综合保障能力。

资料：

辽宁号航空母舰

20世纪80年代中后期，瓦良格号于乌克兰建造时遭逢苏联解体，建造工程中断。1999年，中国购买瓦良格号。瓦良格号于2002年3月4日抵达大连港，2005年4月26

日开始由中国海军继续建造改进。2012 年 9 月 25 日，瓦良格号正式更名为辽宁号，并交付中国人民解放军海军使用。

2013 年 11 月，辽宁号舰队从青岛赴我国南海开展为期 42 天的海上综合训练。其间，中国海军以辽宁号航空母舰为主编组了大型远洋航空母舰战斗群，战斗群编列近 20 艘各类舰艇。这是自冷战结束以来除美国海军外西太平洋地区最大的单国海上兵力集结演练，也标志着辽宁号航空母舰开始具备海上编队战斗群能力。2017 年 7 月 7 日，正在执行跨区机动训练任务的中国人民解放军海军航母编队抵达中国香港，参加香港回归祖国暨中国人民解放军进驻香港 20 周年庆祝活动。

中国首艘国产航母

2017 年 4 月 26 日上午，中国首艘国产航母在大连正式下水。首艘国产航母的中文名为 001A 型航母，其长度为 315 米，相当于三个足球场的长度，其宽度为 75 米。该国产航母与"辽宁舰"的外形基本相似，但可搭载的战斗机数量更多。该航母于 2018 年 5 月 18 日中午圆满完成首次海试。

3. 空军

图 1-3　空军军旗

中国人民解放军空军成立于 1949 年 11 月 11 日，是以航空兵为主体、空防合一、以航空空间为主战场的军种。目前，空军由航空、地空导弹、高射炮、雷达、空降、电子对抗、气象等多兵种合成，由歼击机、强击机、轰炸机、运输机等多机种组成，主要任务是国土防空，支援陆军、海军作战，对敌后方实施空袭，进行空运和航空侦察。空军军旗如图 1-3 所示。

经过半个多世纪的建设，我国空军有了长足发展。20 世纪末，我国空军已发展成以航空兵为主体、诸兵种组成的合成军种，其现代化建设和部队战斗力都大大提升。跨入 21 世纪，我国空军的质量建设进一步提高，航空兵拥有固定翼战斗机。三代战斗机、三代半（四代）战斗机，四代（五代）战斗机已陆续装备部队。我国空军正由国土防控型向攻防兼备型转变。它将建设成既能独立遂行战役、战略任务，又能与其他军兵种联合作战；既是空中进攻和对空防御的主要力量，又是现代战争中首先使用和大规模使用的重要力量。它在维护国家主权、保卫国家领空安全中，在反侵略战争中实施联合作战具有不可替代的重要作用。

（1）空军的编成和装备。

空军由航空兵、地空导弹兵、高射炮兵、雷达兵、空降兵等兵种和通信、电子对抗、气象等专业兵部队组成。

空军机关设有参谋部、政治工作部、后勤保障部、装备部。

空军的编制序列为：军委空军—战区空军—空军基地—航空兵师—防空兵师（旅）—雷达旅（团）等。

（2）空军各兵种及主要武器装备。

①航空兵及武器装备。航空兵是以军用飞机和直升机为基本装备，主要遂行空中作战和保障任务的兵种。航空兵按照装备飞机机种的不同，分为歼击航空兵、强击航空兵、轰炸航空兵、侦察航空兵、运输航空兵等。其武器装备有：歼击机，机上有航炮、航空火箭弹、航空炸弹和空空导弹；轰炸机，机上有常规炸弹、制导炸弹、核弹等；强击机，机上有航炮、航空火箭弹、航空炸弹等；侦察机，机上有航空照相机、侧视雷达、电视和红外设备等。此外，我军航空兵还有电子战飞机、空中加油机和空中预警机等各种专业飞机。

②地空导弹兵及武器装备。地空导弹兵是以地空导弹（也称防空导弹）武器系统为基本装备，遂行地面防空作战任务的兵种。其武器装备有各种类型的地空导弹（其中包括引进的第三代地空导弹）。

③高射炮兵及武器装备。高射炮兵是以高射炮武器系统为基本装备，主要遂行地面防空作战任务的兵种。其武器装备有高炮和炮瞄雷达等。

④雷达兵及武器装备。雷达兵是以对空警戒雷达为基本装备，主要遂行对空目标探测和报知空中情报任务的兵种。其武器装备有地面警戒雷达和引导雷达等。

⑤空降兵及武器装备。空降兵是以降落伞和陆战武器为基本装备，以航空器为运输工具，主要遂行伞降和机降作战任务的兵种。其武器装备有步兵武器、炮兵武器、轻型装甲车辆、通信装备、降落伞等。

资料：

歼-20 战斗机

歼-20 是我国第五代隐身重型歼击机，采用两台国产涡扇 10B 发动机、DSI 两侧进气道、全动垂尾，鸭式布局。该机于 2011 年 1 月 11 日在成都实现首飞，标志着我国隐形战斗机的研制工作翻开了新的一页。2016 年 8 月 25 日，首架量产型歼-20 战斗机交付空军试用。2017 年 3 月，歼-20 战斗机服役，属空军序列。

（3）空军的建设方向。

为适应国家安全和未来军事斗争准备的需要，空军正努力建设一支攻防兼备的信息化空中作战力量，重点发展新型战斗机、防空反导武器，加强指挥控制系统建设，不断增强空中整体作战能力、联合作战能力和综合保障能力。

4. 火箭军

图 1-4　火箭军军旗

中国人民解放军火箭军成立于 2015 年 12 月 31 日，由第二炮兵更名而来。这种更名，实际上是在特殊历史条件下的一种命名方式。第二炮兵，由周恩来总理命名，毛泽东主席批准，于 1966 年 7 月 1 日成立，一直担负着一个军种的职能任务，始终由中央军委直接掌控，是中国实施战略威慑的核心力量。这次更名为火箭军实至名归，是构建中国特色现代军事力量体系的战略举措，是中国人民解放军现代化建设的一个重要里程碑，同时，也更完整清晰地展示出中国人民解放军在新时代的新形象，显示出中国人民解放军在新时代更坚强、更自信、更开放、更透明。火箭军装备有地地战略导弹和常规战役战术导弹武器，能遂行战略和战役战术核突击和中远程常规火力突击任务。它是我国战略威慑的核心力量，是我国大国地位的战略支撑，是维护国家安全的重要基石。它肩负着威慑和实战的双重使命。它与海军潜艇战略导弹部队和空军战略轰炸机部队构成我国三位一体的战略核力量。火箭军军旗如图1-4所示。

（1）火箭军的编成。

火箭军由地地战略核导弹部队、战役战术常规导弹部队和作战保障部（分）队组成，下辖导弹基地、训练基地、专业保障部队、院校和科研机构等。

火箭军机关设有参谋部、政治工作部、后勤保障部、装备部。

火箭军的编制序列为：军委火箭军—基地—旅—营。

（2）火箭军各导弹部队及主要武器装备。

①地地战略导弹部队及武器装备。地地战略导弹部队是装备地地战略导弹武器系统，遂行战略核反击任务的部队。武器装备有地地战略导弹武器系统。

②战役战术常规导弹部队及武器装备。战役战术常规导弹部队是装备战役战术常规导弹武器系统，遂行常规导弹突击任务的部队。

（3）火箭军的建设方向。

为适应国家安全和防务需要，火箭军正按照核常兼备、全域慑战的战略要求，增强可信可靠的核威慑和核反击能力，加强中远程精确打击力量建设，增强战略制衡能力，努力建设一支强大的现代化火箭军。

中国成立火箭军，仍然奉行不首先使用核武器的原则，坚持自卫防御的核战略，核力量始终维持在维护国家安全需要的最低水平。中国的核政策和核战略是一贯的，没有任何变化。

资料：

中国的核政策

我国从有原子弹的那天起，就向全世界郑重宣布："中国在任何时候、任何情况下，都不会首先使用核武器，也不向外国扩散核武器，不在外国部署核武器，绝不拿核武器去威胁别人，让别人屈服于我们。"这是我国使用核力量的一贯政策。我国对核战争的态度：一是反对，二是不怕，三是还击。

5. 战略支援部队

图 1-5　战略支援部队军徽

中国人民解放军战略支援部队成立于 2015 年 12 月 31 日，是继中国陆、海、空、火箭之后的第五大军种。战略支援部队是维护国家安全的新型作战力量，是我军新质作战能力的重要增长点，是将战略性、基础性、支撑性都很强的各类保障力量进行功能整合后组建而成的。其主要目的是优化军事力量结构、提高综合保障能力，为联合作战提供有效支撑。战略支援部队军徽如图 1-5 所示。

过去的情报工作由总参谋部下属的情报部门负责。该部门主要通过分析公开的资料、派遣谍报人员等方式获取外军信息；开展技术侦察工作，通过电子侦察站、电子侦察卫星、电子侦察机等手段获取敌方雷达和无线电通信信号，经过处理分析获取信息；通过电子对抗、电子侦察机等活动，干扰敌方雷达和通信；通过网络攻防力量开展情报工作；通过心理战飞机和网络、电视、广播等方式对敌方广大区域实施心理战。电子战这类部队不真枪真刀地打仗，但他们的作战价值一点也不亚于传统部队。

在新一轮调整军委总部体制、实行军委多部门制、形成军委管总格局的过程中，我国将总部直属的情报、技术侦察、电子对抗、网络攻防、心理战、通信等方面力量分离出去，将它们整合到一起，建立新的指挥和管理体制，这就是"战略支援部队"。

（1）战略支援部队的编成。

战略支援部队主要包括情报、技术侦察、电子对抗、网络攻防和心理战五大领域。

（2）战略支援部队的主要武器装备。

①情报、技术侦察部队。其主要武器装备有各种侦察设备等。

②电子对抗部队。其主要武器装备有各种电子设备及器材等。

③网络攻防部队。其主要武器装备有计算机等。

（3）战略支援部队的建设方向。

战略支援部队坚持体系融合、军民融合，努力在关键领域实现跨越发展，高标准、高起点推进新型作战力量加速发展、一体发展，努力建设一支强大的现代化战略支援部队。

（二）中国人民解放军预备役部队

中国人民解放军预备役部队成立于 1983 年，是以现役军人为骨干，以预备役军官、士兵为基础，按照中国人民解放军的统一编制组建起来的一支部队。预备役部队是我军后备力量的重要组成部分，是我国国防后备力量建设的重点，列入中国人民解放军建制序列，其师、团授有番号、军旗。

1. 预备役部队的领导体制

预备役部队实行军事系统和地方党委、政府双重领导，调整改革之前归省军区（卫戍区、警备区）建制领导，2017 年划归军种建制领导，战时根据国家发布的动员令转为现役部队。

2. 预备役部队的构成和任务

预备役部队由陆军预备役部队、海军预备役部队、空军预备役部队和火箭军预备役部队组成。其主要任务是：

（1）平时参加国家经济建设，按规定进行军事训练，担负抢险救灾任务；必要时依法协助维护社会秩序、应付突发事件等。

（2）战时根据国家需要，成建制快速动员转为现役部队，遂行作战、勤务保障等。

预备役部队是战时实施成建制快速动员的主要组织形式。组建预备役部队，既可以达到平时少养兵、战时多出兵，又可以保证战时顺利实施成建制快速动员，及时遂行作战任务；既可以节省军费开支，又可以加强国防后备力量建设。

四、中国人民武装警察部队

中国人民武装警察部队诞生于人民军队的摇篮，传承着红军的血脉，是党领导的人民武装力量的重要组成部分，肩负着维护国家安全和社会稳定、保卫人民美好生活的重大职责，主要承担执勤、处置突发事件、反恐怖、抢险救援、防卫作战等任务，在维护政治安全，特别是政权安全、制度安全中发挥着重要作用。

2009 年 8 月 27 日，十一届全国人民代表大会常务委员会第十次会议通过了《中华人民共和国人民武装警察法》。

（一）中国人民武装警察部队历史沿革

中国人民武装警察部队的前身是组建于 1949 年 8 月的中国人民公安中央纵队。1982 年 6 月 19 日，中共中央决定将中国人民解放军担负内卫执勤任务的部队同义务兵役制的武装、边防、消防警察统一组建为"中国人民武装警察部队"（简称"武警部队"），作为国家武装力量的组成部分。1983 年 4 月 5 日，武警总部正式宣布成立。此时，武警部队的领导体制为"一统二分"，即由国务院、中央军委统一领导，各地公安机关分级管理、指挥，但以"二分"为主。1995 年 3 月，国务院、中央军委再次对武警部队领导管理体制做了重大调整，将原先"一统二分"的体制改为"二统一分"，即由国务院、中央军委统一领导、统一管理与各级公安机关分级指挥相结合的体制。这就使中央军委进一步加强了对武警部队的领导。2017 年 12 月 27 日，中共中央印发《中共中央关于调整中国人民武装警察部队领导指挥体制的决定》，明确自 2018 年 1 月 1 日零时起，武警部队由党中央、中央军委集中统一领导。这是完善和发展中国特色社会主义武装力量制度的重大创新举措。

（二）中国人民武装警察部队的编制体制

我国国防和军队建设进入新时代，建设现代化武装警察部队开启了新征程。中共中央对武警部队的领导指挥体制进行调整，明确武警部队归中央军委建制，不再列入国务院序列。调整后的武警部队不列入人民解放军序列，其根本职能属性没有发生变化。这有利于落实《中华人民共和国宪法》关于中央军委领导全国武装力量、军委实行主席负责制的规定；有利于加强国家武装力量整体建设和运用；有利于武警部队有效履行新时代使命任务；有利于实现领导管理和高效指挥的有机统一。

2018 年 1 月 10 日，中央军委向武警部队举行授旗仪式。武警部队成立 35 年至此第一次有了旗帜。武警部队旗具有鲜明的特点：旗的上半部保持八一军旗样式，寓意武警部队诞生于人民军队的摇篮，传承着红色基因，表示武警部队是党领导的人民武装力量的组成部分。下半部镶嵌三个深橄榄绿条，代表武警部队担负维护国家政治安全和社会稳定、海上维权执法、防卫作战三类主要任务及力量构成。武警部队旗如图1-6所示。

图1-6　武警部队旗

中共中央总书记、国家主席、中央军委主席习近平向武警部队授旗、致训词时指出，党中央决定，调整武警部队领导指挥体制，党中央和中央军委对武警部队实行集中统一领导，实行中央军委—武警部队—部队领导指挥体制。这是党中央从全面落实党对全国武装力量的绝对领导、坚持和发展中国特色社会主义军事制度出发做出的重大政治决定，对实现党在新时代的强军目标、推进国家治理体系和治理能力现代化、实现党和国家长治久安具有重大而深远的意义。习近平强调，武警部队是党领导的人民武装力量的重要组成部分，在维护国家安全和社会稳定、保卫人民美好生活中肩负着重大职责，在维护政治安全特别是政权安全、制度安全中具有重要作用。

武警部队设总部、总队、支队三级领导机关。各级机关设参谋部、政治工作部（处）、保障部（处），武警总部另设装备部。武警总部是武警部队的领导指挥机关，领导管理各部队的军事、政治、保障工作。武警总部下辖各省总队、机动总队及院校。省总队设在各省、自治区及直辖市，机动总队分别设立在石家庄和福州，总队以下根据行政区划和任务需要，设若干个支队，支队下辖大队、中队。

武警部队装备轻便、精良，在全军统一的制式下拥有自己的军旗、军兵种标志及服饰，与军衔相对应的警衔等级。武警部队的内务制度、纪律要求、队列基础训练和政治思想工作等则执行中国人民解放军有关的条令、条例和规定。

（三）中国人民武装警察部队的基本特点

1. 军事性

武警部队受中央军委直接领导，同中国人民解放军一样，根据中国人民解放军的建军思想、宗旨、原则，按照中国人民解放军的条令、条例和有关规章制度，结合武警部队的特点进行建设，以军事手段履行自己的职能。

2. 公安性

武警部队的使命是维护国家安全和社会稳定、保障人民安居乐业，因此其职能任务较多涉及公共安全领域，具有一定的执法权限，以执勤、处突、反恐、抢险救援、防卫作战、海上维权六大任务形式履行上述使命。

3. 地方性

武警部队按照国家区域分级设置，遍布全国各地，经中央军委批准或中央军委授权，武警总部批准后，为响应地方各级党委、政府的用兵需求而设立，对稳定和发展国家的政治、经济、文化具有重要作用。

五、民兵

民兵是不脱离生产的群众武装组织，是中华人民共和国武装力量的组成部分。

（一）民兵的领导体制

全国的民兵工作由中央军委国防动员部主管；省军区、军分区和县（市）人民武装部是本地区的民兵领导指挥机关；乡、镇、部分街道和企事业单位设有人民武装部，负责民兵和兵役工作。地方各级党委和人民政府，对民兵工作实行统一计划和部署。

（二）民兵的任务

2011年10月修正的《中华人民共和国兵役法》中明确规定了民兵的任务：一是参加社会主义现代化建设；二是执行战备勤务，参加防卫作战，抵抗侵略，保卫祖国；三是为现役部队补充兵员；四是协助维护社会秩序，参加抢险救灾。其具体概况如下所示：

1. 担负战备执勤

在新的历史条件下，民兵根本职能由机械化战争条件下参战支前为主向信息化战争条件下支援保障作战为主转变：一是参加军警民联防和哨所执勤；二是守护重要目标；三是开展护厂、护矿等活动，确保本地区本单位的安全与稳定。

2. 参加防卫作战

民兵须积极配合解放军参加各种防卫作战和保障行动：一是直接参与作战，二是提供战勤保障支援，三是为现役部队补充兵员，四是参与消除灾害。

3. 协助维护社会稳定

民兵须参加维护社会治安、平息动乱暴乱等各种行动：一是配合公安部门和武警部队，打击扰乱社会秩序的破坏活动；二是参与平息各种动乱和暴乱活动，保持社会正常的工作和生活秩序；三是在战争状态下，依法参与战时管制，严厉打击刑事犯罪活动。

4. 参加社会主义现代化建设

民兵须参加社会主义现代化建设，带头实践生产和各项任务：一是立足本职岗位争当生产骨干和致富带头人，为加快经济发展贡献力量；二是参加文明创建、和谐创建和平安创建活动，为加强社会主义精神文明建设、促进社会文明进步贡献力量；三是完成抢险救灾、维护社会稳定等急难险重任务。

（三）民兵训练

民兵军事训练的主要对象是民兵干部和基干民兵。其中，民兵干部和民兵应急分队、专业技术分队是训练的重点。民兵干部和基干民兵的训练原则上由县（市、区）人民武装部组织实施。根据训练大纲的要求，民兵干部的年度训练时间不少于30天；未服过现役的基干民兵，年龄在18~20岁，参加30~40天的军事训练。通过训练，民兵干部具备相应的军事技能和组织指挥能力，并提高开展本职工作的能力。基干民兵学会使用手中武器装备，掌握基本军事技能。

六、中国武装力量建设的总目标

武装力量建设的目标是指武装力量建设在一定时期内所要达到的程度和标准。党的十八大以来，我国国防和军队建设站在新的历史起点上，面对国家安全环境的深刻变化，面对强国强军的时代要求，全面贯彻新时代党的强军思想，贯彻新形势下军事战略方针，建设强大的陆军、海军、空军、火箭军和战略支援部队，打造坚强高效的战区联合作战指挥机构，构建中国特色现代作战体系，担当起党和人民赋予的新时代使命任务。

（一）全面推进军队四个"现代化"

适应世界新军事革命发展趋势和国家安全需要，提高建设质量和效益，确保到 2020 年基本实现机械化，信息化建设取得重大进展，战略能力有大的提升。同国家现代化进程相一致，全面推进军队军事理论现代化、军队组织形态现代化、军事人员现代化、武器装备现代化，力争到 2035 年基本实现国防和军队现代化，到 21 世纪中叶把人民军队全面建设成世界一流军队。

（二）加强军队党的建设

加强军队党的建设，开展"传承红色基因、担当强军重担"主题教育，推进军人荣誉体系建设，培养有灵魂、有本事、有血性、有品德的新时代革命军人，永葆人民军队性质、宗旨、本色。继续深化国防和军队改革，深化军官职业化制度、文职人员制度等重大政策制度改革，推进军队管理革命，完善和发展中国特色社会主义军事制度。树立科技是核心战斗力的思想，推进重大技术创新、自主创新，加强军事人才培养体系建设，建设创新型人民军队。全面从严治军，推进治军方式根本性转变，提高国防和军队建设法治化水平。

（三）坚持战斗力标准

军队是要准备打仗的，一切工作都必须坚持战斗力标准，向能打仗、打胜仗聚焦。扎实做好各战略方向军事斗争准备，统筹推进传统安全领域和新型安全领域军事斗争准备，发展新型作战力量和保障力量，开展实战化军事训练，加强军事力量运用，加快军事智能化发展，提高基于网络信息体系的联合作战能力、全域作战能力，有效塑造态势、管控危机、遏制战争、打赢战争。

（四）坚持富国和强军相统一

坚持富国和强军相统一，强化统一领导、顶层设计、改革创新和重大项目落实，深化国防科技工业改革，形成军民融合深度发展格局，构建一体化的国家战略体系和能力。完善国防动员体系，建设强大稳固的现代边海空防。组建退役军人管理保障机构，维护军人军属合法权益，让军人成为全社会尊崇的职业。深化武警部队改革，建设现代化武装警察部队。

我们的军队是人民的军队，我们的国防是全民国防。我们要加强全民国防教育，巩固军政军民团结，为实现中国梦强军梦凝聚强大力量。

第四节　国防动员

一、国防动员的含义

《中华人民共和国国防法》设专章对国防动员做了原则规定。《中华人民共和国国防动员法》由中华人民共和国第十一届全国人民代表大会常务委员会第十三次会议于 2010 年 2 月 26 日通过，自 2010 年 7 月 1 日起施行。

国防动员是国家为应对战争或其他军事威胁,采取非常措施将社会诸领域全部或部分由平时状态转入战时状态,使国防潜力转化为国防实力而进行的准备、实施及其他相关活动。国防动员是国家实现寓军于民、军民融合的国防发展战略,保持国防与经济和社会协调发展,有效增强国防能力,维护国家主权、统一、领土完整和安全的重大举措,在国家安全与发展中具有重要作用。

二、国防动员的分类和内容

(一)国防动员的分类

《中华人民共和国国防法》第四十四条规定:"中华人民共和国的主权、统一、领土完整和安全遭受到威胁时,国家依照宪法和法律规定,进行全国总动员或者局部动员。"

1. 总动员

总动员亦称全面动员,是指国家采取紧急措施,在全国范围内实施的战争动员,即将全国军事、政治、经济、科技、文化以及社会生活的各个方面转入战时轨道。总动员通常在爆发大规模战争需要举国迎敌时进行,时机一般选择在战争初期。决定实施总动员的权限属于国家最高权力机关,总动员令通常由国家元首或政府首脑发布。总动员涉及面广、组织实施复杂,因而最能体现动员的一般规律和原则。

与局部动员相比,总动员主要有三个特点。一是全面性。总动员涉及国家各个地方、各个领域,包括军事、政治、经济、文化等各个部门,一切为了战争。就人员而言,总动员可能涉及每一个有能力承担国防义务的公民。为了应付大规模战争,总动员将使国家转入战时体制,全国进入战争状态,一切部门和全体公民都要服从战争需要,以各种不同的方式支持战争的进行。二是彻底性。由于全面战争往往比局部战争更复杂、更激烈、更残酷,因而总动员的程度也就更为彻底,它将使国家所具有的战争潜力更多地转化为战争实力,使政府的各种机制更多地由平时状态转换为战时状态,并由此导致整个国家的活动中心和社会生活发生根本性的改变。三是持续性。总动员多是为全面战争而反复实施的。一般来说,全面战争比局部战争涉及的范围更广,持续的时间也更长。这就要求总动员也随之持续下去,成为长时间的、分批次进行的活动。因此,动员可能持久进行,或者反复进行,甚至整个战争的自始至终都贯穿着动员。

2. 局部动员

局部动员,是指国家在部分地区或部门进行的动员,通常是动员部分武装力量和人力、物力、财力进行战争。根据战争的发展,局部动员也可能上升为总动员。决定实施局部动员的权限属于国家最高权力机关。我国进行的抗美援朝战争、对印自卫反击作战、对越自卫还击作战,都进行过这种类型的动员。

与总动员相比,局部动员主要有两个特点。一是有限性。局部动员多是为局部战争而实施的。其作用、目的、时间、范围都有限,所以局部动员的规模必须严格控制。这样不仅可以减少国家的负担和损失,还有利于达成政治上的主动。进行局部动员时,国家体制不做根本改变,社会的各个方面和公民也大多保持正常生产和生活,维持正常的社会秩序。动员只在局部地区和某些部门进行,不涉及国家的总体发展布局和正常的经济建设。

二是不稳定性。局部动员的不稳性主要是说它有多种发展趋势，有可能发展上升为全面动员，也可能只在局部地区或部门进行，不需再发展扩大。这就要求在局部动员之前和实施过程中必须对战争的发展趋势不断地进行研究，做出科学的预测，以便有所准备，一旦需要，及时向总动员过渡。

无论实施总动员还是局部动员，都是由战争规模和国家战略意图决定的，二者在一定条件下相互转化。随着战争规模的扩大，局部动员有可能升级为总动员，同样，随着战争规模的缩小，原来在全国各行各业进行的总动员，则逐步变为局部动员，国家的大部分地区和部门恢复正常状态。战场情况是不断发展变化的，随着交战双方政治、经济的需要，以及双方力量的消长，战争规模也处在不断的发展变化过程中，动员的指导者要把握这种变化，适时调整动员规模。

（二）国防动员的内容

1. 武装力量动员

武装力量动员，是指国家将军队及其他武装组织由平时体制转为战时体制所采取的措施。我国的武装力量动员包括兵员动员、武器装备动员和后勤物资动员等。人民解放军动员的主要任务是：根据作战预案拟制战时部队动员计划及保障计划，做好现役部队预编满员和预备役部队建设的落实工作，国家发布动员令后按战时体制编制扩编和组建部队等。武警部队动员的主要任务是：根据战时可能担负的任务拟制动员计划及保障计划，做好平时预编满员和调整、扩编或重组部队的落实工作，国家发布动员令后根据赋予的任务调整建制或组建、扩建部队等。民兵动员的主要任务是：根据战时兵员动员的需要和参战支前预案，收拢集结人员、调整充实组织、发放武器装备、开展临战训练和落实相关保障。

武装力量动员的主要做法有以下六种：一是扩编现役部队。临战前使军队迅速转入战时状态，现役军人一律停止转业和退伍，外出人员立即归队；迅速组建、扩建新的作战部队和保障部队，实施战略展开。二是征召预备役人员。重点是征召预备役军官和专业技术兵，按战时编制补充现役部队，使之达到齐装满员，随时处于临战状态。三是预备役部队调服现役。预备役部队平时寓于民间，需要时一声令下，可以整师、整团地转为现役部队。四是动员和组织民兵参军参战。五是征用急需物资。六是健全动员机构，加强组织领导。随着战争的发展，进行持续动员可以保证军队不断补充和扩大，直至战争结束。

2. 国民经济动员

国民经济动员，是指国家将经济部门、经济活动和相应的体制从平时状态转入战时状态所采取的措施。这是战争动员的基础。国民经济动员通常包括工业、农业、交通运输、财政金融、邮电通信、医疗卫生力量等方面的动员。

国民经济动员的主要做法有以下九种：一是改组国民经济各部门，实行集中管理和使用战争潜力；二是调整国民经济比例，重新分配人力、物力、财力，统筹安排军需和民用；三是调整经济建设布局，搬迁、疏散重要工厂和战略物资；四是改组工业结构和产品结构，实施工业转产，扩大军工生产；五是调整科研和军工试验部门的任务，加速研制新式武器装备；六是调动交通运输、邮电通信、医疗卫生以及财贸、商业等各行各业的力量，为战争服务；七是加强能源生产和资源管理；八是改组农业，提高农业产量，加强粮食生产和储备，保障粮食供给；九是加强经济资源的开发利用，扩大生产，保障战争的需要。

3. 科学技术动员

科学技术动员，是指国家战时统一组织科学研究部门和专家、工程技术人员，对战争所需要的科学技术进行研发。这是战争动员的重要组成部分。科学技术动员的广度和深度，对战争的进程和结局具有重大影响。

科学技术动员的主要做法有以下两种：第一，平时，保持精干的国防科研队伍，研究开发现代战争需要的军事装备，储备战时生产技术和工艺。第二，战时，根据国家发布的动员令，按照科学技术动员计划，有组织、有步骤地将全国科学技术力量转入战时轨道，强化国家对科学技术领域人力、物力、财力的投入，将科学技术转化为军事实力和战斗力；迅速改进和更新现有武器装备；加速为军队输送各类专业技术人才；及时总结战争的经验教训，针对战争的发展趋向，开发新的先进武器装备并将其投入战争。

4. 人民防空动员

人民防空动员，是指战时国家发动和组织人民群众防备敌人空袭所采取的措施，简称民防动员。其主要任务是：依据国家有关法律法令，动员社会力量，进行防空设施建设，组建防空专业队伍，普及防空知识教育，组织隐蔽疏散，配合防空作战，消除空袭后果。其目的是保护居民、经济设施及其他重要目标的安全，减少国家及人民群众生命财产的损失，保存战争潜力。

人民防空与要地防空、野战防空共同构成中国三位一体的国土防空体系。新时期的人民防空，战时担负保护人民生命财产安全和国家经济建设成果任务，平时担负防灾救灾和处置突发公共事件任务。人民防空经费由国家和社会共同负担。国家颁布人民防空法，各级人民政府制定完善相配套的人民防空法规及规章。县级以上人民政府将人民防空建设纳入国民经济和社会发展规划。近年来，我国人民防空战备水平、城市整体防护能力和应付突发公共事件能力明显提升，初步建立起省、市、县三级互联互通的指挥通信和警报通信专用网，健全了城市防空预警报知网络。重点城市建立了人民防空指挥所，各大中城市组建了抢险抢修、医疗救护、消防、治安、防化疫病、通信、运输等防护救援队伍。

5. 国防交通动员

国防交通动员，是指在全国或部分地区调集交通力量，全力保障战争需要的紧急行动。国防交通动员通常在国家动员领导机构的统一领导下，由国防交通主管机构组织，协同政府、军队有关部门共同实施。国防交通动员的准备，包括在平时制定完备的国防交通动员的法规和计划，健全国防交通机构和机制，建立国防交通保障队伍，储备必要的国防交通物资和器材等。

国防交通动员的主要做法有以下四种：一是根据战争规模和作战需要，有计划地将平时国防交通领导机构迅速按方案扩编为战时交通运输指挥机构，政府交通运输部门随即转入战时体制；二是根据作战保障需要，动员、征用社会运输力量，必要时对交通运输系统实行不同范围和不同形式的军事化管理；三是动员、组织各交通保障队伍和交通保障物资器材迅速到位，遂行运输、抢修、防护任务；四是根据统帅部的规定，做好对弃守地区的交通遮断准备，保障及时遮断。

6. 政治动员

政治动员，是指将战争的原因、性质、目的、形势、前途，以及交战双方的有利、不利条件，抗击敌人的各种手段，及时告诉全体军民，使他们知道战争的胜负同国家安危、民族存亡的利害关系，从而激发他们的爱国主义热情，做好承受战争灾难和为国流血牺牲的思想准备，鼓励他们坚信必胜的信心，誓为祖国和民族的利益英勇战斗。国家发布的动员令中通常包括政治动员的内容。在国家宣布进入战争状态、发布战争动员令后，国家就以各种方式，运用各种手段，大张旗鼓地进行宣传，使我们的战争方针人人皆知。政治动员通常与其他相关动员结合进行，且持续不断，直到战争结束。

政治动员的主要做法有以下四种：一是国家政治体制向适应战争需要的方向转变；二是对广大军民深入进行政治宣传，形成良好的政治气氛；三是把政治动员与其他相关动员结合进行，开展多方面的工作，调动各行各业踊跃支援战争；四是开展外交活动和对外宣传活动，巩固和扩大国际统一战线。

三、国防动员的方针和原则

（一）国防动员的方针

《中华人民共和国国防动员法》第四条规定："国防动员坚持平战结合、军民结合、寓军于民的方针。"国防动员的方针，是国防动员活动确定的总方向和总目标，是指导国防动员活动的总纲。

平战结合，是指平时经济、社会发展与战时动员的有机结合。平时准备是战时实施的基本前提，只有平时准备好，才能保证战时快速高效实施动员。战时实施是平时准备的实际运用和检验，也是平时准备的目的。国防动员工作坚持平战结合，就是把国防动员实施的需要，作为国防动员准备的出发点和立足点，一切以满足国防动员实施需要为标准。从组织领导体制、规模布局结构到法规政策制度的确立，从动员领域的基础建设到动员工作的程序方法，都要做到平战衔接、平战一体，充分体现平战结合的内在要求，确保国防动员准备与实施能够经得起实战考验。

军民结合，是指国民经济和社会发展中军需与民用的有机结合。军民结合是一个问题的两个方面，军是主导，民是基础。国防动员工作坚持军民结合，就是在组织领导体制上，坚持地方党委政府与军事机关的双重领导、双向兼职；在人民武装动员建设上，坚持精干的常备军与强大的后备力量相结合；在经济动员建设上，坚持重要建设项目和重要产品中贯彻国防要求，做到经济建设和国防动员需要两头兼顾；在人民防空、交通战备、医疗卫生等动员建设上，都要实现军需与民用的有机结合。

寓军于民，是指将国防潜力寓于国民经济建设和社会发展之中。国防动员虽然属于国防，但是，它来源于民，根植于民，依托于民。国防动员工作坚持寓军于民，就是从国防动员能力形成的这一特性出发，把形成基点放在民力上，根据国防安全对国防的需要，对经济和社会中蕴藏的国防潜力进行有组织、有计划的开发。在人力动员方面，通过预备役制度，训练和储备战时需要的人力资源，做到平时少养兵、战时多出兵；在物力动员方面，把动员潜力寓于国家雄厚的物力基础之中，做到军民兼容，以民养军；在财力动员方面，发挥中央和地方两个积极性，为国防动员的准备与实施提供有力的财力保障。

（二）国防动员的原则

《中华人民共和国国防动员法》第四条规定：国防动员"遵循统一领导、全民参与、长期准备、重点建设、统筹兼顾、有序高效的原则"。国防动员的原则，是国防动员应该遵循的基本准则，反映的是国防动员的一般规律和要求，对于指导和规范国防动员工作，具有重要意义。

统一领导，就是国家对国防动员实行统一领导。这是进行动员准备和动员实施的根本原则。根据宪法、国防法和国防动员法的规定，全国人大常委决定全国总动员或局部动员，国家主席发布动员令；国务院、中央军委共同领导全国的国防动员工作，统一组织国防动员的准备和实施；各级地方人民政府、军事机关和各级国防动员委员会在国务院、中央军委的统一领导、统一部署、统一指挥下，按照各自职责分工，抓好国防动员各项工作的落实。

全民参与，就是组织和发动全体公民关心、支持、参与国防动员活动。依法参与国防动员工作是宪法和法律的要求，也是人民战争在国防动员上的体现。平时依法完成国防动员准备工作，战时完成规定的国防动员工作任务，是每一个公民义不容辞的职责。国防动员工作顺利与否，关系到国防巩固与否，也关系到每一个公民的切身利益。公民可以享受强大国防保障下的公民权利，也应该为巩固国防履行自己应尽的义务。我国是实行全民国防的国家。相信依靠人民、组织武装人民，是中国国防的最大优势。国防动员工作必须以全体公民为主体，形成全社会关心、参与国防动员的好局面，才能全面做好国防动员工作。

长期准备，就是强调国防动员准备的持久性、连续性和复杂性。国防动员准备的长期性是由国家面临安全威胁的长期性决定的。只要世界上存在着不安定因素，只要战争威胁还存在，国防动员准备工作就一刻也不能停止，必须做到警钟长鸣、居安思危、有备无患。同时，国防潜力的积蓄和动员能力的形成是一个长期而渐进的过程，不可能一蹴而就，需要从长计议，通过艰苦细致的努力，坚持不懈地做好国防动员的各项准备工作。

重点建设，就是根据国防安全的需要，在国防动员建设上突破重点领域、重点地区、重点工作。我国还是一个发展中国家，进行国防建设要充分考虑综合国力的现状和人民群众的承受能力，特别是在财力物力有限的情况下，更要区分轻重缓急，有计划、有重点、分层次地开战国防动员的各项准备工作。在区域范围上，突出主要战略方向和战备重点地区的国防动员建设；在动员领域里，突出抓好人民武装、国民经济、人民防空、交通战备、国防教育、武器装备、科技信息动员和医疗卫生动员等；在工作环节上，突出抓好动员体制的完善、计划预案的制定、动员潜力的调查、预备役人员的储备等，做到抓住重点，带动全盘，引领国防动员科学发展。

统筹兼顾，就是国防动员工作要与国家经济社会发展统筹兼顾、协调发展。首先，要统筹好国防动员建设与经济社会发展的关系，把国防动员建设纳入国家经济社会发展规划之中，既要服从和服务于国家经济社会发展大局，发挥国防动员的优势，为经济社会发展做出贡献；又要根据国家可能提供的财力物力，加强自身建设，提高动员能力。其次，要统筹好国防动员体系内各子系统之间的建设与发展，处理好全局与局部、长远与当前、需要与可能、重点与一般的关系，统一规划，统一部署，使国防动员各项建设相互促进，全面发展。

有序高效，就是强调国防动员活动的制度化、规范化和高效率、高效益。国防动员工作涉及领域广、内容多，是一个复杂的大系统，要有序推进、高效运行，适应现代战争特别是信息化战争条件下的国防动员需要。遵循有序高效的原则，就是健全国防动员法规，完善动员机制，规范动员程序，确保国防动员工作在规范化、法制化轨道上高效运行，实现国防动员效率效益最大化。

四、国防动员的意义

（一）国防动员是增强国防实力的有效手段

国防实力是指国家防御外来侵略的力量，是国家军事、政治、经济、科学技术等力量的总和。在和平时期，国家把动员准备纳入经济建设和社会发展的总体规划，贯彻军民结合、平战结合的方针，可以增强国家的战争潜力，增强公民的国防观念，使国家政局稳定、经济发达、科技进步，综合国力增强。一旦战争爆发，通过战时动员，就能迅速把战争潜力转变为战争实力，解决平时养兵少、战时用兵多的矛盾。

（二）国防动员是增强国防威慑力的重要措施

一个国家的国防威慑力，不仅取决于常备军的数量和质量，还取决于可以动员起来的国防后备力量的数量和质量，以及动员机制体制的完善程度和运行效率。平时，我国充分做好战时动员的准备工作，建立健全国防动员机制体制，可以使敌人望而生畏，不敢对我国发动侵略战争，达到"不战而屈人之兵"的目的。

（三）国防动员是夺取战争主动权的有力保障

随着现代科学技术的飞速发展及其在军事领域中的广泛应用，现代战争的突发性和速决性显著增大，发动战争的一方往往先发制人，迫使对方在无戒备或准备不充分的情况下仓促应战，从而取得速战速决的效果。第二次世界大战以来，突然袭击、不宣而战，已成为发动战争的一种惯用手法。现代战争史实说明，在战争中，谁能保持强大的国防后备力量，并能以最快的速度及时投入战斗，谁就能取得战争的主动权，从而夺取战争胜利。

第五节　中国国防法规简介

一、国防法规概述

（一）国防法规的含义

国防法规是指调整国防和武装力量建设领域各种社会关系的法律规范的总和。国防法规种类多，内容丰富。其主要任务是把国防和军队建设纳入法治化轨道，确保军队和国防建设顺利进行。

（二）我国现行国防法规的等级

根据宪法规定，我国现行的国防法规在纵向结构上可划分为五个等级。

（1）全国人民代表大会及其常务委员会制定颁布的基本法律和基本法律以外的其他法律。前者如《中华人民共和国兵役法》《中华人民共和国国防法》《中华人民共和国国防教育法》等；后者如《中华人民共和国现役军官法》《中国人民解放军军官军衔条例》等。

（2）国务院、中央军委制定颁布的行政法规。如国务院颁布的《退伍义务兵安置条例》，中央军委颁布的《中国人民解放军内务条令》《中国人民解放军纪律条令》《中国人民解放军队列条令》，由国务院和中央军委联合制定颁布的《中华人民共和国征兵工作条例》。

（3）国务院所属各部委和中央军委所属各职能部门制定颁布的法规和规章。

（4）原先由大军区和各军兵种制定颁布的法规细则。如陆军颁布的战斗条令、空军颁布的飞行条令、海军颁布的舰艇条令等。

（5）各省、自治区、直辖市人大和政府制定的地方性法规。如《征兵工作若干规定》《国防教育条例》等。

二、我国现行国防法律法规简介

中华人民共和国成立以来，我国先后制定了十多部有关国防的法律法规。

（一）《中华人民共和国宪法》

《中华人民共和国宪法》明确规定了中国共产党对国防的领导，体现了鲜明的中国特色。宪法对我国的国防建设主要做了五个方面的规定。

（1）规定了我国武装力量的性质：中华人民共和国的武装力量属于人民。

（2）规定了我国武装力量的根本任务：巩固国防，抵抗侵略，保卫祖国，保卫人民的和平劳动，参加国家建设事业，努力为人民服务。

（3）规定了我国武装力量的建设目标：国家加强武装力量的革命化、现代化、正规化的建设，增强国防力量。

（4）规定了公民保卫祖国的义务：保卫祖国、抵抗侵略是中华人民共和国每一个公民的神圣职责；依照法律服兵役和参加民兵组织是中华人民共和国公民的光荣义务。

（5）规定了中央军事委员会的地位和作用：中华人民共和国中央军事委员会领导全国武装力量；中央军事委员会实行主席负责制；中央军事委员会主席由全国人民代表大会选举产生，对全国人民代表大会和全国人民代表大会常务委员会负责。

（二）《中华人民共和国兵役法》

《中华人民共和国兵役法》是国家关于公民参加武装组织或在武装组织之外承担军事任务和接受军事训练的法律。《中华人民共和国兵役法》经1984年5月31日第六届全国人民代表大会第二次会议通过，自1984年10月1日起施行。2011年10月29日第十一届全国人民代表大会常务委员会第23次会议通过《全国人民代表大会常务委员会关于修改〈中华人民共和国兵役法〉的决定》，对《中华人民共和国兵役法》做出第三次修改。第三次修改的部分内容如下：

（1）将第五条修改为："兵役分为现役和预备役。在中国人民解放军服现役的称现役军人；经过登记，预编到现役部队、编入预备役部队、编入民兵组织服预备役的或者以其他形式服预备役的，称预备役人员。"

（2）将第六条修改为："现役军人和预备役人员，必须遵守宪法和法律，履行公民的义务，同时享有公民的权利；由于服兵役而产生的权利和义务，由本法和其他相关法律法规规定。"

（3）将第七条第二款修改为："预备役人员必须按照规定参加军事训练、执行军事勤务，随时准备参军参战，保卫祖国。"

（4）第十一条增加一款，作为第二款："县级以上地方各级人民政府组织兵役机关和有关部门组成征集工作机构，负责组织实施征集工作。"

（5）将第十二条第一款修改为："每年十二月三十一日以前年满十八周岁的男性公民，应当被征集服现役。当年未被征集的，在二十二周岁以前仍可以被征集服现役，普通高等学校毕业生的征集年龄可以放宽至二十四周岁。"

第三款修改为："根据军队需要和本人自愿，可以征集当年十二月三十一日以前年满十七周岁未满十八周岁的公民服现役。"

（6）将第十三条修改为："国家实行兵役登记制度。每年十二月三十一日以前年满十八周岁的男性公民，都应当在当年六月三十日以前，按照县、自治县、市、市辖区的兵役机关的安排，进行兵役登记。经兵役登记并初步审查合格的，称应征公民。"

（7）增加一条，作为第十五条："在征集期间，应征公民被征集服现役，同时被机关、团体、企业事业单位招收录用或者聘用的，应当优先履行服兵役义务；有关机关、团体、企业事业单位应当服从国防和军队建设的需要，支持兵员征集工作。"

（8）将第十五条改为第十六条，修改为："应征公民是维持家庭生活唯一劳动力的，可以缓征。"

（9）将第十六条改为第十七条，修改为："应征公民正在被依法侦查、起诉、审判的或者被判处徒刑、拘役、管制正在服刑的，不征集。"

（10）将第十七条改为第十八条，修改为："现役士兵包括义务兵役制士兵和志愿兵役制士兵，义务兵役制士兵称义务兵，志愿兵役制士兵称士官。"

（11）将第十九条改为第二十条，修改为："义务兵服现役期满，根据军队需要和本人自愿，经团级以上单位批准，可以改为士官。根据军队需要，可以直接从非军事部门具有专业技能的公民中招收士官。士官实行分级服现役制度。士官服现役的期限一般不超过三十年，年龄不超过五十五周岁。士官分级服现役的办法和直接从非军事部门招收士官的办法，由国务院、中央军事委员会规定。"

（12）将第二十条改为第二十一条，增加一款，作为第二款："士兵退出现役的时间为部队宣布退出现役命令之日。"

（13）将第二十一条改为第二十二条，第二款修改为："退出现役的士兵，由部队确定服预备役的，自退出现役之日起四十日内，到安置地的县、自治县、市、市辖区的兵役机关办理预备役登记。"

（14）将第二十二条改为第二十三条，修改为："依照本法第十三条规定经过兵役登记的应征公民，未被征集服现役的，办理士兵预备役登记。"

（15）将第二十三条改为第二十四条，修改为："士兵预备役的年龄，为十八周岁至三十五周岁，根据需要可以适当延长。具体办法由国务院、中央军事委员会规定。"

修改后的兵役法规定，在征集期间，应征公民被征集服现役，同时被机关、团体、企业事业单位招收录用或者聘用的，应当优先履行服兵役义务。应征公民是维持家庭生活唯一劳动力的，可以缓征。

根据修改后的兵役法，国家建立健全以扶持就业为主，自主就业、安排工作、退休、供养以及继续完成学业等多种方式相结合的士兵退出现役安置制度。义务兵退出现役，按照国家规定发给退役金，由安置地的县级以上地方人民政府接收，根据当地的实际情况，可以发给经济补助。

修改后的兵役法还规定，义务兵退出现役，报考公务员、应聘事业单位职位的，同等条件下应当优先录用或者聘用。机关、团体、企业事业单位有接收安置退出现役军人的义务，在招收录用工作人员或者聘用职工时，同等条件下应当优先招收录用退出现役军人。

（三）《中华人民共和国国防法》

《中华人民共和国国防法》（以下简称《国防法》）于 1997 年 3 月 14 日由第八届全国人民代表大会第一次会议通过。该法共十二章七十条。

1. 《国防法》的意义

《国防法》是我国国防方面的基本法律，是宪法关于国防方面的原则规定的具体化，是宪法的子法，是我国所有军事法律法规中最基本的法律，是军事法体系的母法。其具有以下意义：一是把党和国家在国防建设、军队建设方面的方针、政策和优良传统，用法律的形式加以确认，有利于长期稳定地贯彻实施；二是充分发挥法律机制在国防建设中的规范、调节、保障和引导作用，有利于国防建设更好地适应国家经济体制的转变；三是为进一步完备国防法制提供基本的法律依据，有利于国家法制的健全和完善；四是用法律的形式向国际社会表明我国的国防性质和国防政策，有利于树立和维护我国爱好和平的国际形象。

2. 《国防法》中关于公民、组织的国防义务和权利的规定

公民的国防义务，是指法律规定的公民在国防方面应当履行的责任。公民的国防权利，是指法律赋予公民在国防活动中享有的权利。《国防法》中的第九章专门规定了我国公民、组织的国防义务和权利。

（1）公民的国防义务。

第一，服兵役和参加民兵组织的义务。《国防法》第五十条规定："依照法律服兵役和参加民兵组织是中华人民共和国公民的光荣义务。"

第二，接受国防教育的义务。《国防法》第五十二条规定："公民应当接受国防教育。"

第三，保护国防设施的义务。《国防法》第五十二条规定："公民和组织应当保护国防设施，不得破坏、危害国防设施。"

第四，遵守保密规定的义务。《国防法》第五十二条规定："公民和组织应当遵守保密

规定，不得泄露国防方面的国家秘密，不得非法持有国防方面的秘密文件、资料和其他秘密物品。"

第五，支持国防建设的义务。《国防法》第五十三条规定："公民和组织应当支持国防建设，为武装力量的军事训练、战备勤务、防卫作战等活动提供便利条件或者其他协助。"

（2）组织的国防义务。

第一，兵役机关和基层人民武装机构的义务。《国防法》第五十条规定："各级兵役机关和基层人民武装机构应当依法办理兵役工作，按照国务院和中央军事委员会的命令完成征兵工作，保证兵员质量。"

第二，有关的国家机关、社会团体和企业事业单位的国防义务。《国防法》第五十条规定："其他有关国家机关、社会团体和企业事业单位应当依法完成民兵和预备役工作，协助兵役机关完成征兵任务。"

第三，组织承担国防科研生产的任务。《国防法》第五十一条规定："企业事业单位应当按照国家的要求承担国防科研生产任务，接受国家军事订货，提供符合质量标准的武器装备或者军用物资。"

第四，组织在交通管理中贯彻军人、军车优先通行的义务。《国防法》第五十一条规定："企业事业单位应当按照国家规定，在交通建设中贯彻国防要求。车站、港口、机场、道路等交通设施的管理单位应当为现役军人和军用车辆、船舶的通行提供优先服务，按照规定给予优待。"

第五，保护国防设施的义务。这是公民和组织共同的国防义务。《国防法》第五十二条对此有规定。

第六，遵守保密规定的义务。这是公民和组织共同的国防义务。《国防法》第五十二条对此有规定。

第七，支持国防建设的义务。这是公民和组织共同的国防义务。《国防法》第五十三条对此有规定。

（3）公民和组织的国防权利。

第一，对国防建设提建议的权利。《国防法》第五十四条规定："公民和组织有对国防建设提出建议的权利。"所谓建议权，就是公民有权对国防建设的指导思想、方针原则、规章制度、措施方法等提出改进意见。

第二，对危害国防的行为有制止、检举的权利。《国防法》第五十四条规定：公民和组织"有对危害国防的行为进行制止或者检举的权利"。所谓制止权，就是公民有权采取一定的方式方法使危害国防的行为停止下来，从而维护国防利益。所谓检举权，就是在危害国防的行为发生以后，公民有权进行揭发。国家和社会保护行使此项权利的公民，使之免于因此而受到打击报复或其他损害。

第三，对国防活动造成的损失有取得补偿的权利。《国防法》第五十五条规定："公民和组织因国防建设和军事活动在经济上受到直接损失的，可以依照国家有关规定取得补偿。"必须明确的是，有些补偿措施是在战后落实的，不能把预先得到补偿作为接受动员和接受征用的条件。

（四）《中华人民共和国国防教育法》

2001 年 4 月 28 日，第九届全国人民代表大会常务委员会第 21 次会议通过《中华人民共和国国防教育法》（以下简称《国防教育法》）。《国防教育法》共六章三十八条，主要规定了国防教育的方针原则、学校国防教育、社会国防教育、国防教育的保障和法律责任。《国防教育法》的颁布实施，标志着我国国防教育进入一个新的历史发展阶段。

1. 国防教育的价值和目的

（1）国防教育的价值。

《国防教育法》第二条规定："国防教育是建设和巩固国防的基础，是增强民族凝聚力、提高全民素质的重要途径。"国防教育在国家安全战略中的价值主要体现在三个方面。

第一，国防教育可以形成自觉支持国防建设的社会共识，引导全社会做到三个认清，确立三种观念：一是认清"有国无防，国将亡"的历史规律，确立国家安全是首位的观念；二是认清"国家富裕不等于国防强大"的辩证法则，确立国防和经济建设两手抓的观念；三是认清"安全威胁无时不在"的客观现实，确立常备不懈的观念。

第二，国防教育可以帮助国民形成强烈的居安思危的忧患意识，强化忧患意识的现实危机感。我国长期处于和平环境，人们容易滋生麻痹安乐思想，国防教育可以使整个社会认清国家安全形势严峻的一面，激发全社会爱国图强的责任感。

第三，国防教育服务于国家安全战略，在全社会激起强烈的爱国主义情怀，引导全民共同为国家强盛不懈奋斗。

（2）国防教育的目的。

《国防教育法》第三条规定："国家通过开展国防教育，使公民增强国防观念，掌握基本的国防知识，学习必要的军事技能，激发爱国热情，自觉履行国防义务。"这一规定，明确了国防教育的目的。

公民只有具有一定的国防观念，才能积极学习国防知识和军事技能，主动履行国防义务。增强公民的国防观念，主要是培养公民的忧患意识、尚武意识和责任意识，让全体公民关注国家安危和兴衰，在不同岗位上为国防建设做贡献。

公民掌握基本的国防知识，可以使行动建立在理性认识的基础上，明确自己在国防活动中应该做什么以及怎么做，从而更自觉、更有效地参加和支援国防建设。

学习军事技能的过程可以使公民进一步加深对国防知识的理解，掌握、提高在战争中保卫国家和进行自卫的技术、能力。

爱国热情是千百年来固定下来的对自己祖国的一种最深厚的感情，是国家安全最深厚的根基。国防教育可以激发公民对祖国辽阔土地、壮丽山河的无限热爱，对祖国灿烂文化、悠久历史的无限热爱，对人民的无限忠诚和对国家命运的深切关心，增强维护国家安全的责任感。

国防教育使每个公民都明确应承担哪些国防义务，履行义务对国防事业具有什么作用，从而更好地在国家的领导下实施国防行为。

2. 国防教育的组织

《国防教育法》第六条规定："国务院领导全国的国防教育工作。中央军事委员会协同国务院开展全民国防教育。地方各级人民政府领导本行政区域的国防教育工作。驻地军事机关协助和支持地方人民政府开展国防教育。"因此，国务院和地方各级人民政府是领导国防教育工作的主体，在组织实施国防教育中发挥主导作用。

（1）学校国防教育。

《国防教育法》第十三条规定："学校的国防教育是全民国防教育的基础，是实施素质教育的重要内容。"《国防教育法》对学校的国防教育做了具体要求。一是将国防教育的内容纳入小学和初级中学的有关课程，实行课堂教学与课外活动相结合。同时，提倡有条件的小学和初级中学组织学生开展以国防教育为主题的少年军校活动。二是高等学校、高级中学和相当于高级中学的学校应当将课堂教学与军事训练相结合，对学生进行国防教育。高等学校设置适当的国防教育课程，高级中学和相当于高级中学的学校在有关课程中安排专门的国防教育内容，并可以在学生中开展形式多样的国防教育活动。三是学校应当将国防教育列入学校的工作和教学计划，采取有效措施，保证国防教育的质量和效果。四是负责培训国家工作人员的各类教育机构，将国防教育纳入培训计划，设置适当的国防教育课程。

（2）社会国防教育。

《国防教育法》第五条规定："一切国家机关和武装力量、各政党和各社会团体、各企业事业组织以及基层群众性自治组织，都应当根据各自的实际情况组织本地区、本部门、本单位开展国防教育。"国家机关应当根据各自的工作性质和特点，采取多种形式对工作人员进行国防教育。企业事业单位应当将国防教育列入职工教育计划，结合政治教育、业务培训、文化体育等活动，对职工进行国防教育。军区、省军区（卫戍区、警备区）、军分区（警备区）和县、自治县市、市辖区的人民武装部按照国家和军队的有关规定，结合政治教育和组织整顿、军事训练、执行勤务、征兵工作以及重大节日、纪念日活动，对民兵、预备役人员进行国防教育。城市居民委员会、农村村民委员会应当将国防教育纳入社区、农村社会主义精神文明建设的内容，结合征兵工作、拥军优属以及重大节日、纪念日活动，对居民、村民进行国防教育。文化、新闻、出版、广播、电影、电视等部门和单位应当根据形势和任务的要求，采取多种形式开展国防教育。

（五）《中华人民共和国预备役军官法》

1995年5月10日，中华人民共和国第八届全国人民代表大会常务委员会第13次会议通过《中华人民共和国预备役军官法》（以下简称《预备役军官法》），自1996年1月1日起施行。《预备役军官法》分为总则、预备役军官的来源和选拔、预备役军官的职务等级和职务、预备役军官的军衔、预备役军官的登记和征召、预备役军官的培训、预备役军官的待遇、预备役军官的退役、法律责任、附则几部分。《预备役军官法》共十章五十六条，是中华人民共和国第一部关于预备役军官制度的重要法律。

预备役军官法第二章预备役军官的来源和选拔，第十条第四款关于从非军事的高等学校毕业学生中选拔预备役军官的规定，是改善预备役部队知识结构，适应未来高技术战争需要的重要措施。学校开展军训和军事教育的长远目的，就是使学生在校时打好基础，毕业后能够积极履行国防义务，参加预备役军官的选拔。

除《中华人民共和国宪法》《中华人民共和国兵役法》《中华人民共和国国防法》《中华人民共和国国防教育法》等基本法律法规之外，国家还制定了针对性很强的法律，如《中华人民共和国军事设施保护法》等。中央军委为加强部队建设，颁布一系列专业性很强的条令、条例，如《中国人民解放军内务条令》《中国人民解放军纪律条令》《中国人民解放军队列条令》等。

（六）《中华人民共和国军事设施保护法》

军事设施是国家巩固国防、抵御侵略、维护安全的重要依托和屏障，也是国家武装力量完成作战、战备、训练、执勤和科研等军事任务不可缺少的物质条件。《中华人民共和国军事设施保护法》于 1990 年 2 月 23 日经第七届全国人民代表大会常务委员会第 12 次会议通过。该法自 1990 年 8 月 1 日起施行。该法共八章三十七条。

该法第一章为总则，主要规定了本法的立法目的和立法依据，军事设施概念的内涵和外延，保护军事设施的方针、原则、领导机关、主管机关，公民和组织保护军事设施的义务和权利，军事设施改作民用或者实行军民合用的批准机关。第二章主要规定了军事设施保护区的类别划定及其依据，军事禁区和军事管理区的确定和范围的划定；军事禁区和军事管理区的撤销、变更和范围的调整；军事禁区和军事管理区范围划定、调整的原则等。第三章主要规定了军事禁区的各种特殊保护措施。第四章主要规定了军事管理区的保护措施。第五章主要规定了没有划入军事禁区和军事管理区的军事设施保护的原则要求和方式方法。第六章主要规定了军地各级机关、人员在保护军事设施及其管理中的职责。第七章主要规定了对破坏、危害军事设施的各类违法犯罪行为的法律责任追究等。第八章为附则，是关于对制定军事设施保护法实施办法的规定和本法施行日期的规定。

思考题

1. 什么是国防？

2. 现代国防的基本类型有哪些？我国国防属于哪一种类型？

3. 国防经济的内涵是什么？

4. 研究国防经济的意义有哪些？

5. 我国武装力量由哪几个部分组成？

6. 中国人民解放军现役部队由哪几个部分组成？各自的任务是什么？

7. 我国三位一体的战略核力量由哪几个部分组成？

8. 我国对核战争的态度是什么？

9. 中国人民武装警察部队的主要职能有哪些？

10. 中国人民武装警察部队的特点有哪些？

11. 什么是国防动员？它分为哪几类？

12. 国防动员的原则有哪些？

13. 武装力量动员的主要内容有哪些？

14. 公民应履行的国防义务有哪些?

15. 公民履行兵役义务的形式有哪些?

16. 国防教育的目的是什么?

17. 我国现行国防法规划分为几个等级?

第二章　军事思想

第一节　军事思想概述

一、军事思想的含义

军事是一切与战争和军队直接相关事项的总称。

"军事思想是关于战争、军队和国防的基本问题的理性认识，是人们长期从事军事实践的经验总结和理论概括。"① 军事思想通常包括战争观、战争问题的方法论、战争指导思想、建军指导思想等基本内容。

二、军事思想的基本特性

（一）深刻的实践性

军事思想源于军事实践，又给军事实践以理论指导。战争和军事实践是检验军事思想正确与否的唯一标准。战争和军事实践的不断发展，推动着军事思想的不断发展。在军事思想指导军事实践的过程中，正确的得到肯定，不完善的得到补充，错误的被否定，过时的被淘汰。同时，战争和军事实践不断为军事思想提出新课题，推动人们去研究。这些因素必然引起军事思想的发展变化，而这种发展变化必然为军事思想注入新的生命力，使军事思想更深刻，更能有效指导新的战争准备和战争实践。

（二）鲜明的阶级性

军事思想作为战争规律的理论概括，必然打上鲜明的阶级烙印。军事思想产生并存在于社会，必然涉及社会的政治、经济、科技、文化、教育特别是意识形态等各个方面。人们为了各自阶级的利益所奉行和推崇的军事思想，必然会反映各自阶级对战争、国防、军队问题的立场和观点。国家是阶级统治的工具，军队是国家政权的支柱。因而，任何国家占统治地位的军事思想，都是统治阶级的军事思想，它必然要服从并服务于本国的政治和统治阶级的利益。因此，不同阶级、国家或政治集团必然奉行自己的军事思想。

---

① 中国军事百科全书编审委员会. 中国军事百科全书：军事思想 [M]. 北京：军事科学出版社，1997：1.

（三）强烈的时代性

时代是根据一定的政治、经济、文化、科技状况划分的历史时期。任何一种军事思想都有它产生的时代背景，也必然要受到所处时代的影响。迄今，人类经历了两大战争时期，即冷兵器时期、热兵器时期；经历了四个历史时代，即原始时代、农业时代、工业时代、信息时代；经历了五大战争形态，即木石化战争形态、金属化战争形态、火器化战争形态、机械化战争形态、信息化战争形态。（见表2-1）同时，与这些时代背景和战争形态相适应的军事思想也应运而生，在国防和军队建设中发挥指导作用。

表2-1　　　　　　　　　　战争形态与作战样式演进一览表

兵器时代	社会时代	战争形态	作战能量释放要素		作战形式和对抗方法	
			主要能量	主要武器	主要作战形式	主要对抗方法
冷兵器时代	原始时代	木石化战争	体能	简易木、石兵器	木石化作战	徒手对抗
热兵器时代	农业时代	金属化战争	体能	金属兵器	金属化作战	步、骑对抗
		火器化战争	化学能	火器	火器化作战	火器对抗
	工业时代	机械化战争	化学能、机械能	火器+机械化平台	机械化作战	平台对抗
	信息时代	信息化战争	化学能、人工智能、机械能	火器+机械化平台+综合信息系统	信息化作战	体系对抗

（四）明显的继承性

这里所说的继承，是指对传统的军事思想和军事遗产中具有借鉴意义的原理、原则以及宝贵经验的保留和借鉴。这是由战争和军事的统一性（共性）决定的。由于战争和军事具有变动性和多样性的特点，所以这种继承不是采取教条主义的态度对传统的军事思想照搬，而是从现实战争的实际情况出发，灵活运用，去其糟粕、取其精华，注入新的时代内涵，创造性地加以运用和发展。

（五）不断的创新性

一时先进的军事思想，随着社会的进步和科学的发展而逐渐变得落后了，如果不创造新的先进的思想来代替旧的落后的思想，就不能正确认识和解决军事领域的新问题，墨守成规就会打败仗。战争指导者正是认识到这一点，所以不断在研究和解决军事问题中创新军事思想，以指导战争准备和战争实践。从游牧时代的徒手作战到农耕时代的冷兵器作战，再到工业时代的半机械化、机械化作战，直至信息时代的信息化作战，军事思想有过无数次创新。这种必然的不断的创新，形成了军事思想的重要特征。

第二节　军事思想史

一、中国古代军事思想

中国古代军事思想，是指在中国奴隶社会、封建社会时期各阶级、各政治集团的军事家、军事论著者对战争、军队和国防的基本问题的理性认识，是他们长期从事军事实践的经验总结和理论概括。从总体上看，中国古代军事思想孕育于传说时期，产生于夏、商时期，成熟于春秋时期，发展于战国时期至清朝前期。

（一）中国古代军事思想孕育于传说时期

"炎黄到尧舜，即所谓'五帝时代'。大家公认，这属于传说时期。"① 这个时期，部落战争孕育军事思想。较大规模的部落战争主要有三次。一是炎帝与蚩尤之战。"蚩尤乃逐（炎）帝"，"九隅无遗"（《逸周书·尝麦》），炎帝丢失九处地区。二是黄帝与蚩尤之战。黄帝联合曾被蚩尤打败的炎帝，与蚩尤战于涿鹿（今河北地区），"执蚩尤，杀之于中冀，以甲兵释怒"（《逸周书·尝麦》）。黄帝大获全胜。随后，炎帝与黄帝结盟于泰山。三是黄帝与炎帝之战。为夺取盟主地位，炎帝与黄帝战于阪泉（今河北地区）之野，黄帝"三战，然后得其志"（《史记·五帝本纪》）。黄帝轩辕氏乘胜向四方发展，"五十二战而天下咸服"，并和炎帝榆罔氏结盟。炎黄成为华夏共祖。这种部落战争，呈现出战争的初始形态，其性质还不是完整意义上的战争，但却是完整意义上的战争之源，是孕育军事思想不可缺少的过程。

传说，蚩尤与黄帝在涿鹿大战时，蚩尤族"以金作兵"（《史记》卷一），使用了金属兵器。传说，黄帝之所以屡屡打胜仗，是因为他有超群的作战指导思想。司马迁在《史记》中赞他"修德振兵，治五气，蓺五种，抚万民，度四方，教熊罴貔貅䝙虎"（《经稗》卷十二）。这里"德"的含义是攀登、向上和美好之意。修德，就是通过农耕获取财富，安抚万民，形成四方同心的局面，训练以"熊、罴、貔、䝙、貅、虎"为标志的部落人群，并将他们集中起来合力作战。从现有的传说史料看，黄帝的"修德振兵"思想，算得上是中国古代军事思想的源头。

（二）中国古代军事思想产生于夏、商时期

原始社会末期，私有制出现，阶级社会形成。公元前21世纪的某年，夏王朝建立，国家和国家军队出现，奴隶社会确立。这个时期战争更频繁，战场更广阔，战法更多样，战争性质也发生了变化。"作为具有阶级性质、完整意义的战争，当以夏禹伐三苗和夏启与有扈氏的战争为始。"② 从初始形态的战争到完整意义的战争，战争实践引发和促进了人们对战争问题的思考和认识。尽管这种思考是模糊的、零碎的，认识是浅层的、直观的，但这些思考和认识随着战争实践和传说不断明晰和深刻，逐渐形成了军事思想初始观念。

商王朝建立后，军事思想初始观念得到不断强化。一是控制兵权的观念。夏王朝建立

① 李学勤. 近年出土文献与中国文明的早期发展 [N]. 光明日报, 2009-11-5 (11).
② 谢国良, 袁德金. 中国古代军事思想概论 [M]. 北京：解放军出版社, 1994：20-21.

后，夏王是军队的最高统帅。"启、少康、孔甲都率军征战；六卿（或称六事）为夏王左右的六位高级官员，参加军事和征战。"[①] 二是用兵有因的观念。汤在讨伐夏桀之前作"誓"，即《汤誓》。汤向参战者声明讨伐夏桀的原因："夏王率遏众力，率割夏邑。有众率怠弗协，曰'时日曷丧？予及汝皆亡。'夏德若兹，今朕必往。"（《尚书·商书》）这段话的意思是："夏王耗尽民力，剥削夏国人民，民众因此对他怠慢不恭，同他很不和谐。他们说'这个太阳什么时候消失呀？我们愿意同你一起灭亡。'夏王的品德这样坏，所以，我现在一定要去讨伐他。"这说明此时古人已经形成了关于战争起因的观念。三是用兵伐罪的观念。汤在《汤誓》中说："有夏多罪，天命殛之。……夏氏有罪，予畏上帝，不敢不正。"（《尚书·商书》）这段话的意思是："因为夏国犯下许多罪行，天帝命令我去讨伐它。……夏氏有罪，我畏惧天帝，不敢不按天帝的旨意去征伐它。"这种用兵伐罪、替天行道的观念，是人们对战争功能与价值的最初觉悟。四是先德后兵的观念。启建立夏朝，有扈氏不服，夏启用兵征讨，开初进展不利，于是夏启召六卿统一思想，修明政治，"处不重席，食不贰味，琴瑟不张，钟鼓不修，子女不饬，亲亲长长，尊贤使能，期年而有扈氏服"（《吕氏春秋·先己》）。五是兵农结合的观念。如"少康复国'有田一成，有众一旅'。旅约五百人，既是从事农业生产的'众'，又是军队之'旅'，兵农结合"[②]。六是重视战具的观念。原先作战，劳动工具与兵器不分，后来发明了专门用来作战的兵器。夏朝冶炼青铜，用青铜制造兵器。当车发明之后，夏朝便把车用于作战。当杼发现干兽皮的坚韧性能之后，便用它来做成皮甲护身。

商王盘庚迁都于殷之后，商代也称殷代。殷代是中国古代军事思想胚芽进一步发育成长时期。《尚书·多士》记载："惟殷先人，有典有册。"这里所说的"殷先人"，是指殷的先人，即商时代的人。这里所说的"典"和"册"，是指甲骨文和简书。之后又产生了金文。这些"典""册"和金文，记载了一些战争和军事方面的内容，也零零碎碎涉及当时统治者对战争和军事问题的看法。这些看法虽然是零碎的、浅层的，但却是中国古代军事思想完全形成之不可或缺的要件。商代是天神至上的时代。出征前，"贞人"（掌握占卜的史官）要先占卜，以求得天和神的旨意，再按天意神示采取行动。征战时，统治阶级打起天神的旗号，借天和神的威力动员军民，威慑敌人。这种天神至上的思想，在一定程度上反映出了当时统治者的战争观。

（三）中国古代军事思想形成于西周时期

西周时代，统治者继承并在一定程度上改造了殷代笃信天神的思想。他们在信奉天神的过程中，逐步加深了对人在战争中的地位和作用的认识，逐步引进了人的"德"的范畴，逐步增多了对战争的理性认识，对军事思想的完全形成起了重要作用。这在《尚书》《易经》中有较多的反映。

《尚书》是目前发现的中国最古老的史书。《尚书》记载的中国古代军事资料比较丰富，既有军事制度、战争情况，也有选贤、用兵之法。其中专门记载军事活动的有《甘誓》《汤誓》《泰誓》《牧誓》。"誓"就是誓词，相当于现代的战争动员令。这些"誓"

① 谢国良，袁德金. 中国古代军事思想概论［M］. 北京：解放军出版社，1994：22.
② 谢国良，袁德金. 中国古代军事思想概论［M］. 北京：解放军出版社，1994：22.

写得生动而有条理，大致包括四个方面的内容：一是讲敌情和作战地点，二是讲进行战争的原因，三是讲怎样作战，四是宣布战场纪律。《尚书·蔡仲之命》中有："皇天无亲，惟德是辅。"这句话的意思是，皇天无亲疏之意，只辅助有德的人。《尚书·泰誓》中有："天矜于民，民之所欲，天必从之。"这句话的意思是，上天怜悯人民，一定会依从人民的愿望。《尚书·泰誓》中还有："天视自我民视，天听自我民听。"这句话的意思是：上天的看法，出自我们人民的看法；上天的所闻，出自我们人民的所闻。这反映出了当时的统治者既重天，又重民、重德的战争观。

《易经》是卜筮的记录，涉及的范围相当广泛。其中所体现的军事观念，虽然带有宗教神学世界观的神秘色彩，但对促进中国古代军事思想胚芽的成长起了重要的作用。

第一，《易经》注意考察战争的性质。西周统治者在天神思想的笼罩下，逐步形成了"顺天应人"的思想。《革》卦说："天地革而四时成，汤武革命，顺乎天而应乎人。"在西周统治者看来，"汤武革命"之所以成功，不仅仅是因为"顺乎天"，还因为"应乎人"。《师》卦说："贞，丈人吉，无咎。"其大意为，军队进行的是正义的战争，又有德高望重的人指挥，战争就吉利而无祸害。《师》卦又说："师出以律，否臧凶。"其大意为，出兵打仗，必须法制军纪严明，否则就会埋下祸患，以致打败仗。又如《复》卦所说："迷复，凶，有灾。用行师，终有大败，以其国君凶，至于十年不克征。"其大意为，国君不遵循正道而轻易作战，则师败国凶，十年也难以恢复元气。

第二，《易经》主张以和平的方式解决矛盾与冲突。这一思想比较完整地体现在《兑》卦的爻辞中，初九爻辞说："和兑，吉。""兑"为"悦"之义，即国与国、族与族之间应保持一种和谐共悦的友好关系，才能吉利。如何保持这种友好呢？九二爻辞指出："孚兑，吉，悔亡。""孚"为"信"之义，即双方应以诚相待。九四爻辞说："商兑，未宁。"其大意为，要通过商谈的方式，建立起和谐共悦的友好关系。如果违反这一原则，便会造成不安宁的局面。六三爻辞说："来兑，凶。"其大意为，依靠武力去侵犯和威胁别国，结果只能是凶。《易经》的这些主张，可以说是中国古代和平主义思潮的理论源头。

第三，《易经》重视民众在战争中的作用。《晋》卦说："众允，悔亡。"其大意为，能够得到众人的信任与支持，就能取得战争的胜利。如何重视和发挥民众的作用呢？一要了解民众的意愿。《观》卦说："观我生，进，退。"其大意为，只有通过观察了解民众的意愿，才能决定在战争中是进攻还是防守。二要争取民众。《同人》卦说："同人于门，无咎。"所谓"同人"，就是聚众的意思。其大意为，争取把民众聚集在自己周围，是取得战争胜利的一个重要条件。三要满足民众的利益。《颐》卦说："颠颐拂经于丘颐，征凶。"其大意为，如果君主违背常道，只顾个人的私利，不顾民众的生存，民众便会产生怨恨，出兵打仗必败无疑。四要宽和治民。《临》卦说："咸临，贞吉。"其大意为，以宽和治民，就能得到民众的支持和拥护。

第四，《易经》重视军事运筹。战争是力量的竞赛，也是心智的较量。《易经》已经有了十分明确的战争运筹思想。《豫》卦的九四爻辞中提到："由豫，大有得。"其大意为，如实对敌我双方的力量进行估算和筹划，才能获得胜利。

第五，辩证地认识和分析战争。《易经》所讲的八卦，由"——"和"— —"两个符号排列组合而成。"**一**"和"**- -**",是阴和阳的标志。《易经》试图用代表两种不同性质的"**一**"和"**- -**"以及它们之间的排列组合来概括自然和社会现象。这种排列组合包含有变易、转化和两极相通的思想,就是用辩证、变化的方法来认识和分析事物。如《晋》卦的六五爻中有:"悔亡,失得。勿恤,往,吉,无不利。"其意思是说,打了败仗,不应气馁,只要再接再厉,就会反败为胜。可见,《易经》中的辩证转化思想蕴含着人的主观努力与客观结果的思想,认为人在转化中是可以积极有为的。

今天,我们虽然看不到西周时期的完整的兵书专著,但从一些古文献中可以推测出西周时期确实存在两部兵书专著,即《军志》和《军政》。这两部兵书标志着中国古代军事思想完全形成。因为它们是对战争、军队和国防的基本问题的理性认识,是对人们长期从事军事实践的经验总结和理论概括。如成书于战国前期的重要文献《左传》就有三处引用了《军志》的文字:"《军志》曰:'允当则归。'又曰:'知难而退。'又曰:'有德不可敌。'"(《左传·僖公·僖公二十八年》)"《军志》曰:'先人有夺人之心。'"(《左传·宣公·宣公十二年》)"厨人濮曰:'《军志》有之,先人有夺人之心,后人有待其衰。'"(《赵传·昭公·昭公二十一年》)唐代之初的军事家李靖在他的军事著作中引用过《军志》:"《军志》曰:'失地之利,士卒迷惑,三军困败。饥饱劳逸,地利为宝。'"(《通典》)《孙子兵法》对《军志》《军政》也有引用。宋本《十一家注孙子》引用《军志》:"《军志》曰:'止则为营,行则为阵。'"(《十一家注孙子·军争篇》)《十一家注孙子·势篇》中有:"《军志》曰:'阵间容阵,足曳白刃;队间容队,可与敌对。前御其前,后当其后,左防其左,右防其右。行必鱼贯,立为雁行,长以参短,短以参长。回军转阵,以前为后,以后为前,进无奔进,退无速走,四头八尾,触处为首,敌冲其中,两头俱救。'"关于《军政》的内容,在宋本《十一家注孙子·军争篇》里也有引用:"《军政》曰:'言不相闻,故为金鼓;视不相见,故为旌旗。'""《军政》:'见可而进,知难而退。'"(《十二家注孙子·军争篇》)从上述引文中,可以看到《军志》《军政》中这样一些战略战术思想:只要内部团结、政权巩固、治理得法,就可以立于不败之地;在作战指导上,从实际出发,量力而行,可战则战,不可战则退;有胜利把握时就先发制人,造成心理上的优势,挫败敌人的锐气;如果敌人强大,就避开锋芒,以逸待劳,乘敌人疲惫饥困,士气低落时再打;在部队管理上,时刻保持战备状态,行止有序;在战场上,部队要进退有据,保持军阵的井然不乱;等等。

在中国,夏商周三代处于青铜时期。在夏代,青铜兵器较少,主要是石、木兵器。在商代,青铜兵器较多,不仅有青铜戚、钺,还有青铜箭镞;在西周,青铜兵器很普遍。西周是我国青铜兵器的鼎盛时期。青铜兵器的发展,加剧了战争的残酷性,也促使军事思想发展。

(四)中国古代军事思想成熟于春秋时期

春秋时期是中国社会奴隶制逐步衰亡、封建制逐步产生的时期,是周天子失去统治力但尚保持周朝国号与年号、诸侯相互争夺和兼并的大动荡时期,也是中国古代军事思想基本成熟的时期。其基本成熟的主要标志是《孙子兵法》的产生。这个时期的战争主要有两种:一是奴隶制国家分封的诸侯国之间的兼并与争霸的战争,二是新兴的封建势力推翻奴隶主统治的战争。在社会大动荡、大变革的历史条件下，战争的胜负关系到各阶级、各国家、各政治集团的生死存亡，因此对军事问题的研究得到了社会广泛的重视，军事思想和军事学术异常活跃，不但军事家谈兵论战，政治家、外交家以及各种流派的思想家也在研究军事问题，大量的军事理论著作应运而生。这时，"学在官方"的大一统局面被打破，"私学"蓬勃兴起。

由于诸侯相争，战争不断，加上各国地理位置、历史传统、思想渊源和社会生活方式以及各诸侯国的统治政策的不同，文化的地域特征逐步鲜明和突出。同时，"战争的频繁、军事的发展与各诸侯国的命运密切相关，迫使各地区的思想家们认真分析和研究军事，提出自己的理论。这样，带有区域文化特征的军事思想应运而生。从当时的历史条件来看，地域文化的发展主要集中在这四种区域文化上：齐文化、鲁文化、楚文化和秦晋文化"①。

（1）齐文化与孙武的军事思想。吕尚（姜太公、姜子牙）是齐国的开国之君，他治理齐国时，重视发展经济，重视商业和手工业，使齐文化表现出许多工商业的特点。齐国人彪悍尚武，兵学传统悠久，吕尚就是著名的军事家，有"武圣"之称。齐国的战争，培养了一批著名的军事将领，包括一些著名的兵学世家，如司马穰苴和田书等人。田书攻伐莒国有功，被齐景公赐予孙姓，更名为孙书。孙书的曾孙孙武，从小生活在兵学世家，深受齐文化教育。春秋末，孙武离开齐国到了吴国，他在吴国写成的兵法十三篇，即《孙子兵法》，既受吴国文化的影响，更体现了齐国的传统文化和兵学的基本特征。他创立了全新的兵学体系。

《孙子兵法》是现存最早的一部自成体系的战争理论著作。它总结了春秋末期及其以前的战争经验，是当时军事思想的集大成者，奠定了中国军事思想的理论基础和优良传统。孙武以国家、君主的根本利益为出发点构建自己的兵法体系，以战争制胜为核心，围绕准备和实施战争这两个不可分割的阶段进行具体阐述，提出了重战、慎战的思想，注重权谋、全胜、进攻速胜等问题；概括总结了奇正、主动、机动等原则；建立了"战道""知道""成道"的军事思想体系。"战道"讲战争本体论，阐述战争的规律；"知道"讲战争认识论，阐述对战争规律的把握；"成道"讲战争指导论和方法论，阐述运用战争规律指导战争的问题，具有深刻的谋略思想。孙武重人事、轻天命，把道、天、地、将、法作为决定战争胜负的基本因素。《孙子兵法》揭示的战争的某些规律和作战指导原则，如"知彼知己，百战不殆""不战而屈人之兵""先胜而后求战""致人而不致于人""攻其无备，出其不意""避实而击虚""我专敌分""以正合，以奇胜""因敌而制胜""战道必胜"等，达到了当时军事理论的最高水平。《孙子兵法》不仅对中国历代军事思想的发展起过重大作用，而且在世界军事史上享有盛名，并在当代战争和军事问题上显示出强大的生命力。

（2）鲁文化与孔子的军事思想。西周初年，周公之子伯禽创立鲁国，完全推行周人的制度和文化，而对东夷人的传统习俗予以革除。鲁文化同周文化一样，是一种贵族文化。孔子就诞生在以宗周文化为主流的鲁文化氛围中。其时，反映并维护宗法等级制度的

---

① 袁德金，彭怀东. 中国古代军事思想的起源和发展 [J]. 中国军事科学，2006（3）：90.

"礼"已基本崩溃。孔子希望恢复周代的以礼为准则而建立起来的社会制度，以及由这种制度衍生出来的社会秩序。于是，孔子提出了一套以"仁"为核心的学说。"仁"表现在国家政治上，就是"仁政"；表现在军事上，就是"仁义之师"。孔子在"仁"的总框架下，以政言兵，对军事和战争也进行了一定的考察。孔子的军事思想是以他的哲学思想和政治理想为出发点的。对于战争，他的基本态度是行仁政、出仁义之师。对于征伐，他的判断标准是"有道"和"无道"。他也认为："天下有道，则礼乐征伐自天子出；天下无道，则礼乐征伐自诸侯出。"（《论语·季氏》）他把战争与是否合乎礼制联系起来，给征伐的行为与目的赋予强烈的道德色彩。因此，孔子支持具有"正义"性质的战争行动。孔子认为，一个健康合理的国家应该保持一定的军事力量，"有文事者必有武备"，要做到"足食足兵"（《论语·颜氏》）。同时，他还重视战前训练，指出："以不教民战，是谓弃之。"（《论语·子路》）孔子的军事思想反映了儒家的战争观，对后世产生了深远的影响。

鲁国人左丘明的《左传》，在一定意义说，是春秋时代的军事史。《左传》中保存了许多春秋前的论兵言论和当时人们关于战争和军事的见解，在军事思想史上具有很重要的地位。例如，关于战争的目的，《左传》主张"夫武，禁暴、戢兵、保大、定功、安民、和众、丰财者也"（《左传·宣公·宣公十二年》），即主张战争是用来禁止强暴、消弭战争、保持强大、巩固功业、安定民众、丰富财产的。关于战争与政治的关系，《左传》认为"师克在和不在众"（《左传·桓公·桓公十一年》），即认为军队打胜仗在于团结一致，而不单纯在于兵力多。关于国防，《左传》认为"国无小，不可易也，无备，虽众不可恃也"（《左传·僖公·僖公二十二年》），即认为国家无所谓弱小，是不可以轻视的，没有战争准备，即使人多也是靠不住的。关于作战，《左传》认为"不备不虞，不可以师"（《左传·隐公·隐公五年》），即认为没有准备，没有计划，是不可以指挥军队去作战的。

（3）楚文化与老子的军事思想。楚人久居富饶的江汉地区，世代探寻着天、地、神、人之间的奥秘，导致他们的精神文化比中原文化带有较多的原始成分、自然气息、神秘意味和浪漫色彩，逐渐形成了独具特色的文化流派。楚国的哲学精华萃于《老子》一书。老子思想的核心范畴是"道"。道不仅是世界的本原，也是普遍法则。他认为道的规律是自然而然的，"道法自然"。《老子》一书在历史上曾被称为兵书，这主要是因为书中谈到了战争的哲理。就军事思想而论，其内容主要包括四个方面。一是"以道佐人主不以兵强天下"（《老子·三十》）的战争观。二是"善胜敌者不与"的作战指导思想。老子提出作战指导的最高境界是"善为士者不武，善战者不怒，善胜敌者不与"（《老子·六十八》）。三是"不敢为天下先"（《老子·六十七》）的后发制人思想。老子说："将欲歙之，必固张之；将欲弱之，必固强之；将欲废之，必固兴之；将欲夺之，必固与之。"（《老子·三十六》）四是军事辩证法思想，主要表现为"以正治国、以奇用兵"（《老子·五十七》）的奇正思想和"柔胜刚、弱胜强"（《老子·三十六》）的强弱转化思想。

（4）秦晋文化与法家军事思想。秦晋地处宗周主流文化的边缘地带。在战略形势上，西戎、北狄在侧，南有强大的中原国家的威胁。在这种形势下，秦晋要发展、要称霸，就必须进行文化改造，实行强力政治。因此，励行改革、重视人才之风在秦晋地区非常盛行。秦晋法家就是这样产生的。秦晋法家主张严刑峻法，反对礼义说教，鼓励耕战。其代表人物有李悝、商鞅、慎到、韩非等人。从言兵的角度讲，商鞅的思想具有典型性和代表性。商鞅变法奠定了秦国富强的基础，商鞅本人曾统兵打仗，因有军功而封于商。《商君书》中的《农战》《立本》《战法》《兵守》等篇，反映了商鞅的军事思想。商鞅军事思想的基本立足点是"争"。他主张发展生产，奖励军功，认为只有长于农战，才能成就王霸之业。《立本》阐述了强兵的根本，认为确立法纪、奖励耕战，积累充裕的军用物资和提高军队的战斗意志，可兵强而无敌于海内。《战法》阐述了军事胜利的根本是政治胜利的观点。《兵守》论述了不断削弱敌人、改变敌我力量对比，最后变劣势为优势、反击歼敌的思想。法家军事思想的鲜明特征是讲"尚武重战""以法治军"。

通过对中国古代军事思想区域化发展的概略分析，我们可以看出，"中国古代军事思想之所以走向区域化发展，并形成各自的特点，是与当时不同区域的社会、政治、文化背景分不开的。但是，'分久必合'。古代军事思想的区域化发展，因随即到来的战国时期的相互争鸣、相互交锋又走向融合。这种由合到分、又由分到合的学术发展过程，体现了历史与逻辑的统一"①。这种区域化发展，有力地推动着军事思想发展，驱使着军事思想成熟。《孙子兵法》的产生就是一个典型例子。

（五）中国古代军事思想发展于战国时期至清朝（前期）

1. 战国时期的军事思想

战国时代是中国封建社会的开端，是中国古代社会思想大解放、各种观念形成、多种学派林立、百家争鸣并逐渐走向融合的时代。其间，军事思想空前活跃，兵书大量问世，军事思想经历了交锋与融合的过程。从《汉书·艺文志》的记载看，从古代到西汉传世的53家790篇兵书，大部分是战国时代的著作。其中，流传至今的，大部分也出自战国。当时，诸子百家无一不谈兵，在儒、墨、道、法、杂等诸家的学术典籍中，谈兵论战的言论比比皆是。这些因素，有力地推动了中国古代军事思想的大发展。特别是在春秋末期，战国初期，逐步形成了士族文化。士族文化是以"士"这一社会阶层为主要载体的新生文化，它比贵族文化具有更强的生命力，因而在战国初期战胜并取代了贵族文化。新出现的士创立学派、周游四方、议政谋政，抛售社会改革方案并实行改革，参与甚至主导社会政治、军事、文化活动。士族文化的这种特点，使得诸种学说、方案的争锋成为可能。对当时纷乱的社会现实，如何治世、变法、整军、作战，仁者见仁、智者见智。有的引用前代先贤之书，有的以某一学派后学的身份出现，有的则创立新的理论与学说。这种局面的出现，推动了思想的相互批判与吸收。战国时期，齐国建立了稷下学宫，为学术上的交流争鸣提供了良好的氛围与条件。在争鸣交锋中，不同学派的军事思想呈现融合的趋势。战国晚期的《六韬》《管子》《荀子·议兵》《吕氏春秋·议兵》等著作，就是这一发展趋势的体现。这一趋势一直延续到秦汉时期。

《六韬》相传为西周初年太公望吕尚（姜子牙、姜太公）所著，自宋代以来，有人疑之为伪托之作，但其内容基本反映了吕尚时代的军事思想。《六韬》分为文韬、武韬、龙

---

① 袁德金，彭怀东. 中国古代军事思想的起源和发展 [J]. 中国军事科学，2006（3）：92.

韬、虎韬、豹韬、犬韬；提出了"富国""爱民"的国家战略；认为"人君必从事于富"，必须重视"三宝"以爱民，即"大工、大农、大商"三种经济事业；提出了"用兵之具，尽于人事"的全民国防战略；重视安不忘危，平战结合；提出了"全胜无斗，大兵无创"的不战而胜的策略；重视"文伐"；提出了灵活多变的战术原则；强调"三军之众，必有分合之变"；提出了选将的五个标准，即"勇、智、仁、信、忠"；强调治军要赏罚分明，主张"杀一人而三军震者，杀之。赏一人而万人悦者，赏之"。

《管子》并非出于管仲之手，基本上是战国中晚期齐国法家著作的汇编，但在一定程度上反映了管仲的治国治军思想。在战争观上，该书认为："君之所以尊卑，国之所以安危者，莫要于兵，故诛暴国必以兵。""兵者，尊王安国之经，不可废也。"在治军上，该书认为"治民为治军之本"，同时，把农业看成富国强兵的基础，并重视依法治军。在战略上，该书强调谋略在军事上的运用，认为"战凡攻伐之道，计必先定于内，然后出乎境"（《管子·参患》）。在战争指导上，该书强调要遍知，"不遍知天下，不能正天下"（《管子·七法》）。

《荀子·议兵》是战国晚期荀子的著作。作者把孔孟儒家重德轻刑的思想加以改造，吸收法家的"刑赏"思想，形成了兼儒法、融诸家的"隆礼重法"的战争观；主张爱民和实行德治，强调以攻取强、以力成王，认为"攻战之本在于壹民"，即要调动、统一民众的力量。

《吕氏春秋》是秦国宰相吕不韦召集门客辑合诸子百家之说编写的。《吕氏春秋·议兵》中有："古圣王有义兵而无有偃兵。……凡兵者，威也，威也者，力也。"（《荀子·王道》）"凡兵，天下凶器也；勇，天下之凶德也，举凶器，行凶德，尤不得已也。"（《吕氏春秋·荡兵》）"夫兵有本干：必义、必智、必勇。"（《吕氏春秋·决胜》）"故凡兵势险阻，欲其便也；兵甲器械，欲其利也；选练角材，欲其精也；统率士民，欲其教也。此四者，义兵之助也。"（《吕氏春秋·简选》）

战国时期的争鸣与融合，奠定了中国古代军事思想理论体系的基础。此后的军事思想，基本上没能超出这一水平，也没能突破这一时期形成的军事思想。当然，军事思想的发展并没有停止。继《孙子兵法》之后，战国时期的兵书中具有代表性的还有《吴子》《司马法》《孙膑兵法》《尉缭子》等。它们在继承《孙子兵法》军事思想的同时，又有所发展和创新，大致涉及战争观、谋略、战法、阵法、将帅修养和军队组织、训练、纪律、奖惩制度、指挥、侦查、通信等内容。

2. 秦、汉、晋、隋、唐时期的军事思想

从公元前3世纪末至公元10世纪中叶，中国经历了秦、汉、晋、隋、唐五个大的封建王朝。这是封建社会发展的上升时期。从总体上看，先秦的军事思想对这个时期的军事斗争仍然起着重要的指导作用，同时由于社会经济、政治、文化以及战争的发展，军事思想也得到了进一步的丰富和发展。这个时期的战争类型主要有四种：一是农民战争，二是封建王朝更替的战争，三是封建割据与封建统一的战争，四是国内各民族之间的战争。其中汉唐两代，历史上称为盛世。这个时期造就了许多著名的军事家和将领，如张良、韩信、曹操、诸葛亮、李世民、李靖等。

秦朝建立后，中国出现了政治上的大一统局面。但统治者在文化上实行专制主义，兵书被列为禁书，由皇家收藏控制。学术争鸣的气氛荡然无存，世人不敢言兵。

汉代统治者重视兵书的收藏整理，尤其重视兵学理论。汉初军事家张良、韩信奉命"序次"兵法，对兵书作序录评鉴，按一定顺序编排。当时，"凡百八十二家，删取要用，定著三十五家"（《汉书·艺文志》）。汉成帝时，命步兵校尉任宏"论次兵书"，把搜集的大量兵书分成了四种，即兵权谋家、兵形势家、兵阴阳家、兵技巧家（大体相当于战略学、战役战术学、军事气象学、兵器学）。这是最早的兵书分类，也是最早对中国古代军事思想理论体系的一种构建。曹操注《孙子兵法》，用注释兵书的方法来表述自己的兵学观点，开先秦兵书之新风，被历代兵家和军事论著者纷纷效仿。《史记》《汉书》等各代史籍中，都有大量关于兵制史、战争史和军事人物的内容。《汉书·艺文志》称："权谋者，以正守国，以奇用兵，先计而后战，兼形势、包阴阳、用技巧者也。""形势者，勇动风举，后发而先至，离合背向，变化无常，以轻疾制敌者也。""阴阳者，顺时而发，推刑德，随斗击，因五胜，假鬼神而为助者也。""技巧者，习手足，便器械，积机关，以立攻守之胜也。"在汉代所归纳的四类体系中，列《六韬》为道家类，将《司马法》入礼类，又把《尉缭子》分成两部分，分别著录于兵书类和杂家类。这实际上是对战国以来儒、法、道、兵合流趋势的一次梳理，也反映了汉代部分士大夫的兵学观点。此外，在许多保境安邦的建策、文稿中，也有关于边防强弱、兵制利弊、用兵得失、谋略优劣的记述，这也是中国古代军事理论的一个组成部分。

南北朝以后，受两汉经学的影响，逐渐产生了"兵经"观念。唐朝时，人们又在"兵经"的基础上开始提出"武经"的概念。这一时期，最引人注目的是虞世南、魏征、李筌和杜佑等人在兵书方面的工作。虞世南任隋秘书郎时编成的《北堂书钞》，对兵家、儒家、道家和法家著作的论兵言论采取了并重的态度，并对"武经"类著作进行了具体划分，这是对中国古代军事思想理论体系的一种新构建。这个理论体系构架的基本思想倾向是以儒、道为体，以兵、法为用。其论兵首录《老子》的"兵者，不祥之器"；次述《左传》《淮南子》的"国之大事，在祀与戎""五帝不偃""忘战必危"和儒家的"兵以义动""吊民伐罪"等语；然后述及兵家的"兵以诈立，以利动"的主张；最后归结为各家均能认同的"用兵无已，极武而亡"，其意识是，无休无止地用兵作战，过度使用武力就会自取灭亡。《北堂书钞》以"体用"思维构架中国古代军事思想理论体系的做法，对后来中国古代军事思想理论体系的形成有着直接的影响。魏征的《群书治要》、杜佑的《通典·兵》、李筌的《太白阴经》，都阐明了儒、道、兵三者在中国古代军事思想体系中的关系，以及它们各自的地位和作用。

从春秋战国到隋唐时期，是中国的铁器时期。铁兵器逐步取代青铜兵器，加剧了参战将士的伤亡，迫使战争指导者思考和采取应对措施。军事思想随之发生变化。

3. 宋、元、明、清（前期）的军事思想

从 960 年至 1840 年，中国经历了宋、元、明、清（前期）四个王朝。这是封建社会的后期，也是中国古代军事思想继续发展的重要时期。在这个时期，由于武器装备的发展、军队和作战指挥等方面所发生的相应变化，大规模的战争频发，迫使统治阶级改变禁锢兵书的状态。从北宋中叶以后，人们开始重视武学，撰写、汇编和著录的军事理论著作层出不穷，军事思想得到了较大的发展，宋、元、明时代出现了春秋战国以后中国兵学发展的第二个高潮。这个时期的著名兵书有《武经总要》《虎钤经》《何博士备论》《守城录》《历代兵制》《百战奇略》《续武经总要》《武备志》《阵纪》《纪效新书》《练兵纪实》《海国图志》《续史方舆纪要》《三十六计》等。

北宋前期，儒学的兴盛，对兵学统领地位的最终确立有较大影响，并使道家及阴阳术数对兵学产生影响。宋太宗时编成的《太平御览》，确立了以"七书"，即《孙子》《吴子》《司马法》《六韬》《尉缭子》《三略》《李卫公问对》为代表的中国古代军事思想理论体系的基本架构。《太平御览》力主将"仁义之师"置于古代军事思想理论体系之首，对兵家的权谋诡诈之法虽予录存，但从道德价值的层面上进行了批评。宋仁宗时编成的《武经总要》，其理论特点首先在于"祖尚仁义，次以钤略"的基本态度。它将古代军事思想主要归结为儒家的仁义道德和兵家的权谋智慧两大方面，而且以儒家的仁义道德为主导。这与《武经七书》的思想倾向基本一致。宋神宗时期，诏命编校《孙子》《吴子》《司马法》《六韬》《尉缭子》《三略》《李卫公问对》，并将其定为《武经七书》。《武经七书》被定为武学教材，是中国第一部军事理论丛书选集。它对中国军事理论的研究和发展产生了重大的影响。《武经七书》可分为将略论和兵本论两部分。将略论主要由《孙子》《李卫公问对》《吴子》《尉缭子》和《六韬》中的有关内容构成，其中尤以《孙子》为主体。兵本论主要由《司马法》《三略》《吴子》《尉缭子》和《六韬》的部分内容构成。这几本兵书论及军事问题又多涉及儒、法、道三家学说，而其中尤以儒家理论为基调。正是在这样的基调下，中国传统的军事思想理论体系基本形成。这一理论体系具体由三种不同结构的理论组成。一是以儒家理论为主，辅之以法、道家思想的战争本体论。该思想注重以仁为本、崇尚道义；以德立国、富国强兵；隆礼重法、礼法并举；慎战恶杀、先礼后兵。二是以孙子所代表的兵家思想为主导的战争认识论和战争指导论。在战争认识论上，注重知彼知己、先知尽知；必取于人，知敌之情；知兵达于道。在战争指导上，注重奇正相生、虚实相成；因情任势，因敌制胜；先计后战，以智使力；致人而不致于人；不战而屈人之兵。三是以儒家、道家、兵家思想的融合为主导的军事辩证法。儒家辩证法注重矛盾双方的平衡与协调，不走极端；道家的辩证法注重从抽象层次上谈矛盾双方的依存与转化；兵家的辩证法注重解决实践中的各种矛盾和对立关系，是一种行动的辩证法。这三种类型的辩证法在古代军事思想理论体系中实现了融合，成为古代军事思想的哲学基础。

许洞的《虎钤经》和何去非的《何博士备论》，主张机动用兵、利在变通的观点，均对皇帝绝对控制军队指挥权提出了非议。陈规、汤璹合著的《守城录》认为，守城在被动中有主动，攻城在主动中有被动，一切防御措施要有利于保存自己和消灭敌人，主张"守中有攻"，对城市防御的战法有所创新。刘基写的《百战奇略》（原名《百战奇法》），收集从先秦至五代的军事资料，以《武经七书》等古代兵法为依据，总结战争的历史经验及教训，在军事上对后代有一定的指导意义。

《元史》说成吉思汗"深沉有大略，用兵如神"。当时曾亲眼看见蒙军征战的南宋使节彭大雅在《黑鞑事略》中也认为，成吉思汗的作战方略"有古法之未言者"。成吉思汗在使用骑兵作战方面，具有快速、机动的特点，进一步丰富和发展了中国古代的进攻作战思想。

明代著名抗倭将领和军事理论家戚继光撰写的《纪效新书》《练兵纪实》及《练兵纪实杂集》等许多有价值的军事著作，在治军、练兵、作战、治理边防等许多方面都有所创见。他既重视武器装备又重视人的因素在战争中的重要作用。他要求士兵服从长官，下级服从上级，同时要求军官爱惜士兵，上级爱护下级，军官要处处"身先士卒"，"件件苦处要当身先"。他认为"训练有备，兵之事也"。军队训练不仅要文武并举，还要纪艺并重，并要官兵同练，主将为先。他认为"大战之前有三：有算定战，有舍命战，有糊涂战"。他因情措法，根据沿海复杂的地形条件和倭寇火器装备的特点，对阵法进行了重大改革。他的军事思想与其前人和同时代的人相比是一个很大的进步。茅元仪编纂的《武备志》，为振兴明王朝的武备，从军事理论、建军作战、兵器制造和使用、天象地理、江河海防等多方面提出了改革的依据。约在明末清初成书的《三十六计》，是一本专门研究军事谋略的书。该书所包括的从战争实情出发的唯物论，以弱抵强、转败为胜的辩证法，灵活用兵、诡诡奇谲的谋略原则等，是指挥作战必须研究的重要方略。

在这个时期，还出现了一些有名的军事家，如南宋的岳飞、元代的成吉思汗、明代的朱元璋等。他们虽然没有留下军事著作，但他们的作战经历和独到的见解散见于各种史料中。这些是对这一时期军事思想的重要补充。

必须特别指出的是，中国两千多年的封建社会还伴随着农民起义的农民战争。农民起义军们不但建立了自己的军队，而且在战略战术方面也常常让封建统治阶级闻风丧胆，而且他们的军事思想也占有一席之地。农民战争通常是在人数少、装备差、训练不够、供给不足的条件下发展起来的。他们在各自所处的条件下，从无到有、从小到大，创造了许多以少胜多、以弱胜强的奇迹。总结农民战争的经验，对于正确认识战争规律，正确指导战争，有重要的借鉴意义。

从宋代到清朝前期，是中国的黑火药时期。黑火药出现在中国晚唐，运用于兵器制造则是从北宋开始，一直到清朝前期。火药兵器由燃烧性火器发展到爆破性火器，再发展到管形火器。火药兵器的广泛使用，推动了军事思想的新发展。

二、中国近代军事思想

从1840年鸦片战争爆发到1949年中华人民共和国成立前夕的历史，是中国的近代史。中国近代军事思想经历了两次历史性的大转变：第一次是中国封建阶级军事思想向中国资产阶级军事思想的大转变，第二次是中国资产阶级军事思想向无产阶级军事思想的大转变。中国近代军事思想的发展可大体分为四个阶段。

1. 萌生阶段（1840—1861年）

19世纪，中国在鸦片战争中战败，给中华民族带来了前所未有的严重危机，同时也惊醒了封建地主阶级的一些有识之士，如"放眼看世界"的林则徐、魏源等人。他们既看到了西方列强"唯利是图、唯威是畏"的本性，主张严修武备，以甲兵止甲兵，坚决抵抗外来侵略；也看到了西方列强"船坚炮利"的优势，承认中国在军事技术方面的落后，迫切要求改变现状。他们针对中国当时的武备实际，提出了"师夷长技以制夷"的思想，这成了中国近代军事思想的新起点和突破口。1842年年初，魏源编著的《海国图志》成书，标志着中国近代军事思想的萌生。林则徐、魏源不愧为中国近代军事思想的先驱者。

19世纪50年代初期，爆发了以太平天国为主的席卷全国的各族人民大起义。太平军建军之初，就以推翻清王朝、建立人间"小天堂"为宗旨，以中西方文化结合的"拜上帝教"的教义为治军原则，先后建立了陆营、土营、水营，在军队管理、教育训练、后勤制度和活动方式等方面，具有鲜明的特点。其战斗力不仅优于当时的八旗、绿营兵，而且为农民战争史上所仅见。早期，太平军贯彻"略城堡，舍要害，专意金陵，据为根本"的战略方针，使革命势力迅速扩展到长江流域。

在太平军的打击下，清朝的正规武装——八旗、绿营兵不堪一击，清廷不得不谕各省兴办"团练"助剿。曾国藩看透了八旗、绿营兵的不可恃和"团练"的不中用，借机编练了一支地主阶级的新式武装——湘军。这支军队以捍卫名教、勤王忠君为宗旨，以一批中小地主阶级知识分子为骨干，以山乡朴质农民为兵源，仿效明代戚继光编练戚家军的"束伍"模式组成。这是中国近代军事史上的一次军事改革，使湘军战斗力大大强于八旗、绿营兵，也开创了"兵为将有"的先河，成为镇压农民起义军的主力军。曾国藩、胡林翼等湘军统帅，出身儒生，对历代兵法颇有研究，并善于从实战中总结经验教训，形成了一套比较完整、独具特色的建军和作战原则，为中国近代军事思想的成长奠定了基础。

这一阶段，清军和农民起义军在建军、作战等方面，虽然都力求"师夷长技"，出现了新的军事思想，但中国古代军事思想仍占统治地位，林则徐、魏源提出的"师夷长技以制夷"的战略思想并没有成为主流。第二次鸦片战争的失败，证明了这个时期的中国军事思想明显地不适应指导抵御外敌入侵的战争。

2. 成长阶段（1861—1894年）

19世纪60年代初期，统治阶级中一部分被称为洋务派的官僚，如曾国藩、左宗棠、李鸿章等，出于镇压农民起义和抵御外敌入侵的双重目的，开展了一场以学习西方"长技"为主要内容的"自强"运动，史称"洋务运动"。洋务派官僚本着"自强以练兵为要，练兵又以制器为先"的方针，首先兴办近代军事工业，仿造西式武器装备。这就为新的军事思想的成长与发展提供了基础。洋务派官僚们在"练兵与制器相为表里"的方针指导下，吸收西方的军事技术，着手整顿军队，编练八旗洋枪队、练军、防军等，大量购制和装备洋枪、洋炮，清政府承认湘淮军为国家正规武装，这就使清军军制有了初步的改革。

以曾国藩、左宗棠、李鸿章为代表的地主阶级的军事统帅，通过镇压太平军、捻军等起义军的战争，在军队建设和军事斗争两方面丰富和发展了中国传统的军事思想，在"师夷长技"的思想指导下，把中断了的中西方军事思想的交汇重新疏通。李鸿章创建的淮军较快地引进了西方的军事技术和军事制度，开始了中国军队近代化的实际历程。他们对战争持稳慎态度，主张"谨慎为先""稳慎为主"；在战略上强调慎静缓图，谋定后动，稳扎稳打，不求速效，表现了因敌、因时、因地制宜的原则和着眼于歼灭对方有生力量的思想。

太平天国后期，太平军在战略指导上出现了许多错误，加之内讧严重，最后为封建统治阶级所镇压。但太平军也力求"师夷长技"，使用洋枪洋炮，在实战中发展了一些传统战法，反映出了将领们高超的指挥艺术，并造就了杨秀清、石达开、李秀成、陈玉成等一批兵家名将。其军事思想除了反映在流传下来的《太平军目》《太平条规》《行军总要》等文献中外，更多的则体现在他们建军、作战的行动中。

19 世纪 70 年代，在西方列强入侵的威胁下，出现了陆、海边境双重危机，统治阶级内部引发了一场"海防"与"塞防"的争论。清政府采纳了左宗棠等人提出的海防与塞防并重的方针，出兵收复了新疆；同时，决定加强筹办海防，其设防思想发展到陆海并举，以建设海军为主。19 世纪 80 年代初，北洋、南洋、福建三支海军已初具规模。在 19 世纪 80 年代前期发生的中法战争中，清军陆路作战有胜有负，初步显示了军事近代化的力量，但福建海军却全军覆没。于是，清廷决定进一步发展海军力量，设立海军衙门。优先发展的北洋海军于 1888 年成军，并在旅顺口、威海卫等地建立海军基地，还兴办海军学堂，选派学生出国留学，拟定海军章程等。当时，中国海军的实力在世界东方可称第一。

随着西式武器装备部队和军制的初步改革，作战样式和战法方面也发生了不小的变化。例如：步骑、步炮协同作战；独立的海战和陆海军协同对抗登陆作战；阵地战、运动战水平有所提高；战斗队形开始由密集向疏散发展，并出现了攻守结合的"地营"战术等。所有这些都受了西方资产阶级军事思想的影响，也反映了中国近代军事思想的成长变化。特别是以兴办军事工业，建立新式陆、海军为中心的洋务运动，历时 30 余年，为中国军事近代化做出了重要贡献。军事思想近代化的成长过程，由于受到洋务运动"中学为体、西学为用"的总的指导思想的束缚，尽管在向西方学习方面有较大的进展，但其战斗力大大落后于西方军队。军队的管理教育仍然以封建纲常与宗法思想为基本内容，带有浓厚的封建色彩。中国军事思想无法脱离封建思想体系，也就不可能发生质的变化。当时中国军事思想的落后，导致了甲午战争的失败。

3. 形成阶段（1894—1924 年）

中国在甲午战争中的惨败，使人们真正认识到清朝军队建设的全面落后，群臣百官纷纷条陈时务，主张效仿西法，编练新军。清统治者为维护其统治地位，不得不在军制、装备、训练、战法和军事教育、部队管理等方面，全面地按照西方模式进行改革，从而使中国近代军事思想进入一个新的时期，即资产阶级军事思想的形成时期。1895 年 3 月，胡燏棻在天津完全按西法编练"定武军"，共 10 营 5 000 余人。与此同时，张之洞在南京也按西法编练"自强军"。1895 年 10 月，袁世凯接练"定武军"，改称"新建陆军"。这些军队完全打破了湘、淮军的营哨体制，仿西方军队的编制，实行镇（师）、协（旅）、标（团）、营、队（连）、排、棚（班）建制，建立了步、炮、骑、工程等兵种，一律装备西方新式武器，并改用德国操典练兵。袁世凯在主持新军建设的过程中，提出了比较完整的军队建设理论，主持制定了一系列模仿西方军队的章程、法典和战略战术原则等。1900年，抗击八国联军入侵战争失败后，清政府被迫推行"新政"，进一步改革军制，统一全国新军编制体制，加快了编练新军的步伐；同时，裁汰旧有军队，广建军事学堂，废除武举制度，大量翻译和出版西方和日本的军事学术著作，编写军事教材。西方资产阶级军事制度和军事理论，主要是在这个时期被介绍进来的。这个时期，中国的兵学家们也为建立中国近代资产阶级军事思想体系做了不懈的努力。徐建寅编著的《兵学新书》、袁世凯等编的《训练操法详晰图说》和《新建陆军兵略录存》、陈龙昌编著的《中西兵略指掌》、易熙编著的《中西兵法通义》、陈风翔编著的《军制学》、蔡锷编的《曾胡治兵语录》等，都针对中国武备实际，博采中外军事理论之精华，进一步融合了中西方兵学观点。但是，这个时期以模仿西方的军制和传播西方军事著作为基本特征的军事思想，带有生搬硬套的特点。如何有选择地吸收西方先进的军事思想，批判地继承中国传统的军事思想的问题没有得到很好的解决。

甲午战争之后，以孙中山为代表的资产阶级民主革命派，决心走武装夺取政权的道路，多次领导武装起义，并最终于1911年武昌新军起义成功，建立了中国第一个资产阶级共和国，为中国军事思想完全资产阶级化奠定了政治基础。孙中山仿照西方资产阶级共和国模式，颁布了一些法令，制定了一些条例，建立了陆海军，初步确立了资产阶级的建军理论。但袁世凯窃取政权后，倒行逆施，把中国社会推向了一个军阀混战的黑暗时代，使中国近代资产阶级军事思想发生了严重倒退的现象。孙中山虽然坚持资产阶级民主革命，积极领导反对帝国主义和封建军阀的武装斗争，但没有从根本上认识建立革命军队的重要性，仅仅依靠与北洋军阀有矛盾的地方军阀，结果屡次失败。但是，这个时期杰出的军事理论家蔡锷、蒋方震等人的军事论著，把前人对中国近代国防的看法、近代西方关于国防的理论和近代中国战争的实践结合起来研究，加以理论化、系统化，标志着中国近代国防理论的形成，为中国资产阶级军事思想的形成做出了新贡献。

1924年1月，中国国民党第一次全国代表大会在孙中山的主持下，确定国共合作，决定组建由国民党直接掌握的革命军队。同年5月，成立了黄埔军校，创建了革命武装，标志着新型的国民革命军建军的开始。孙中山汲取苏联红军的经验，形成了新三民主义战争观。他从民族、民权、民生三大问题入手，阐述了战争与政治、经济、民族、民众的关系，确立了从政治上建设革命军队的思想。他指出："政治的原动力便在军人，所以军人当然要懂得政治，要明白什么是政治。"他强调，必须提高革命军人的政治觉悟，"不仅知道枪是怎样放法，而且知道枪要向什么人放，……不仅明了怎样遵守纪律，而且明了为什么要遵守纪律"①。他强调民心民力的重要性，指出："若单独依靠兵力，是不足靠的，……要以人民之心力，为吾党之心力，要用人之心力以奋斗。……革命行动，欠缺人民心力，无异无源之水，无本之木。"他还聘请苏联顾问和吸收大批共产党人参加革命武装建设；在军队中建立党代表制度和政治工作制度，加强对官兵的爱国主义和革命精神教育，使国民革命军成为一支新型的、资产阶级的武装力量。这是中国军队近代化建设进程中关键性的突破，标志着中国资产阶级军事思想的形成。

4. 发展阶段（1924—1949年）

这个时期，在以蒋介石为代表的中国地主资产阶级军事思想发展的同时，以毛泽东为代表的中国无产阶级军事思想产生并发展起来。在这两种对立的军事思想指导下建立起来

① 广东革命历史博物馆. 黄埔军校史料（1924—1927）［M］. 广州：广东人民出版社，1993：86.

的两支军队，经过了 20 多年的激烈较量。最终，无产阶级军事思想取得了胜利。

1924 年至 1927 年，国民革命军在孙中山建军思想指导下，得到迅速的发展。1926 年北伐战争开始时，已有 8 个军 10 万余人。北伐战争开始后，在不到一年的时间里，国民革命军先后打败了吴佩孚、孙传芳两大军阀，占领了中国的半壁江山，使孙中山的资产阶级民主主义的军事思想达到了最高峰。可是，1927 年 4 月 12 日，蒋介石发动反革命政变，随之国民革命军发生了质的变化，变成了大地主、大资产阶级的专政工具，开始了新军阀混战和镇压人民革命的战争，逐步形成以蒋介石为代表的地主资产阶级的军事思想，这是对孙中山资产阶级民主主义军事思想的倒退和反动。蒋介石为维护其反动统治，特别重视军队现代化建设，组建了中国历史上第一支由陆、海、空军组成的、由世界先进武器装备起来的、现代化的地主资产阶级的武装力量。这支军队以蒋介石军事思想为指导，在与以毛泽东军事思想武装起来的人民解放军的作战中，被彻底打败。毛泽东无产阶级军事思想获得了巨大成功。

民国时期，著名的军事理论家蒋方震、杨杰，创立了中国总体国防论学说。1937 年，蒋方震的《国防论》和 1943 年杨杰的《国防新论》，是这个时期军事理论的代表作。他们融合中外军事理论的精华，提出了许多精辟、独到的见解。但是，蒋介石采取的是"攘外必先安内"的反动政策，不可能将他们的理论付诸实施。

1927 年大革命失败后，中国共产党领导了以南昌起义、秋收起义、广州起义为中心的各地武装起义，开始了创建人民军队和无产阶级军事思想的伟大实践。最终，毛泽东军事思想形成。中国进入了中国共产党独立领导武装斗争的新时期。

三、中国现代军事思想

1949 年中华人民共和国成立以来的历史，是中国的现代史。中华人民共和国成立后，制定了崭新的国防战略和军事战略；毛泽东军事思想进一步发展；邓小平新时期军队建设思想形成；江泽民提出了一系列国防和军队建设思想；胡锦涛提出了一系列国防和军队建设重要论述；习近平提出了新时代强军思想。这些思想和理论，是当今中国军队建设、国防建设和未来反侵略战争的理论基础与行动指南。

第三节　毛泽东军事思想

习近平总书记在纪念毛泽东同志诞辰 120 周年座谈会上的讲话中指出："毛泽东同志是伟大的马克思主义者，伟大的无产阶级革命家、战略家、理论家，是马克思主义中国化的伟大开拓者，是近代以来中国伟大的爱国者和民族英雄，是党的第一代中央领导集体核心，是领导中国人民彻底改变自己命运和国家面貌的一代伟人。"他还指出："在为中国人民不懈奋斗的光辉一生中，毛泽东同志表现出一个伟大革命领袖高瞻远瞩的政治远见、坚定不移的革命信念、勇于开拓的非凡魄力、炉火纯青的斗争艺术、杰出高超的领导才能。他思想博大深邃、胸怀坦荡宽广，文韬武略兼备、领导艺术高超，心系人民群众、终身艰苦奋斗，为中华民族和中国人民建立了不朽功勋。"毛泽东思想博大深邃，其军事思想光辉灿烂。

一、毛泽东军事思想的含义

毛泽东军事思想是毛泽东关于中国革命战争、人民军队和国防建设以及军事领域一般规律问题的科学理论体系。[①]

（一）毛泽东军事思想是马克思列宁主义的普遍原理同中国革命战争具体实践相结合的产物

马克思指出："理论在一个国家的实现程度，决定于理论满足这个国家的需要的程度。"[②] 处于半封建半殖民地背景下的中国无产阶级革命，非常需要马克思列宁主义理论的指导。但是，如何在中国革命运动中运用马克思列宁主义呢？这个问题没有现成的答案。许多仁人志士为此进行了多方面的探索。马克思又指出："正确的理论必须结合具体情况并根据现存条件加以阐明和发挥。"[③] 列宁说："我们需要独立地探讨马克思的理论，因为它所提供的只是一般的指导原则，而这些原理具体地应用于英国就不同于法国，应用于法国就不同于德国，应用于德国就不同于俄国。"[④] 毛泽东把马克思列宁主义的普遍原理同中国革命战争具体实践相结合，既适应中国革命的需要，又切合中国革命的实际，从而形成了毛泽东军事思想最基本的特征。这个特征突出表现在两个方面：一方面，毛泽东用马克思列宁主义的立场、观点、方法观察和分析战争；另一方面，毛泽东从中国革命和战争的实际情况出发，运用马克思列宁主义的普遍原理，实事求是地研究和指导中国革命战争，始终坚持理论与实践相结合的原则，开辟了符合中国国情的无产阶级革命道路。而教条主义则忽视中国国情，把主观愿望和客观实际相分裂，生搬硬套马克思列宁主义的理论，因而脱离中国革命战争的具体需要；经验主义的认识与实践相脱离，忽视经验的局限性，把局部经验当成普遍真理，因而轻视马克思列宁主义普遍原理的指导作用。毛泽东军事思想正是同教条主义和经验主义等各种错误倾向做斗争，并深刻总结这方面的历史经验，逐步形成和发展起来的。例如，马克思指出，无产阶级要取得革命的胜利，只能走武装斗争的道路。列宁、斯大林在俄国实践了马克思这一理论，开创了工人武装在城市起义夺取政权的成功先例。通过这种实践，列宁创造性地指出，无产阶级革命，可以在一个资产阶级统治比较薄弱的国家中首先取得胜利。当中国还是半封建半殖民地的国家时，广大的贫苦农民是国家的主体，在这样的国情下，无产阶级如何建立自己的军队？如何开展革命战争？如何夺取政权？这些问题在马克思列宁主义著作中都找不到现成的答案。毛泽东从中国国情出发，创造性地应用马克思列宁主义军事思想，开辟了以农村包围城市的武装斗争道路，最终推翻了三座大山，建立了新中国。所以说，毛泽东军事思想是具有中国特色的、

[①] 中国军事百科全书编审委员会. 中国军事百科全书：军事思想［M］. 北京：军事科学出版社，1997：207.

[②] 马克思，恩格斯. 马克思恩格斯全集：第1卷［M］. 中共中央马克思恩格斯列宁斯大林著作编译局，译. 北京：人民出版社，1956：10.

[③] 马克思，恩格斯. 马克思恩格斯全集：第27卷［M］. 中共中央马克思恩格斯列宁斯大林著作编译局，译. 北京：人民出版社，1972：433.

[④] 列宁. 列宁选集：第1卷［M］. 中共中央马克思恩格斯列宁斯大林著作编译局，译. 北京：人民出版社，1995：282-283.

发展了的马克思列宁主义军事思想。

（二）毛泽东军事思想是对中国人民革命战争和国防建设与国防斗争实践经验的科学总结

中国革命战争实践，是毛泽东军事思想赖以产生和发展的基础。没有中国革命战争的具体实践，就没有毛泽东军事思想。正如毛泽东 1962 年 1 月 30 日在扩大的中央工作会议上的讲话中所指出的那样："在民主革命时期，经过胜利、失败，再胜利、再失败，两次比较，我们才认识了中国这个客观世界。在抗日战争前夜和抗日战争时期，我写了一些论文，如《中国革命战争的战略问题》《论持久战》《新民主主义论》《〈共产党人〉发刊词》，替中央起草过一些关于政策、策略的文件，都是革命经验的总结。那些论文和文件只有在那个时候才能产生，在以前不可能，因为没有经过大风大浪，没有两次胜利和两次失败的比较，没有充分的经验，还不能充分认识中国革命的规律。"[1] 中国共产党在领导中国人民进行新民主主义革命时，经历了国共合作的北伐战争，在第一次大革命失败后，又独立地领导了土地革命战争、抗日战争和解放战争。中华人民共和国成立后，又进行了抗美援朝战争，中印、中苏、中越等边界自卫反击战。毛泽东军事思想就是对中国革命战争和国防建设与国防斗争实践经验的科学总结。

（三）毛泽东军事思想是中国共产党人集体智慧的结晶

毛泽东曾经在党的七大时就说过，毛泽东思想是集体智慧的结晶，他只不过是一个代表。1964 年 3 月，他在谈到《毛泽东选集》时说："《毛泽东选集》哪是我一个人的著作啊，《毛泽东选集》里的这些东西，是群众教给我的，是付出了流血牺牲的代价的。"毛泽东思想"是被实践证明了的关于中国革命的正确的理论原则和经验总结，是中国共产党集体智慧的结晶"（《中国共产党中央委员会关于建国以来党的若干历史问题的决议》）。事实正是如此，从土地革命时期的"红色割据"区域，发展到抗日战争时期的各抗日根据地，再发展到解放战争时期的各个解放区，各个根据地在相当长的时间里处于被敌人分割、形成相对独立的状态。在这样的环境中，各个根据地独立地进行军事斗争，总结了丰富的军事斗争经验，形成了不少军事理论，造就了一批能够独当一面的革命领袖人物。他们之中有的同毛泽东一起起草过军事文件；有的参加过重大决策的讨论；有的发表过自己的军事著作，阐述自己的军事理论；有的对毛泽东的军事思想进行过深刻的研究和必要的补充。特别是遵义会议后，形成了以毛泽东为核心的党中央领导集体，毛泽东提出的许多重大决策，都经过了党中央的集体讨论，凝聚了党中央的集体智慧。在领导中国革命战争和社会主义建设中，毛泽东一贯遵循"从群众中来，到群众中去"的原则，及时总结群众中产生的经验，并用于指导社会实践。1933 年，朱德写出了《谈几个战术的基本原则》，论述了红军游击性运动战的六个原则，其中指出，"无论大兵团、小部队，在进攻中每一动作，都要选定主要突击方向而集中其最大兵力在这一方向来决战"，"在战略上要寻找敌人的主力，在战术上要寻找敌人的弱点"。[2] 这是对红军作战经验的总结。1936 年 12 月，毛泽东在写《中国革命战争的战略问题》时，采纳了朱德这些军事理论。1938 年 1 月，朱

① 毛泽东. 毛泽东著作选读：下 [M]. 北京：人民出版社，1986：825-826.
② 朱德. 朱德军事文选 [M]. 北京：解放军出版社，1997：150.

德提出"争取持久抗战胜利"的战略思想，他以发展的观点，从政治、经济、军事和国际关系等方面对中日双方进行对比，提出了"战略的防御与战术的进攻""战略上以弱抗强，战役上以多胜少""持久的消耗战""争取主动""节约防御的兵力""统一指挥与机动"等战略与战术。朱德在1938年年初发表了《论抗日游击战争》，详细阐述了抗日游击战争诸要素，全面论述了政治战争、经济战争、人民战争、武器战争、交通战争的战争思想，具体提出了抗日游击队的战术。1938年5月，毛泽东在写《抗日游击战争的战略问题》《论持久战》时，都采纳了朱德这些军事理论。中国还有一些老一辈无产阶级革命家的军事理论为毛泽东思想的形成做出了贡献。

强调毛泽东军事思想是集体智慧的结晶，并不是否认毛泽东个人的独特贡献。正如刘少奇在党的七大关于修改党章的报告中指出的那样，毛泽东"不但敢于率领全党和全体人民进行翻天覆地的战斗，而且具有最高的理论上的修养和最大的理论上的勇气。他在理论上敢于进行大胆的创造，抛弃马克思主义理论中某些已经过时的、不适合中国具体环境的个别原理和个别结论，而代之以适合于中国历史环境的新原理和新结论。所以他能成功地进行马克思主义中国化这件艰巨的事业"①。毛泽东是我党我军最杰出的代表，是中国革命军事理论的奠基人和集大成者。在长达半个世纪的革命活动中，他撰写了大量的军事著作，对我党的军事理论做了最集中、最深刻的概括。以毛泽东的名字命名这个军事思想，是完全符合历史事实的。

（四）毛泽东军事思想是毛泽东思想的重要组成部分

1981年党的十一届六中全会通过的《关于建国以来党的若干历史问题的决议》，对毛泽东思想的重要内容做了完整的概括。其基本点是：关于新民主主义革命的理论；关于社会主义革命和社会主义建设的理论；关于革命军队建设和军事战略的理论；关于政策和策略的理论；关于思想政治工作和文化工作的理论；关于党的建设的理论。毛泽东军事思想同毛泽东思想的关系是局部和全局、部分和整体的关系。它极大地丰富和发展了马克思列宁主义的军事理论，是毛泽东思想科学体系中一个重要的组成部分。

中国共产党在取得全国政权之前的22年中，中心工作是军事工作，毛泽东和他的战友们把主要精力倾注在研究和指导战争上。我们党的这一段历史，实际上是一部武装斗争史。毛泽东的军事实践活动，是他一生中最伟大、最光辉和最成功的部分。毛泽东的军事著作在他的所有著作中占有很大的篇幅和重要地位。因此，研究毛泽东思想，必须研究和理解毛泽东军事思想。

二、毛泽东军事思想的形成和发展

（一）毛泽东军事思想在大革命时期萌芽

大革命时期，是指中国第一次国内革命战争时期，即1924年至1927年。这场革命的宗旨是"打倒列强，除军阀"。毛泽东军事思想萌芽主要在这个时期。1924年，国共第一次合作。1924年5月，我党协助孙中山创办黄埔军官学校，学习苏联红军建设国民革命

①　中共中央文献编辑委员会. 刘少奇选集：上卷 [M]. 北京：人民出版社，1981：336-337.

军，一大批共产党员进入黄埔军校学习和工作，创立了中国军队历史上从来没有过的政治工作和党代表制度。从此，我们党"已进到了新的阶段，开始懂得军事的重要了"①。

毛泽东把更多的注意力投向农村，投向农民。1924 年 7 月至 1926 年 9 月，彭湃、毛泽东等人在广州举办农民运动讲习所。"毛泽东在主持第六届农民运动讲习所时向学员指出：搞革命就是刀对刀、枪对枪，要推翻地主武装团防局，必须建立农民自己的武装。"② 1927 年 3 月，毛泽东在《湖南农民运动考察报告》中指出："革命是暴动，是一个阶级推翻一个阶级的爆裂的行动。农村革命是农民阶级推翻封建地主阶级的政权的革命。"还明确指出："必须建立农民的绝对权力。"③ 1927 年 7 月 4 日，毛泽东在中共中央政治局常委扩大会上，针对党的负责人的右倾主张，指出："农民武装可以上山或投到同党有联系的军队中去"，"不保存武力则将来一到事变，我们即无办法"，"上山可造成军事势力的基础"。果然，八天之后，蒋介石发动反共政变，大肆杀害中国共产党人。1927 年 7 月 15 日，汪精卫叛变革命，使中国共产党雪上加霜。至此，第一次国共合作下持续三年多的大革命失败，也是第一次国内革命战争的失败。1927 年 7 月，中共中央制订了在湘、鄂、赣、粤四省区发动武装起义的计划。1927 年 8 月 1 日，我党在南昌发动了武装起义，打响了武装反对国民党反动派的第一枪，标志着中国共产党独立领导武装斗争和创建革命军队的开始。这些萌芽状态的军事思想，为毛泽东军事思想的产生奠定了基础。

（二）毛泽东军事思想在土地革命时期形成

1927 年 8 月 7 日，中共中央在武汉召开紧急会议，即"八七"会议，正式确定实行土地革命和武装起义的总方针。土地革命，是指中国无产阶级领导农民消灭封建土地所有制，从政治上、经济上打倒地主阶级，解放农村生产力的革命，是无产阶级领导的民主革命的基本内容。土地革命时期是毛泽东军事思想初步形成时期。毛泽东在"八七"会议发言中特别强调："以后要非常注意军事，须知政权是由枪杆子中取得的。"④

1927 年 9 月 9 日，毛泽东作为中央特派员到湘赣边界地区领导秋收起义。在起义遭受严重挫折后，毛泽东坚决否定了部分人"取浏阳直攻长沙"的主张，他率领余部沿罗霄山脉南移，向反动势力比较薄弱的山区寻求立足之地，以保存力量。1927 年 9 月 29 日，毛泽东率领的队伍来到江西永新县的三湾，在这里进行了具有重大历史意义的"三湾改编"，将不足千人的队伍由原来的一个师缩编为一个团；将党的支部建立在连上；成立各级士兵委员会；官兵在政治上平等；实行民主管理，不久又制定了红军纪律。这是建设无产阶级领导的新型人民军队的重要开端。同年 10 月 7 日，毛泽东率领这支队伍到达井冈山北麓的宁冈县茅坪，开展游击战争，发动农民进行土地革命，实行"工农武装割据"，成功地创建了第一个革命根据地。1928 年 1 月，毛泽东在遂川城主持召开前委和万安县委联席会议，总结井冈山工农革命军和万安农军的军事工作，提出了"敌来我走，敌驻我扰，敌退我追"的游击战法。

① 毛泽东. 毛泽东选集：第 2 卷［M］. 2 版. 北京：人民出版社，1991：547.
② 廖国良，李士顺，徐焰. 毛泽东军事思想发展史［M］. 2 版. 北京：解放军出版社，2001：15.
③ 毛泽东. 毛泽东选集：第 1 卷［M］. 2 版. 北京：人民出版社，1991：17.
④ 中共中央党史研究室. 中国共产党的七十年［M］. 北京：中共党史出版社，1991：77.

南昌起义失败后，参与领导这次起义的朱德率领余部（主体为大革命时期在北伐中战功卓著的叶挺独立团）几经周折，"于十月底到了大庚，对部队进行整编"①。之后不久，他们到了江西崇义县上堡，对所属部队进行整训，"首先是整顿纪律，……其次是进行军事训练"，"当时已经提出了新战术问题，主要是怎样从打大仗转变为打小仗，也就是打游击战的问题，以及把一线式战斗队形改变为'人'字战斗队形等"。② 1928 年 1 月 31 日，朱德率领部队在湘粤边界的坪石一带，采取敌进我退、以逸待劳、攻敌不备、敌退我追的战法，打垮了敌军许克祥的六个团。这一战成为游击战的典范。1928 年 4 月下旬，朱德、陈毅率领部队和湘南农军上井冈山与毛泽东会师，合编为中国工农革命军第四军（不久后改名为工农红军第四军），毛泽东任党代表和军委书记，朱德任军长。井冈山革命根据地的武装力量由原来的二千人增加到一万多人，战斗力大大增强，根据地进一步扩大，开创了井冈山革命根据地的新局面。1929 年 4 月 5 日，《红四军前委关于目前形势闽赣斗争情况和红军游击战术向中央之报告》中指出：我们三年来从斗争中所得的战术，真是和古今中外的战术都不同。……我们的战术就是游击的战术。大要说来是"分兵以发动群众，集中以应付敌人"，"敌进我退、敌驻我扰、敌疲我打、敌退我追"。③ 后四句即所谓游击战十六字诀。当时，各根据地都从实战中摸索出了自己的游击战术，但红四军提出的游击战十六字诀最有代表性，毛泽东把它作为红军游击战的基本原则。

1929 年 1 月 14 日，毛泽东、朱德、陈毅率红四军主力三千六百人离开井冈山，到赣南、闽西一带开展游击战，创建新的根据地。这时，红四军党内就"要不要设立军委"的问题发生了较大的意见分歧。1929 年 6 月 22 日，红四军第七次代表大会在福建龙岩召开，毛泽东没有被选为前委书记，到闽西特委所在地上杭县的蛟洋帮助指导地方工作。中共中央得知此事后，周恩来于 1929 年 8 月 21 日起草了给红四军前委的信，对这次会议提出了批评。不久，陈毅到上海向中共中央详细汇报了红四军的工作，中共中央又于 1929 年 9 月 28 日再次给红四军前委做出了指示，要求红四军前委和全体指战员维护朱德、毛泽东的领导，并明确指示：毛泽东"应仍为前委书记"。根据中共中央的指示，1929 年 12 月 28 日，毛泽东在福建上杭县古田镇主持召开了红四军党的第九次代表大会，史称"古田会议"。大会选举产生了新的前敌委员会，毛泽东当选为书记。会上，毛泽东做了重要的政治报告，他强调要从政治上、思想上、组织上把红军建设成为新型的人民军队。他指出，中国的红军是一个执行革命的政治任务的武装集团……红军的打仗，不是单纯地为了打仗而打仗，而是为了宣传群众、组织群众、武装群众，帮助群众建设革命政权才去打仗的，离开了对群众的宣传、组织、武装和建设革命政权等目标，就失去了打仗的意义，也就失去了红军存在的意义。他特别强调党的领导，指出："党对军事工作要有积极的注意和讨论。一切工作，在党的讨论和决议之后，再经过群众去执行。"④ 他还强调，必须从思想上克服各种非无产阶级思想，特别是要改造旧军队的军阀作风，要克服流氓无产者的习气，要反

---

① 中共中央文献编辑委员会. 朱德选集［M］. 北京：人民出版社，1983：394.
② 中共中央文献编辑委员会. 朱德选集［M］. 北京：人民出版社，1983：394.
③ 毛泽东. 毛泽东选集：第 1 卷［M］. 2 版. 北京：人民出版社，1991：103-104.
④ 毛泽东. 毛泽东选集：第 1 卷［M］. 2 版. 北京：人民出版社，1991：88.

对平均主义、主观主义、个人主义、宗派主义，要坚持民主集中制和无产阶级的铁的纪律。古田会议的召开，从根本上划清了无产阶级新型军队与其他阶级旧式军队的界限，红四军从此走上了一条更为健康的发展道路。

1930 年 6 月，赣西南、闽西地区的红军合编为红军第一军团，朱德任总指挥，毛泽东任政治委员和前委书记，共有二万余人，是全国红军中战斗力最强的一支部队。1931 年，朱德明确指出，中国红军必须具备"六个基本条件"，即红军的阶级性、无条件地在共产党领导之下、政治训练、军事技术的提高、自觉地遵守铁的纪律、实行集中指挥和统一训练。从 1930 年 10 月至 1931 年 6 月，国民党军对朱德、毛泽东率领的红一方面军进行了三次重点"围剿"，每次都被红军粉碎。特别是第三次反"围剿"胜利后，赣南、闽西两个革命根据地连成了一片，形成了拥有 21 座县城、面积约 5 万平方千米、居民达 250 万人的中央革命根据地。因此，"朱毛红军"威震全国。取得这些胜利，一是由于党的土地革命政策得到了根据地人民群众的衷心拥护，红军的作战行动得到了根据地人民群众的大力支持；二是由于毛泽东、朱德等红军领导人的战略战术正确，即诱敌深入，着眼于消灭敌人有生力量，集中兵力、各个歼敌，打得赢就打、打不赢就走，在运动中发现敌军弱点，速战速决。这些正确的战略战术思想，解决了红军如何以劣势兵力和落后装备去战胜强大的敌人这个异常复杂和困难的问题。在此期间，初步形成了以人民战争为基础的积极防御的战略战术指导原则。后来，毛泽东在《中国革命战争的战略问题》一文中，对此做了系统的总结。

从 1928 年之后，毛泽东联系中国土地革命实际问题，写下了大量的文章，如《井冈山的斗争》《关于纠正党内的错误思想》《星星之火，可以燎原》《反对本本主义》《必须注意经济工作》《怎样分析农村阶级》等，及时分析、回答了中国革命面临的许多问题，为中国革命指出了正确的方向。然而，这些正确的思想，却遭到了党内占统治地位的王明"左"倾冒险主义的否定，使红军丧失了大好的革命形势。1932 年 10 月上旬，苏区中央局不顾周恩来、朱德、王稼祥的反对，错误地把毛泽东从前方调到后方，撤销了他的红一方面军总政委的职务。1932 年年底，在第四次反"围剿"中，周恩来、朱德被迫执行苏区中央局"左"的冒险主义的作战指示，即迅速攻占南丰、南城。周恩来、朱德在强攻南丰不克的情况下，就弃城不攻，秘密转移红军主力，两次设伏，重创陈诚精锐部队近三个师，缴获枪械万余支，打败了国民党军的第四次"围剿"，创造了红军战史上前所未有的大兵团伏击战的范例。

1934 年 10 月，红军在第五次反"围剿"中，受到中共临时中央负责人博古和共产国际派来的军事顾问（德国人）李德"左"的冒险主义的严重干扰，放弃了过去反"围剿"中行之有效的积极防御的方针，而采取"御敌于国门之外"的方针，致使这次反"围剿"遭到惨重失败，使革命根据地大多数丧失，红军被迫转移。强渡湘江后，红军和中央机关人员从八万多人锐减到三万多人。

红军长征途中，1935 年 1 月 15 日至 17 日，中共中央在贵州遵义召开政治局扩大会议，增选毛泽东为中央政治局常委。会议通过了《中共中央关于反对敌人五次"围剿"的总结决议》，彻底批判了王明"左"倾冒险主义在军事上的错误，重新肯定了以毛泽东为代表的正确军事路线及其一整套作战原则。会后不久，政治局常委决定由毛泽东、周恩来、王稼祥组成三人军事小组，负责全军的军事行动。遵义会议在组织上确立了毛泽东在红军和全党的领导地位，是中共中央在同共产国际联系中断的情况下，独立自主地解决中国革命中重大问题的会议，是毛泽东军事思想由产生到形成科学体系的发展起点。遵义会议后，红军以高度机动的作战行动，四渡赤水，兵临贵阳，威逼昆明，巧渡金沙江，跳出了数十万围追堵截之敌的重重包围，取得了战略转移中具有决定意义的胜利。

（三）毛泽东军事思想科学体系在抗日战争时期成熟

1931 年 9 月 18 日深夜，日本关东军向中国东北军驻地大本营和沈阳城发动进攻，即震惊全国的"九一八事变"爆发。东北的抗日义勇军，在白山黑水之间开展艰苦卓绝的抗日游击战，得到了全国人民的热烈声援。东北军将领马占山、李杜在东北英勇抗日。在上海，国民党军将领蒋光鼐、蔡廷锴指挥第十九路军，张治中指挥第五军沉重打击入侵的日军。可是，南京政府却仍然坚持蒋介石提出的"攘外必先安内"的方针，仍然把主要兵力拿去"围剿"中国共产党领导的红军。而中国共产党坚决抗日，在极其困难的情况下，先后派杨靖宇、赵尚志、周保忠、赵一曼等人到东北组织武装队伍，开展抗日游击战。到 1933 年年初，由中国共产党直接领导的东北多股游击队，逐渐成为东北的主要抗日武装力量。

1935 年 10 月 19 日，中央红军长驱二万五千里、纵横十一个省，胜利到达陕北。同年 10 月 22 日，红二、红四方面军也胜利地完成长征。国民党对红军第五次"围剿"前，红军有 30 万人，经过长征，三支主力红军会合时，已不足 3 万人。1935 年 12 月 17 日至 25 日，中共中央政治局在陕北瓦窑堡召开会议，提出了以坚决的民族革命战争反对日本帝国主义进攻的总任务，制定了抗日民族统一战线的政治策略和军事战略方针。两天后，毛泽东在党的活动分子会议上做《论反对日本帝国主义的策略》的报告，强调"持久战"思想。他说："中国革命战争还是持久战，帝国主义的力量和革命发展的不平衡，规定了这个持久性。"[①] 他还强调："组织千千万万的民众，调动浩浩荡荡的革命军，是今天的革命向反革命进攻的需要。只有这样的力量，才能把日本帝国主义和汉奸卖国贼打垮，这是有目共见的真理。因此，只有统一战线的策略才是马克思列宁主义的策略。"[②] 瓦窑堡会议是从第二次国内革命战争到抗日战争的伟大转折时期中的一次极其重要的会议，"它表明，中国共产党在总结革命中的成功和失败的经验教训基础上，已经成熟起来，能够从中国的实际情况出发，创造性地开展工作"[③]。

为了从理论上系统地回答中国革命战争的战略问题，以指导中国革命战争，毛泽东运用辩证唯物主义和历史唯物主义的理论和方法，总结红军创建以来正反两方面的经验和教训，于 1936 年 12 月写出《中国革命战争的战略问题》。毛泽东精辟地分析了中国革命战争的特点和规律，系统地阐述了中国革命战争中战略问题的各个方面，如无产阶级的战争观和方法论；中国革命战争的特点、规律及其战略指导问题，特别是积极防御战略的基本

---

① 毛泽东. 毛泽东选集：第 1 卷 [M]. 2 版. 北京：人民出版社，1991：153.
② 毛泽东. 毛泽东选集：第 1 卷 [M]. 2 版. 北京：人民出版社，1991：155.
③ 中共中央党史研究室. 中国共产党的七十年 [M]. 北京：中共党史出版社，1991：136.

原理；同时还论述了战争的起源和本质、战争的性质及应采取的态度；消灭战争的途径和方法；战争中认识发展的辩证过程；战争规律的客观性和辩证法及其科学的研究方法等，为指导中国革命战争走向胜利奠定了坚实的理论基础。1937 年 7 月、8 月，毛泽东在抗日军政大学讲授哲学，写成了著名的《实践论》和《矛盾论》。这两篇哲学著作，对于我军指挥员正确认识和指导中国革命战争起了非常重要的作用。

1937 年 7 月 7 日，卢沟桥事变爆发，日寇大举入侵中国。中日之间的民族矛盾成为中国的主要矛盾。1937 年 7 月 9 日，中共中央为日军进攻卢沟桥通电，号召"全中国同胞，政府与军队，团结起来，建筑民族统一战线的坚固长城，抵抗日寇的侵略！国共两党亲密合作抵抗日寇的新进攻！"同一天，毛泽东、朱德、彭德怀等红军领导人致电蒋介石，表示红军愿意"为国效命，与敌周旋，已达保土卫国之目的"。同年 7 月 17 日，蒋介石在庐山发表讲话："如果战端一开，就是地无分南北，年无分老幼，无论何人，皆有守土抗战之责任，皆应抱定牺牲一切之决心。"① 从此，中国的抗日战争全面展开。

毛泽东为了解决抗日战争中的战略战术问题，于 1938 年相继发表了《抗日战争的战略战术问题》《论持久战》《战争和战略问题》等重要文章，全面分析了抗日战争的特点和规律，丰富和发展了研究和指导战争的理论。毛泽东在 1938 年 5 月写的《论持久战》，批判了"亡国论"和"速胜论"，明确断言："抗日战争是持久战，最后的胜利是中国的。"② 其断言的主要根据是：日本的侵华战争是退步的、野蛮的，中国的反侵略战争是进步的、正义的；日本是个小国，人力、物力缺乏，经不起长期的战争，中国是个大国，地大、物博、人多、兵多，能够支持长期的战争；日本的非正义战争在国际上是失道寡助的，中国的正义战争却是得道多助的。③ 他预见："这种持久战，将具体地表现于三个阶段之中。第一个阶段，是敌之战略进攻、我之战略防御的时期。第二个阶段，是敌之战略保守、我之准备反攻的时期。第三个阶段，是我之战略反攻、敌之战略退却的时期。"④ 他强调，夺取抗日战争的胜利，必须"发动全军全民的全部积极性来支持战争"，广泛开展人民战争。他指出："战争的伟力之最深厚的根源，存在于民众之中。"⑤ 抗日战争胜利的实践证明，毛泽东的分析、判断、预见是科学的、正确的。从卢沟桥事变到 1938 年 10 月广州、武汉失守，是中国抗日战争的战略防御阶段；广州、武汉失守后，中国抗日战争进入战略相持阶段（即"我之准备反攻时期"）；1945 年 8 月 8 日，苏联对日宣战，中国抗日战争进入战略反攻阶段。1945 年 8 月 15 日，日本天皇裕仁向公众宣布无条件投向。同年 9 月 2 日，日本代表在投降书上签字。至此，中国的抗日战争胜利结束。

1944 年，在毛泽东、周恩来主持下写成的留守兵团政治部《关于军队政治工作问题》的报告，对我党、我军在北伐战争、土地革命战争和抗日战争三个时期的政治工作进行了历史性的总结，并以马克思列宁主义的观点，从理论上进一步阐明了我军政治工作的性质、方向、任务、地位和方法。1945 年 4 月 20 日，党的六届七中全会通过的《关于若干

① 中共中央党史研究室. 中国共产党的七十年 ［M］. 北京：中共党史出版社，1991：141.
② 毛泽东. 毛泽东选集：第 2 卷 ［M］. 2 版. 北京：人民出版社，1991：515.
③ 毛泽东. 毛泽东选集：第 2 卷 ［M］. 2 版. 北京：人民出版社，1991：449–450.
④ 毛泽东. 毛泽东选集：第 2 卷 ［M］. 2 版. 北京：人民出版社，1991：462.
⑤ 毛泽东. 毛泽东选集：第 2 卷 ［M］. 2 版. 北京：人民出版社，1991：511.

历史问题的决议》，总结了革命战争的历史经验，对人民军队的建设和军事战略的理论作了系统的阐述，正式使用了"毛泽东同志的军事路线"这一概念。1945年4月23日至6月11日，中国共产党召开第七次全国代表大会。毛泽东在这次大会上做了《论联合政府》的报告，专门论述了人民战争的基本内容和人民军队的建军宗旨等问题；指出全心全意为人民服务是我军唯一的宗旨；提出了一整套政治工作原则；总结了我军实行主力兵团与地方兵团和游击队、民兵相结合，武装群众与非武装群众相结合，军事斗争与政治、经济、文化等各条战线的斗争相结合的真正的人民战争，以及从实际出发的灵活机动的战略战术思想。

朱德在党的七大做了《论解放区战场》的报告，他全面阐述了以人民军队、人民战争的战略战术为基本内容的毛泽东军事思想。他在报告中使用了"毛泽东同志的军事理论""毛泽东同志的军事路线""毛泽东同志的军事学说"等概念。这是"毛泽东军事思想"概念演变和形成的最初词汇，为形成完整的"毛泽东军事思想"概念奠定了基础。陈毅在这次大会上所做的建军报告中，也使用了"毛泽东军事学派""毛泽东的军事思想"等概念。1945年5月30日，朱德在党的七大第十七次会议上所做的关于军事问题的结论中，第一部分就是"关于毛泽东军事思想问题"。他指出："毛泽东的军事思想，也就是马克思主义的中国化。"这是中国共产党历史上第一次比较完整地提出"毛泽东军事思想"概念。朱德还指出："毛泽东的军事思想从有红军一直到现在，经过内战、抗战两个阶段，是完成了，成熟了。"① 至此，毛泽东军事思想形成了一个比较完整的科学体系。从此以后，中共中央领导同志的报告、中共中央军委的文件以及报刊文章中开始出现"毛泽东军事思想"概念，并为全党全军所公认和接受，一直沿用到现在。

（四）毛泽东军事思想在解放战争时期进一步丰富

抗日战争胜利后，中国共产党坚决主张："抗战胜利的果实应该属于人民。"② 但蒋介石顽固地坚持独裁和内战的方针。毛泽东指出："蒋介石对于人民是寸权必争，寸利必得。我们呢？我们的方针是针锋相对，寸土必争。"③ 国内阶级矛盾上升为主要矛盾。

1945年8月29日至10月10日，以毛泽东为首的中国共产党代表团与国民党政府代表在重庆举行谈判。经过43天的谈判，双方于10月10日签署《政府与中共代表会谈纪要》，即《双十协定》。但是，蒋介石不断破坏这个协定。1946年，蒋介石企图用三至六个月时间完全消灭人民解放军，于6月26日大举进攻中原解放区。毛泽东指出："只有在自卫战争中彻底粉碎蒋介石的进攻之后，中国人民才能恢复和平。"④ 于是，解放战争全面开展。解放战争是我军和全国人民在中国共产党领导下，对帝国主义、封建主义和官僚资本主义三大敌人进行的关系中国前途的大决战。在这场大决战中，毛泽东同朱德、周恩来等高层指挥员组织指挥了一系列重大战役，经历了战略防御、战略进攻、战略决战和战略追击等阶段，采取了以运动战为主并配以攻坚战、阵地战等多种形式，进行了数以千计的战斗。

① 朱德. 朱德军事文选 [M].北京：解放军出版社，1997：551.
② 毛泽东. 毛泽东选集：第4卷 [M].2版.北京：人民出版社，1991：1129.
③ 毛泽东. 毛泽东选集：第4卷 [M].2版.北京：人民出版社，1991：1126.
④ 毛泽东. 毛泽东选集：第4卷 [M].2版.北京：人民出版社，1991：1186.

这样一来，毛泽东军事思想不但有了战略防御的系统理论，而且有了战略进攻、战略决战和战略追击的系统理论，标志着毛泽东军事思想又有了新的重大发展，内容更加丰富多彩。

解放战争爆发时，国民党在军事力量和经济力量上都占有绝对优势。面对严峻的形势，毛泽东指出："决定战争胜败的是人民，而不是一两件新式武器。"① 他断言："一切反动派都是纸老虎。"② 我们的"小米加步枪"必将战胜蒋介石的"飞机加大炮"。在作战指导上，毛泽东指出："战胜蒋介石的作战方法，一般地是运动战。因此，若干地方、若干城市的暂时放弃，不但是不可避免的，而且是必要的。暂时放弃若干地方若干城市，是为了取得最后胜利，否则就不能取得最后胜利。"③ 1946 年 9 月 16 日，毛泽东又要求我军"应以集中兵力打运动战为主，以分散兵力打游击战为辅。而在蒋军武器加强的条件下，我军必须特别强调集中优势兵力、各个歼灭敌人的作战方法"④。经过一年的解放战争，"人民解放军采取以歼灭国民党有生力量为主而不是以保守地方为主的正确的战略方针"⑤，全国形势发生了重大变化，我军消灭敌军 112 万人。国民党反动派在军事上遭到失败的同时，在政治上、经济上也陷入了严重危机。毛泽东及时抓住战局发展对我军有利的机遇，于 1947 年 9 月 1 日发出指示："我军第二年作战的基本任务是：举行全国性的反攻，即以主力打到外线去，将战争引向国民党区域，在外线大量歼敌，彻底破坏国民党将战线继续引向解放区、进一步破坏和消耗解放区的人力物力、使我不能持久的反革命战略方针。我军第二年作战的部分任务是：以一部分主力和广大地方部队继续在内线作战，歼灭内线敌人，收复失地。"⑥ 根据这个精神，刘、邓大军千里跃进大别山，创建新的革命根据地，并取得了成功，把中国革命推向了新的高潮。

1947 年 12 月，在我军战略进攻后，毛泽东提出了著名的"十大军事原则"，全面地总结和概括了我军打歼灭战的特点和规律，即"先打分散和孤立之敌，后打集中和强大之敌""先取小城市、中等城市和广大乡村，后取大城市""以歼灭敌人有生力量为主要目标，不以保守或夺取城市和地方为主要目标""每战集中绝对优势兵力（两倍、三倍、四倍、有时甚至是五倍或六倍于敌之兵力），四面包围敌人，力求全歼，不使漏网""不打无准备之仗，不打无把握之仗""发扬勇敢战斗、不怕牺牲、不怕疲劳和连续作战（即在短期内不休息地接连打几仗）的作风""力求在运动中歼灭敌人""在攻城问题上，一切敌人守备薄弱的据点和城市，坚决夺取之""以俘获敌人的全部武器和大部人员，补充自己""善于利用两个战役之间的间隙，休息和整训部队"。⑦

1948 年 9 月，毛泽东指挥人民解放军在东北发起了辽沈战役，把战争推进到了战略决战阶段。辽沈战役歼敌 47 万，解放了东北全境。辽沈战役的胜利使全国的军事形势发生了根本的变化，我军在数量和质量上首次占了优势。接着，毛泽东又指挥了淮海、平津战

① 毛泽东. 毛泽东选集：第 4 卷 [M]. 2 版. 北京：人民出版社，1991：1195.
② 毛泽东. 毛泽东选集：第 4 卷 [M]. 2 版. 北京：人民出版社，1991：1195.
③ 毛泽东. 毛泽东选集：第 4 卷 [M]. 2 版. 北京：人民出版社，1991：1187.
④ 毛泽东. 毛泽东选集：第 4 卷 [M]. 2 版. 北京：人民出版社，1991：1199.
⑤ 毛泽东. 毛泽东选集：第 4 卷 [M]. 2 版. 北京：人民出版社，1991：1372.
⑥ 毛泽东. 毛泽东选集：第 4 卷 [M]. 2 版. 北京：人民出版社，1991：1230.
⑦ 毛泽东. 毛泽东选集：第 4 卷 [M]. 2 版. 北京：人民出版社，1991：1247-1248.

役，消灭了敌人的重兵集团。1949 年夏季的渡江战役后，在对敌人实施战略追击时，为防止敌人逃往海上和国外，毛泽东又创造性地实行了远距离的大迂回、大包围的战略追击，迅速地将国民党军队消灭在大陆境内。

在建军方面，为适应战略进攻的需要，毛泽东指出了军队正规化建设的方向，进行了炮兵、工程兵、装甲兵等技术兵种的建设，强调了组织纪律性，规定了城市政策，加强了司令部工作和后勤工作等。为了适应进攻城市和夺取全国胜利的需要，毛泽东针对当时出现的一些问题，在强渡长江之前开展了新式整军运动，即在全军开展诉苦（诉旧社会和反动派给劳动人民带来的苦难）和三查（查阶级、查工作、查斗志），使全体指战员进一步增强了"将革命进行到底"的信念；在进一步发扬军队内部政治、经济、军事三大民主的同时，强调了政策和纪律的教育。在解放战争中，毛泽东以其雄才大略和高超的军事艺术，统率千军万马，运筹于帷幄之中，决胜于千里之外，创造了战争史上的奇迹。

（五）毛泽东军事思想在社会主义革命和建设期不断得到新发展

1949 年 10 月 1 日，中华人民共和国成立，沉重打击了美帝国主义企图称霸世界的野心。1950 年 6 月 25 日，朝鲜战争爆发。为了保卫世界和平和来之不易的胜利果实，应朝鲜党和政府的请求，中国在百业待兴的情况下，于 1950 年 10 月 19 日，派志愿军入朝作战。毛泽东根据这场战争的新特点，提出了切合实际的方针、政策和作战原则。例如：志愿军出国作战的政策纪律；军事打击与政治斗争紧密配合；利用初战的突然性，夺取先机之利；对战斗力较强的美军实行战术的小包围和打小歼灭战；讲究打坦克、反空袭、反空降、反登陆作战的战法；以"零敲牛皮糖"的原则，不断歼灭和消耗敌人有生力量；依托坑道工事进行坚守防御；以战术、战役的反击，大量歼灭敌人；重视兵力、火力对比和军队的伪装隐蔽；建立强大的后勤保障等。

夺取全国政权后，毛泽东根据新的历史条件，及时地提出了建设现代国防、抵御外国入侵的战略任务，并领导我军进行正规化、现代化建设。1949 年 9 月 21 日，毛泽东在中国人民政治协商会议第一届全体会议上的开幕词中指出："在英勇的经过了考验的人民解放军的基础上，我们的人民武装力量必须保存和发展起来。我们将不但有一个强大的陆军，而且有一个强大的空军和一个强大的海军。"[①] 在国防现代化建设的问题上，毛泽东强调指出，我们的陆军、空军和海军都必须有充分的机械化装备和设备；要在大力发展国民经济、增强国家经济实力的基础上，建立完整的国防工业体系，发展现代化的技术装备，独立自主地建设强大的国防。在加强我军现代化正规化建设的同时，毛泽东领导制定了积极防御的战略方针；强调加强后备力量建设，打赢现代条件下的人民战争；指出帝国主义是现代战争的主要根源；提出了三个世界划分的理论和建立反帝统一战线的策略；要求平战结合，加强三线建设，做好长期反侵略战争的准备等。这表明，毛泽东军事思想在社会主义革命和社会主义建设中又有进一步发展。1978 年党的十一届三中全会后，我国进入了新的历史时期，毛泽东军事思想又有新的发展。

---

① 毛泽东. 毛泽东著作选读：下 [M]. 北京：人民出版社，1986：693.

三、毛泽东军事思想科学体系

毛泽东军事思想是一个完整的科学体系。它的主要内容包括无产阶级的战争观、战争认识论和方法论、人民军队思想、人民战争思想、人民战争的战略战术思想、国防建设思想。

（一）战争观、战争认识论和方法论

战争观，是人们对战争问题的总的根本的看法。战争观理论，包括对战争起源、战争根源、战争动因、战争本质、战争性质、战争目的、战争的历史作用、战争与其相关因素的内在联系、对待战争的态度、消灭战争的途径，以及战争与和平、战争与革命的关系等问题的基本观点。战争观是在战争发展历史的长河中，战争实践在人们头脑中形成的理论观点。由于受阶级立场、世界观和人们的认识能力等因素的制约，自古以来，世界上有各种各样的战争观。

1. 毛泽东的战争观

毛泽东的战争观是指毛泽东对战争问题的总的根本的看法。

毛泽东在指导中国革命战争的实践中，创造性地运用马克思主义的辩证唯物论和历史唯物论，观察和分析战争的基本问题，认识和运用军事领域的辩证规律，深刻阐明了无产阶级对战争起源、战争性质、战争目的、战争与政治、战争与经济、现代战争的根源，并对无产阶级对待战争的态度等问题做了精辟的阐述。无产阶级的战争观是毛泽东军事思想的灵魂和理论基础，它贯穿于毛泽东军事思想各个组成部分之中。

（1）关于战争的起源和根源。

毛泽东继承和发展马克思主义关于战争理论的学说，总结古今中外战争特别是中国革命战争的经验，对战争下了个科学的定义："战争是从有私有财产和有阶级以来就开始了的，用以解决阶级和阶级、民族和民族、国家和国家、政治集团和政治集团之间，在一定发展阶段上的矛盾的一种最高的斗争形式。"① 这一定义，对战争起源和根源做了精辟的概括。首先，它揭示战争起源。所谓战争起源，是指战争现象在人类历史上的最初产生。一般认为，最初的战争现象产生于原始社会的后期。私有制和阶级出现后，产生了阶级社会的战争。其次，它揭示战争的根源。所谓战争根源，是指战争现象产生的根本社会缘由。它存在于阶级、民族、政治集团、国家之间政治、经济利益的对抗性矛盾之中。就是说，战争是一个历史范畴，只要战争根源还存在，就有产生战争的土壤，就有发生战争的可能。最后，它揭示战争是敌对双方最高的斗争形式。

（2）关于战争与政治的关系。

政治是经济的集中表现，是上层建筑这个庞大体系的中心，并在其中起着主导和支配的作用。同样的道理，战争的政治目的是战争诸因素的最高支配因素。克劳塞维茨认为："战争无非是政治通过另一种手段的继续。"列宁认为："战争不仅是政治的继续，而且是政治的集中。"毛泽东指出："'战争是政治的继续'，在这点上说，战争就是政治，战争本

---

① 毛泽东. 毛泽东选集：第 2 卷 [M]. 2 版. 北京：人民出版社，1991：171.

身就是政治性质的行动，从古以来没有不带政治性的战争。"① 他又指出："战争有其特殊性，在这点上，战争不等于一般的政治。'战争是政治的特殊手段的继续'。政治发展到一定阶段，再也不能照旧前进，于是爆发了战争，用于扫除政治道路上的障碍。……因此可以说，政治是不流血的战争，战争是流血的政治。"② 也就是说，战争是从属于政治，为政治服务的，是为了达到政治目的的一种手段；战争又不等于一般的政治，当使用经济的、外交的、文化的手段达不到政治目的时，就会采用战争的方式去扫除政治道路上的障碍，于是和平转化为战争；当经过战争达到政治目的之后，战争暂告结束，战争又转化为和平。不过，这种"和平"不是原先那种"和平"的完全重复，而是一种新的"和平"。所以，战争不仅仅是实现政治目的的一种手段，它还反作用于政治，推动政治进步。

正因为战争是政治的继续，是实现政治目的的手段，又可以反作用于政治，推动政治进步，所以，战争有不同的性质。不同的阶级对不同性质的战争有不同的态度。毛泽东指出："历史上的战争分为两类，一类是正义的，一类是非正义的。一切进步的战争是正义的，一切阻碍进步的战争是非正义的。我们共产党人反对一切阻碍进步的非正义的战争，但是不反对进步的正义的战争。"③

（3）关于战争与经济的关系。

马克思主义认为，战争与经济的关系主要有三方面的含义：一是战争作为一种暴力行为，起源于一定的生产方式；二是战争的根本目的是一定的经济利益；三是以暴力为特征的战争依赖于社会的经济力量。

毛泽东认为，革命战争的出发点和目的，最终都是无产阶级的经济利益。就革命战争自身而言，经济是革命战争的物质基础。在井冈山斗争时期，毛泽东认为，"工农武装割据"之所以能够存在和发展，最主要的条件之一就是"有足够给养的经济力"。他规定红军除了打仗消灭敌人外，还要"筹款子"。1933 年 8 月 12 日，毛泽东在一次大会报告中强调："必须重视经济工作。"他指出："只有开展经济战线方面的工作，发展红色区域的经济，才能使革命战争得到相当的物质基础，才能顺利地开展我们军事上的进攻，给敌人的'围剿'以有力的打击；才能使我们有力量去扩大红军……也才能使我们的广大群众都得到生活上的相当的满足，而更加高兴地去当红军，去做各项革命工作。"④

我军的三大任务中有一条就是"生产队"。1943 年 11 月 29 日，毛泽东在陕甘宁边区劳动英模大会上说："我们有打仗的军队，又有劳动的军队。……我们的军队有了这两套本领，再加上做群众工作一项本领，那么，我们就可以克服困难，把日本帝国主义打垮。……就会是孟夫子说过的'无敌于天下'。"⑤

（4）关于人与武器的关系。

战争是由武装起来的人进行的。人是战争的主体，也是战争的主要对象。"武器是战争的重要因素，但不是决定的因素，决定的因素是人不是物。力量对比不但是军力和经济

---

① 毛泽东. 毛泽东选集：第 2 卷 [M]. 2 版. 北京：人民出版社，1991：479.
② 毛泽东. 毛泽东选集：第 2 卷 [M]. 2 版. 北京：人民出版社，1991：479—480.
③ 毛泽东. 毛泽东选集：第 2 卷 [M]. 2 版. 北京：人民出版社，1991：475—476.
④ 毛泽东. 毛泽东选集：第 1 卷 [M]. 2 版. 北京：人民出版社，1991：120.
⑤ 毛泽东. 毛泽东选集：第 3 卷 [M]. 2 版. 北京：人民出版社，1991：928—929.

力的对比，而且是人力和人心的对比。军力和经济力是要人去掌握的。"① 毛泽东的这一论述，科学地阐明了人和武器在战争中的不同地位及其辩证统一的关系。"人是决定的因素"是指在战争全体上，对战争的胜负经常地、长远地、普遍地起作用的因素。它包括人力、人心和人的主观能动性。人力是物质力量，人心和人的主观能动性是精神力量。人既有物质的属性，又有精神的属性，是物质和精神的统一体。"武器是重要的因素"是指武器是构成军队战斗力的要素之一，对战争的进程和胜负有着重大影响，是取得战争胜利的不可或缺的重要的条件。只有人与武器最佳结合，才能生成强大的战斗力。

（5）关于战争的消亡。

按照毛泽东的理论，战争的消亡有两种途径：一是用战争消灭战争；二是社会进步使战争消亡。战争既不是从来就有的，也不会永远存在。毛泽东指出："战争——这个人类相互残杀的怪物，人类社会的发展终久要把它消灭的。……但是消灭它的方法只有一个，就是用战争反对战争，用革命战争反对反革命战争，用民族革命战争反对民族反革命战争，用阶级革命战争反对阶级反革命战争。"他进一步指出："人类社会进步到消灭了阶级，消灭了国家，到了那时，什么战争也没有了，……这就是人类的永久和平的时代。我们研究战争的规律，出发于我们要消灭一切战争的志愿，这是区别我们共产党人和一切剥削阶级的界限。"②

2. 毛泽东的战争认识论和方法论

认识论是关于人类认识的对象和来源，认识的本质、能力、结构、过程和规律以及认识的检验的哲学学说。方法论是关于人们认识世界和改造世界的方法的理论。战争问题的认识论和方法论是要解决如何认识和运用战争规律，正确指导战争，使主观指导符合客观实际的问题。它同战争观是统一的，受战争观指导。毛泽东创造性地运用马克思主义辩证唯物论和历史唯物论的立场、观点和方法，系统地阐明了关于战争问题的认识论和方法论。

（1）认识战争规律。

所谓战争规律，是指战争运动过程中诸因素之间的本质联系及其发展的客观必然趋势。它不以人的主观意志为转移，但可以被人认识、把握和运用。自从人类出现战争以来，战争规律就发生作用，战争指导就随之而生。毛泽东指出："战争的规律——这是任何指导战争的人不能不研究和不能不解决的问题。……不知道战争的规律，就不知道如何指导战争，就不能打胜仗。"③ 在第二次国内革命战争时期，毛泽东在《中国革命战争的战略问题》中，深刻分析战争规律，联系当时中国革命实际，概括出四大特点："第一个特点，中国是一个政治经济发展不平衡的半殖民地的大国，而又经过了1924年至1927年的革命"；"第二个特点是敌人的强大"；"第三个特点是红军的弱小"；"第四个特点是共产党的领导和土地革命"。毛泽东据此指出："这些特点，规定了中国革命战争的指导路线及其许多战略战术的原则。第一个特点和第四个特点，规定了中国红军的可能发展和可能战

---

① 毛泽东. 毛泽东选集：第2卷 [M]. 2版. 北京：人民出版社，1991：469.
② 毛泽东. 毛泽东选集：第1卷 [M]. 2版. 北京：人民出版社，1991：174.
③ 毛泽东. 毛泽东选集：第1卷 [M]. 2版. 北京：人民出版社，1991：170-171.

胜其敌人。第二个特点和第三个特点，规定了中国红军的不可能很快发展和不可能很快战胜其敌人，即是规定了战争的持久，而且如果弄得不好的话，还可能失败。"[1]

任何客观事物都有一般规律和特殊规律。毛泽东指出"我们不但要研究一般战争的规律，还要研究特殊的革命战争的规律，还要研究更加特殊的中国革命战争的规律"[2]。所谓战争的一般规律，指的是各种战争的共性。所谓战争的特殊规律，指的是战争的个性。战争的一般规律和特殊规律的区别是相对的，二者互相渗透又互相转化。战争的一般规律寓于战争的特殊规律之中，通过战争的特殊规律来表象自己；而战争的特殊规律又与战争的一般规律相联系，并受战争的一般规律制约，二者不可分割。如任何战争都有进攻和防御，这是战争的一般规律；不同战争中的进攻和防御有不同的表现形式，这就是战争的特殊规律。毛泽东把苏联革命战争和中国革命战争进行比较，指出："苏联的规律和条令，包含着苏联内战和苏联红军的特殊性，如果我们一模一样地抄了来用，不允许任何的变更，也同样是削足适履，要打败仗。……我们固然应该特别尊重苏联的战争经验，因为它是最近代的革命战争经验，……但是我们还应该尊重中国革命战争经验，因为中国革命和中国红军又有许多特殊的情况。"[3] 所以，毛泽东开辟了具有中国特色的革命战争和武装夺取政权的道路。

毛泽东在深刻认识战争的一般规律和特殊规律的基础上，又提出了"战争的根本规律"问题。1936 年 12 月，毛泽东在《中国革命战争的战略问题》中分析了中国革命战争的四大特点后指出，中国革命战争"既有顺利的条件，又有困难的条件。这是中国革命战争的根本规律，许多规律都是从这个根本的规律发生出来的"[4]。所谓战争的根本规律，是指战争诸规律中主要的、起决定作用的规律。与此相对的是非根本规律，即战争诸规律中为根本规律所规定、派生和影响的规律。例如：在战争胜负的问题上，人的因素起决定作用，这是一个根本规律。地形、天候、武器装备对战争结果有重大作用，则是非根本性的规律。但是，战争的根本规律和非根本规律的区别是相对的，是相比较而存在的，是可以在一定的条件下相互转化的。例如：在人的质和量相同的情况下，武器装备的优劣对战争的胜负起根本性的作用。毛泽东分析了中国革命"顺利的条件"和"困难的条件"后，揭示了中国革命战争的一个规律：一定会胜利，但不会很快胜利，必须坚持持久作战才会胜利。

（2）掌握战争指导规律。

认识战争规律的根本目的是掌握战争指导规律。战争指导规律是毛泽东首次提出并加以说明的军事学术概念，它包含着丰富的理论和实际内容。所谓战争指导规律，是指符合战争规律的指导战争的原理、原则，是战争客观规律在主观指导上的正确反映和自觉运用，也是主观指导与客观实际相统一的产物，通常表现为正确的战略、战役法和战术。

按照毛泽东关于战争指导规律的思想，掌握战争指导规律要着力于四个基本点。

① 毛泽东. 毛泽东选集：第 1 卷 ［M］. 2 版. 北京：人民出版社，1991：188—191.
② 毛泽东. 毛泽东选集：第 1 卷 ［M］. 2 版. 北京：人民出版社，1991：171.
③ 毛泽东. 毛泽东选集：第 1 卷 ［M］. 2 版. 北京：人民出版社，1991：172.
④ 毛泽东. 毛泽东选集：第 1 卷 ［M］. 2 版. 北京：人民出版社，1991：191.

第一，着眼于特点和发展。毛泽东指出："战争的情况不同，决定着不同的战争指导规律，有时间、地域和性质的差别。从时间的条件说，战争和战争指导规律都是发展的。……我们研究在各个不同历史阶段、各个不同性质、不同地域和民族的战争的指导规律，应着眼其特点和着眼其发展，反对战争问题上的机械论。"① 所谓着眼其特点，就是研究和把握战争的一般规律和特殊规律，尤其是把握战争的特殊规律。所谓着眼其发展，就是对战争的认识要随着时代的发展、科技的发展、战略战术和作战方式的发展、武器装备的发展，以及时间、地域、性质上的差异而发展，制定正确的战争指导策略。

第二，立足全局、关照局部、掌握重要关节。毛泽东指出："只要有战争，就有战争全局。……然而全局性的东西，不能脱离局部而独立，全局是由它的一切局部构成的。"② 就是说，战争的全局与局部的关系是辩证的统一。在一定场合为全局性的东西，在另一场合则有可能变为局部性的东西。反之亦然。战争全局是战争的整体和发展的全过程，战争的局部是战争全局的一个部分、一个阶段。全局由各个局部构成，没有局部就没有全局。任何局部都不能离开全局而独立存在。全局统率局部，决定局部；局部隶属全局，服从全局。战争指导者必须把自己的主要精力放在战争全局上，全面考虑战场形势，客观分析敌我，关照好各个局部情况，把战争全局中的各个局部和阶段周密地组织和衔接起来，以达成总的战略目的。

处理好全局与局部的关系，必须掌握重要关节。掌握重要关节的实质是抓主要矛盾和矛盾的主要方面的原理在战争指导上的运用。抓住和解决了重要关节问题，就可以带动全局的发展。解放战争中，毛泽东指挥三大战略决战，就是立足全局、关照局部、掌握重要关节的典范。例如辽沈战役。1948 年 2 月 7 日，毛泽东致电东北野战军首长："对我军战略利益来说，是以封闭蒋军在东北加以各个歼灭为有利。"这个决策旨在首取锦州，"关起门来打狗"，把卫立煌集团 4 个兵团 55 万兵力关在东北境内就地歼灭。夺取锦州（即"关门"）就是夺取辽沈战役胜利的重要关节。1948 年 10 月 10 日，中央军委指示东北野战军首长："即使一切其他目的都未达到，只要攻克了锦州，你们就有了主动权，就是一个伟大的胜利。"1948 年 10 月 15 日，解放军夺取锦州，迫使长春的一部分敌人起义，其余全部投降。1948 年 11 月 2 日，沈阳获解放。1948 年 11 月 12 日，东北全境和热河获解放，历时 52 天的辽沈战役结束。

又如，淮海战役打到第三阶段，杜聿明集团两个兵团被解放军围困在陈官庄地区，实施全歼指日可待。但毛泽东立足全国战场的全局决策，令我华东野战军和中原野战军就地休整待命，造成南线战局未定的假象，使傅作义产生"有希望"的幻想，不作逃窜之举，以滞留其 55 万兵力于平津地区。与此同时，毛泽东令我东北野战军打完辽沈战役后，先不作休整迅速入关，困住傅作义集团后，再就地休整。这时，毛泽东才下令淮海前线我军最后歼灭杜聿明集团剩下的兵团。取得淮海战役的胜利后，我军又进行平津战役，和平解放了北平。这三大战役的战役与战役之间巧妙配合，体现了毛泽东高超的军事指挥艺术和毛泽东一贯的作战思想。

---

① 毛泽东. 毛泽东选集：第 1 卷 [M]. 2 版. 北京：人民出版社，1991：173.
② 毛泽东. 毛泽东选集：第 1 卷 [M]. 2 版. 北京：人民出版社，1991：175.

第三，做到知彼知己。这是正确解决主观和客观之间的矛盾，认识战争规律和应用这些规律于作战行动的必要前提。毛泽东指出："指挥员的正确部署来源于正确的决心，正确的决心来源于正确的判断，正确的判断来源于周密的和必要的侦察，以及对各种侦察材料的连贯起来的思索。"① 战争指导者必须从战争的实际出发，对双方的政治、经济、军事、地理、文化，乃至心理等各方面的情况，进行认真而周密的调查研究，从中找出其规律，并确定自己的战略战术和军事行动。这种行动不但存在于战争之前，而且存在于战争开始以后，贯穿于整个战争的全过程。

第四，要善于学习、勇于实践。学习军事和战争，除了在书本上汲取古今中外的先进军事理论和有益经验外，更重要的是从战争中学习战争，在战争中总结自己的战争经验，认识战争规律，提高军事理论水平。毛泽东指出："读书是学习，使用也是学习，而且是更重要的学习。从战争中学习战争——这是我们的主要方法。没有进学校机会的人，仍然可以学习战争，就是从战争中学习……"② 战争时期，人们主要是从战争中学习战争；和平时期，人们主要靠教育训练提高作战技术和战争指导艺术。

（3）发挥主观能动性。

主观能动性是指人在实践中认识客观规律并根据客观规律自觉地改造世界和改造人类自身的能力。毛泽东在《中国革命战争的战略问题》中指出："战争的胜负，主要地取决于作战双方的军事、政治、自然诸条件，这是没有问题的。然而，不仅仅如此，还取决于双方主观指导的能力。军事家不能超过物质条件许可的范围外企图战争的胜利，然而军事家可以而且必须在物质条件许可的范围内争取战争的胜利。军事家活动的舞台建筑在客观物质条件的上面，然而军事家凭着这个舞台，却可以导演出许多有声有色威武雄壮的活剧来。……我们必须提倡每个红军指挥员变为勇敢而明智的英雄，不但有压倒一切的勇气，而且有驾驭整个战争变化发展的能力。"③ 这里，毛泽东明确指出实施正确的战争指导必须具备两个基本条件，即取胜的客观条件和取胜的主观条件。物质条件是指作战双方的政治、经济、军事、自然诸条件等。离开一定的客观条件奢谈战争的胜利，那是战争的唯心论者。然而在客观条件具备时，战争指导者不发挥主观能动性去实施正确的指挥，也就不可能把战争胜利的可能变成现实。但是，充分发挥主观能动性，必须建立在实事求是的基础上，这里的关键是取得主动、力避被动，把科学态度与斗争胆略和智慧紧密结合起来。毛泽东在《论持久战》中就如何发挥主观能动性的问题做了精彩的论述："不管怎样的战争情况和战争行动，知其大略，知其要点，是可能的。先之以各种侦察手段，继之以指挥员的聪明的推论和判断，减少错误，实现一般的正确指导，是做得到的。我们有了这个'一般地正确的指导'做武器，就能多打胜仗，就能变劣势为优势，变被动为主动。这是主动或被动和主观指导的正确与否之间的关系。"④

（二）人民军队思想

以毛泽东为代表的老一辈无产阶级革命家历来十分重视人民军队的建设。毛泽东在党

① 毛泽东. 毛泽东选集：第1卷［M］. 2版. 北京：人民出版社，1991：179.
② 毛泽东. 毛泽东选集：第1卷［M］. 2版. 北京：人民出版社，1991：181.
③ 毛泽东. 毛泽东选集：第1卷［M］. 2版. 北京：人民出版社，1991：182-183.
④ 毛泽东. 毛泽东选集：第2卷［M］. 2版. 北京：人民出版社，1991：490.

的七大的报告中强调指出："没有一个人民的军队，便没有人民的一切。"① 朱德指出："毛泽东同志的军事路线，总括地说，就是人民军队的路线，就是人民战争的路线"② 和"出奇制胜的人民战略"③。"人民的军队、人民的战争、人民的战略战术，三者是一致的东西。"④ 为了建设好人民军队，毛泽东等老一辈无产阶级革命家做出了巨大的贡献。

1. 确立中国共产党对人民军队的绝对领导地位

中国人民军队从诞生之初，就置于中国共产党的绝对领导之下。1927 年 9 月，毛泽东在"三湾改编"中，根据斗争的实际情况设立了党代表制度，规定班有党员，排有党小组，连有党支部，营团有党委，使老百姓或起义军一投入红军队伍就置于中国共产党的绝对领导之下。1928 年 11 月 25 日，毛泽东在给中共中央的工作报告中说："红军所以艰难奋战而不溃败，'支部建在连上'是一个重要原因"⑤，"我们感觉无产阶级思想领导的问题，是一个非常重要的问题"⑥。他高度评价党领导红军的重要作用。1928 年 12 月，毛泽东在古田会议上批评"在组织上，把红军的政治工作机关隶属于军事工作机关，提出'司令部对外'的口号"的错误倾向，指出"这种思想如果发展下去，便有走到脱离群众、以军队控制政权、离开无产阶级领导的危险"⑦，强调加强党对军事工作的领导，规定"一切工作，在党的讨论和决议之后，再经过群众去执行"⑧。1938 年 11 月 6 日，毛泽东在六届六中全会上强调指出："我们的原则是党指挥枪，而绝不容许枪指挥党。"⑨ 我军一直坚定不移地贯彻这个原则。

2. 规定全心全意为人民服务是人民军队的唯一宗旨

在井冈山斗争时期，毛泽东就指出，要教育我们军队的士兵明确为人民去打仗。在古田会议中，毛泽东对我军的性质做出了明确规定："中国的红军是一个执行革命的政治任务的武装集团。"⑩ 1944 年 9 月 8 日，毛泽东在张思德的追悼会上说："我们的共产党和共产党所领导的八路军、新四军，是革命的队伍。我们这个队伍完全是为着解放人民的，是彻底地为人民的利益工作的。"⑪ 毛泽东在中共七大的报告中，对我军的宗旨做了最完整的概括："紧紧地和中国人民站在一起，全心全意地为中国人民服务，就是这个军队的唯一的宗旨。"⑫这个宗旨，一直坚持至今，从没动摇过。

3. 制定严格的人民军队纪律

毛泽东历来重视我军的纪律建设。他在红军初创时期，就要求部队对待群众说话和气、买卖公平、不拉夫、不打人、不骂人。1927 年 10 月，毛泽东制定了"三大纪律、六

① 毛泽东. 毛泽东选集：第 3 卷［M］. 2 版. 北京：人民出版社，1991：1074.
② 朱德. 朱德军事文选［M］. 北京：解放军出版社，1997：517.
③ 朱德. 朱德军事文选［M］. 北京：解放军出版社，1997：507-508.
④ 朱德. 朱德军事文选［M］. 北京：解放军出版社，1997：515.
⑤ 毛泽东. 毛泽东选集：第 1 卷［M］. 2 版. 北京：人民出版社，1991：65-66.
⑥ 毛泽东. 毛泽东选集：第 1 卷［M］. 2 版. 北京：人民出版社，1991：77.
⑦ 毛泽东. 毛泽东选集：第 1 卷［M］. 2 版. 北京：人民出版社，1991：86.
⑧ 毛泽东. 毛泽东选集：第 1 卷［M］. 2 版. 北京：人民出版社，1991：88.
⑨ 毛泽东. 毛泽东选集：第 2 卷［M］. 2 版. 北京：人民出版社，1991：547.
⑩ 毛泽东. 毛泽东选集：第 1 卷［M］. 2 版. 北京：人民出版社，1991：86.
⑪ 毛泽东. 毛泽东选集：第 3 卷［M］. 2 版. 北京：人民出版社，1991：1004.
⑫ 毛泽东. 毛泽东选集：第 3 卷［M］. 2 版. 北京：人民出版社，1991：1039.

项注意"。1947 年 10 月 10 日，中国人民解放军总部重新颁布了"三大纪律、八项注意"。"三大纪律"是：①一切行动听指挥；②不拿群众一针一线；③一切缴获要归公。"八项注意"是：①说话和气；②买卖公平；③借东西要还；④损坏东西要赔；⑤不打人骂人；⑥不损坏庄稼；⑦不调戏妇女；⑧不虐待俘虏。这个纪律从人民的根本利益出发，体现人民军队的性质和宗旨，是人民军队完成各项任务的重要保证，至今仍在贯彻执行。

4. 实行人民军队内部的三大民主

毛泽东把群众路线系统地运用于军队建设的各个方面，成功地建立了有领导的"三大民主"制度，即政治民主、军事民主、经济民主。政治民主是指官兵在政治上平等，士兵有权批评官长。军事民主是指训练时实行官兵互教，作战时发动士兵讨论如何完成战斗任务。经济民主是指实行经济公开，使士兵代表协助连队首长管理给养、伙食等。这就保证了官兵一致、上下一致，从而增进了官兵之间、战友之间的友谊，保证了我军战斗力的提高。

毛泽东在《井冈山的斗争》中写道："红军的物质生活如此菲薄，战斗如此频繁，仍能维持不敝，除党的作用外，就是靠实行军队内的民主主义。官长不打士兵，官兵待遇平等，士兵有开会说话的自由，废除烦琐的礼节，经济公开。……中国不但人民需要民主主义，军队也需要民主主义。军队内的民主主义制度，将是破坏封建雇佣军队的一个重要的武器。……同样一个兵，昨天在敌军中不勇敢，今天在红军中很勇敢，就是民主主义的影响。"① 在实行"三大民主"时，毛泽东反对极端民主主义和自由主义，强调既要民主，也要集中，要实行集中领导下的民主。

5. 坚持人民军队政治工作三大原则

毛泽东等无产阶级革命家创建红军后，一直重视我军的政治工作，因此政治工作的内容和形式丰富多彩。毛泽东在 1937 年 10 月 25 日和英国记者贝特兰谈话时，高度概括了我军政治工作的三大原则："第一，官兵一致的原则，这就是在军队中肃清封建主义，废除打骂制度，建立自觉纪律，实行同甘共苦的生活，因此全军是团结一致的。第二，军民一致的原则，这就是秋毫无犯的民众纪律，宣传、组织和武装民众，减轻民众的经济负担，打击危害军民的汉奸卖国贼，因此军民团结一致，到处得到人民的欢迎。第三，瓦解敌军和宽待俘虏的原则。我们的胜利不但是依靠我军的作战，而且依靠敌军的瓦解。"②

6. 规定人民军队的三大任务

在井冈山斗争时期，毛泽东规定了我军的三大任务：打仗消灭敌人、打土豪筹款子、做群众工作。抗日战争时期，毛泽东把我军的三大任务称为：打仗、做群众工作、生产。解放战争时期，三大任务进一步发展，人民军队既是战斗队，又是工作队、生产队。打仗以消灭敌人；工作以组织、宣传、武装群众，帮助人民群众建立政权；生产以改善部队生活、减轻人民负担。中华人民共和国成立后，人民军队既是祖国的保卫者，又是精神文明和物质文明的建设者。

---

① 毛泽东. 毛泽东选集：第 1 卷 [M]. 2 版. 北京：人民出版社，1991：65.
② 毛泽东. 毛泽东选集：第 2 卷 [M]. 2 版. 北京：人民出版社，1991：379.

（三）人民战争思想

毛泽东人民战争思想的基本含义是：从广大人民的利益出发，在中国共产党的领导下，以人民军队为骨干，充分依靠和动员人民群众，建立农村革命根据地，实行主力兵团与地方兵团相结合，正规军与游击队和民兵相结合，武装斗争与非武装斗争相结合，并使武装斗争与各种斗争形式紧密配合的全面彻底的人民战争。

1. 中国革命斗争的主要形式是武装斗争

毛泽东指出："革命的中心任务和最高形式是武装夺取政权，是战争解决问题。这个马克思列宁主义的革命原则是普遍的、对的，不论在中国还是在外国，一概都是对的。"[①] 他还指出："在中国，离开了武装斗争，就没有无产阶级的地位，就没有人民的地位，就没有共产党的地位，就没有革命的胜利。"[②] 以武装的革命反对武装的反革命，这是半封建半殖民地的中国取得革命胜利的唯一正确的道路。坚持武装斗争是中国革命的主要形式。但是，并不排除其他形式的斗争，如政治的、经济的、文化的、外交的等。只有把武装斗争同其他形式的斗争直接或间接地配合起来，形成全国的人民战争，才能最大限度地发挥人民战争的威力，孤立和打击敌人，完全夺取胜利。

2. 坚决依靠人民群众进行武装斗争

毛泽东指出："革命战争是群众的战争，只有动员群众才能进行战争，只有依靠群众才能进行战争。"[③] 他还指出："战争的伟力之最深厚的根源，存在于民众之中。"[④] 这是毛泽东人民战争思想的理论基础。毛泽东人民战争思想的实质就是在革命战争中实现彻底的群众路线，一切为了人民，坚决依靠人民，充分动员人民，把人民组织和武装起来，进行人民战争。同时，革命的正义性是实行人民战争的政治基础。一切进步的正义战争，代表了人民群众的利益，因而能够得到人民群众的积极拥护和参加，能够取得最后的胜利。

习近平总书记在纪念毛泽东同志诞辰 120 周年座谈会上的讲话中指出："毛泽东思想活的灵魂是贯穿其中的立场、观点、方法，它们有三个基本方面，这就是实事求是、群众路线、独立自主。"他还指出，毛泽东的群众路线思想"是我们党的生命线和根本工作路线，是我们党永葆青春活力和战斗力的重要传家宝"。

3. 建立一支以农民为主体的人民军队

人民军队是实行人民战争的骨干力量。中国共产党人从中国社会和中国革命的历史与现实特点出发，把创建新型人民军队作为中国革命的首要问题。1926 年，毛泽东就提出了建立农民自己的武装的思想。经过三湾改编和古田会议，毛泽东从根本上解决了把一支以农民为主体的军队建设成一支新型人民军队的一系列理论、路线和原则问题。这支人民军队自创建之初就在中国共产党的绝对领导下，以全心全意为人民服务为宗旨，具有高度的政治觉悟。这支军队与人民紧密地团结在一起，由小到大，由弱到强，在几十年的艰苦卓绝的斗争中，为全国人民夺取政权和巩固无产阶级专政做出了巨大贡献。

---

① 毛泽东. 毛泽东选集：第 2 卷［M］. 2 版. 北京：人民出版社，1991：541.
② 毛泽东. 毛泽东选集：第 2 卷［M］. 2 版. 北京：人民出版社，1991：544.
③ 毛泽东. 毛泽东选集：第 1 卷［M］. 2 版. 北京：人民出版社，1991：136.
④ 毛泽东. 毛泽东选集：第 2 卷［M］. 2 版. 北京：人民出版社，1991：511.

4. 建立巩固的革命根据地

朱德指出："军队的生产、发展、壮大要依靠农村，依靠根据地，依靠根据地的政权来养活。这是毛泽东军事思想的特点。"① 革命根据地是实行人民战争的依托，是进行人民战争的战略基地。建立稳固的革命根据地，军队才有训练基地，才有休养生息的良好环境，才能建设有利的战场，才能提供必要的人力、物力、财力，才有利于长期坚持斗争，才能广泛地组织人民群众开展多种形式的对敌斗争。毛泽东从建设井冈山革命根据地的实践中，总结出了建设革命根据地的经验。他指出，根据地"要具备下列的条件：（1）有好的群众；（2）有很好的党；（3）有相当力量的红军；（4）有便利于作战的地形；（5）有足够给养的经济力"②。

5. 建立最广泛的统一战线

实行人民战争必须团结一切可以团结的阶级、阶层和社会集团，利用一切可以利用的矛盾，结成最广泛的统一战线，最大限度地孤立和打击最主要的敌人。1939年10月4日，毛泽东撰写的《〈共产党人〉发刊词》，提出了"三大法宝"的思想并论述了这三者的相互关系，指出："统一战线，武装斗争，党的建设，是中国共产党在中国革命中战胜敌人的三大法宝，三个主要的法宝。"③ 他还指出："统一战线和武装斗争，是战胜敌人的两个基本武器。统一战线，是实行武装斗争的统一战线。而党的组织，则是掌握统一战线和武装斗争这两个武器以实行对敌冲锋陷阵的英勇战士。"④

（四）人民战争的战略战术思想

战略是指导战争全局的方略。战术是指导局部战斗的指挥艺术。战争的特点和规律是制定战略战术的依据，正确的战略战术是对战争规律的能动反映。因此，不同的战争特点和规律，就要求采取不同的战略战术。毛泽东在指导中国革命战争的长期实践中，创立了一整套具有中国特色的人民战争的战略战术，成为人民军队在战争力量敌强我弱、武器装备敌优我劣的条件下克敌制胜的法宝。

1. 战略上藐视敌人，战术上重视敌人

毛泽东指出："从战略上看，必须如实地把帝国主义和一切反动派，都看成纸老虎。从这点上，建立我们的战略思想。另一方面，它又是活的铁的真的老虎，它们会吃人的。从这点上，建立我们的策略思想和战术思想。"⑤ 他又指出："如果我们在全体上过高估计敌人力量，因而不敢推翻他们，不敢胜利，我们就要犯右倾机会主义的错误。如果我们在每一个局部上，在每一个具体问题上，不采取谨慎态度，不讲究斗争艺术，……我们就要犯'左'倾机会主义错误。"⑥ 他还指出："一切反动派都是纸老虎。看起来，反动派的样子是可怕的，但是实际上并没有什么了不起的力量。从长远的观点看问题，真正强大的力量不是属于反动派，而是属于人民。"⑦ 毛泽东辩证地论述帝国主义和一切反动派既是"纸

① 朱德. 朱德军事文选 [M]. 北京：解放军出版社，1997：548.
② 毛泽东. 毛泽东选集：第1卷 [M]. 2版. 北京：人民出版社，1991：57.
③ 毛泽东. 毛泽东选集：第2卷 [M]. 2版. 北京：人民出版社，1991：606.
④ 毛泽东. 毛泽东选集：第2卷 [M]. 2版. 北京：人民出版社，1991：613.
⑤ 毛泽东. 毛泽东选集：第4卷 [M]. 2版. 北京：人民出版社，1991：1192.
⑥ 毛泽东. 毛泽东选集：第4卷 [M]. 2版. 北京：人民出版社，1991：1267-1268.
⑦ 毛泽东. 毛泽东选集：第4卷 [M]. 2版. 北京：人民出版社，1991：1193.

老虎",又是"真老虎",奠定了人民战争战略战术的基本原则,即在战略上藐视敌人,在战术上重视敌人。也就是说,在全局谋划时,要敢于斗争,首先树立起敢打必胜的信心和决心,要有压倒一切敌人和困难的英雄气概;在具体战斗中,要善于斗争,对每一场战斗都要慎重,讲究斗争艺术。

2. 保存自己,消灭敌人

毛泽东在《论持久战》中对战争的目的进行了专门的论述。他指出:"战争的目的不是别的,就是'保存自己,消灭敌人'(消灭敌人,就是解除敌人的武装,也就是所谓'剥夺敌人的抵抗力',不是完全消灭其肉体)。"① "保存自己,消灭敌人"是同一战争目的的两个方面。首先,这二者是对立统一的,它们紧密联系又相互制约。它们是"相反相成的。战争是流血的政治,是要付代价的,有时是极大的代价。部分的暂时的牺牲(不保存),为了全体的永久的保存"②。其次,这二者的关系不是并列的。"战争目的中,消灭敌人是主要的,保存自己是第二位的,因为只有大量地消灭敌人,才能有效地保存自己。"③ 最后,这二者的主次关系并不是固定不变的,在一定条件下也会发生转化。因此,战争指导者必须通观全局,适时地灵活地变换消灭敌人与保存自己的主次关系。朱德提出"打得赢就打,打不赢就走"。打,就是消灭敌人;走,就是保存自己。打与走因敌因地因时而定,这样才能达到战争的目的。毛泽东还指出:"保存自己消灭敌人这个战争的目的,就是战争的本质,就是一切战争行动的根据,从技术行动起,到战略行动止,都是贯彻这个本质的。战争目的,是战争的基本原则,一切技术的、战术的、战役的、战略的原理原则,一点也离不开它。"④

3. 实行积极防御,反对消极防御

毛泽东在《中国革命战争的战略问题》中,对"积极防御和消极防御"做了专门论述。他指出:"积极防御,又叫攻势防御,又叫决战防御。消极防御,又叫专守防御,又叫单纯防御。消极防御实际上是假防御,只有积极防御才是真防御,才是为了反攻和进攻的防御。"⑤ 也就是说,积极防御是为了辅助进攻,或为了转入反攻和进攻创造条件而进行的防御。在作战行动上,防御的军队或依托阵地,先以顽强的抵抗,消耗前来进攻之敌,继之以积极的反击(反攻)挫败敌人的进攻;或先以运动防御和退却,诱敌深入,陷敌于不利地位,再以进攻将敌消灭或击破。消极防御,则不是为了转入反攻和进攻,是专门防御,是单纯阻挡敌人进攻的防御。

在中国革命战争的各个时期,毛泽东把积极防御战略思想同我军作战实际相结合,分别为我军制定了"诱敌深入""持久战""以歼灭敌人有生力量为主而不是以保守地方为主"等作战方针。我军在抗日战争的战略防御中,广泛开展山地游击战和正规部队的阵地战;在解放战争中,通过大踏步的前进和后退歼灭敌人有生力量;在抗美援朝第二阶段防御战中,实行阵地反冲击、"零敲牛皮糖"等战术,取得了各次战争的胜利。

---

① 毛泽东. 毛泽东选集:第2卷 [M]. 2版. 北京:人民出版社,1991:482.
② 毛泽东. 毛泽东选集:第2卷 [M]. 2版. 北京:人民出版社,1991:482.
③ 毛泽东. 毛泽东选集:第2卷 [M]. 2版. 北京:人民出版社,1991:482.
④ 毛泽东. 毛泽东选集:第2卷 [M]. 2版. 北京:人民出版社,1991:483.
⑤ 毛泽东. 毛泽东选集:第1卷 [M]. 2版. 北京:人民出版社,1991:198.

毛泽东积极防御战略思想的基本精神包括四点内容。一是充分准备。在井冈山革命斗争时期，毛泽东联系实际，指出："对于敌人的一次有计划的'围剿'，如果我们没有必要的和充分的准备，必然陷入被动地位。临时仓卒应战，胜利的把握是没有的。因此，在和敌人准备'围剿'同时，进行我们的反'围剿'准备。"① 他还指出："'凡事预则立，不预则废'，没有事先的计划和准备，就不能获得战争的胜利。"② 二是后发制人。这是积极防御战略的基本指导原则。后发制人的实质是由防御转入进攻，由退却转入反攻。后发制人"须选择和造成有利于我不利于敌的若干条件"③。"这些条件是：（一）积极援助红军的人民；（二）有利作战的阵地；（三）红军主力的全部集中；（四）发现敌人的薄弱部分；（五）使敌人疲劳沮丧；（六）使敌人发生过失。"④ 这六个条件，既有客观方面的，又有主观方面的，是两方面条件的结合。三是攻防结合。毛泽东一再强调，要把战略上的防御与战役战斗上的进攻、战略上的内线作战与战役战斗上的外线作战有机地结合起来，要做到防中有攻。同时，要适时地将战略防御导向战略反攻和进攻。毛泽东指出："全战略的决定关键，在于随之而来的反攻阶段之能不能取胜"⑤，"所谓积极防御，主要的就是指这种带决战性的战略反攻"⑥。四是持久胜敌。在敌强我弱的情况下，我方通过持久战，不断消耗敌人的力量，转变敌我力量对比，扭转战争形势，最后战胜敌人。战略上的持久战与战役战斗上的速决战是辩证统一的。实行战略上的持久战，必须坚持战役战斗上的速决战。毛泽东指出："'外线的速决的进攻战'，这对于我之战略方针'内线的持久的防御战'说来，是相反的；然而，又恰是实现这样的战略方针之必要的方针。"⑦

4. 力求打好歼灭战

歼灭战，是指消灭敌人全部或大部有生力量的作战。击溃战，是指将敌人击溃而未将之全歼或大部歼灭的作战。我军作战的基本的方针是歼灭战。毛泽东指出："击溃战，对于雄厚之敌不是基本上决定胜负的东西。歼灭战，则对任何敌人都立即起了重大的影响。"他形象地比喻说："对于人，伤其十指不如断其一指；对于敌，击溃其十个师不如歼灭其一个师。"⑧ 歼灭战是实现战争目的最有效的手段。它能有效地达到保存自己，消灭敌人的战争目的；能极大地打击敌人的士气，鼓舞我军斗志；能大量利用敌之人力、物力资源来补充、发展、壮大自己的力量。毛泽东联系井冈山五次反"围剿"的实际说："对于第一、二、三、四次'围剿'，我们的方针都是歼灭战。每次歼灭的敌人对于全敌不过是一部分，然而'围剿'是打破了。第五次反'围剿'时，采取了相反的方针，实际上是帮助敌人达到了他们的目的。"⑨

毛泽东推崇歼灭战，并不排斥消耗战。他认为，歼灭战与消耗战是相辅相成，相互转

① 毛泽东. 毛泽东选集：第 1 卷 [M]. 2 版. 北京：人民出版社，1991：200.
② 毛泽东. 毛泽东选集：第 2 卷 [M]. 2 版. 北京：人民出版社，1991：495.
③ 毛泽东. 毛泽东选集：第 1 卷 [M]. 2 版. 北京：人民出版社，1991：206.
④ 毛泽东. 毛泽东选集：第 1 卷 [M]. 2 版. 北京：人民出版社，1991：207.
⑤ 毛泽东. 毛泽东选集：第 1 卷 [M]. 2 版. 北京：人民出版社，1991：214.
⑥ 毛泽东. 毛泽东选集：第 1 卷 [M]. 2 版. 北京：人民出版社，1991：215.
⑦ 毛泽东. 毛泽东选集：第 2 卷 [M]. 2 版. 北京：人民出版社，1991：486.
⑧ 毛泽东. 毛泽东选集：第 1 卷 [M]. 2 版. 北京：人民出版社，1991：237.
⑨ 毛泽东. 毛泽东选集：第 1 卷 [M]. 2 版. 北京：人民出版社，1991：237.

化和辩证统一的。他指出："抗日战争是消耗战，同时又是歼灭战。……没有战役和战斗的歼灭战，就不能有效地迅速地减杀其强的因素，破坏其优势和主动。我之弱的因素也依然存在，战略上的劣势和被动还未脱离，……因此，战役的歼灭战是达到战略的消耗战之目的的手段。"① 抗日战争中，强大的日寇就是被中国的抗日力量逐步消耗而崩溃的。解放战争中，国民党军队也是被共产党的军队逐步消耗掉的。战略上的消耗战与战役上的歼灭战相结合，是毛泽东高超的战争指挥艺术。

5. 用好运动战、游击战和阵地战

毛泽东在《论持久战》中指出："运动战，就是正规兵团在长的战线和大的战区上面，从事于战役和战斗上的外线的速决的进攻战的形式。……它的特点是：正规兵团，战役和战斗的优势兵力，进攻性和流动性。"② 按照毛泽东的运动战理论，运动战中包括起辅助作用的运动防御战和阵地攻防战。

游击战是指分散游动的非正规的作战形式。游击战通常以袭击为主要手段，以消耗敌人为主要目。游击战具有更大的主动性、灵活性、进攻性、速决性和流动性。毛泽东在抗日战争时期指出："游击战的战略作用就有两方面：一是辅助正规战，一是把自己变为正规战。至于就游击战在中国抗日战争中的空前广大和空前持久的意义来说，它的战略地位是更加不能轻视了。因此，在中国，游击战的本身，不只有战术问题，还有它的特殊的战略问题。"③

阵地战是指正规部队依托阵地进行防御或对据守阵地之敌实施进攻的作战形式。阵地战的作战线相对稳定，准备充分，各种保障比较严密。它是消耗敌人和歼灭敌人的重要作战形式。

运动战、游击战、阵地战尽管各有其特点和作用，但在实现战争目的这一点上，是完全一致的。三者是相辅相成、互为作用的统一整体。毛泽东十分注重这三种作战形式的巧妙结合和适时转换。朱德指出："阵地战、运动战和游击战三种的配合，是战胜敌人所必须采取的战法，是每个优秀的军事家所应当郑重考虑的原则。"④ 土地革命的前期，我军以游击战为主要作战形式，后期则以运动战为主要作战形式。这是我军历史上第一次战略转变。抗日战争的第一阶段，我军仍以运动战为主、游击战为辅；第二阶段，由于日寇集中力量扫荡我解放区，我军就把游击战上升到主要地位，而以运动战、阵地战辅之；第三阶段，由于我军力量发展壮大，就把运动战再次上升为主要作战形式，而以阵地战、游击战辅之。这是我军历史上第二次战略转变。解放战争前期，我军主要是歼灭国民党军有生力量，因而把运动战作为主要作战形式；解放战争后期，为了突破敌人的层层防线，夺取敌人固守的城市，就提升阵地战的战略地位，形成运动战与阵地战并重的作战形式。这是我军历史上第三次战略转变。抗美援朝战争前期（第一年），我志愿军以运动战为主要作战形式，连打五次战役，迫使敌军全线后退；在后期，我志愿军以阵地战为主要作战形式，

① 毛泽东. 毛泽东选集：第2卷［M］. 2版. 北京：人民出版社，1991：501.
② 毛泽东. 毛泽东选集：第2卷［M］. 2版. 北京：人民出版社，1991：497.
③ 毛泽东. 毛泽东选集：第2卷［M］. 2版. 北京：人民出版社，1991：499.
④ 中共中央文献编辑委员会. 朱德选集［M］. 北京：人民出版社，1983：37.

迫使美军签字停战，这是我军历史上第四次战略转变。

6. 集中优势兵力，各个歼灭敌人

毛泽东在《中国革命战争的战略问题》中指出："我们的战略是'以一当十'，我们的战术是'以十当一'，这是我们制胜敌人的根本法则之一。"① 这既反映了毛泽东"在战略上藐视敌人，在战术上重视敌人"的战略思想，也反映了他"集中优势兵力，各个歼灭敌人"的作战原则。

"集中优势兵力，各个歼灭敌人"反映了克敌制胜的普遍规律。首先，"集中优势兵力，各个歼灭敌人"是争取和掌握战场主动权的关键。毛泽东指出："主动地位不是空想的，而是具体的、物质的。这里最重要的，是保存并集结最大且有活力的军队。"② 其次，"集中优势兵力，各个歼灭敌人"是实现战争目的的最有效的方法。歼灭战是实现战争目的的主要手段，而集中兵力是达成歼灭战的前提。按照毛泽东"集中优势兵力，各个歼灭敌人"的思想，在战场上一是要集中兵力于主要作战方向，反对军事平均主义；二是要拣弱的打，先弱后强，再及其余；三是要采取围攻部署。毛泽东认为，每战必须集中数倍于敌的兵力，形成四面包围态势，才能使敌人陷入完全孤立而无法逃脱的境地，以利于我军聚而歼之。最后，"集中优势兵力，各个歼灭敌人"必须从实际出发。其基本原则是：把主要兵力、兵器集中于主要作战方向，不平均用力。如果主要方向的敌情发生了变化，集中用兵的策略也要相应变化。此外，还要把握好集中兵力的程度，以确保打败敌军为原则，既要避免兵多地窄展不开，又要避免敌众我寡兵不够用。

7. 不打无准备无把握之仗

毛泽东强调："不打无准备无把握之仗，也不打只有准备但无把握之仗。"③ 他又强调："每战都应力求有准备，力求在敌我条件对比下有胜利的把握。"④ "准备"与"把握"是密切相关的。做任何事情，没有准备，难有把握。毛泽东指出："'凡事预则立，不预则废'，没有事先的计划和准备，就不能获得战争的胜利。"⑤ 他又指出："优势而无准备，不是真正的优势，也没有主动。懂得这一点，劣势而有准备之军，常可对敌举行不意的攻势，把优势者打败。"⑥ 此外，他还认为："总而言之，我们要有准备。有了准备，就能恰当地应付各种复杂的局面。"⑦

战争准备的内容多种多样，如人力、物力的准备，思想、精神的准备。至于准备的程度，以有把握战胜敌人、取得胜利为前提。既不要一味强调准备而错失良机，或畏战不前；也不要轻视敌人而看不到困难，准备不力。把握只是一种可能性，要把这种可能性变成现实，还需要在实践过程中做出多方面的努力，如临机处置意外事件等。

8. 执行有利决战

决战，是指战争双方使用主力进行最后决定胜负的作战。决战分为战役、战斗决战和

① 毛泽东. 毛泽东选集：第1卷 [M]. 2版. 北京：人民出版社，1991：225.
② 毛泽东. 毛泽东选集：第1卷 [M]. 2版. 北京：人民出版社，1991：223.
③ 毛泽东. 毛泽东选集：第4卷 [M]. 2版. 北京：人民出版社，1991：1247.
④ 毛泽东. 毛泽东选集：第1卷 [M]. 2版. 北京：人民出版社，1991：207.
⑤ 毛泽东. 毛泽东选集：第2卷 [M]. 2版. 北京：人民出版社，1991：495.
⑥ 毛泽东. 毛泽东选集：第2卷 [M]. 2版. 北京：人民出版社，1991：492.
⑦ 毛泽东. 毛泽东选集：第4卷 [M]. 2版. 北京：人民出版社，1991：1134.

战略决战三种。战略决战是整个战争最关键的决战。毛泽东在《论持久战》中指出："抗日战争中的决战问题应分为三类：一切有把握的战役和战斗应坚决地进行决战，一切无把握的战役和战斗应避免决战，赌国家命运的战略决战应根本避免。"① 他还指出，抗日战争"在第一第二阶段，敌强我弱，敌之要求在于我集中主力与之决战。我之要求则相反，在选择有利条件，集中优势兵力，与之作有把握的战役和战斗上的决战，……而避免在不利条件下的无把握的决战。……拼国家命运的战略的决战则根本不干"②。"我想，即在战略反攻阶段的决战亦然。那时虽然敌处劣势，我处优势，然而仍适用'执行有利决战，避免不利决战'的原则。"③

解放战争初期，蒋介石集中优势兵力全面进攻解放区，企图与解放军进行决战。毛泽东针对当时敌强我弱的总态势，力避与敌决战，即令我军大踏步后退，不断壮大力量，待机决战。到解放战争第三年，解放军消灭国民党军264万。而且，国民党军在长江以北的几个主力集团被解放军分割在东北、华北、华东等以城市为中心的比较孤立的地区，形成了我方"农村包围城市"的对我方有利的态势。毛泽东不失时机，果断挥师进行以辽沈、淮海、平津三大战役为核心的战略决战，实现了"决战决胜"的战略计划，达成了把国民党军大部分主力消灭在长江以北的目的。

9. 掌握战争指导的主动性、灵活性和计划性

毛泽东指出，夺取战争的胜利，"离不了主动性、灵活性和计划性"④。他在《论持久战》中说："这里说的主动性，说的是军队行动的自由权，是用以区别于被迫处于不自由状态的。行动自由是军队的命脉，失去了这种自由，军队就接近于被打败或被消灭。……为此缘故，战争的双方，都力争主动，力避被动。"⑤

主动和被动，既因客观物质条件而定，又因主观指导因素而变。毛泽东指出："主动是和战争力量的优势不能分离的，而被动则和战争力量的劣势分不开。战争力量的优势或劣势，是主动或被动的客观基础。战略的主动地位，自然以战略的进攻战为较能掌握和发挥，然而贯彻始终和普及各地的主动地位，即绝对的主动权，只有以绝对优势对绝对劣势才有可能。"⑥ 他又指出："战争力量的优劣本身，固然是决定主动和被动的客观基础，但还不是主动或被动的现实事物，必须经过斗争，经过主观能力的竞赛，方才出现事实上的主动或被动。在斗争中，由于主观指导的正确或错误，可以化劣势为优势，化被动为主动；也可以化优势为劣势，化主动为被动。"⑦ 他还指出："我之相对的战略劣势和战略被动地位，是能够脱出的，方法就是人工地造成我们许多的局部优势和局部主动地位，去剥夺敌人的许多局部优势和局部主动地位，把他抛入劣势和被动。把这些局部的东西集合起来，就成了我们的战略优势和战略主动，敌人的战略劣势和战略被动。这样的转变，依靠主观上的正确指导。……战争就是两军指挥员以军力财力等项物质基础作地盘，互争优势

① 毛泽东. 毛泽东选集：第 2 卷［M］. 2 版. 北京：人民出版社，1991：506.
② 毛泽东. 毛泽东选集：第 2 卷［M］. 2 版. 北京：人民出版社，1991：506-507.
③ 毛泽东. 毛泽东选集：第 2 卷［M］. 2 版. 北京：人民出版社，1991：509.
④ 毛泽东. 毛泽东选集：第 2 卷［M］. 2 版. 北京：人民出版社，1991：487.
⑤ 毛泽东. 毛泽东选集：第 2 卷［M］. 2 版. 北京：人民出版社，1991：487-488.
⑥ 毛泽东. 毛泽东选集：第 2 卷［M］. 2 版. 北京：人民出版社，1991：488.
⑦ 毛泽东. 毛泽东选集：第 2 卷［M］. 2 版. 北京：人民出版社，1991：491.

和主动的主观能力的竞赛。"①

灵活性是什么呢？毛泽东说："古人所谓'运用之妙，存乎一心'，这个'妙'，我们叫灵活性。"毛泽东指出："灵活地使用兵力这件事，是战争指挥的中心任务，也是最不容易做好的。"② 做好这件事，"需要克服战争特性中的纷乱、黑暗和不确定性，而从其中找出条理、光明和确实性来"③。他又指出："依据敌我部队、敌我地形的情况，及时地恰当地给以变换，是灵活性的指挥之重要任务。战斗指挥如此，战役和战略指挥也是如此。"④他特别强调："灵活不是妄动，妄动是应该拒绝的。灵活，是聪明的指挥员，基于客观情况，'审时度势'（这个势，包括敌势、我势、地势等项）而采取及时的和恰当的处置方法的一种才能，即是所谓'运用之妙'。"⑤

此处的计划性，是指预先拟定工作内容、步骤和方法。毛泽东指出："没有事先的计划和准备，就不能获得战争的胜利。"⑥ 战争指导的计划性有其自身的特点，"由于战争所特有的不确实性，实现计划性于战争，较之实现计划性于别的事业，是要困难得多的。……战争没有绝对的确实性，但不是没有某种程度的相对的确实性"⑦。客观存在"某种程度的相对的确实性"，达成计划性就有了依据。但客观事物的变化是绝对的，所以，计划也应相应变化。毛泽东指出："战略计划，是基于战争双方总的情况而来的，有更大的固定的程度，但也只在一定的战略阶段内适用，战争向着新的阶段推移，战略计划便须改变。战术、战役和战略计划之各依其范围和情况而确定而改变，是战争指挥的重要关节，也即是战争灵活性的具体的实施，也即是实际的运用之妙。"⑧ 例如，解放战争中的济南战役，由于我军事先制订了"围济打援""攻济阻援""攻济打援"等几套方案，并准备了几套相应的措施，因而该战役的发展基本在我预料之中。

（五）国防建设思想

国防建设思想是毛泽东军事思想在中华人民共和国成立后的重大发展和重要组成部分。其主要内容包括以下四点：

1. 确立"积极防御"的军事战略方针

中华人民共和国成立之初，我国并没有明确解决采取何种军事战略方针的问题。1954年4月，国防部长彭德怀向毛泽东汇报工作，在谈到中国国防和军事战略方针问题时，毛泽东指出，中国的战略方针是积极防御，决不先发制人。"这是对中华人民共和国军事战略方针最早的表述，为确立新中国军事战略方针奠定了基础。"⑨ 1956年3月6日，彭德怀在中央军委扩大会议上做了《关于保卫祖国的战略方针和国防建设问题》的报告，第一次完整、系统地阐述了"积极防御"战略方针。1957年7月，彭德怀在国防委员会第三次会

① 毛泽东. 毛泽东选集：第2卷 [M]. 2版. 北京：人民出版社，1991：490.
② 毛泽东. 毛泽东选集：第2卷 [M]. 2版. 北京：人民出版社，1991：493.
③ 毛泽东. 毛泽东选集：第2卷 [M]. 2版. 北京：人民出版社，1991：493-494.
④ 毛泽东. 毛泽东选集：第2卷 [M]. 2版. 北京：人民出版社，1991：494.
⑤ 毛泽东. 毛泽东选集：第2卷 [M]. 2版. 北京：人民出版社，1991：494.
⑥ 毛泽东. 毛泽东选集：第2卷 [M]. 2版. 北京：人民出版社，1991：495.
⑦ 毛泽东. 毛泽东选集：第2卷 [M]. 2版. 北京：人民出版社，1991：495.
⑧ 毛泽东. 毛泽东选集：第2卷 [M]. 2版. 北京：人民出版社，1991：495.
⑨ 袁德金，王建飞. 新中国成立以来军事战略方针的历史演变及启示 [J]. 军事历史，2007（6）：1-5.

议上所做的《军事建设概况》汇报中，又对"积极防御"军事战略方针做了集中阐述，从而表明中华人民共和国"积极防御"军事战略方针的确立。这个战略方针的基本原则是：战略上实行后发制人。其基本要求是：在战争到来之前，加强战争准备，采取积极措施，制止或推迟战争爆发；一旦外军向中国发动侵略战争，就以持久的人民战争，粉碎敌方速战速决的企图，以积极的作战行动，逐步改变敌我力量的对比，使人民解放军尽早转入战略反攻，并发展为战略进攻，彻底打败敌人。

1964年10月，毛泽东根据国际斗争形势，特别是"美苏争霸、挤压中国"的形势，提出了"对付四面八方"的战略方针。他指出："必须立足于战争，从准备大打、早打出发，积极备战，立足于早打、大打、打原子战争。"1965年6月的杭州会议上，毛泽东指出，"还是要诱敌深入才好打"①。1977年12月，中央军委明确把"积极防御"军事战略方针调整为"积极防御，诱敌深入"。在这种战略方针指导下，一方面我国加强了战略后方建设，即"三线"建设；另一方面我国加强了以爱国主义为中心的国防教育，特别是战备教育。

1988年12月，中央军委扩大会议根据国际形势的发展变化，重新调整、确立了军事战略方针，即"积极防御"方针，不再提"诱敌深入"。

2. 确立国防现代化建设的总目标

1949年9月21日，毛泽东在中国人民政治协商会议第一届全体会议上提出，"我们的国防将获得巩固，不允许任何帝国主义者再来侵略我们的国土。在英勇的经过了考验的人民解放军的基础上，我们的人民武装力量必须保存和发展起来。我们将不但有一个强大的陆军，而且有一个强大的空军和一个强大的海军"，从而确立了我国国防现代化建设的总目标。为了实现这个总目标，我国采取了一系列措施。

第一，精简整编，缩减陆军，初步建成合成军队体制。到1958年，中国人民解放军完成了从以陆军为主体向诸军兵种合成军队的转变，初步具备了在现代条件下诸军兵种合成作战的能力。

第二，抓国防工业建设。在我国发展国民经济的第一个五年计划中，国防工业在我国156个重点项目中占了27个。到1956年，我国建成了一批重点工厂，使我国的国防工业初具规模，并陆续仿制了一些苏联飞机、舰艇、坦克、火炮等兵器。到1964年年底，我国初步形成了比较完整的国防工业体系，为国防现代化奠定了良好的基础。

第三，搞尖端技术。1956年10月17日，中共中央明确提出了"自力更生为主，力争外援和利用资本主义国家已有的科学成果"的导弹研制方针。② 1959年10月，毛泽东坚定地指出："核潜艇，一万年也要搞出来。"③ 1961年年初，毛泽东在国内外环境十分不利的情况下，明确指示："要下决心搞尖端技术。"④ 1966年10月，我国成功地进行了一次导弹核武器试验，标志着我国向国防现代化建设大大迈进了一步。1967年7月7日，毛泽东

指示："要狠抓一下雷达、光学仪器、指挥仪，要减轻重量，提高质量，增加数量。"①

第四，正确处理经济建设和国防建设的关系。1956 年 4 月 25 日，毛泽东在《论十大关系》中强调："国防不可不有。……只有经济建设发展得更快了，国防建设才能够有更大的进步。……我们一定要加强国防，因此，一定要首先加强经济建设。"②

3. 确立我军正规化建设的方针

关于正规化的基本含义及其与现代化的关系，毛泽东在 20 世纪 50 年代初曾做过精辟的论述。他指出："与现代化装备相适应的，就是要求部队建设的正规化，就是要求实行统一的指挥、统一的制度、统一的编制、统一的纪律、统一的训练，就是要求实现诸兵种密切的协同动作。……必须加强整个工作上、指挥上，而首先又应该是从教育训练上来培养的那种组织性、计划性、准确性和纪律性。这是建设正规化、现代化的国防部队所不可缺少的条件之一。"③

在正规化建设中，我军颁布了一系列条令、条例和规章制度来规范军队的各项工作和军人的一切行动，建立战备、训练、工作和生活的正规秩序，做到组织周密、纪律严、效率高、指挥灵，能适应诸军兵种合成作战的要求。如 1951 年 2 月 1 日，中央人民政府人民革命军事委员会总参谋部颁布试行的《中国人民解放军内务条令（草案）》《中国人民解放军纪律条令（草案）》《中国人民解放军队列条令（草案）》。1958 年 5 月，在酝酿编写战斗条令时，毛泽东指示："一定要搞出我们自己的战斗条令来。"④ 到 1963 年，我军新的条令、条例大部分正式颁发执行。这些条令、条例，吸收了我军的传统经验，也吸收了外军一些先进的经验，比较符合实际，有利于在正规化建设中坚持"以我为主"的方针。

4. 确立新型军事人才培养的指导方针

解放战争基本结束时，人民解放军指战员的文化水平普遍偏低，初小以下文化程度的战士占 80%，高小以下文化程度的干部占 68%，其中不少是文盲或半文盲。这种情况给部队学习和掌握现代军事技术造成了很大的困难。因此，培养新型军事人才成了当务之急。

1950 年下半年，全军选拔战斗英雄、优秀干部和战士，以及先进青年学生 6.6 万余人，送往初级指挥学校培训。毛泽东极为关心这种培训，他在中华人民共和国开国之初的繁忙工作中，仍然亲自审批了第一批教学计划。

1953 年 1 月 10 日，以南京高级步兵学校为基础成立了总高级步兵学校。在该校开学之际，毛泽东为该校写下了训词："为了保卫祖国免受帝国主义者的侵略，依靠我们过去和较为落后的国内敌人作战的准备和战术是不够的了，我们必须掌握最新的装备和随之而来的最新的战术。"⑤ 1953 年，在哈尔滨成立了人民解放军第一所综合性的高等工程技术院校——军事工程学院。同年 9 月 1 日，毛泽东为该校写下训词："为了建设现代化的国防，我们的陆军、空军和海军都必须有充分的机械化的装备和设施，这一切都不能离开复杂的专门的技术。今天我们迫切需要的就是大批能够掌握和驾驭技术的人，并使我们的技

① 韩怀智，谭旌樵. 当代中国军队的军事工作：下册［M］. 北京：中国社会科学出版社，1989：134.
② 毛泽东. 毛泽东选集：第 5 卷［M］. 北京：人民出版社，1977：271–272.
③ 韩怀智，谭旌樵. 当代中国军队的军事工作：下册［M］. 北京：中国社会科学出版社，1989：468.
④ 韩怀智，谭旌樵. 当代中国军队的军事工作：下册［M］. 北京：中国社会科学出版社，1989：228.
⑤ 韩怀智，谭旌樵. 当代中国军队的军事工作：下册［M］. 北京：中国社会科学出版社，1989：340.

术得到不断的改善和进步。军事工程学院的创办，其目的就是解决这个迫切而光荣的任务。"① 毛泽东的这个训词，成为人民解放军专业技术院校建设的指导方针。到1962年，全军共有专业技术院校42所。到1965年，全军专业技术院校培训专业技术干部33 440名。他们成为军队各级技术部门和科研单位的技术骨干。

四、毛泽东军事思想的地位和科学价值

（一）毛泽东思想的地位

习近平总书记在纪念毛泽东同志诞辰120周年座谈会上的讲话中指出："毛泽东思想教育了几代中国共产党人，它培养的大批骨干，不仅在新民主主义革命、社会主义革命、社会主义建设时期发挥了重要作用，也为新的历史时期开创和建设中国特色社会主义发挥了重要作用。邓小平同志说，毛泽东思想这个旗帜丢不得，丢掉了实际上就否定了我们党的光辉历史；任何时候都不能动摇高举毛泽东思想旗帜的原则，我们将永远高举毛泽东思想的旗帜前进。"

毛泽东军事思想在中国乃至世界军事史上独树一帜，占有极其重要的地位。

1. 毛泽东军事思想是马克思主义中国化的产物，是对马克思主义军事理论创造性地运用的结果

一方面，毛泽东军事思想忠实于马克思列宁主义的基本原理，用它的立场、观点和方法认识中国革命战争中出现的问题；另一方面，毛泽东军事思想完全从中国革命的实际出发，独立地、创造性地、卓有成效地解决中国革命战争中的实际问题，极大地丰富和发展了马克思主义军事理论。

2. 毛泽东军事思想是对中国革命战争经验的光辉记录，是人民军队、国防建设的理性认识和行动指南

《关于建国以来党的若干历史问题的决议》指出，毛泽东思想是被实践证明了的关于中国革命的正确的理论原则和经验总结，是中国共产党集体智慧的结晶。毛泽东思想是我们党的宝贵的精神财富，它将长期指导我们的行动。毛泽东军事思想是毛泽东思想的重要组成部分，它的基本原则，无论在今天还是在将来，都是我国军队和国防建设的指导思想。

3. 毛泽东军事思想是人类现代军事思想宝库中一颗闪亮的明珠，是无产阶级克敌制胜的法宝

毛泽东军事思想一诞生，就引起了国内外的广泛关注。许多人研究它，学习它，运用它。特别是受压迫的无产阶级，纷纷把它作为实现翻身解放、克敌制胜的法宝。

（二）毛泽东军事思想的科学价值

毛泽东军事思想贯穿着辩证唯物主义和历史唯物主义，蕴含了科学的世界观、认识论和方法论，具有无比珍贵的价值。

---

① 韩怀智，谭旌樵. 当代中国军队的军事工作：下册［M］. 北京：中国社会科学出版社，1989：348.

1. 毛泽东军事思想具有高超的战争指导艺术

毛泽东为革命军队制定了在敌强我弱的形势下实行战略的持久战和战役、战斗的速决战，把战略上的劣势转变为战役、战斗上的优势，集中优势兵力、各个歼灭敌人等一系列人民战争的战略战术。他在解放战争中总结出著名的十大军事原则。这些都体现着高超的战争指导艺术。

2. 毛泽东军事思想深刻揭示了军事规律

毛泽东军事思想所揭示的军事规律，既深刻，又精辟。总的来说，它既有一般规律，又有特殊规律。具体来讲，毛泽东军事思想既有政治支配战争的规律，又有战争反作用于政治的规律；既有战略与战术的规律，又有进攻与防御的规律；既有人与武器相结合的规律，又有主观愿望与客观实际异同的规律；既有强弱互变的规律，又有利弊相生的规律；既有持久战与速决战的规律，又有胜败与人心的规律；既有局部影响全局的规律，又有全局制约局部的规律；既有精神转化成战斗力的规律，又有战斗力依赖物质因素的规律；等等。

3. 毛泽东军事思想可以广泛运用于非军事领域

毛泽东军事思想不是教条，而是科学的认识论和方法论，是科学的思想方法和工作方法。它的科学原理不仅适用于军事领域，而且适用于政治、经济、外交、文化、管理等各个非军事领域。

第四节　邓小平新时期军队建设思想

邓小平新时期军队建设思想，是邓小平在 1975 年参加党中央和中央军委领导工作，依据马克思列宁主义、毛泽东思想，坚持解放思想、实事求是的思想路线，对世界战略形势、新时期中国国情、现代战争特点和军队建设的现状进行深刻分析判断的基础上，对中国人民解放军的建设所做的科学的理论概括，是邓小平建设有中国特色社会主义理论的重要组成部分。

一、邓小平新时期军队建设思想的形成过程

（一）第一阶段（1975 年 1 月到 1976 年 4 月）

1973 年 12 月，中共中央根据毛泽东的提议，决定邓小平为中央政治局委员，参加中央领导工作，待党的十届二中全会追认；同时决定邓小平为中央军委委员，参加中央军委工作。1975 年 1 月 5 日，根据毛泽东的提议，中共中央发出文件，任命邓小平为中共中央军委副主席兼中国人民解放军副总参谋长。在同年 1 月上旬召开的党的十届二中全会上，邓小平的中央政治局委员得到追认，并被选为中共中央副主席、中央政治局常务委员。在同年 1 月 17 日召开的第四届全国人民代表大会第一次会议上，邓小平被选为国务院副总理。

1975 年 1 月 25 日，邓小平在总参机关团以上干部会上发表了题为《军队要整顿》的重要讲话。他指出："从 1959 年林彪主管军队工作起，特别是在他主管的后期，军队被搞

得相当乱。现在，好多优良传统丢掉了，军队臃肿不堪。"① "一定要按照毛泽东制定的军事路线、建军原则，好好地清理一下。"②

（二）第二阶段（1977年7月到1981年6月）

1977年7月，党的十届三中全会决定恢复邓小平的党和国家领导职务。

邓小平恢复工作后，抓的第一件大事就是在思想路线上拨乱反正，指出"两个凡是"不符合马克思列宁主义，强调要坚持"实事求是"的思想路线。1977年8月28日，邓小平在军委座谈会上提出：调整各级领导班子；狠抓教育训练；开办院校以提高干部指挥现代化战争的能力。1977年12月28日，邓小平向全军提出了十项任务，即做好战争准备；加强干部队伍建设；加强党的建设；把教育训练提到战略地位的高度；大抓国防科技；继续精简整编；加强后勤建设；坚持三结合武装力量体制；恢复和发扬我军的优良传统等。1978年6月29日，邓小平重申"积极防御"战略思想。1978年12月，中央十一届三中全会召开。在为这次全会做准备的中央工作会议上，邓小平做了《解放思想，实事求是，团结一致向前看》的重要讲话。他这个讲话实际上是中央十一届三中全会的主题报告，是开创我国社会主义事业发展新时期的宣言书。

（三）第三阶段（1981年6月到1985年6月）

1981年6月，在中央十一届六中全会上，邓小平当选为中央军委主席。1981年9月19日，邓小平在华北某地阅兵时，发表了《建设强大的现代化正规化的革命军队》的讲话，正式提出了我军"三化"建设的总方针和总任务。之后，他又提出了"一个国家，两种制度""军队要服从整个国家经济建设大局""和平和发展是当代世界的两大问题"等重要思想。

（四）第四阶段（1985年6月中央军委扩大会议以后）

这一时期，邓小平新时期建军思想得到了进一步深化和完善，他先后强调"我们的军队始终要忠于党，忠于人民，忠于国家，终于社会主义"③，"中国必须发展自己的高科技"④，"革命是解放生产力，改革也是解放生产力"⑤，"发展才是硬道理"⑥，"实事求是是马克思主义的精髓"⑦ 等重要思想。1989年11月，中央十三届五中全会批准邓小平辞去中央军委主席的职务。邓小平说："我虽然离开了军队，并且退休了，但是我还是关注我们党的事业，关注国家的事业，关注军队的前景。"⑧

二、邓小平新时期军队建设思想的主要内容

（一）新时期战争观

1. 霸权主义是当代战争的主要根源

在马克思主义战争观中，战争起源和战争根源是两个既相互联系，又相互区别的概

① 邓小平. 邓小平文选：第2卷［M］. 2版. 北京：人民出版社，1994：1.
② 邓小平. 邓小平文选：第2卷［M］. 2版. 北京：人民出版社，1994：3.
③ 邓小平. 邓小平文选：第3卷［M］. 北京：人民出版社，1993：334.
④ 邓小平. 邓小平文选：第2卷［M］. 2版. 北京：人民出版社，1994：279.
⑤ 邓小平. 邓小平文选：第2卷［M］. 2版. 北京：人民出版社，1994：370.
⑥ 邓小平. 邓小平文选：第2卷［M］. 2版. 北京：人民出版社，1994：377.
⑦ 邓小平. 邓小平文选：第2卷［M］. 2版. 北京：人民出版社，1994：382.
⑧ 邓小平. 邓小平文选：第3卷［M］. 北京：人民出版社，1993：335.

念。前者从总体上揭示人类社会发展的一种规律，其内涵是稳定的；后者揭示具体战争的起因，它是随着时代的变迁和矛盾的转化而变化的。19世纪末20世纪初，列宁提出了"帝国主义就是战争"的著名论断。两次世界大战证明了这一论断。20世纪60年代以前，我们党一直坚持这个观点，并依据这个观点去判断、应对重大的国际问题。后来，实行社会主义制度的苏联也推行世界霸权主义政策，与美国争霸世界，搞得世界很不安宁。事实告诉人们，仅用"帝国主义就是战争"的理论，已经难以解释当代所有的战争现象了。

1979年，邓小平明确指出："霸权主义是世界最危险的战争策源地，是危害世界和平、安全和稳定的根源。"邓小平这一论断，拓展了毛泽东的当代战争观。毛泽东在他的晚年一直在思考这个问题。邓小平在1985年3月4日说："中国在毛泽东主席和周恩来总理领导的时候，就强调反对超级大国的霸权主义，并认为霸权主义是战争的根源。因为我们讲的战争不是小打小闹，是世界战争。……反对超级大国的霸权主义也就是维护世界和平。"①

邓小平关于"霸权主义是当代战争的主要根源"的战争观体现了历史唯物主义。其含义有三：第一，任何社会制度的国家只要推行霸权主义，都可以成为战争的根源。帝国主义发起战争已经是不争的事实。社会主义国家对外推行侵略扩张政策，同样可以成为战争根源。如苏联在1979年12月27日出动的10万大军入侵阿富汗，战争一打就是10年，到1989年才撤军。又如1968年8月20日，苏联派军队入侵捷克斯洛伐克，一夜之间占领捷克斯洛伐克的首都布拉格。第二，霸权主义既有以争夺世界霸权为目的世界霸权主义，又有以争夺地区霸权为目的的地区霸权主义。两类霸权主义的侵略扩张本质相同，不同的只是称霸的范围和程度。第三，苏联解体，美、苏两霸激烈相争的状态消失，但这并不意味着霸权主义的消失，更不意味着霸权主义思维的终结。在新的历史条件下，霸权主义推行"强权政治"仍未改变。

2. 世界大战可以避免，但战争危险依然存在

按照邓小平的新时期战争观，世界大战可以避免的客观依据是：和平与发展是当代世界的两大问题。这一思想在党的十三大政治报告中被概括为"和平与发展是当代世界的主题"。邓小平指出："当前世界上主要有两个问题，一个是和平问题，一个是发展问题。和平是有希望的。"② 之所以"和平是有希望的"，是因为发展中国家和发达国家都需要发展，都在极力追求发展，发展给和平带来了希望。按照邓小平的新时期战争观，世界大战可以避免的前提是和平力量的发展超过了战争力量。邓小平明确指出："和平力量的发展超过了战争力量，争取一个较长时期的和平是可能的。"③ 他还提出："如果世界和平的力量发展起来，第三世界国家发展起来，可以避免世界大战"④，"延缓战争的爆发没有别的道路，只有对战争策源地进行斗争"⑤，"要维护世界和平，就要从各个角度反对霸权主

① 邓小平. 邓小平文选：第3卷 [M]. 北京：人民出版社，1993：104.
② 邓小平. 邓小平文选：第3卷 [M]. 北京：人民出版社，1993：281.
③ 中央军委办公厅. 邓小平关于新时期军队建设论述选编 [M]. 北京：八一出版社，1993：9.
④ 邓小平. 邓小平文选：第3卷 [M]. 北京：人民出版社，1993：249.
⑤ 中央军委办公厅. 邓小平关于新时期军队建设论述选编 [M]. 北京：八一出版社，1993：2.

义"①。按照邓小平的新时期战争观，世界大战可以避免是有限度的：世界大战可以避免，战争的危险始终存在着，特别是局部战争的危险更是严重存在。邓小平指出："争取五至十年的和平环境是可能的。但是，国际事态的发展是不以人的意志为转移的。谁晓得哪一天会出现一个疯子！两次世界大战都是因为一些小问题而爆发起来的。尽管我们要争取和平，但对战争始终要保持警惕。"②

3. 战争不是解决国家、民族、阶级间利益矛盾的唯一手段

战争是以流血的方式去贯彻政治意志、解决政治问题的。但是，战争不应是解决国家、民族、阶级之间利益矛盾的唯一手段。邓小平指出："处理国家之间的关系，和平共处五项原则是最好的方式。……运用和平共处原则，甚至可以消除国际争端中的一些热点、爆发点。例如，台湾问题是中美关系中的主要障碍，甚至可能发展成为两国关系中爆发性的问题。如果采用'一国两制'的办法，不仅解决了中国的统一，美国利益也不致受损害。"③ 邓小平成功地运用"一国两制"的方式解决了香港、澳门回归祖国的问题，为收复失地、和平解决国家统一问题树立了典范。

（二）新时期军事战略思想

1. 重新确立"积极防御"的军事战略方针

1957年7月，中央军委根据毛泽东的指示，确立了"积极防御"的军事战略方针。1977年12月，中央军委把"积极防御"军事战略方针调整为"积极防御，诱敌深入"。20世纪70年代末80年代初，我们党和军队许多领导人十分关注军事战略方针的调整问题。1978年6月29日，邓小平指出："我们的战略始终是防御，二十年后也是战略防御。"④ 1980年10月15日，邓小平在一次研讨会上指出："我们未来的反侵略战争，究竟采取什么方针？我赞成就是'积极防御'四个字。积极防御本身就不只是一个防御，防御中有进攻。"⑤ 他还指出："我们总是要立足以弱胜强，以劣势装备战胜现代化装备，以持久战消耗敌人。所以战略方针是积极防御。"⑥ 1988年12月，在中央军委扩大会议上，重新完整地确立了"积极防御"的军事方针。这个战略方针不是对中华人民共和国成立初期的"积极防御"战略方针的简单恢复，而是在内涵上有了新的发展。第一，把国家利益作为制定军事战略方针的最高准则。"积极防御"旨在遏制战争、争取有利的国际和国内环境。第二，坚持后发制人，战略上不打第一枪。第三，战略上不搞"诱敌深入"，战争初期主要是坚守防御。第四，不向外伸手，但防御中有进攻。第五，立足劣势装备战胜优势装备之敌，不搞军备竞赛。第六，坚持持久作战。

2. 坚持现代条件下的人民战争思想

邓小平在1978年7月17日会见英国客人时说："我们的战略是毛泽东主席制订的。毛主席的战略思想就是人民战争，过去是正规军、游击队和民兵三结合，现在是野战军、地

① 中央军委办公厅. 邓小平关于新时期军队建设论述选编［M］. 北京：八一出版社，1993：3.
② 中央军委办公厅. 邓小平关于新时期军队建设论述选编［M］. 北京：八一出版社，1993：2.
③ 中央军委办公厅. 邓小平关于新时期军队建设论述选编［M］. 北京：八一出版社，1993：13-14.
④ 中央军委办公厅. 邓小平关于新时期军队建设论述选编［M］. 北京：八一出版社，1993：43.
⑤ 中央军委办公厅. 邓小平关于新时期军队建设论述选编［M］. 北京：八一出版社，1993：44.
⑥ 中央军委办公厅. 邓小平关于新时期军队建设论述选编［M］. 北京：八一出版社，1993：49.

方军和民兵三结合。……我们现在还是坚持人民战争。我们不会去侵略人家。敌人要打进来，中国的'三结合'就会叫敌人处于人民战争的汪洋大海之中。"① 他又指出："只要我们坚持人民战争，敌人就是现在来，我们以现有武器也可以打，最后也可以打胜，我们有这样多人口，军民团结一致，敌人要消灭我们的人民是不可能的。"②

邓小平在新时期继承和发展了毛泽东人民战争思想。一是强调人民战争要与时代发展的步伐相适应。邓小平说："现在的人民战争与过去不同，装备不同，手段也不同。……条件不同，人民战争的表现形式也不同。装备的改善，使人民战争更有力量。"③ 二是强调人民战争要与现代军事斗争和国防体制建设相一致。邓小平在 1978 年 7 月指出："我们是三结合的武装力量体制，野战军、地方军和民兵相结合，就是人民战争。民兵就是要提到战略地位。"④ 三是强调人民战争要与现代战争的特点相吻合。邓小平指出："搞人民战争不是不要军队现代化。"⑤ 四是强调现代战争条件下参与人民战争的人必须具有相应的素质。邓小平强调："在军队中，科研和教育也要一起抓，进行现代战争没有现代战争知识怎么行。"⑥ 他号召全军指战员"必须时刻保持警惕，不断提高自己的军事政治素质，努力掌握应付现代战争的知识和能力"⑦。

（三）新时期国防建设思想

1. 国防和军队建设指导思想实行战略性转变

党的十一届三中全会以后，邓小平从国际形势发展变化和我国社会主义建设的全局出发，做出了国防和军队建设指导思想实行战略性转变的重大决策，即从"早打、大打、打核战争"的临战状态转变到和平时期建设轨道上来，制定了"一心一意搞建设"的方针，并按照战略性转变的要求，逐步确立国防和军队建设的一系列方针政策，提出了有中国特色的国防现代化建设目标：力争在中华人民共和国成立 100 周年时，使我国的综合国力接近或赶上当时世界其他军事强国，能够在维护国家利益和维护世界和平中发挥更大的作用。

2. 国防建设必须服从国家经济建设大局

邓小平指出："国防现代化离不开农业现代化、工业现代化、科学技术现代化，离开这三化就谈不上国防现代化。"⑧ 1984 年 11 月 1 日，邓小平指出："现在需要的是全国党政军民一心一意地服从国家建设这个大局，照顾这个大局。这个问题，我们军队有自己的责任，不能妨碍这个大局，要紧密地配合这个大局，而且要在这个大局下面行动。军队各个方面都和国家建设有关系，都要考虑如何支援和积极参加国家建设。"⑨ 党政军民一心一意地服从国家建设这个大局，并不是放松国防建设。邓小平在 1985 年 6 月 4 日指出："四个

---

① 中央军委办公厅. 邓小平关于新时期军队建设论述选编 [M]. 北京：八一出版社，1993：46.
② 邓小平. 邓小平文选：第 2 卷 [M]. 2 版. 北京：人民出版社，1994：77.
③ 中央军委办公厅. 邓小平关于新时期军队建设论述选编 [M]. 北京：八一出版社，1993：46.
④ 中央军委办公厅. 邓小平关于新时期军队建设论述选编 [M]. 北京：八一出版社，1993：45.
⑤ 中央军委办公厅. 邓小平关于新时期军队建设论述选编 [M]. 北京：八一出版社，1993：57.
⑥ 邓小平. 邓小平文选：第 2 卷 [M]. 2 版. 北京：人民出版社，1994：41.
⑦ 邓小平. 邓小平文选：第 2 卷 [M]. 2 版. 北京：人民出版社，1994：70.
⑧ 中央军委办公厅. 邓小平关于新时期军队建设论述选编 [M]. 北京：八一出版社，1993：38.
⑨ 邓小平. 邓小平文选：第 3 卷 [M]. 北京：人民出版社，1993：99.

现代化，其中就有一个国防现代化。如果不搞国防现代化，那岂不是只有三个现代化？但是，四化总得有先有后。"① 振兴国防首先要振兴国家经济，国家建设搞好了，经济实力增强了，军队和国防现代化才有坚实的基础。邓小平强调："我们一定要在国民经济不断发展的基础上，改善武器装备，加速国防现代化。"②

3. 军民兼容、平战结合发展国防工业

1979年，中央军委、国务院制定了"军民结合、平战结合、以军为主、以民养军"的发展国防科技和国防工业的方针。1982年，邓小平将其中的"以军为主"改为"军品优先"，从而使这一方针更加具体明了。1984年11月1日，邓小平指出："国防工业设备好，技术力量雄厚，要充分利用起来，加入到整个国家建设中去，大力发展民用生产。"③ 在新的国防工业方针的指引下，国防科技和国防工业改革产品结构，生产民用工业品，为城乡人民服务，成为促进经济建设和科学技术发展的一支重要力量。

4. 引进技术与自力更生相结合发展国防科技

邓小平强调："过去也好，今天也好，将来也好，中国都必须发展自己的高科技，在世界高科技领域里占有一席之地。"④ 1982年6月，邓小平在接见外宾时说："从50年代中期到70年代，即在建国32年多的时间里大体有二十几年，我们完全或基本上处于没有外援的状况，主要靠自力更生。没有外援也有好处，迫使我们奋发努力。在这种精神的激励下，我们在这个时期搞出了原子弹、氢弹、导弹，发射了人造卫星，等等。"⑤ 他又指出："关起门来搞建设是不能成功的，中国的发展离不开世界。当然，像中国这样大的国家搞建设，不靠自己不行，主要靠自己。但是，在坚持自力更生的基础上，还需要对外开放，吸收外国的资金和技术来帮助我们发展。"⑥ 邓小平强调："独立自主不是闭关自守，自力更生不是盲目排外。"⑦

（四）新时期人民军队建设思想

1. 建设一支现代化、正规化的革命军队

邓小平在新时期密切联系国际形势，特别是联系高技术战争对军队建设的要求以及我军当时的现状，在1977年指出："要看到我们各级干部指挥现代化战争的能力都很不够，……要承认我们军队打现代化战争的能力不够，要承认我们军队的人数虽然多，但是素质比较差。"⑧ 1981年9月16日，他以战略家的宏大气魄明确提出："必须把我军建设成一支强大的现代化、正规化的革命军队。"⑨ 现代化、正规化、革命化是新时期人民军队建设的宏伟目标。现代化是中心，正规化是条件，革命化是保证。"三化"是互相联系、互相促进、融为一体、缺一不可的。以现代化为中心，就是要建设一支现代化的合成军队。这支

---

① 邓小平. 邓小平文选：第3卷［M］. 北京：人民出版社，1993：128.
② 邓小平. 邓小平文选：第2卷［M］. 2版. 北京：人民出版社，1994：395.
③ 邓小平. 邓小平文选：第3卷［M］. 北京：人民出版社，1993：99.
④ 邓小平. 邓小平文选：第3卷［M］. 北京：人民出版社，1993：279.
⑤ 邓小平. 邓小平文选：第2卷［M］. 2版. 北京：人民出版社，1994：406.
⑥ 邓小平. 邓小平文选：第3卷［M］. 北京：人民出版社，1993：78.
⑦ 邓小平. 邓小平文选：第2卷［M］. 2版. 北京：人民出版社，1994：91.
⑧ 邓小平. 邓小平文选：第2卷［M］. 2版. 北京：人民出版社，1994：61.
⑨ 邓小平. 邓小平文选：第2卷［M］. 2版. 北京：人民出版社，1994：395.

合成军队不仅需要按照正规的编制体制将各类人员和武器装备科学组合和配备，而且需要在正规的教育训练中提高协调行动的能力，建立有序、高效的组织指挥系统。显然，正规化保证着现代化，现代化离不开正规化。革命化是现代化、正规化建设的灵魂和方向，是人民军队的革命性质和正确方向的根本保证。

2. 建立合理的编制体制，走中国特色的精兵之路

1975 年，邓小平主持中央军委工作时，明确指出："搞好军队的编制整顿、体制整顿，可以适当解决军队的其他问题。"① 他提出军队编制体制改革的基本原则。一是"精兵"的原则，即"消肿"，减少数量、提高质量。邓小平说："现在提出'消肿'，主要是要解决军队机构重叠、臃肿，以及由此带来的各级指挥不灵等问题。"② 二是"合成"的原则，即调整军队编组，组建陆军集团军。经过 1985 年的精简整编，我国组编了兵种基本齐全的陆军合成集团军，并从战略上提高了陆、海、空三军与战略导弹部队之间的协同作战能力。三是"平战结合"的原则，即组建不同类型的常备军和后备力量。四是"培养人才"的原则，即建立干部退休制度，提拔新生力量。邓小平指出："体制改革有一个很重要的内容，就是有利于选拔人才。"③ 五是"高效"的原则。提高效能是改革的出发点和落脚点。邓小平说："过去打仗的时候，负领导责任的，一个野战军几个人，一个兵团几个人……现在是一大堆人。"④ 所以，必须改变人浮于事效能低的状况，建立一支精干高效的队伍。

3. 把教育训练提高到战略地位

邓小平指出："战略要研究的问题，不仅是作战问题，还包括训练。要把训练放在战略问题的一个重要位置上。"⑤ 军队的战斗力是人与武器的结合力。随着人对科学技术的创造和运用，人的作用在更广阔的领域和更高的层次上得到发展。战争年代，人们靠"从战争中学习战争"来提高能力，和平时期则主要通过教育训练来提高能力。邓小平说："现在不打仗，你根据什么来考验干部，用什么来提高干部，提高军队的素质，提高军队的战斗力？还不是要从教育训练着手。"⑥ 教育训练可提高干部、考验干部；继承和培养我军的优良传统和作风；提高军队的作战本领；强化部队的战备意识；发现部队工作的薄弱环节，并予以改进。

4. 加强和改进新时期政治工作

邓小平指出："对军队来说，由长期的战争环境转入和平环境，这是最大的不同。我们政治工作的根本任务、根本内容没有变，我们的优良传统也还是那一些，但是，时间不同了，条件不同了，对象不同了，因此，解决问题的方法也不同。"⑦ 新时期，邓小平关于加强和改进我军政治工作的理论，主要有六个方面。一是必须保持人民军队的性质和宗旨，把保证我军政治上永远合格作为军队政治工作的根本任务。"这个性质是，党的军队，

① 邓小平. 邓小平文选：第 2 卷 [M]. 2 版. 北京：人民出版社，1994：20.
② 邓小平. 邓小平文选：第 2 卷 [M]. 2 版. 北京：人民出版社，1994：2884-2885.
③ 邓小平. 邓小平文选：第 2 卷 [M]. 2 版. 北京：人民出版社，1994：410.
④ 邓小平. 邓小平文选：第 2 卷 [M]. 2 版. 北京：人民出版社，1994：410.
⑤ 邓小平. 邓小平文选：第 2 卷 [M]. 2 版. 北京：人民出版社，1994：21.
⑥ 邓小平. 邓小平文选：第 2 卷 [M]. 2 版. 北京：人民出版社，1994：60.
⑦ 邓小平. 邓小平文选：第 2 卷 [M]. 2 版. 北京：人民出版社，1994：119.

人民的军队，社会主义国家的军队。"① 人民军队的宗旨仍然是全心全意为人民服务。二是坚持用马克思列宁主义、毛泽东思想教育部队指战员，把"四忠于"作为政治工作的重点。邓小平强调："我们的军队始终要忠于党，忠于人民，忠于国家，终于社会主义。"② 三是把培养"有理想、有道德、有文化、有纪律"的"四有"军人列为政治工作的目标。四是坚持党对军队的绝对领导。邓小平强调："我们这个军队是党指挥枪，不是枪指挥党。"③ 五是树立永远是战斗队的思想，加强精神文明建设，把发扬"五种革命精神"作为政治工作的着眼点，即"发扬革命和拼命精神，严守纪律和自我牺牲精神，大公无私和先人后己精神，压倒一切敌人、压倒一切困难的精神，坚持革命乐观主义、排除万难去争取胜利的精神"④。六是充分发挥政治工作的优势，把继承和创新作为政治工作的动力。邓小平指出："时代和任务不同了，要学习的新知识确实很多，这就更要求我们努力针对新的实际，掌握马克思主义基本理论。……从而加强我们工作中的原则性、系统性、预见性和创造性。"⑤

三、邓小平新时期军队建设思想的地位和意义

（一）邓小平新时期军队建设思想是对毛泽东军事思想的继承和发展，是最富有时代精神的马克思主义军事理论

邓小平对丰富和发展毛泽东军事思想的理论贡献主要体现在七个方面：一是对战争与和平问题提出了新的论断；二是与社会主义现代化建设的要求相适应，确定了国防建设的总目标是实现现代化；三是提出并实行国防与军队建设指导思想的战略性转变，使国防与军队建设真正走上和平时期建设的轨道；四是贯彻党在社会主义初级阶段的基本路线，确定了国防建设、军队建设要服从国家建设大局的基本原则；五是根据新的历史条件，提出了军队建设的一系列新观点、新原则；六是提出军事改革是国防现代化的根本出路，是社会主义国家制度自我完善的重要方面；七是根据现代科学技术的发展和国际战略形势的变化，重新明确了我军在新的历史时期要继续坚持积极防御的战略方针。

（二）邓小平新时期军队建设思想是邓小平建设有中国特色社会主义理论的重要组成部分

邓小平新时期军队建设思想是邓小平建设有中国特色社会主义理论的重要组成部分，其历史地位是与邓小平理论的整个科学体系历史地联系在一起的。它的产生、形成和发展与邓小平理论体系的产生、形成和发展具有共同的实践基础。邓小平始终站在国家发展的高度，将四个现代化建设作为一个整体来思考。邓小平新时期军队建设思想是邓小平理论的基本内容在军事领域的延伸和具体化。"一个中心，两个基本点"的基本路线是邓小平理论的核心内容，也是新时期军队建设思想的灵魂。以经济建设为中心，解放和发展社会

---

① 邓小平. 邓小平文选：第 3 卷 [M]. 北京：人民出版社，1993：334.
② 邓小平. 邓小平文选：第 3 卷 [M]. 北京：人民出版社，1993：334.
③ 邓小平. 邓小平文选：第 2 卷 [M]. 2 版. 北京：人民出版社，1994：1.
④ 邓小平. 邓小平文选：第 2 卷 [M]. 2 版. 北京：人民出版社，1994：368.
⑤ 邓小平. 邓小平文选：第 3 卷 [M]. 北京：人民出版社，1993：146–147.

生产力是邓小平理论所规定的根本任务，也是建设现代化、正规化革命军队的保障。解放思想、实事求是是邓小平理论的精髓，也是新时期军队建设思想的精髓。正是在这一系列思想的指导下，我们恢复和发展了党的建军传统，冲破了世界大战不可避免的观点，提出了和平与发展的时代主题，实现了军队建设指导思想的战略性转变，突破了各种旧的传统观念的束缚，认识到高技术对军队建设的影响，在战略方针上提出了立足于打赢现代技术特别是高技术条件下的局部战争问题，开辟了建设有中国特色的精兵之路。

（三）邓小平新时期军队建设思想是新时期军事斗争和军队建设的科学指南

邓小平新时期军队建设思想揭示了相对和平时期国防和军队建设的基本规律，具有鲜明的中国特色和强大的生命力。邓小平坚持把当今世界各国国防和军队建设的一般规律和原则同我国我军特殊情况有机结合，把我军传统的经验和原则同新时期的新情况有机结合，紧紧抓住我军建设的主要矛盾，创造性地回答和解决了新时期我军建设亟待解决的一系列重大理论和实际问题，为我军建设指明了方向。

第五节　江泽民国防和军队建设思想

江泽民国防和军队建设思想，是江泽民在新时期对马克思列宁主义、毛泽东军事思想、邓小平新时期军队建设思想的继承和发展，是新时期国防和军队建设践行"三个代表"重要思想的经验总结和理论概括。江泽民国防和军队建设思想的主要内容如下所示：

一、关于军事战略思想

（一）强调提高国家战略能力

随着冷战结束和两极格局的终结，世界各种力量重新分化组合。江泽民在深刻分析国际局势后指出："总体和平、局部战乱，总体缓和、局部紧张，总体稳定、局部动荡，将是今后一个时期国际局势发展的基本态势。"① 鉴于此，他提出了国家安全战略思想："维护国家安全，保障国家发展利益，必须提高国家战略能力。"② 国家战略能力，既是指国家在非战争状态下营造和形成有利的安全战略态势的能力，也是指国家在战争状态下进行战争、赢得战争的能力。从维护国家安全的角度讲，国家的综合能力也就是国家战略能力，主要包括经济实力、国防实力和民族凝聚力。

（二）提出新时期军事战略方针

江泽民指出："积极防御军事战略是我们的传家宝，要全面系统地学习，要完整准确地理解，要坚定不移地贯彻。"③ 1993 年年初，江泽民在中央军委扩大会议上明确提出了新时期我军军事战略方针：把军事斗争准备的基点放在打赢现代技术特别是高技术条件下的局部战争上，加速人民解放军的质量建设，提高应急作战能力。紧接着，中央军委调整了军事战略方针，即实现两个根本性转变："在军事斗争准备的基点上，由应付一般条件

---

① 中国人民解放军总政治部. 江泽民国防和军队建设思想学习纲要 ［M］. 北京：解放军出版社，2003：7.
② 中国人民解放军总政治部. 江泽民国防和军队建设思想学习纲要 ［M］. 北京：解放军出版社，2003：9.
③ 中国人民解放军总政治部. 江泽民国防和军队建设思想学习纲要 ［M］. 北京：解放军出版社，2003：33.

下的局部战争向打赢现代技术特别是高技术条件下的局部战争转变；在军队建设上，由数量规模型向质量效能型、人力密集型再向科技密集型转变。"①

（三）坚持高技术条件下的人民战争

江泽民指出："应付现代技术特别是高技术条件下的局部战争，现阶段我们确有困难和短处，但我们也有自己的优势，我们真正的优势还是人民战争。我国良好的地理条件，深厚的战争潜力，相当规模的常备军，有限的核反击力量，丰富的人民战争经验，都是我们遏制战争、战胜敌人的基础，也是这么多年来任何强大的敌人都不敢贸然入侵我国的重要因素。这是个了不起的优势，我们在任何时候都不能丢。"他在党的十六大报告中指出："完善国防动员体制，加强民兵预备役部队建设，发展高技术条件下人民战争的战略战术。"

二、关于国防建设思想

（一）正确处理国防建设与经济建设的关系

江泽民指出："把经济建设搞上去和建立强大的国防，是我国现代化建设的两大战略任务。从根本上说，这两大战略任务是统一的。"国防建设和军队建设必须以经济建设为依托，服从国家经济建设的大局。国民经济发展了，才能为国防现代化提供必要的物质技术基础。国防现代化是我国社会主义现代化的重要组成部分，加强国防建设是国家安全与经济发展的基本保证。2002年11月，江泽民在党的十六大上强调指出："坚持国防建设与经济建设协调发展的方针，在经济发展的基础上推进国防和军队现代化建设。"

（二）建设具有中国社会主义特色的现代化国防

江泽民指出："在发展社会主义市场经济的新形势下，我们不断探索和完善国防建设与经济建设相互促进、协调发展的机制，坚持寓军于民，推动国防科技工业走'军民结合、平战结合、军品优先、以民养军'的发展道路。"②

（三）加强全民国防教育，增强全民国防观念

江泽民指出："霸权主义、强权政治的存在，始终是解决和平与发展问题的主要障碍。"③鉴于此，他强调："抓好全民国防教育，广泛深入持久地开展拥政爱民、拥军优属活动，发扬军政军民相互团结、相互支持的大好局面。"④

三、关于军队建设思想

（一）提出"五句话"的总要求

1990年12月，江泽民在全军军事工作会议上提出新时期军队建设的总要求，即全军部队要做到政治合格、军事过硬、作风优良、纪律严明、保障有力。

（二）坚持党对军队的绝对领导

江泽民指出："加强军队建设，最根本的是要坚持党对军队的绝对领导。只有坚持党

① 袁德金，王建飞. 新中国成立以来军事战略方针的历史演变及启示 [J]. 军事历史，2007（6）：1-5.
② 江泽民. 论科学技术 [M]. 北京：中央文献出版社，2001：212.
③ 中国人民解放军总政治部. 基层军官理论学习读本 [M]. 北京：解放军出版社，1995：347.
④ 中国人民解放军总政治部. 基层军官理论学习读本 [M]. 北京：解放军出版社，1995：346.

的领导，才能使我军始终保持无产阶级性质，坚持为人民服务的宗旨，在错综复杂的斗争中保持正确的政治方向。"他还指出："高度自觉地贯彻执行党的理论路线纲领和方针政策，始终与党同心同德、保持一致，是党对军队的根本要求，也是人民军队忠于党的根本体现。军队要始终以党的旗帜为旗帜，以党的方向为方向，以党的意志为意志。"① 他特别强调："党对军队的绝对领导是我军永远不变的军魂。"②

（三）走科技强军和精兵之路

江泽民指出："在现代战争中，兵仍然不在多而在精。"③ 他指出："走中国特色的精兵之路，核心是一个'精'字。精，既是对'量'的要求，更是对'质'的要求。"④ 此外，他是认为："在未来的战场上，谁掌握了先进的科学技术，谁就比较容易取得优势和主动权。"江泽民指出："我们国家实施'科教兴国'战略，我们军队贯彻'科技强军'思想，正是适应这一时代要求而做出的正确选择。"⑤ 他强调"千方百计把我军武器装备搞上去"⑥。

（四）加强和改进新时期思想政治工作

江泽民指出："在发展社会主义市场经济和对外开放的过程中，不可避免地会出现一些消极腐朽的东西，而这些东西对官兵思想的侵蚀和影响，对部队作风、纪律的冲击，就其广泛性和严重性来说，也是前所未有的。……我之所以一再强调要把思想政治建设摆在全军各项建设的首位，强调军队讲政治应该标准更高、要求更严，就是着眼于在思想政治上切实掌握部队，使广大官兵拒腐蚀、永不沾，始终保持政治上的坚定和思想道德上的纯洁。"⑦ 他强调："军队的思想政治教育一定要适应改革开放和军队革命化、现代化、正规化建设的新形势，紧密联系干部战士的思想实际，加强针对性、系统性和创造性。"⑧

（五）把教育训练提高到战略高度

江泽民强调："必须坚持把教育训练摆在战略地位。"⑨ 他指出："搞好科技练兵，必须围绕解决军事斗争准备的重点难点问题、紧贴实战需要开展，坚持从难从严，加强针对性训练，努力缩小训练与实战的差距。要强化诸军兵种联合作战训练，提高诸军兵种联合作战能力。训练不仅要着眼于提高官兵的技术、战术水平，同时要着眼于练思想、练作风、练意志，培养革命英雄主义精神。还要特别注意通过科技练兵培养和造就大批新型军事人才。"⑩

① 江泽民.论党的建设［M］.北京：中央文献出版社，2001：540.
② 江泽民.论科学技术［M］.北京：中央文献出版社，2001：212.
③ 中共中央文献研究室.江泽民论有中国特色社会主义（专题摘编）［M］.北京：中央文献出版社，2002：455.
④ 江泽民.论科学技术［M］.北京：中央文献出版社，2001：212.
⑤ 中共中央文献研究室.江泽民论有中国特色社会主义（专题摘编）［M］.北京：中央文献出版社，2002：462.
⑥ 江泽民.论科学技术［M］.北京：中央文献出版社，2001：86.
⑦ 中国人民解放军总政治部.军队高中级干部理论学习读本［M］.北京：解放军出版社，1997：962-963.
⑧ 中国人民解放军总政治部.军队高中级干部理论学习读本［M］.北京：解放军出版社，1997：916.
⑨ 江泽民.论科学技术［M］.北京：中央文献出版社，2001：88.
⑩ 江泽民.论国防和军队建设［M］.北京：解放军出版社，2003：89.

第六节　胡锦涛国防和军队建设重要论述

胡锦涛国防和军队建设重要论述，是胡锦涛在新时期新阶段对马克思列宁主义军事理论、毛泽东军事思想、邓小平新时期军队建设思想、江泽民国防和军队建设思想的继承和发展，是新时期新阶段国防和军队建设践行"科学发展观"重要思想的经验总结和理论概括。胡锦涛国防和军队建设重要论述的主要内容如下所示：

一、关于国防和军队建设的指导思想

2007 年 8 月 1 日，胡锦涛在庆祝中国人民解放军建军八十周年暨全军英雄模范代表大会上的讲话中指出："我们必须坚持以毛泽东军事思想、邓小平新时期军队建设思想、江泽民国防和军队建设思想为指导，把科学发展观作为加强国防和军队建设的重要指导方针，在更高的起点上推进国防和军队现代化。"

二、关于国防和军队建设的战略定位

胡锦涛在党的十七大报告指出："国防和军队建设，在中国特色社会主义事业总体布局中占有重要地位。必须站在国家安全和发展战略全局的高度，统筹经济建设和国防建设，在全面建设小康社会进程中实现富国和强军的统一。"

三、关于新世纪新阶段军队的历史使命

胡锦涛在 2007 年 8 月 1 日的讲话中郑重要求："人民军队的历史使命，历来同党的历史任务紧密相连，同国家安全和发展利益紧密相关，为党巩固执政地位提供重要力量保证，为维护国家发展的重要战略机遇期提供坚强安全保障，为维护国家利益提供有力战略支撑，为维护世界和平与促进共同发展发挥重要作用，是新世纪新阶段军队历史使命。切实履行好这一历史使命，是党的重托、人民的期望。人民解放军的全部工作，都要围绕有效履行这一历史使命来开展，各项建设都要围绕提高履行历史使命的能力来进行。"这个新使命可以概括为"三个提供、一个发挥"。

四、关于国防和军队建设的基本内容

胡锦涛在党的十七大报告中指出："军队革命化、现代化、正规化建设是统一的整体，必须全面加强、协调推进。……坚持科技强军，按照建设信息化部队、打赢信息化战争的战略目标，加快机械化和信息化复合发展，积极开展信息化条件下军事训练，全面建设现代后勤，加快培养大批高素质新型军事人才，切实转变战斗力生成模式。坚持依法治军、从严治军，完善军事法规，加强科学管理。"

五、关于国防和军队建设的根本动力

胡锦涛在党的十七大报告中强调："适应世界军事发展新趋势和我国发展新要求，推

进军事理论、军事技术、军事组织、军事管理创新。"这"四个创新"是一个有机的整体。第一，军事理论创新是先导。因为武器装备越是先进，越是需要先进的军事理论；军事理论对军队建设的发展具有重要的理论牵引功能。第二，军事技术创新是基础。胡锦涛指出："科技实力是综合国力的重要内容和基础。自主创新能力是国家竞争力的核心。"第三，军事组织体制创新是保证。改革开放之后，我军经历了几次体制编制改革，取得了明显成效，但还存在一些与军队现代化建设、与信息化条件下作战要求不相适应的问题。所以，必须进一步加强军事组织体制改革创新。第四，军事管理创新是支撑。推进军事管理创新，首先要更新管理理念，树立"管为战"的理念；其次是处理好管理中的继承与创新、借鉴与适用、改革与稳定的关系。

六、关于国防和军队建设的力量源泉

胡锦涛在党的十七大报告中强调："增强全民国防观念，完善国防动员体系，加强国防动员建设，提高预备役部队和民兵建设质量。……坚持拥军优属、拥政爱民，巩固军政军民团结。"胡锦涛在 2007 年 8 月 1 日的讲话中指出："人民军队必须有牢不可破的依靠力量。从诞生之日起，人民解放军就始终坚持全心全意为人民服务的宗旨，完全彻底为人民利益而奋斗，赢得了亿万人民的衷心爱戴和全力支持，形成了夺取胜利最深厚、最伟大的力量源泉。"

七、关于国防和军队建设的政治保证

胡锦涛在党的十七大报告中指出："要始终坚持党对军队绝对领导的根本原则和人民军队的根本宗旨，深入进行军队历史使命、理想信念、战斗精神和社会主义荣辱观教育，大力弘扬听党指挥、服务人民、英勇善战的优良传统。"胡锦涛在 2008 年 12 月 24 日召开的中央军委扩大会议上，对当代革命军人核心价值观进行深刻阐述。他强调，要大力培养当代革命军人核心价值观，即"忠诚于党，热爱人民，报效祖国，献身使命，崇尚荣誉"。这里的几个要点是相互联系的整体，体现了我军优良传统、时代发展要求、官兵价值追求的统一。

第七节　习近平新时代强军思想

习近平在党的十八届一中全会当选为中共中央总书记、中共中央军事委员会主席。他主持中央军委工作以来，着眼坚持和发展新时代中国特色社会主义、实现中华民族伟大复兴中国梦，围绕强军兴军提出一系列重大战略思想、重大理论观点、重大决策部署，深刻阐述了国防和军队建设带根本性、方向性、全局性的重大问题。

一、习近平新时代强军思想的丰富内涵

习近平新时代强军思想深刻回答了新时代人民军队听谁指挥、怎样铸牢军魂、为什么强军、怎样强军、打什么仗、怎样打胜仗等基本问题，丰富发展了我们党建军治军思想和

方针原则，指引着国防和军队建设新征程。

一是提出建设一支听党指挥、能打胜仗、作风优良的人民军队。2013 年 3 月，在第十二届全国人民代表大会第一次会议解放军代表团全体会议上，习近平明确指出，建设一支听党指挥、能打胜仗、作风优良的人民军队，是党在新形势下的强军目标。他强调："全军要准确把握这一强军目标，用以统领军队建设、改革和军事斗争准备，努力把国防和军队建设提高到一个新水平。"这是实现"两个一百年"奋斗目标、实现中华民族伟大复兴的战略支撑。他还强调，坚持总体国家安全观，人民军队要坚决维护中国共产党领导和我国社会主义制度，维护国家主权、安全、发展利益，维护地区和世界和平。这就进一步明确了国防和军队建设在全面建设社会主义现代化强国中的地位和作用，拓展和规定了我军新时代使命任务。

二是提出坚定不移走中国特色强军兴军之路。2017 年 7 月 30 日，庆祝中国人民解放军建军 90 周年阅兵在朱日和联合训练基地举行，习近平主席检阅部队并发表重要讲话。他强调，我们要深入贯彻党的强军思想，坚定不移走中国特色强军之路，努力实现党在新形势下的强军目标，把我们这支英雄的人民军队建设成为世界一流军队。这一重要讲话，是实现中华民族伟大复兴中国梦的强军宣言，进一步明确了全面实现国防和军队现代化的目标引领，鲜明确立了军队建设的时代主题。

三是提出与时俱进创新军事战略指导。2016 年 7 月 1 日，在庆祝中国共产党成立 95 周年大会上，习近平发表重要讲话。他指出，建设同我国国际地位相称、同国家安全和发展利益相适应的巩固国防和强大军队，是我国社会主义现代化建设的战略任务。中国奉行积极防御的军事战略方针，不会动辄以武力相威胁，也不会动不动到别人家门口炫耀武力。到处炫耀武力不是有力量的表现，也吓唬不了谁。习近平重申新形势下坚持积极防御的军事战略方针，强调提高基于网络信息体系的联合作战能力、全域作战能力，有效塑造态势、管控危机、遏制战争、打赢战争，确立了统揽军事力量建设和运用的总纲；强调更加注重聚焦实战、更加注重创新驱动、更加注重体系建设、更加注重集约高效、更加注重军民融合，强化作战需求牵引，提高创新对战斗力的贡献率，全面提高我军体系作战能力，提高国防和军队发展精准度，促进经济建设和国防建设协调发展、平衡发展、兼容发展，进一步明确了军队建设发展的战略指导。

四是提出坚持政治建军、改革强军、科技兴军、依法治军。2017 年 8 月 1 日，习近平在庆祝中国人民解放军建军 90 周年大会上发表重要讲话。他强调，人民军队要坚决维护中国共产党领导和我国社会主义制度，坚决维护国家主权、安全、发展利益，坚决维护地区和世界和平。推进强军事业，必须坚持政治建军、改革强军、科技兴军、依法治军，全面提高国防和军队现代化水平。他还强调，政治建军是立军之本，必须坚持党对军队绝对领导，加强和改进新形势下我军政治工作，最紧要的是把理想信念、党性原则、战斗力标准、政治工作威信四个带根本性的东西立起来；改革是强军必由之路，必须着力解决制约国防和军队建设的体制性障碍、结构性矛盾、政策性问题，建设强大的现代化陆军、海军、空军、火箭军和战略支援部队，建设绝对忠诚、善谋打仗、指挥高效、敢打必胜的联合作战指挥机构，加快构建中国特色现代军事力量体系，完善和发展中国特色社会主义军事制度；科技创新是核心驱动，必须坚持自主创新的战略基点，提高科技创新对军队建设和战斗力的贡献率，建设创新型人民军队；依法治军是强军之基，必须强化全军法治信仰和法治思维，构建中国特色军事法治体系，按照法治要求转变治军方式。这些进一步明确了军队建设的重点领域、主攻方向、战略抓手，科学地确立了强军兴军的战略布局。

五是提出军队要向能打仗、打胜仗聚焦，加强练兵备战。党的十九大闭幕后第二天，习近平主持新一届中央军委第一次常务会议，习近平强调军委班子要推动全军各项工作向能打仗、打胜仗聚焦。习近平还强调加强练兵备战，牢固树立战斗力这个唯一的根本的标准，大力提高军事训练实战化水平，建设一切为了打仗的后勤，构建适应信息化战争和履行使命要求的武器装备体系，加强以联合作战指挥人才为重点的高素质新型军事人才建设，确保部队召之即来、来之能战、战之必胜，进一步明确了军队建设的根本指向，形成了全部心思向打仗聚焦、各项工作向打仗用劲的鲜明导向。

六是提出深入推进军民融合发展。2015 年 3 月 12 日，习近平在第十二届全国人民代表大会第三次会议解放军代表团全体会议上，第一次明确提出："把军民融合发展上升为国家战略。"他强调，军民融合是国家战略，既是兴国之举又是强军之策。2017 年 1 月 22 日，中共中央政治局召开会议，决定设立中央军民融合发展委员会，由习近平任主任。中央军民融合发展委员会是中央层面军民融合发展重大问题的决策和议事协调机构，统一领导军民融合深度发展，向中央政治局、中央政治局常务委员会负责。

七是提出建设现代化武装警察部队。2017 年 12 月 27 日，中共中央印发《中共中央关于调整中国人民武装警察部队领导指挥体制的决定》，自 2018 年 1 月 1 日零时起，武警部队由党中央、中央军委集中统一领导，实行中央军委—武警部队—部队领导指挥体制。这对于完善和发展新时代中国特色社会主义军事制度、加强党对人民解放军和其他人民武装力量的绝对领导、全面深入贯彻军委主席负责制、保证武警部队有效履行新时代使命任务具有重大而深远的意义。这是强化党管武装、有效解决武警部队体制性障碍和突出矛盾、全面加强武警部队建设的关键之举，有利于加强国家武装力量整体建设和运用，有利于武警部队有效履行新时代使命任务，有利于实现领导管理和高效指挥的有机统一。

八是提出全面掌握辩证唯物主义和历史唯物主义世界观和方法论。2015 年 1 月 23 日，中共中央政治局就辩证唯物主义基本原理和方法论进行第二十次集体学习。习近平在主持学习时强调，辩证唯物主义是中国共产党人的世界观和方法论，我们党要团结带领人民协调推进全面建成小康社会、全面深化改革、全面依法治国、全面从严治党，实现"两个一百年"奋斗目标、实现中华民族伟大复兴的中国梦，必须不断接受马克思主义哲学智慧的滋养，更加自觉地坚持和运用辩证唯物主义世界观和方法论，增强辩证思维、战略思维能力，努力提高解决我国改革发展基本问题的本领。其重要意义在于强化大家的战略思维、辩证思维、创新思维、底线思维，正确认识和把握战争与和平、军事与政治、发展与安全、威慑与实战、人与武器以及军事训练中的辩证法，从而形成了具有时代性、独创性的军事辩证法思想，为强军打赢提供了科学的思想方法和工作方法。

二、新形势下我军全面提高履行使命任务的能力

2012 年 12 月 8 日和 10 日，习近平在广州战区视察时指出，当前，国际形势继续发生

深刻复杂变化，我国进入全面建成小康社会的决定性阶段，国防和军队建设面临新的形势和任务。要深入贯彻国防和军队建设主题主线，认真落实党的十八大关于国防和军队建设的战略部署，加强部队革命化、现代化、正规化建设，不断拓展和深化军事斗争准备，全面提高履行使命任务的能力。

他在会见驻穗部队师以上领导干部时特别指出，实现中华民族伟大复兴，是中华民族近代以来最伟大的梦想。可以说，这个梦想是强国梦，对军队来说，也是强军梦。我们要实现中华民族伟大复兴，必须坚持富国和强军相统一，努力建设巩固国防和强大军队。一要始终保持部队建设坚定正确的政治方向。面临意识形态领域的复杂斗争和特殊环境的严峻考验，我们必须把从思想上、政治上把建设和掌握部队的工作抓得紧而又紧。我们要毫不动摇坚持党对军队绝对领导的根本原则和制度，加强各级党组织建设，严格政治纪律和组织纪律，确保部队在任何时候任何情况下都坚决听从党中央、中央军委指挥。坚决听党指挥是我们的建军之魂、强军之魂。过去我们是这么做的，现在是这么做的，将来还要这么做。二要坚持用打仗的标准推进军事斗争准备。军队作为一个武装集团，是要随时准备打仗的。我们必须强化战斗队思想，始终用打仗的标准推进军事斗争准备，不断强化官兵当兵打仗、带兵打仗、练兵打仗思想，坚持从实战需要出发从难从严训练部队，坚持以军事斗争准备为龙头带动现代化建设，全面提高部队以打赢信息化条件下局部战争能力为核心的完成多样化军事任务能力。三要不折不扣地落实依法治军、从严治军方针。治军贵在从严，也难在从严。我们要深入研究和把握新形势下治军带兵特点规律，切实把依法治军、从严治军方针贯彻落实到部队建设的全过程和各方面，始终保持部队正规的战备、训练、工作和生活秩序。要着力增强法规制度执行力，狠抓条令条例和规章制度落实，坚决杜绝有法不依、执法不严、违法不究的现象。从严治军首先要从严治官，各级领导干部、领导机关要从自身严起，为部队做好表率，以良好的形象影响和带动部队。

习近平在党的十九大报告中强调："建设强大的现代化陆军、海军、空军、火箭军和战略支援部队，打造坚强高效的战区联合作战指挥机构，构建中国特色现代作战体系，担当起党和人民赋予的新时代使命任务。"

2017年11月3日，习近平视察军委联合作战指挥中心时指出："从我做起，从军委做起，强化备战打仗导向，提高打赢本领，抓实备战工作，带领我军真正做到能打仗、打胜仗，担当起党和人民赋予的新时代使命任务。"

担当起党和人民赋予的新时代使命任务，就必须紧盯"能打仗、打胜仗"这个关键，把提高部队战斗力作为根本标准，真正在备战打仗上有一个大的加强。古今中外的战争实践证明，能战方能止战。只有始终聚焦备战打仗，真正具备打赢能力，才能慑有效果、谈有砝码、打有胜算，才能担当起党和人民赋予的新时代使命任务。

三、建设一支听党指挥、能打胜仗、作风优良的人民军队是党在新形势下的强军目标

2013年3月11日，习近平在出席第十二届全国人民代表大会第一次会议解放军代表团全体会议时强调，牢牢把握党在新形势下的强军目标，全面加强军队革命化、现代化、

正规化建设，为建设一支听党指挥、能打胜仗、作风优良的人民军队而奋斗。

他强调，建设一支听党指挥、能打胜仗、作风优良的人民军队，是党在新形势下的强军目标。听党指挥是灵魂，决定军队建设的政治方向；能打胜仗是核心，反映军队的根本职能和军队建设的根本指向；作风优良是保证，关系军队的性质、宗旨、本色。这三者相互联系，密不可分，与我军一以贯之的建军治军指导思想和方针原则是一致的，与革命化、现代化、正规化建设相统一的全面建设思想是一致的。

他强调，全军要准确把握这一强军目标，用以统领军队建设、改革和军事斗争准备，努力把国防和军队建设提高到一个新水平，要铸牢听党指挥这个强军之魂，坚持党对军队绝对领导的根本原则和人民军队的根本宗旨不动摇，贯彻执行党的理论和路线方针政策不动摇，确保部队绝对忠诚、绝对纯洁、绝对可靠，做到一切行动听从党中央和中央军委指挥；要扭住能打仗、打胜仗这个强军之要，强化官兵当兵打仗、带兵打仗、练兵打仗思想，牢固树立战斗力这个唯一的根本的标准，按照打仗的要求搞建设、抓准备，确保部队召之即来、来之能战、战之必胜；作风优良是我军的鲜明特色和政治优势，必须把作风建设作为军队一项基础性、长期性工作抓紧抓实，永葆人民军队政治本色，要把改进作风工作引向深入，贯彻到军队建设和管理每个环节，真正在求实、务实、落实上下功夫；全军要夯实依法治军、从严治军这个强军之基，坚持以纪律建设为核心，旗帜鲜明地反对各种不良现象，保持人民军队长期形成的良好形象。

2013年7月7日至8日，习近平主持召开中央军委党的群众路线教育实践活动专题民主生活会时表示，实现强军目标是一项具有很强开拓性的事业，面临大量新情况、新问题，必须勇于探索、大胆创新、锐意改革，要以逢山开路、遇河架桥的精神，坚决推进军队各项改革。

2013年年底，习主席重温邓小平关于军队要像军队的样子的重要思想，深刻指出："军队的样子"就是要坚决听党指挥，要能打仗、打胜仗，要保持光荣传统和优良作风，这三条决定着军队发展方向。

强军目标是在把握国防和军队建设历史方位和阶段性特点基础上提出来的。当今世界正发生前所未有的大变局，国际战略格局、全球治理体系、全球地缘政治棋局、综合国力竞争发生重大变化；我国周边安全风险呈累积态势，特别是海上安全威胁日益突出，家门口生乱生战的可能性也在增大。我国正处于由大向强发展的关键阶段，前所未有地走进世界舞台中心，发展前行中的阻力和压力也在增大。面对这样严峻的形势，没有巩固的国防，没有强大的军队是不行的，必须建设一支听党指挥、能打胜仗、作风优良的人民军队。

听党指挥是灵魂，决定军队建设的政治方向，必须铸牢强军之魂，确保人民军队绝对忠诚、绝对纯洁、绝对可靠；能打胜仗是核心，是军队的根本职能和军队建设的根本指向，必须扭住强军之要，确保部队召之即来、来之能战、战之必胜；作风优良是保证，关系军队的性质、宗旨、本色，必须夯实强军之基，永葆我军政治本色。这三条明确了加强我军建设的聚焦点和着力点，建军治军抓住这三条，就抓住了要害，就能起到纲举目张的作用。

四、坚持以新形势下军事战略方针为统揽

强国强军，战略先行。军事战略是筹划和指导军事力量建设和运用的总方略，它服从并服务于国家战略目标。2016 年 7 月 1 日，习近平在庆祝中国共产党成立 95 周年大会上指出：建设同我国国际地位相称、同国家安全和发展利益相适应的巩固国防和强大军队，是我国社会主义现代化建设的战略任务。我们要统筹经济建设和国防建设，全面加强军队革命化、现代化、正规化建设。要坚持党对军队的绝对领导，牢牢把握党在新形势下的强军目标，全面实施政治建军、改革强军、依法治军，拓展和深化军事斗争准备，着力培养有灵魂、有本事、有血性、有品德的新一代革命军人，努力建设一支听党指挥、能打胜仗、作风优良的人民军队。中国奉行积极防御的军事战略方针，不会动辄以武力相威胁，也不会动不动到别人家门口炫耀武力。到处炫耀武力不是有力量的表现，也吓唬不了谁。

习近平强调："军事战略方针是统揽军事力量建设和运用的总纲，全军各项工作和建设都必须贯彻和体现新形势下军事战略方针的要求。"党的十八大以来，习近平根据国家安全和发展战略，适应新时代、新任务要求，坚持实行积极防御军事战略方针，与时俱进地加强军事战略指导，进一步拓宽战略视野、更新战略思维、前移指导重心，整体运筹备战与止战、维权与维稳、威慑与实战、战争行动与和平时期军事力量运用，注重深远经略，塑造有利态势，综合管控危机，坚决遏制和打赢战争，提出了一系列重大战略思想，做出了一系列重大战略决策和部署。

一是从战略高度筹划和决策强国强军的宏伟目标。习近平明确要求把国防和军队建设放在实现中华民族伟大复兴这个大目标下来认识和推进，提出了与中国梦相适应的强军目标以及建设世界一流军队的目标指向。在政治建军方略中，明确了与中国梦和强军目标紧密联系的军队政治工作时代主题。在改革强军战略中，确立了与全面建成小康社会相适应的 2020 年前深化国防和军队改革的目标任务。这些聚焦于实现中国梦、强军梦的战略筹划，使强军战略与强国战略在目标层面实现了耦合。

二是从战略高度揭示和把握强国强军的客观规律。习近平深刻揭示了强国强军的客观规律。比如，在强国与强军的关系上，强调建设同我国国际地位相称、同国家安全和发展利益相适应的巩固国防和强大军队，揭示了强军为强国提供坚强力量保证的规律；在战争与和平的关系上，强调能战方能止战，准备打才可能不必打，越不能打越可能挨打，揭示了以能战支撑和平发展的规律；在军事安全与国家安全的关系上，强调虽然维护国家安全的手段和选择增多了，但军事手段始终是保底的手段，并把军事安全摆在维护国家安全三项保障的首位，揭示了以军事安全保障国家安全的规律；等等。

三是从战略高度指导和落实强国强军的目标任务。党的十八大以来，习近平同志以强烈的历史担当和坚定的决心意志，着眼实现强军目标，做出创新军事战略指导、强化政治建军、正风肃纪反腐、深化军队改革、依法从严治军、军民融合深度发展等一系列战略设计；着眼民族复兴与和平发展，整体运筹军事力量建设和运用；召开全军政治工作会议，"打虎拍蝇"重拳频出，纠风治弊持续发力；构建军委—战区—部队的作战指挥体系和军委—军种—部队的领导管理体系，改革强军战略全面实施；等等。

贯彻和体现新形势下军事战略方针的要求，核心问题是打得赢。2014 年，由习近平亲自推动的"战斗力标准大讨论"，在全军上下轰轰烈烈开展起来。这场思想风暴，就像手术刀，逐步剖除中国军队战斗力建设中的顽瘴积弊，使国防和军队建设突飞猛进，更适应战争准备基点转变，从而拓展和深化军事斗争准备，加大军事创新力度；使全军各项工作向建设信息化军队、打赢信息化战争的战略目标聚焦，向实施信息化条件下联合作战的要求聚焦，向形成基于信息系统的体系作战能力聚焦；军事战略方针在各个领域得到贯彻落实，国防和军队建设出现崭新的面貌。

五、不断提高军队党的建设科学化水平，为实现强军目标提供坚强思想和组织保证

2013 年 11 月 6 日，习近平在接见全军党的建设工作会议代表时强调，当前，我们正在进行具有许多新的历史特点的伟大斗争，这对全面推进党的建设新的伟大工程提出了更高要求，必须把军队党的建设摆在更加突出的位置，始终坚持党对军队的绝对领导，始终坚持以能打仗、打胜仗为根本着眼点，始终坚持党要管党、从严治党方针，始终坚持以改革创新精神加强军队党的建设，不断提高军队党的建设科学化水平，为实现党在新形势下的强军目标提供坚强思想和组织保证。

他指出，搞好军队党的建设，是军队建设发展的核心问题，是军队全部工作的关键，关系到党的执政地位，关系到我军性质宗旨，关系到部队战斗力。我军之所以能够战胜各种艰难困苦、不断从胜利走向胜利，最根本的原因就是坚定不移听党话、跟党走。这是我军的军魂和命根子，永远不能变，永远不能丢。军队党的建设的首要任务是确保党对军队的绝对领导，这也是对军队党的建设的根本要求。要深入贯彻落实党的十八大精神，坚持不懈地用党的创新理论武装官兵，毫不动摇地坚持党对军队绝对领导的根本原则和制度，确保全军在任何时候、任何情况下都坚决听从党中央、中央军委指挥。军队党的建设必须紧紧围绕能打仗、打胜仗来展开，成为部队战斗力的增强剂和功放器。

他强调，我军是执行党的政治任务的武装集团，军队党的建设必须高标准、严要求，努力走在全党前列。要坚持贯彻民主集中制，用好批评和自我批评这个有力武器，严格落实党内生活制度，着力巩固和加强党的团结。要严肃党的纪律，从严教育、管理党员特别是党员领导干部，锲而不舍地抓好作风建设，坚决反对"四风"，旗帜鲜明地反对腐败，严肃查处违纪违法问题。现在，党的建设面临的社会条件、党员队伍成分结构都发生了深刻变化，要继承我军党建工作优良传统，也要推进新形势下军队党的建设创新发展；要深入研究新形势下军队党的建设的特点和规律，推进制度创新，改进方式方法，不断增强军队党建工作的时代感和科学性，不断增强各级党组织的创造力、凝聚力、战斗力。

六、贯彻全军政治工作会议精神，扎实推进依法治军、从严治军

2014 年 4 月 14 日，习近平到空军机关调研时强调，要坚持依法治军、从严治军，推进管理理念、机制、方法、手段创新，提高管理科学化、规范化、法制化水平。

2014 年 12 月 14 日，习近平在南京军区机关视察时强调，要紧紧围绕强军目标，深入贯彻全军政治工作会议精神，扎实推进依法治军、从严治军，全面加强部队革命化、现代

化、正规化建设，切实履行好党和人民赋予的庄严使命。

2014年11月1日召开的全军政治工作会议，重点研究解决党从思想上、政治上建设军队的重大问题，对加强和改进新形势下军队政治工作做出全面部署。学习贯彻全军政治工作会议精神，关键是要落到实处，在学习理解会议精神上下功夫，在改进创新政治工作上下功夫，在纠治顽瘴积弊上下功夫，在解决突出问题上下功夫。要把铸牢军魂抓得紧而又紧，确保部队在任何时候任何情况下都坚决听从党中央、中央军委指挥。要打造强军文化，巩固部队思想文化阵地，坚定官兵革命意志、升华官兵思想境界、纯洁官兵道德情操，引导他们努力成长为有灵魂、有本事、有血性、有品德的新一代革命军人；要把依法治军、从严治军抓得更加扎实有效。厉行法治、严肃军纪，是治军带兵的铁律，也是建设强大军队的基本规律。要加大政策解读力度，把党的十八届四中全会精神讲全讲透，引导广大官兵深刻理解依法治军、从严治军的重大意义和丰富内涵，切实把思想和行动统一到中央精神上来。要强化法治观念，严格部队管理，狠抓条令条例贯彻落实，提高部队正规化水平。各级领导和机关要依法筹划和指导基层建设，严格按照《军队基层建设纲要》开展工作，推动基层建设全面进步、全面过硬。

七、加快构建适应履行使命要求的装备体系，为实现强军梦提供强大物质技术支撑

2014年12月3日至4日，习近平在全军装备工作会议上发表重要讲话时强调，要贯彻总体国家安全观，牢牢把握党在新形势下的强军目标，坚持信息主导、体系建设，坚持自主创新、持续发展，坚持统筹兼顾、突出重点，加快构建适应履行使命要求的装备体系，为实现强军梦提供强大物质技术支撑。他指出，武器装备是军队现代化的重要标志，是国家安全和民族复兴的重要支撑。在战争制胜问题上，人是决定因素，同时也要看到，随着军事技术不断发展，装备因素的重要性在上升，人的因素、装备因素结合得越来越紧密，人与装备已经高度一体化，重视装备因素也就是重视人的因素。

他要求，面对新形势、新任务，装备建设战略指导必须应时而变、顺势而为。要坚持作战需求的根本牵引，建立健全具有我军特色的作战需求生成机制，增强装备发展的科学性、针对性、前瞻性。要坚持体系建设思想，统筹各军兵种装备发展，统筹各类装备发展，加强标准化、系列化、通用化建设，不断完善和优化装备体系结构，在填补体系空白、补齐短板弱项上下功夫，以网络信息体系为抓手，推动我军信息化建设实现跨越式发展。要坚持创新驱动发展，紧跟世界军事革命特别是军事科技发展方向，超前规划布局，加速发展步伐。要坚持质量至上，把质量问题摆在关系官兵生命、关系战争胜负的高度来认识，贯彻质量就是生命、质量就是胜算的理念，建立质量责任终身追究制度，着力构建先进实用的试验鉴定体系，确保装备实战适用性。要坚持实战化运用，各级指挥员要带头学装、知装、用装，教育引导官兵大胆操作和使用装备，真正让装备活起来、动起来，在体系运用中检验性能、发掘潜能，推动新装备成建制成体系形成作战能力和保障能力。要坚持军民融合深度发展，结合深化改革，加快建立推动军民融合发展的统一领导、军地协调、需求对接、资源共享机制，扎实推动国防科技和装备领域军民融合深度发展。要坚持人才队伍建设优先，放开视野选人才、不拘一格用人才，把国防科技和装备领域打造成国

家创新人才的高地、人才成长兴业的沃土，形成各类人才创造活力竞相迸发的生动局面。要搞好装备建设顶层设计，切实把规划计划制定好，努力形成科学完备的发展规划体系，谱写我军武器装备发展新篇章。

八、坚持以强军目标为引领，坚定不移深化国防和军队改革

2013 年 12 月 27 日，习近平在中央军委扩大会议上就国防和军队改革发表重要讲话时指出，当前，世界主要国家都在加快推进军队改革，谋求军事优势地位的国际竞争加剧。在这场世界新军事革命的大潮中，谁思想保守、故步自封，谁就会错失宝贵机遇。深化国防和军队改革正面临一个难得的机会窗口，一定要把握好。深化国防和军队改革，就是要解决制约国防和军队建设的突出矛盾和问题，构建中国特色现代军事力量体系，为实现强军目标提供体制机制和政策制度保障。他强调："国防和军队改革是系统工程，必须加强统筹谋划。对牵一发而动全身的改革任务，要扭住不放，以重点突破带动整体推进。深化国防和军队改革，必须坚持正确政治方向。党对军队的绝对领导，是我国的基本军事制度和中国特色社会主义政治制度的重要组成部分，全心全意为人民服务是我军的根本宗旨。无论怎么改，这些都绝对不能变。"

他强调："国防和军队深化改革要在重难点问题上进行突破。国防和军队改革千头万绪，必须牵住牛鼻子，抓住主要矛盾和矛盾的主要方面。其改革的重点：一是要把领导指挥体制作为重点。联合作战指挥体制是重中之重，要建立健全军委联合作战指挥机构和战区联合作战指挥体制，要有紧迫感，不能久拖不决。二是要优化结构、完善功能。结构和功能是辩证统一的。结构要有利于部队整体作战效能发挥，功能也要推动结构调整。必须优化规模结构，把军队搞得更加精干、编成更加科学。三是要深化军队政策制度改革。军事人力资源政策制度，是军队政策制度改革的重头戏，关系广大官兵切身利益。要适应军队职能任务需求和国家政策制度创新，加大政策制度改革力度，构建三位一体的新型军事人才培养体系，盘活军事人力资源，吸引和集聚更多优秀人才。四是要推动军民融合深度发展。要在国家层面加强统筹协调，发挥军事需求主导作用，更好把国防和军队建设融入国家经济社会发展体系。"

2015 年 11 月 26 日，习近平在中央军委改革工作会议上强调："要推进领导掌握部队和高效指挥部队有机统一，形成军委管总、战区主战、军种主建格局。"他还提出六个"着眼于"，其中之一就是"要着眼于打造精锐作战力量，优化规模结构和部队编成，推动我军由数量规模型向质量效能型转变"。在这一思想指导下，军委改革坚持精简高效的原则，裁减军队员额 30 万，精简机关和非战斗机构人员，使军队更加精干高效。

九、习近平新时代强军思想的重大指导意义

2018 年 1 月 18 日至 19 日，中国共产党第十九届中央委员会第二次全体会议在北京举行。全会强调，习近平新时代中国特色社会主义思想是马克思主义中国化最新成果，是当代中国马克思主义、21 世纪马克思主义，是党和国家必须长期坚持的指导思想。中国共产党领导是中国特色社会主义最本质的特征，是中国特色社会主义制度最大的优势，必须坚

持和加强党对一切工作的领导。

习近平新时代强军思想与毛泽东军事思想、邓小平新时期军队建设思想、江泽民国防和军队建设思想、胡锦涛国防和军队建设重要论述，既一脉相承又与时俱进，是习近平新时代中国特色社会主义思想的"军事篇"，是马克思主义军事理论中国化时代化的新飞跃，是人民军队的强军之道、制胜之道，升华了我们党对军事指导规律的认识，把马克思主义军事理论和当代中国军事实践提升到新境界，为我军实现强军目标、迈向世界一流提供了科学指南和行动纲领，点亮了照耀强军征程的时代灯塔。

思考题

1. 军事思想的含义是什么？

2. 军事思想的基本特征有哪些？

3. 毛泽东军事思想的含义是什么？

4. 毛泽东军事思想体系主要由哪些内容组成？

5. 人民军队的唯一宗旨和政治工作三大原则是什么？

6. 毛泽东国防建设思想的主要内容有哪些？

7. 邓小平新时期国防建设思想的主要内容有哪些？

8. 邓小平新时期军队建设思想的主要内容有哪些？

9. 江泽民关于军队建设思想的主要内容有哪些？

10. 胡锦涛关于新世纪新阶段军队的历史使命的重要论述的主要内容有哪些？

11. 习近平新时代强军思想的内涵有哪些？

12. 习近平关于党在新形势下的强军目标有哪些？

第三章 战略环境

第一节 战略环境概述

一、战略

战略，亦称军事战略，是筹划和指导战争全局的方略，泛指对全局性、长远性、高层次重大问题的筹划与指导，如军事战略、经济发展战略等。按作战类型和性质，战略分为进攻战略和防御战略。军事战略可分为军种战略和战区战略。

（一）战略的基本要素

构成战略的基本要素，即构成战略的基本成分，是战略本质属性的集中反映，也是战略内容和形式的具体体现。战略的基本要素比较广泛，这里列举七项加以解说。

1. 战略目的

战略目的是指战略行动所要达到的预期结果，是战略企图的集中体现和制订战略计划的基本依据。确定战略目的，至少要考虑到三个方面的因素：第一，战略目的必须体现国家利益的时代特点。在不同的历史条件下，国家利益的具体内容和表现形式不尽相同，其对军事斗争的要求也不一样。第二，战略目的必须与战略形势相适应，既要反映国际战略形势的总特点和整个国际斗争的主题，并与其相适应，又要反映国家安全形势的特点，并与现实斗争的重点相吻合。第三，战略目的必须是需求与可能的统一。战略目的必须具有科学性和可行性，它所确定的指标要适当，既不能定得过高，也不能定得过低；既要能满足需要，又要有现实的可能。

2. 战略方针

战略方针是指一定时期内规定的战争准备与战争实施应遵循的指针。战略方针可分为总方针和具体方针。总方针是指统管全局与全过程的方针，具体方针是指导不同阶段与范围的方针。战略方针主要规定完成战略任务、实现战略目的的基本途径和政策原则，是战略的主体核心。战略方针是联系战略理论与战略实践的纽带和桥梁。战略方针具有宏观定向作用，是统揽和牵引各项工作的"龙头"。战略方针正确与否，对军事斗争的进程、结局有着决定性的意义。

3. 战略指导

战略指导是指对战争或其他全局性、长远性规划的实施的宏观控制与协调活动。战略指导包括对战略形势的判断，对战略行动的决策，对各种战略手段的协调、运用，对战略各阶段、各方面的运筹与照应等。战略指导者要进行正确的战略指导，一方面要采用客观、全面的观点去考察战争，探求战争的客观规律性，另一方面要发挥主观能动性。

4. 战略部署

战略部署是指为达成战略目的而对力量、行动或工作所做的总体部署和安排。战略部署是对战略目标、战略方针的进一步细化，是根据战略决策和战略计划中业已确定的目标、方向和总体战略，拟订应付各种不同情况、完成各种不同任务的战略行动方案。战略指导者应根据战略目的、战略任务、战略方针、战略重点和战略力量的实际情况，结合战略环境来确定战略部署。战略指导者进行战略部署，必须着眼于将主要力量用于主要战略方向，将必要的力量用于次要战略方向，并注意发挥各种力量的特长，使其相互密切配合，构成一个具有整体威力的力量体系。

5. 战略力量

战略力量是指实现战略目标的物质和精神力量的总和，是战略的物质基础和精神支柱。战略力量以国家综合国力为后盾，以军事力量为核心。战略指导者一方面要根据敌我军事力量的实际状况制定战略；另一方面又要根据战略目的的需求，指导军事力量的建设与运用，以夺取军事斗争的胜利。军事力量与战略有着密不可分的联系，是战略最基本的要素。军事力量既是确立战略的重要物质基础，又是实行战略的主要工具；战略既决定着军事力量建设与运用的性质和方向，又主要依靠军事力量具体贯彻落实。军事力量必须与国家的总体力量协调发展。

6. 战略手段

战略手段也称战略措施，是用以达成战略目的的力量、方法和措施的统称，是战争准备与实施过程中的各种方法和步骤。战略手段通常以军事手段为主，与政治、经济、外交等其他手段配合使用。战略目的和战略方针是战略行动的方向、目标与纲领、准则，但还不是行动本身，只有通过战略手段，才能将战略行动付诸实施，使其得以贯彻落实。因此，战略手段是任何一个具体战略都不可缺少的重要组成部分。

7. 战略转变

战略转变是指根据客观形势变化的要求而对军事战略所做出的重大改变，通常包括战略任务、战略方针、战略重点、战略方向的改变及主要作战形式的转换等。战略转变不同于战略修正。战略修正不涉及对战略目标的根本性改变。战略转变的前提是：客观形势发生了重大变化，原有战略决策的实施结果将危及决策目标，不得不对战略目标或战略决策进行根本性的变革。如中国共产党领导的中国革命战争事业，就是根据第二次国内革命战争、抗日战争、第三次国内革命战争形势变化的要求，适时对军事战略做出重大改变的。中国共产党领导的中国革命战争事业先后经历了战略防御、战略转移、战略进攻、战略决战、战略追击等战略转变。

（二）战略的基本特性

1. 全局性

全局性是指关涉事物整体及其发展全过程的空间性质，是相对局部而言的。全局性是战略的首要特点。凡属于高层次的谋划和决策，能够照顾事物的各个方面和事物发展的各个阶段的重大的、相对独立的方略，都具有全局性特点。

2. 长远性

长远性是指关涉事物整体发展全过程的远期性质，是相对短期而言的。凡涉及事物发展的多阶段、多步骤的高层次的谋划和决策，都具有长远性的特点。战略的具体期限因战略目标而异。

3. 对抗性

对抗性是指事物之间互不相容、相互对抗的性质。任何战略都是为解决一定的矛盾、达到一定的目标而制定的。军事战略，尤其是战争更是如此。战略对军事战争的筹划和指导，是伴随着敌对双方以军队或其他武装组织为骨干而展开的激烈较量而进行的。因此，对抗性是战略的显著特点。

4. 谋略性

战略具有计谋和策略的性质。战略是主观因素和客观因素相结合的产物。从本质上讲，它是政治的选择，有严格的规定性。从实践意义上讲，它是手段的选择，有高度的灵活性。战略方针的确定、战略方向的选择、战略重点的把握、战略力量和斗争方式的运用、战略的调整和转变等，都是计谋、策略、艺术的结合，都是智与谋的表现。正确使用谋略，可以在一定的客观条件下变被动为主动，化劣势为优势，可以以少胜多，以弱制强，乃至"不战而屈人之兵"。

5. 预见性

战略的预见性是指战略具有判断事物未来的发展、变化的性质。预见性是谋划的前提，是决策的基础。战略虽然具有相对稳定性，但是，事物是发展变化的，反映事物发展变化规律的战略谋划，就要预测这些变化，超前考虑这些变化因素，因情采取措施，灵活应对变化，做到"运筹于帷幄之中，决胜于千里之外"。所以，在广泛调查研究的基础上，全面分析、正确判断、科学预测国际国内战略环境和敌友关系以及敌对双方诸因素可能发生的变化，及时判明面临威胁的性质、方向和程度，科学预测未来战争可能爆发的时机、样式、方向、规模、进程和结局，揭示未来战争的特点和规律，是制定、调整和实施战略的客观依据。

6. 阶段性

任何战略都不是永久不变的，它具有阶段性。不同历史阶段的战略，有着不同的内容和特点。战略指导者基于对一定历史阶段内的战略思想、战略环境、军事力量的综合分析，提出军事斗争的基本对策和保障国家（集团）安全的基本方法，就是这个历史阶段军事战略的基本内容。

7. 稳定性

这里所说的稳定性指的是相对稳定性。战略的相对稳定性是指战略具有相对平稳、基本不变的性质。由于战略处于军事领域的最高层次，指导范围广，影响重大而深远，是一切军事活动的依据和准则，因此，战略必须具备相对的稳定性。这是它与战役和战术相区别的又一重要特点。战略的相对稳定性主要表现在三个方面：一是战略的指导对象是相对稳定的，二是战略的理论指导原则是相对稳定的，三是战略的基本内容是相对稳定的。如果战略朝令夕改，就会使人无所适从。

二、战略环境

战略环境是指影响国家安全或战争全局的客观情况和条件，主要包括国际和国内的政治、经济、军事、外交、科技、地理等方面综合形成的客观情况和条件。战略环境是动态的，它随着国际国内形势的发展而变化。

（一）国际战略环境

国际战略环境是指一个时期内世界各主要国家（集团）在矛盾、斗争或合作、共处中的全局状况和总体趋势。它是国际政治、经济、军事形势的综合体现。国际战略环境的范围虽然极其广泛，但对于某一国家（集团）的战略指导者来说，最值得注意的是时代特征、国际战略格局、主要国家的战略动向、周边安全形势等问题。

1. 时代特征

时代是指世界整体在发展进程中所处的阶段。不同阶段之间相互区分的标志，就是时代特征。时代特征反映了世界发展总进程中的矛盾和斗争状况。时代特征是世界性的、阶段性的，它所反映的都是世界的总貌，是整个世界在一定历史阶段的总的标志，而不是个别国家的个别现象，也不是国际社会一时一事的情节或短时期的形势变化。正确认识时代特征，有助于战略指导者从宏观上把握当代世界的主要矛盾和总的发展趋势，从而对国际战略环境做出正确的判断，避免战略指导的重大失误。

2. 国际战略格局

国际战略格局是指世界各国政治、经济、军事等力量的结构和分布状态。它反映一定时期内的国际力量对比、利益矛盾和需求，以及基本的战略关系。对国际战略格局进行分析与研究，有助于从总体上了解世界各主要国家在世界全局中的地位以及战略利益方面的矛盾和需求，有助于对世界形势及其可能的发展趋向做出基本的估计。

3. 主要国家的战略动向

世界各国之间由于战略利益和政策的异同，既可能是对手，也可能是朋友。各国的战略动向，既互为条件、相互依存，又相互影响和制约。其中，一些实力较强的世界性和地区性大国，特别是超级大国所推行的战略，对地区乃至世界的安全与稳定具有重大的影响，对其他国家的战略也有不同程度的影响。因此，一定时期内各主要国家的战略及其发展趋向，是国际战略环境的重要部分。了解主要国家的战略动向，有助于从世界各国特别是大国关系上具体地研究国际战略环境，进而对世界形势做出正确判断。

4. 当代世界战争与和平的趋势

只要战争根源还存在，战争就始终是国际安全面临的重大问题。对于一个国家的主权和安全来说，来自外部的战争威胁是最严重的威胁。因此，当代世界战争与和平的趋势在国际战略环境中最引人注目，也是世界各国研究和制定军事战略时关注的中心。正确认识和判断当代世界战争与和平的趋势，有利于制定本国的总体战略，特别是军事战略。

5. 周边安全形势

周边安全形势是指周边国家（集团）直接、间接影响本国安全的条件和因素。从广义上说，这些影响国家安全的条件和因素，涉及政治、经济、军事、科技以及思想文化等各个领域。但就国家生存与发展的全局而言，关键在于周边国家（集团）有无使用武力或以武力相威胁，侵略或危害本国主权、领土完整和海洋权益等根本利益的实力、企图和决心。因此，周边安全形势中最值得注意的是周边国家（集团）与本国的利益矛盾、对本国的政治企图、与本国密切相关的军事力量及其部署等直接影响本国安全的情况和因素。

（二）国内战略环境

国内战略环境是指对筹划、指导军事斗争全局具有重大影响的国内社会环境与自然环境。它反映了国家军事力量建设与运用的可能条件和制约因素，决定着战略的基本性质和方向，是制定战略的依据。它主要包括国家的政治、经济、军事、科技、地理、文化等方面的基本情况。其中，对战略具有直接影响的是国家的地理环境、政治环境和综合国力状况。

1. 地理环境

地理环境主要包括国家（战区）的地理位置、幅员、人口、资源、地形、气候以及行政区划、交通、要地等状况。这些地理要素与军事斗争的关系十分密切，是军事力量生存、活动的空间条件。军队的集结、机动、作战、训练、后勤补给等一切军事活动都离不开一定的地理空间，都要受到地理环境的影响和制约。地理环境不仅是制定战略的重要客观依据，而且是影响战争胜负的重要因素。地理环境直接影响军事战略的制定和实施。从国家安全的角度来看，其影响更为广泛。国家实力是有效维护国家安全的基础，而国家实力无论以何种方式计算，地理因素都占十分重要的位置。

2. 政治环境

国内政治环境涉及的范围广，但对战略影响最大的有两个方面：一是国家的政治法律制度与基本国策，二是政治安全形势。国家的政治法律制度和基本国策是国内政治环境的本质和核心，对军事斗争全局的筹划指导具有决定性的影响。国内政治安全形势，主要包括一定时期内国内的阶级、民族、宗教（教派）、政治集团之间相互关系的基本状况及其对政局和国家安全的影响。其中，敌对势力分裂国家、颠覆政权、发起武装冲突或国内战争的情况，是直接影响国家统一和稳定的国内因素，是筹划、指导军事斗争必须关注的重要问题。

3. 综合国力状况

综合国力是一个国家全部物质力量和精神力量、实力和潜力的总和。它包括国家的人力、物力、财力、军力、科技与生产能力、社会保障与服务能力以及组织动员能力等。综合国力是军事斗争特别是战争的物质基础，也是军事理论和作战方法发展进步的重要条件。一切军事活动，归根结底都要依靠综合国力，特别是经济、科技和军事实力的支撑，并受其制约。此外，民族精神和国民意志力以及文化实力也是构成综合国力的重要因素。

第二节　国际战略格局

一、国际战略格局概述

（一）国际战略格局的基本含义

所谓格局，本意是一定的格式和布局，泛指事物的结构、状态、局面。

国际战略格局是指国际战略力量的分布状态和相互作用的结构状态。它是世界各国政治、经济、军事力量在其消长和分化、组合过程中所形成的，对世界战略全局具有重大影响而又相对稳定。它反映一定时期内国际力量对比、利益矛盾和需求，以及基本的战略关系。从广义上讲，国际战略格局是一个综合性的大系统，它可以囊括国际经济格局、国际政治格局和国际军事格局，反映国际行为主体在世界各个领域的相互作用与联系的结构和态势。从狭义上说，国际战略格局主要是指建立在经济、军事实力对比关系上的国际政治格局，这也是国际战略格局的主要研究对象。

世界上的主要战略力量及它们之间的力量对比，形成了国际战略格局的结构。人们往往以组成格局的世界主要战略力量——"极"的数量来表示这种结构，于是便有"单极格局""两极格局"和"多极格局"等称谓。并非世界上任何一个国家都称得上是国际战略格局中的一"极"。作为一"极"的国家或国家集团，必须是在国际社会中具有突出的地位，具有影响全球的力量，能够参与支配国际事务。国际战略格局的形成，是国际斗争和国际战略运作的结果。同时，新的国际战略格局一经产生，又会对国际战略形势产生直接的影响。因此，要想从整体上把握国际斗争的基本情况和基本形势，揭示国际斗争的一般规律，就必须注重研究国际战略格局问题。

国际战略格局与国际形势不同。国际战略格局比较稳定，国际形势则容易动荡变化。不是每一次国际形势的变化都会引起国际战略格局的变化。但是，国际战略格局的变化必然是国际形势的变化引起的。二战以后形成的国际战略格局，经过了40多年才被打破。这40多年里，国际形势经常发生变化，有时一年一个样，甚至一月一个样。最终，1989年东欧的剧变、1990年德国的统一、1991年苏联的解体打破了旧的国际战略格局。

（二）国际战略格局的构成要素

国际战略格局的构成要素是国际战略力量。国际战略力量是指在国际关系中能够独立地发挥作用，并对国际形势及国际战略的运用和发展具有巨大影响的国家或国家集团。国际战略力量的行为能力与其所拥有的政治、经济、军事、科技、文化实力或综合国力紧密相关。其政治力量，主要是指政治稳定力、政治组织（协调）力、政治影响（号召）力。其经济力量，主要是指生产力、经济开发力、经济资源配置（利用）力及其储备力等。其军事力量，主要是指常备军力、后备军力、战争动员力。其科技力量，主要是指科技发展力、科技成果应用转化力、科技创造发明力等。其文化力量，主要是指社会凝聚力、社会文明影响力、历史传统继承和发扬力等。国家力量或国家集团力量的这些要素，虽然各有其不同的作用和影响，但只有各个要素构成整体，充分发挥综合影响力，才能真正构成国际战略力量，并对国际战略格局产生应有的影响。因此，当今世界各主要国家和国家集团，都很强调发展综合国力或"综合集团力"，积极创造参与国际竞争的有利条件，以利于夺取战略优势。

（三）国际战略格局的类型

区分国际战略格局的不同类型，主要依据格局的内部结构和外在形态。所谓内部结构，是指构成一定格局的战略力量的特征，以及各种力量之间相互组合的状况。所谓外在形态，是指战略力量之间相互作用的形式与存在状态。据此，可把国际战略格局区分为四种基本类型。

1. 单极格局

所谓单极格局，即某一个大国在国际战略格局中占据主导地位，形成一国独霸的局面。冷战结束后，美国凭借其世界唯一超级大国的地位和远超其他国家的军事力量，企图建立起由它主导的"单极世界"。但它的企图与国际社会多数国家建立多极世界的普遍愿望相悖，而且它本身也力不从心。无论是从理论角度讲，还是从实践角度看，在世界政治经济领域中建立起单极格局是不可能的。

2. 两极格局

所谓两极格局，即两大战略力量之间的相互对立和相互斗争，对整个国际事务起着决定性影响的局面。两极格局在历史上曾经有过，如第一次世界大战中的同盟国与协约国、第二次世界大战中的法西斯轴心国与反法西斯同盟国、冷战时期美苏两个超级大国和"北约"与"华约"两大军事集团的对抗，都具有较典型的两极格局特征，并延续了较长时间。

3. 多极格局

所谓多极格局，即多种战略力量相互制约，在国际事务中各自独立、基本平等，相互之间不存在联盟或领导与被领导关系的局面。20世纪70年代以后，国际格局出现了向多极化方向发展的趋势。特别是冷战结束后，两极格局瓦解，世界格局多极化呈加速发展的趋势。但与此同时，当前的多极化趋势也遇到了相当大的阻力，单极与多极的较量十分激烈。因此新的多极格局的形成将是一个曲折的、较长的过程。

4. 多元交叉格局

这是一种由两极向多极，或由多极向两极的过渡性格局。在这种格局状态下，一方面存在着两大战略力量或多种战略力量之间的对立，这是格局的主导方面；另一方面也存在着独立于上述力量之外的其他战略力量。这些战略力量既在一定程度上受到现有格局中的支配力量的影响，又能够在国际事务中发挥自身的独特作用，从而构成国际战略格局中潜在的一极。冷战结束后，在向多极格局的过渡时期，多元交叉格局表现得更为明显。欧美虽是盟友关系，但欧洲正在成为新的一极。美日同盟也有新的变化，特别是日本的政治独立性在不断增强。中国、俄罗斯既与其他战略力量保持着联系，同时又坚持自身的独立地位。这种多元交叉格局无疑构成了未来多极格局的基础。

（四）国际战略格局的特性

国际战略格局一般具有四个方面的特性。

1. 与一定的历史阶段相联系，与时代的发展密切相关

在同一时代条件下，国际战略格局的外在形态可能不尽相同，但其内在结构的本质是大致一样的。例如，在自由资本主义时代，无论是两极格局还是多极格局，反映的都是资本主义大国之间的相互制约和相互作用的关系。冷战时期分别以美苏为首的两大阵营的对峙，与第一次世界大战前的两极格局，就其内在结构的本质来说，也具有许多相似性。因此，要正确分析各个时期国际战略格局的特点，必须把握时代发展的基本脉络以及时代发展的不同阶段的基本特征。

2. 与国际经济格局相适应，并以经济格局为基础

国际经济格局是指世界范围内各经济力量中心之间相互关系的结构状态，或经济力量对比关系。国际经济的出现和发展，推动了国际社会的形成和发展。建立在国际经济体系基础上的国际战略格局，可以说是经济因素在国际政治领域的集中反映。国际战略力量的形成，与其所拥有的经济实力以及在经济格局中的地位紧密相关。一个国家或国家集团在国际社会中的行为能力和影响能力，固然要取决于多种因素，但经济实力是其中最基本的并长期起作用的决定性因素。

国际经济格局与政治格局密切相关。这两者既自成系统，又相互联系。两者之间的关系主要表现在：第一，国际经济格局的形成，是国际政治格局产生的基础和前提；第二，国际政治力量的形成，与其所拥有的经济实力及其在经济格局中的地位紧密相关；第三，国际经济格局的发展演变直接影响着国际政治格局的变化，两者的演进呈同向性发展的趋势。一方面，国际政治格局一经形成，对各种政治力量之间的经济关系就具有相当的制约性；另一方面，国际政治格局与国际经济格局是相互影响、相互促进的。例如：国际政治多元化是在国际经济多元化的基础上形成的，同时，它又反过来进一步推进了各种经济力量的发展和经济多元化的深入。

3. 与一定形式的国际秩序相互关联、相互作用

国际秩序主要是指由国际社会共同制定，并要求各国共同遵循的国际准则。国际秩序与国际战略格局，同属于国际关系范畴，两者有着直接的关联和影响。一定的国际秩序，总是由在国际战略格局中居于主导地位的国家或国家集团制定的，或是在很大程度上受到这些国家意志的制约和影响，因而国际秩序是国际战略格局的现状在国际准则上的反映。国际秩序有国际政治秩序和国际经济秩序之分，并且在不同程度上决定了国际战略格局的特点。特定的国际秩序总是同特定的国际格局相对应，国际秩序总是受着国际格局的影响和制约。新的国际格局一旦出现，终究要导致一种与之相适应的国际新秩序的建立。一种国际秩序一经确立，对国际战略格局会起到强制性的维护作用。甚至在旧格局解体的情况下，原有的国际秩序仍会在一定范围和一定程度上继续产生影响。第二次世界大战以前，国际秩序的本质特征是强权政治和殖民政治。二战后，社会主义力量的发展壮大和第三世界国家的兴起，有力地冲击了旧的国际秩序。然而，由于美苏争霸愈演愈烈，以两极格局为背景的国际秩序，仍未摆脱强权政治和霸权主义的束缚。冷战后，围绕建立新的国际政治、经济秩序进行的斗争仍很激烈。这种斗争不仅是国际战略格局加速向多极化发展的必然反映，而且对未来新格局的最终形成也会产生直接影响。

4. 不同层次之间的战略格局既相对独立，又相互影响

国际问题，有的是全球性的，有的则是地区性的。国际战略格局按其范围大小，也可区分为世界战略格局和地区战略格局。这两个层次的战略格局既有其独立性，又有其关联性。所谓独立性，就是这两个层次的战略格局都可以在一定条件下独立存在。例如，现在新的国际战略格局尚未形成，但某些地区的战略格局已初步建立起来。同样，旧的国际战略格局现在已不复存在，但某些地区原有的战略格局却尚未被打破。所谓关联性，就是世界战略格局与地区战略格局的发展都在一定程度上影响着对方的发展。国际战略格局包含着地区战略格局，并在总体上决定着地区战略格局的发展走向；地区战略格局则是全球性矛盾斗争在地区的必然反映，同时又对国际战略格局的形成或转换产生影响。

（五）国际战略形势

国际战略形势，也称国际战略局势，是指一定时期世界各种战略力量运动的态势及其斗争的形势和激烈程度，通常用紧张、缓和、稳定、动荡、升温、降温之类的词语进行估量。国际战略形势的稳定性较小，因此经常处于变化之中。国际战略形势发生变化的主要动因是世界主要国家国际战略的变化。如20世纪五六十年代，两极格局主要表现为帝国主义阵营和社会主义阵营的冷战对抗，其中虽然也含有美苏争霸的成分，但不是主要的抗争因素。从20世纪60年代后期开始，苏联逐步走上了霸权主义道路，开始同美国争夺世界霸权，而且越演越烈。如果说，美苏争霸态势在20世纪50年代中期到20世纪60年代末还是美攻苏守，那么到20世纪70年代就变为苏攻美守。直至20世纪80年代，里根上台后提出"扩军抗苏"和"重振国威"的口号，美国才扭转了不利局面。这时，苏联的国力下降，其扩张势头也被遏制。从20世纪80年代中期开始，美苏各自调整国际战略，开始从对抗走向对话，就一系列国际问题达成协议，使国际的紧张局势一度出现缓和局面。

国际战略、国际战略格局、国际战略形势三者是互相联系、互相制约的。其中起关键作用的是国际战略。一方面，国际战略格局和国际战略形势的变化，引起国际战略的变化。另一方面，国际战略的变化，反过来又影响和制约国际战略格局和国际战略形势的变化。至于国际战略格局和国际战略形势之间，并没有必然联系。所以，这两者的发展变化并不一定同步。国际战略形势往往复杂多变，或政治或经济或军事或全局，昨年是那样的形势，今年却是这样的形势，甚至上半年是那样的形势，下半年却是这样的形势。而国际战略格局一旦形成，就会处于相对稳定状态，这种稳定状态有时会保持几十年。只有当国际社会发生重大事件，国际形势发生重大变化，才有可能改变原先的国际战略格局，形成新的国际战略格局。在分析国际战略格局和国际战略形势的发展变化时，要从主要国家的国际战略的变化中去寻找原因。当然，决定上述三者轨迹的还有更深层次的原因，这就是世界基本矛盾的发展变化，它是决定国际战略格局和国际战略形势以及主要国家国际战略变化的根本原因。

二战结束后，反法西斯战争在全世界取得全面胜利，世界政治、军事形势发生根本性变化，雅尔塔协定确立美苏两极格局。但当时苏联在经济、军事实力上均不如美国，实际上是"一强一弱"（美强苏弱）两极格局。自1945年至20世纪60年代后期，美国因朝鲜战争、越南战争对自身经济、军事的大量消耗，国力有所下降。而此间苏联的经济、军事

实力却迅速增强，美苏之间的差距越来越小，"一强一弱"逐渐演化成力量大体相当的"两强"。世界仍然维持着美苏两极格局。20 世纪 60 年代后期至 20 世纪 80 年代后期，美苏两大阵营的力量消长较大。世界形势的巨大变化导致原先的全面两极格局演变为军事两极（美国、苏联）、政治三极（美国、苏联、中国）、经济四极（美国、苏联、日本、西欧）并存态势。世界格局逐步由两极向多极化方向发展。20 世纪 80 年代后期以来，世界形势不断变化，多极化格局进一步发展，除政治和经济领域继续向多极化发展外，由于华沙条约组织的解散和苏联的解体，世界战略形势发生了巨大变化，原先军事上的两极格局不存在了。这就进一步促进了世界战略格局向全面多极化发展，而美国仍然维持着"一超"地位。迄今为止，世界全面多极格局还未"定格"，具有世界影响力的战略力量正处于新的调整、组合之中。

二、世界战略格局的现状及发展趋势

（一）当今世界形势变化复杂，和平与发展仍然是时代主题

党的十九大报告指出："世界正处于大发展大变革大调整时期，和平与发展仍然是时代主题。"人类生活在同一个地球村，各国日益相互依存、命运与共，越来越成为你中有我、我中有你的命运共同体。没有哪个国家能够独自应对人类面临的各种挑战，也没有哪个国家能够退回到自我封闭的孤岛。世界各国更需要以负责的精神同舟共济，共同维护和促进世界和平与发展。

（二）世界格局的变化：一超趋弱，多强易位

当前，世界仍处于旧格局已经瓦解、新格局尚未形成的过渡时期。这次新旧格局转换具有三个基本特点：一是旧格局的解体没有经过大规模战争，而是在和平条件下进行的；二是新格局的形成过程更复杂，形成时间也会长得多；三是新格局的形成将是一个渐进过程。各主要大国都在力争对自己有利的世界新格局，为争夺对世界新格局的主导权展开斗争。

1997 年 7 月初爆发的金融危机风暴，剧烈地冲击了全世界，使世界许多领域不得不发生重大变化。但冷战后出现的"一超多强"（"一超"指美国，"多强"指中国、俄罗斯、德国、法国、英国、日本等综合国力较强的国家）的世界格局基本框架没有发生根本性的改变。在较长时间内，"多极化"与"单极化"之间的斗争将继续进行，有时甚至还会很激烈。

2014 年 11 月 28 日至 29 日，中央召开外事工作会议。习近平在会上强调，当今世界是一个变革的世界，是一个新机遇新挑战层出不穷的世界，是一个国际体系和国际秩序深度调整的世界，是一个国际力量对比深刻变化并朝着有利于和平与发展方向变化的世界。2017 年 12 月 28 日，习近平接见回国参加 2017 年度驻外使节工作会议的全体使节时指出，放眼世界，我们面对的是百年未有之大变局。新世纪以来，一大批新兴市场国家和发展中国家快速发展，世界多极化加速发展，国际格局日趋均衡，国际潮流大势不可逆转。

当前，虽然国际体系的权力分布状态还没有发生根本性的改变，但"一超多强"自身发生了力量消长和结构性的变化。这种变化表现为"一超趋弱，多强易位"，"国际格局日

趋均衡"。多年来，美国以反恐战争和伊拉克战争为主的战争消耗，加之金融危机造成的巨大的负面影响，削弱了美国的综合国力，美国的硬实力和软实力均出现了趋弱的态势，国际社会对美国的发展力和主导力产生了质疑。同时，"多强"的地位发生了变化：欧盟一体化深入发展，成为一股重要的国际战略力量。虽然欧盟不是一个严格意义上的国家，但它在倡导国际规范、制定国家制度方面表现出了很强的影响力。新兴大国整体力量在上升，其世界性或地区性作用在后金融危机时期更加显现出来。冷战结束之初，新兴经济体只是初露端倪。近20年来，新兴国家经济群体不断崛起。2001年，被称为"金砖四国"（中国、俄罗斯、巴西、印度）的经济合作机制形成。2010年12月，南非正式加入该合作机制。"金砖四国"由此变成了"金砖五国"，并更名为"金砖国家"。这五个国家成为全球最大的五个新兴市场。它们的迅速发展和发挥作用，标志着国际体系从西方国家主导到非西方国家积极介入的转型。除经济领域外，"金砖国家"合作机制更有利于五国在全球气候变化问题、联合国改革、减贫等重大全球性和地区性问题上协调立场，更好地建设一个公平、平衡的国际政治新秩序。虽然这一现象没有从根本上改变国际体系的原有结构，但新兴大国进入国际体系核心部分已经成为事实。其中，中国经济虽然也受到了全球金融危机风暴的冲击，但却一直保持着正增长，率先实现经济复苏，因而其国际地位明显上升，国际影响力明显增强。这是1840年以来，中国第一次开始进入国际体系中心位置，真正成为一个具有世界影响力的地区强国。尽管如此，"一超多强"的世界格局还是没有出现拐点，这一大的格局框架还会在一个较长的历史时期内继续存在。

（三）国际治理体系的变化：安全威胁发生变化，治理制度必将改革

国际治理体系是指维护国际秩序的制度性安排。国际治理体系的变化与世界格局的变化密切相关。全球金融危机对世界的影响说明：在当今世界格局的形成过程中，一方面，威胁的性质、内容和形式发生了重要变化；另一方面，相应的治理体系也发生了重要的变化。传统安全威胁的因素和非传统安全威胁的因素相互交织，导致旧的治理体系不能适应新的形势发展，使原先的国际治理制度不得不进行相应的改革。

威胁的性质、内容和形式的变化主要表现为：从国家之间相互威胁向共同威胁转变，从战争一元威胁向包括战争在内的多元威胁转变，从硬实力威胁向软实力威胁转变。冷战时期，国际体系中的主要威胁是传统安全威胁，国家之间的战争是这种威胁的最高形式。所以，这一时期国际治理体系中最重要的制度性安排是势力均衡，是大国之间维持实力大致相当的态势，是战备竞争以抑制战争爆发。冷战结束后，世界大战的威胁程度有所下降，国际社会面临的共同威胁不断增加。非传统威胁诸如经济、金融、文化、生态、信息、资源等安全因素，以及内战、贫困、国际恐怖主义、自然灾害、流行性疾病等问题对世界构成了新的威胁，任何一个国家都难以避免。这就使国际体系显现出新的主要矛盾：国际治理体系能力严重不足与国际治理需求日益增大的矛盾。冷战时期形成的国际制度主要是为了管理国家之间的关系，尤其是战争问题。冷战结束后，非传统的跨国威胁因素增多，程度加剧，而相应的国际治理制度明显缺失和乏力。因此，未来较长一个时期，是国际治理体系转型、国际制度转制创制的时期；转制中的国际社会将进一步为制度创新提供更大的平台，为各种力量的合作提供更多的场所；新兴国家的利益和声音，将更多地反映

在国际制度的改革和创新中；原有大国会在国际改制创制过程中争取主动地位和优势，尽量发挥其主导作用。

世界格局的重组变化，使得国际治理模式发生变化：冷战结束伊始那种基本上是西方大国垄断国际治理体系的模式逐步松动；如今，新兴国家参与国际治理已经成为现实，成为新的国际治理模式。这个新模式是全球金融危机催生的。为讨论和解决全球金融危机而形成的二十国集团机制，在匹兹堡峰会上被界定为"国际经济合作的主要平台"。这个"平台"的产生，标志着国际治理模式的变化、创新。二战后各国共同应对国际恐怖主义、全球金融危机、流行性疾病等事实说明，任何世界治理行为都离不开新兴经济体和发展中国家。虽然西方国家在国际治理体系中还起着主导作用，但由其完全垄断的时代已经结束。未来世界新秩序的建立和合理度，将取决于原有大国与新兴大国在国际制度领域合作的成败和程度。

（四）国际社会的变化：国家主导，多元并存

如今，国际体系中的基本单位没有发生根本性的改变，国家仍然是国际体系中最重要的行为体。只不过国家已经不是唯一的国际力量，非国家的社会力量正发挥着很大的影响力。这主要表现在三个方面：社会力量的加强、社会规范的嬗变、社会网络的形成。

过去，对格局的界定仅限于国家力量的对比。如今，社会性力量发展迅猛，国际组织、地区组织、国际市民社会等都已成为影响国际事务的重要因素。人们在分析、判断国际格局的时候不能不重视这些因素。欧盟、北美、东亚的区域性活动十分活跃。非政府组织在设定议程、倡导规范、跨国网络方面起到了重要的作用。尽管世界还远未脱离国家体系，但行为体多元化的事实已不可逆转。有的时候，国家力量甚至无法驾驭社会性力量，以国家之力应对社会力量显得很乏力。传统的国际社会是建立在国家基础之上的，其规范也主要是约束国家的行为。在这种传统的国际社会中，主权、安全和实力均衡三大观念构成了基本的国际规范。在后冷战时期，一些新的规范开始传播，并在国际社会力量的大力推动下形成势头、不断扩散。大国高度重视抢占国际规范的道义制高点，如欧盟强调气候变化，美国倡导无核世界。如何积极应对国际规范的变化已成为新兴大国必须完成的重要课题。

国际社会的另一个变化是社会力量会跨越国界，形成网络，在全球蔓延。这些社会力量成形于社会，存活于民间，利用迅速发展的技术，大力传播自己的理念。非政府组织的跨国化就是一个明显的例子。它们的力量在于把自己倡导的理念变成现实的社会规范，并促成建立相关制度保障这种规范。也就是说，它们在打造国际社会文化。文化力量虽然是软实力，但其影响绝不可忽略。总之，世界格局的界定不能仅仅限于有形实力或硬实力的大小，实力结构、制度结构和文化结构都已经成为世界格局的要素。谁主导了这些力量，谁就有更大的影响力和更多的话语权。

（五）中国积极推动构建人类命运共同体

中国特色社会主义建设进入新时代。"新时代"的显著特征之一，就是中国与世界的关系进入了新时代。反观中国近现代史，中国同世界的关系大体经历了三大阶段。一是从闭关锁国到半殖民地半封建阶段。先是在鸦片战争之前隔绝于世界市场和工业化大潮，继

之在鸦片战争及以后的列强侵略战争中屡战屡败，成为积贫积弱的国家。二是"一边倒"和封闭半封闭阶段。中华人民共和国成立后，我们在向苏联"一边倒"和相对封闭的环境中艰辛探索社会主义建设之路，"文化大革命"期间同世界交往少而"浅"。三是全方位对外开放阶段。改革开放以来，我们充分运用经济全球化带来的机遇，不断扩大对外开放，实现了我国同世界关系的历史性变革。

过去的中国，对外部世界几乎没有影响力，只能接受和适应外部环境的变化。今天的中国，对外部世界具有越来越大的影响力。但是，进入新时代的中国，国内还存在人民日益增长的美好生活需要和不平衡不充分的发展之间的矛盾，还有艰巨的发展任务；对外部还需要和平稳定、公平正义、开放包容的国际环境，即合作共赢的利益共同体和命运共同体。

人类社会在进步，但仍然存在阻碍进步的诸多挑战。和平赤字、发展赤字和治理赤字这"三大赤字"问题正是当今世界面临的最大挑战。[①] 建设人类命运共同体，是新时代中国提出来的应对"三大赤字"挑战、共同创造人类美好未来的中国方案。构建人类命运共同体，需要三大支柱：一是推动建设相互尊重、公平正义、合作共赢的新型国际关系，以实现世界各国和平相处；二是在全球范围内推动"一带一路"建设，以政策沟通、设施联通、贸易畅通、资金融通和民心相通促进世界各国共同发展；三是推动构建共商共建共享的开放型世界经济，以实现良好的全球治理。

当前，世界多极化、经济全球化、社会信息化、文化多样化深入发展，新兴市场国家和广大发展中国家快速崛起，日益改变国际力量对比，也日益重塑国际关系理论和实践。国际格局以西方占主导、国际关系理念以西方价值观为主要取向的"西方中心论"已难以为继，西方的治理理念、体系和模式越来越难以适应新的国际格局趋向和时代潮流，各种弊端积重难返，甚至西方大国自身都治理失灵、问题成堆。国际社会迫切呼唤新的全球治理理念，构建新的更加公正合理的国际体系和秩序，开辟人类更加美好的发展前景。

中国的发展理念顺应了历史潮流。党的十九大报告明确指出："坚持和平发展道路，推动构建人类命运共同体"，"中国共产党是为中国人民谋幸福的政党，也是为人类进步事业而奋斗的政党。中国共产党始终把为人类做出新的更大的贡献作为自己的使命"。这个"使命"就包括构建人类命运共同体。构建人类命运共同体的核心就是党的十九大报告所指出的"建设持久和平、普遍安全、共同繁荣、开放包容、清洁美丽的世界"，也就是从政治、安全、经济、文化、生态五个方面推动构建人类命运共同体。在政治上，相互尊重、平等协商，坚决摒弃冷战思维和强权政治，走对话而不对抗、结伴而不结盟的国与国交往新路。在安全上，坚持以对话解决争端、以协商化解分歧，统筹应对传统和非传统安全威胁，反对一切形式的恐怖主义。在经济上，同舟共济，促进贸易和投资自由化、便利化，推动经济全球化朝着更加开放、包容、普惠、平衡、共赢的方向发展。在文化上，尊重世界文化多样性，以文明交流超越文明隔阂、文明互鉴超越文明冲突、文明共存超越文明优越。在生态上，坚持环境友好，合作应对气候变化，保护好人类赖以生存的地球

---

① 姚枝仲. 中国与世界关系进入新时代［N］. 人民日报，2018-01-05（23）.

家园。

2017 年 12 月 1 日，习近平在中国共产党与世界政党高层对话会上做主旨讲话时，倡议"世界各国政党同我们一道，做世界和平的建设者、全球发展的贡献者、国际秩序的维护者"。

推进构建人类命运共同体，必须进一步做好新时期我国对外工作。一是坚持和平发展道路，推动建设相互尊重、合作共赢的新型国际关系。二是不断完善外交布局，打造全球伙伴关系网络。三是坚持不懈推进"一带一路"建设，进一步深化全方位对外开放格局。四是深度参与全球治理，积极引导国际秩序变革方向。五是加强党对对外工作的集中统一领导。加强对外工作的顶层设计、战略谋划和各领域各部门对外工作的统筹协调，推进人大、政协、军队、地方、人民团体等的对外交往，加强对外工作队伍建设。

三、国家安全环境威胁

（一）构成国家安全环境威胁的基本要素

所谓威胁，是指用权势或武力恐吓胁迫。构成国家安全环境威胁的要素较多，其基本要素有五种。

1. 威胁实力

威胁实力是构成威胁的客观要素。国家的强弱是其能否构成威胁的实力要素。一个国家的实力构成是多方面的，有政治的、外交的、经济的、科技的、军事的，等等。威胁实力主要是指军事实力。判定一个国家的威胁实力，最主要的是判明其军队数量的多少、装备的强弱、训练的优劣、作风的好差、补给的盈乏，等等。一个国家的军事实力超过了国家防御的需要，它就有力量、有可能对另一国构成威胁。但同时也应看到，政治、外交、经济、科技等方面的实力是国家军事实力的重要支撑，尤其是经济和科技实力，可以迅速转换成军事实力。因此，判定一个国家或地区的威胁实力，不仅要判明其军事实力，而且要判明其可以迅速转化为军事实力的经济、科技实力等战争潜力，更要判明其支撑整个军事实力的综合国力。

2. 威胁企图

威胁企图是构成威胁的主观要素。一个国家对另一个国家能否构成威胁，一看力量，二看企图。对于一个国家有多少军队，多少飞机、坦克、舰船、导弹等，一般能够通过各种侦察手段做到大体上的了解。而企图有时是明朗的，更多的时候则是隐藏的。正如孙武所言："故能而示之不能，用而示之不用。"（《孙子兵法·计》）然而，再隐蔽的威胁企图总有端倪可见。如军事实力过分强大，远远超过了自卫的需要；有针对性地调整军事部署和进行军事演习；军费的增长超出正常防卫的需要；等等。当然，要想从根本上判明一个国家的威胁企图，还应从它的政治制度和推行的对外政策方面去分析。如果这个国家既实行霸权主义、扩张主义、军国主义、强权政治，又有强大的实力，它就有较大的可能性对别国进行侵略，从而构成不可忽视的威胁。

3. 威胁环境

一个国家的威胁行为是在一定的国际环境下表现出来的。在相对和平时期，任何国家威胁别国的行为，有更多的可能受到非议，从而迫使其对威胁行径有所收敛。当一个国家的威胁企图尚未得到一定数量的盟国支持时，它的企图也可能更加隐蔽；而当这些支持得到满足时，其企图就可能明目张胆地表露出来，其行为也可能更为嚣张。所以，在进行威胁分析时，不能孤立地看，要把面临的威胁置于国际环境之中全面分析，从而得出正确的判断。

4. 威胁时机

一个国家的威胁行为是在一定的时间条件下反映出来的。彼一时，此一时，威胁的反映往往不尽相同。一个国家的对外威胁行为，总是在它认为是最好的时机进行。如己方力量已经具备，国际环境已经成熟，行为借口已经找准，对方出现了可乘之机时，威胁企图就可能变成威胁行为而显露出来。所以，在进行威胁分析时，对国际舞台上的重大事变、国际舆论的导向，对国内政治、经济生活运行中的重大改革或变动，以及国内舆论的反映等，都必须加以重视，分析对手可能构成威胁的时机，可能采取的威胁方式，从而防患于未然。

5. 威胁方式

一个国家的威胁行为总有特定的表现方式。如有的是采取对别国内政的粗暴干涉，有的是对别国边境地区的蚕食或挑衅，有的是对有争议的领土的实际控制和占有，有的是陈兵边境以武力相威胁，有的是以经济封锁和禁运等实施制裁，有的是以发展军用高技术相威胁，有的是实施恐怖行动等。所以，研究国防和军队建设必须研究威胁的表现方式，从而使国防和军队建设有更强的针对性。

（二）国家安全环境威胁的类型

威胁的类型是多种多样的，大致可以从五个方面区分。一是从时间上区分，有现实威胁与潜在威胁。现实威胁是指现实国际关系中已经存在的威胁；潜在威胁是指在现实中还没有构成而未来有可能构成的威胁。二是从强度上区分，有全面威胁与局部威胁。全面威胁是指对一个国家的整体安全构成的威胁；局部威胁是指对一个国家范围内的局部地区的威胁。三是从重点上区分，有主要威胁与次要威胁。主要威胁是指若干现实威胁中的重点威胁；次要威胁是指若干现实威胁中的非重点威胁。四是从武器装备上区分，有核武器威胁与常规武器威胁。五是从手段上区分，有军事威胁与综合威胁。军事威胁是指以军事手段亦即武装入侵的手段进行的威胁；综合威胁是指军事手段与非军事手段相结合的威胁。

（三）国家安全环境威胁的转化

威胁不是一成不变的，在一定条件下它是可以转化的。威胁不是战争，它可以向战争转化，也可以向缓和转化。威胁的转化是有条件的。构成威胁的原因发生了变化，威胁也随之发生转化。如果构成威胁的原因淡化了，威胁就可能有所缓和；如果构成威胁的原因激化了，威胁就可能转化为战争。所以，如果一个国家不是好战的话，那么，它的国防在面临威胁时，应当尽力做好消除威胁的工作，化干戈为玉帛，使威胁淡化，转为缓和。使威胁淡化是一门高超的斗争艺术，需要决策者的大智慧、大气魄。使威胁淡化不是一蹴而就的事情，有时需要几年甚至几十年才能实现。

第三节　中国周边安全环境

一、中国地缘环境

国家安全环境，是指在一定时期内对国家安全产生较大影响的客观条件和因素。

国家周边安全环境，是指在一定时期内，国家周边地区对国家安全产生影响的外部及内部条件的总和。国家周边安全环境与国家安全环境密切相关。

国家安全环境受国家地缘环境的影响。国家地缘环境，是指影响国家安全的地理位置、地理特征以及与地理密切相关的国家关系等因素。中国地缘环境包含三个方面的基本特点。

（一）边界线长，相邻国家多

中国地处亚洲东部，有陆地领土面积约 960 万平方千米。中国与 14 个国家山水相连，有陆地边界线约 2.2 万千米，其中，俄罗斯约 4 300 千米，蒙古约 4 709 千米，朝鲜约 1 334 千米，越南约 1 300 千米，老挝约 508 千米，缅甸约 2 000 千米，印度约 2 000 千米（未划定），巴基斯坦约 600 千米，尼泊尔约 1 400 千米，不丹约 550 千米，阿富汗约 92 千米，哈萨克斯坦约 1 700 千米，塔吉克斯坦约 497 千米，吉尔吉斯斯坦约 1 100 千米。

中国分别隔着黄海、东海、南海与韩国、日本、菲律宾、印度尼西亚、马来西亚、新加坡、文莱等国相望。中国有大陆海岸线 1.8 万多千米；500 平方米以上的岛屿有 6 961 个，面积达 8 万多平方千米；岛屿海岸线长 1.42 万多千米，其中有人居住的岛屿 433 个；500 平方米以下的岩礁有上万个。[①] 中国海域面积约 470 万平方千米。[②] 有些国家虽然与中国没有共同的陆地边界线或海岸线，但与中国的关系素来比较密切，如柬埔寨、孟加拉国、泰国等。

众多邻国对中国安全环境的影响是复杂的。在这些国家中，有的过去曾经侵略过中国，目前仍然是经济大国或军事大国，具有对中国安全造成重大影响的能力；有的国家之间积怨很深，严重对立，一旦它们之间爆发战争或武装冲突，必将影响中国边境安全；有的国家内部不稳定因素很多，一旦发生大的内乱，必将对中国边境造成很大压力；有的国家的居民与中国边境地区的居民属于同一民族，这虽然有利于与邻国开展友好往来，但一旦这些邻国国内的狭隘民族主义泛起，可能会引起中国国内的民族纠纷；有的国家的居民与中国某些地区的居民信仰同一宗教，一旦这些国家内的宗教派别斗争加剧或者某些宗教极端势力恶性膨胀，就可能造成中国国内相关地区的不稳定因素。还有一些国家与中国之间存在着历史遗留下的边界领土争议和海洋国土划界的争议，存在着可能引发边界事端甚至武装冲突的隐患。

（二）周边大国集中，人口多

中国周边地区是世界上拥有上亿人口国家最集中的地区：印度人口约 12.95 亿；印度

① 季国兴. 中国的海洋安全和海域管辖 [M]. 上海：上海人民出版社，2009：13.
② 中国社会科学院语言研究所词典编辑室. 现代汉语词典 [Z]. 7 版. 北京：商务印书馆，2016：1695.

尼西亚人口约 2.55 亿；俄罗斯人口约 1.46 亿；日本人口约 1.27 亿；巴基斯坦人口约 1.97 亿；孟加拉国人口约 1.6 亿；菲律宾人口约 1 亿。此外，还有越南、泰国、韩国和缅甸等国家，其人口都在 5 000 万至 1 亿之间，也是人口相对较多的国家。[①]

中国周边地区还是世界热点和潜在热点最多的地区。如朝鲜半岛、钓鱼岛、千叶群岛、台湾海峡、南沙群岛、克什米尔等热点地区。世界上公认的五大力量中心，除欧洲外，中、美、俄、日均交汇于此。一些拥有核武器的国家在中国周边地区构成了世界上最密集的核分布圈。这些因素汇集在一起，必然加大我国安全环境的压力。

（三）中国既受其他大国关系的影响，又影响其他大国的关系

目前，世界存在两大地缘战略区，即海洋地缘战略区和欧亚大陆地缘战略区。美国位于海洋地缘战略区，是世界超级海洋强国。俄罗斯位于欧亚大陆地缘战略区的心脏地带。中国也处于欧亚大陆地缘战略区，背靠欧亚大陆，面向太平洋，是连接东北亚、东南亚、南亚和中亚的枢纽，处于两大战略区的交接处。这种特殊的地缘关系，使得中国在历史上曾经遭到两大战略区强国的侵略和压迫，也使得今天的中国成为能够对两大战略区关系产生重要影响和作用的国家。冷战时期，中国根据形势的变化和自身安全的需求，多次调整安全政策，中国的安全政策反过来又影响着美苏两方的力量对比和战略态势，形成了著名的"大三角关系"。冷战结束后，美国成为世界上唯一的超级大国。处于大陆心脏地区的俄罗斯仍然是世界第二军事大国，正在重新崛起。与中国同处在欧亚大陆东部边缘的日本，也正在谋求世界政治大国地位。中国处在这些大国势力交汇处，如何处理好与美、俄、日三个国家的关系，不仅关系到中国自身的安全，而且关系到东亚、亚太地区乃至世界的安全与稳定。

二、中国周边安全环境中存在的主要问题

长期以来，我国奉行"与邻为善、以邻为伴"和"睦邻、安邻、富邻"的周边外交政策，积极把周边形势向安全与发展的方向推进，取得了良好的效果，但还存在一些现实问题和隐患。

（一）美国对中国安全的威胁

中国周边的很多问题，实质上是中国与大国的关系问题，其中，中美关系最具代表性。

长期以来，美国一直是中国周边安全特别是南海局势的最大变数、最大威胁。

1. 在政治上，美国对中国"西化""分化"的战略一直没有改变

1953 年斯大林逝世后，西方反共势力根据赫鲁晓夫掌权后出现的新形势，加紧对苏联实施"和平演变"战略，力图西化和分化苏联。美国和西方国家对苏联实施西化、分化战略的第一个手段是，利用大众传播媒体，大举进行意识形态渗透。西方意识形态渗透的重点是否定苏共的革命历史，把苏联等东欧国家存在的社会问题无限夸大，煽动人民的不满，并把这种不满指向共产党和社会主义制度。第二个手段是，利用经济贸易、技术援

---

① 数据来源于外交部官网的国家和组织板块，http://www.fmprc.cn/web/gjhdq_ 676201，引用日期：2018 年 4 月 11 日.

助，诱导苏联的改革朝着西方期望的方向发展。第三个手段是，利用所谓"人权"问题干涉苏联内政，支持和扶植苏联社会内部的反对势力。第四个手段是，插手苏联的民族问题，破坏苏联的民族关系，在苏联内部制造分裂。第五个手段是，千方百计支持、收买苏共内部的反叛势力，大力扶植苏联共产党和苏维埃政权的掘墓人，如以权谋事、贪污腐败、腐化堕落之类的人。

冷战结束后，美国企图凭借自己的经济、军事实力建立由它主宰的单极世界，于是就把"西化""分化"战略的重点由苏联转向了中国，用对付苏联的手段来对付中国。特别是利用台湾、西藏、人权等"问题"攻击中国共产党和中国政府。

2. 在军事上，美国遏制中国的战略没有改变

二战结束后，美国的全球战略军事前沿直抵中国周边地区。冷战结束后，美国调整了在中国周边地区的军事部署，加紧遏制中国。驻日美军高峰的时候有将近10万人，人数最少的时候一般也有五六万人。在韩国，美国驻军大约有3.2万人。在日本的横须贺基地，美国针对中国部署了多个航母战斗群。美国的侦察飞机经常沿中国边境飞行，侦察中国情报，以致造成美军飞机在中国领空撞毁中国军机事件。

在2012年6月3日闭幕的年度香格里拉对话会上，美国时任国防部长帕内塔提出了美国"亚太再平衡战略"，宣称美国将在2020年前向亚太地区转移一批海军战舰，届时将其60%的美国战舰部署在太平洋。"亚太再平衡战略"是美国对亚太地区的一种战略安排，是对美国"重返亚太"战略的进一步充实，美国极力要在亚太地区继续保持最强大的军事存在。美国这种军事上的"亚太再平衡战略"，其主要用心是为它那些觊觎中国领土和海洋权益的盟友和伙伴撑腰打气，希望借助它的伙伴关系来对抗中国，不断增加它的影响力。这必将导致亚太地区的矛盾更加复杂、尖锐，使中国周边安全形势更严峻。

2016年9月，美国时任国防部长卡特宣布，配合"亚太再平衡战略"的军力已经完成前两阶段部署。第三阶段的部署是把包括F-35第五代战机、P-8型反潜侦察机、弗吉尼亚级核潜艇升级版在内的更多最先进武器装备派往亚太，大力发展新一代战略轰炸机、无人驾驶潜水装置及太空和网络新技术，以保证美国在这一区域内"维持最高军事水平"。

特朗普执政后，其政府的亚太政策特别是对华政策逐步显露：一是继续确保美国的全球战略在亚太方向有足够投入，以应对亚太地区不断增长的竞争力量和日趋复杂的变局。二是废止奥巴马政府军事安全、经济、政治、价值输出等几根支柱并重的做法，将资源投放的重点向军事轨道聚集，在军事轨道上优先照顾海军军力建设。三是退出奥巴马政府谈成的《跨太平洋伙伴关系协定》（TPP）。四是推动与韩、日等国地区同盟建设升级强化，赋予这一区域性同盟体系更多的"北约特征"，增强同盟协作的整体性，提高盟友的融入度。五是调整亚太军事安全战略的基本布局，重点从克林顿时期的印度洋-太平洋框架向东亚集中。六是调整力量，在亚太地区集中精力对付中国崛起和应对朝鲜半岛变局。

特朗普政府在亚太地区着力加强海军军力，努力保持和增强对华威慑力。战略、经济和安全层面，都是特朗普政府亚太政策的重要关注点。与奥巴马政府相比，特朗普政府更加重视东北亚，而且更注重军事手段的运用，体现了特朗普"以实力求和平"的核心外交理念。

3. 美国的《国家安全战略报告》贬损中国

2017年12月18日，美国特朗普总统发布其首个《国家安全战略报告》。该报告继续把中国确定为美国的"战略竞争对手"，并明确指出，对美国国际地位形成挑战的竞争力量有三：一是中、俄等"修正主义强权"，二是散播恐怖、威胁邻国、追求大规模杀伤武器的地区独裁者，三是恐怖主义武装分子和跨国贩毒暴力犯罪集团。

该报告33次直接点名和贬损中国，其频率之高、涉及领域之广、措辞之激烈都远远超出以往。虽是新战略，却是旧思维。一称："中国与俄罗斯挑战美国权力、影响力和利益，并试图侵蚀美国安全和繁荣。他们决心让自身的经济体越发不自由、不公平，决心发展自己的军队，还决心管控信息数据从而压迫他们的社会，并拓展影响力。"二称："中国和俄罗斯在发展尖端武器和军事能力，这将使他们能够威胁到我们重要的基础设施建设，以及我们的指挥控制中心"；"美国之所以加强导弹防御系统，不是为了改变战略稳定，也不是为了破坏美国与俄罗斯或中国之间长期的战略关系。"三称："每一年，中国等竞争对手都在偷窃美国价值数十亿美元的知识产权，窃取这些产权性科技和雏形创意，这些竞争对手们得以通过不公平的渠道窃取来自自由社会的创意。多年来，竞争对手们通过网络经济战争和其他复杂而非法的方式，侵蚀我们的企业和经济。除此之外，部分竞争者还通过大多合法的渠道和关系，获取各领域的专业人才，在扩充他们在这些领域能力的同时，侵蚀着美国长期的竞争优势。"四称："强权竞争这个本已被历史淘汰的现象再度回归。中国和俄罗斯在尝试重新奠定他们对地区和全球的影响力。今天，他们正在部署的军事存在将在危难之时将美国阻挡在外，美国在非战争时代，于关键通商地区自由航行的能力也将受到挑战。总而言之，他们正挑战我们的地缘政治优势，并试图将国际秩序向对他们有利的方向扭转。"五称："美国必须为这类竞争做好挑战。中国、俄罗斯和其他国家或非国家对手，必须认识到美国经常以二元的方式，看待世界这个充满无间断竞争的角力场，一个国家要么是和平的，要么是处于战时状态。我们的对手不会以我们的条件直面我们。对此，我们将展开竞争，从而保护美国利益，推动我们的价值。"六称："以中国为例，他们正搜集大量数据，在人工智能的帮助下，评估其公民对国家政权的忠心程度，并用这些评估结果来做关乎就业等决定。"七称："中国和俄罗斯试图通过他们在发展中国家的投资，来扩大影响力，并获取针对美国的竞争优势。中国正在全球范围内以成亿上兆的规模做基础设施建设投资。"

2018年1月19日，美国国防部长马蒂斯发布特朗普政府首份《国防战略报告》。该报告重新评估了美国所处的全球安全环境，开宗明义指出，"国家间战略竞争，而非恐怖主义，是美国国家安全的首要关切"。该报告在"国家间战略竞争"部分宣称，美国繁荣和安全面临的核心挑战是"长期战略竞争再现"，主要竞争对手是俄罗斯与中国。为此，该报告提出，美国要全力确保"军事优势"地位，对美军的"关键战力"进行现代化改造，以建设"更有杀伤力、适应力和快速创新的一体化武装部队"。《国防战略报告》是指导美国国防安全与军事战略走向的纲领性文件。上一次美国《国防战略报告》发布是在2008年布什政府期间。特朗普政府这份《国防战略报告》用"国家间战略竞争"取代之前的"反恐"，显示出美国国家安全首要关切的转变。该报告明确了五角大楼未来军事改革和军力打造的方向和路径，明显折射出美国政府内冷战思维回潮。

4. 美日军事一体化程度不断加深

二战以后，日本的安全保障体系中，美日同盟的核心作用一直贯穿始终。日本自卫队自成立以来，始终扮演着美军的附庸角色。这是美日军事一体化的固有属性和传统关系。当今意义上的美日军事一体化，突出表现为日本自卫队与美军在地位对等条件下展开的联合军事行动，而且是双方在军事体系上高度融合的联合军事行动。美日军事一体化程度不断加深已成趋势。

究其动因：美国一直在美日军事一体化进程中起助推作用。特别是美国推行的"亚太再平衡"战略、"空海一体战"构想以及"全球公域进入与机动联合"概念，主要是以中国为遏制对象而提出来的。在这一系列战略构想中，最大限度利用盟国的力量是美国的主要策略之一。为此，美国在中日钓鱼岛主权争端中，以一种非平衡性策略偏袒日本，为日本撑腰打气。美国推动美日军事一体化，必然推动日本解禁集体自卫权。自安倍晋三第二次执政以来，日本的防务政策不断由向内转为向外。2013 年 12 月的"安保三箭"（安倍政府针对中国抛出的《国家安全保障战略》《防卫计划大纲》《中期防卫力量整备计划》）、2014 年 7 月的解禁集体自卫权、2015 年 4 月的《美日防卫合作指针》、2016 年 3 月的"新安保法"施行，都充分体现了安倍所谓"积极和平主义"外衣下的军事扩张野心。安倍在 2017 年投机改选众议院、重组内阁，加快了修改宪法的步伐。这预示着日本自卫队走向国际军事舞台，施展其军事影响力，甚至包括以行使集体自卫权名义进行武装干涉都有可能。

察其现状：美日军事一体化机制更健全，融合程度越来越高。这主要体现在四个方面。一是防卫协调机制更健全。美日防卫合作总体协调机制自冷战结束时就逐步完善，主要任务是在"防卫合作指针"规定范围内，对自卫队和美军之间的共同行动进行协调和联络。二是作战指挥机构逐步向联合靠拢。2006 年，美日联合作战体制进一步健全，日本陆上、海上、空中自卫队与美驻日三军的指挥机构已经实现了同地部署。自卫队中央快速反应集团司令部与驻日美陆军司令部部署在座间基地；航空自卫队航空总队司令部与美军第五航空队司令部一同部署在横田基地；海上自卫队联合舰队司令部与美第七舰队司令部继续一同部署在横须贺基地。这种指挥机构的并设格局，对于提高美日联合指挥控制能力十分有利。三是防卫合作分工日渐清晰。2015 年的《美日防卫合作指针》是在日本同盟地位上升、自主防卫意识空前强化的背景下出台的，对美日双边军事合作的范围、分工、方式与行动样式等均做出了详细规定，体现出美日进一步推进军事一体化的总体趋势。日本自卫队和美军在作战体系上的融合正在深化。四是联合演训融合程度越来越高。日本自卫队与美军间展开的各类实兵训练和演习，每年都机制化展开。这些演训活动呈现出规模逐步扩大、融合程度越来越高、想定指向性越来越强等特点。此外，自卫队联同美军参与的各类多边联合训练与演习也在增加。这些日常演训活动，毫无疑问会为美日军事一体化提供重要的联合行动基础。

度其前景：美日角色易位，日本更多走向台前。美日军事一体化符合美日双方的战略利益诉求，未来发展趋势将会是越来越紧密、越来越强化。一是日本在军事一体化体制中的作用与地位将进一步增强。美日建立同盟关系初期，日本自卫队被视为美军的"替补"队员。随着美日军事合作关系逐步加深，在军事一体化背景下的双边合作越来越像两名"双打"队员，日本自卫队可以与美军一样完成各种军事动作，再无羁绊与限制。日本自卫队这个曾经的"替补"队员在美军的大力支撑下，将走上前台充任"单打"队员。日本自卫队的地位和作用在美国的亚太战略棋盘上将进一步提高。二是联合作战指挥控制的一体化程度将会越来越高。如果说当前的美日联军作战指挥更多是行动上的合、指挥上的分，那么将来则是指挥与行动上的全面联合。在近年的美日联合演训活动中，已经出现了由日本自卫队指挥官负责指挥美日双方实施相关联合训练课目的情况。在美日指挥控制系统基本兼容的前提下，实战层面实现联合指挥，那只是一个形式问题。三是美日将制订联合作战计划和联合行动手册。早在20世纪七八十年代，美日就曾制订过针对苏联和中东地区的相关计划。进入21世纪后，美日制订了更具针对性的想定——"半岛有事"联合作战计划。美日以应对"西南方向有事"为背景的联合作战计划已经列入议事日程。这对于地区安全和我国周边安全环境而言，无疑是一个值得高度警觉的动向。

5. 美国继续把台湾作为其"不沉的航空母舰"

台湾问题是中美关系中最重要、最敏感的核心问题。美国是解决台湾问题最大的外部障碍。美国长期以来说一套做一套，嘴上说遵守"中美上海联合公报"，行动上却变相推行"一中一台"政策，向台湾地区出售先进武器，企图使台湾海峡两岸长期"不统、不独、不战、不和"，使台湾长期成为美国的"不沉的航空母舰"，成为掣肘中国的关键因素。因此，在中美关系问题上，特朗普政府的对台政策不会有本质的改变。

（二）祖国统一大业面临严峻形势

台湾位于中国大陆东南沿海的大陆架上，东临太平洋，东北邻琉球群岛，南界巴士海峡与菲律宾群岛相对，西隔台湾海峡与福建省相望，总面积约3.6万平方千米，包括台湾岛及兰屿、绿岛、钓鱼岛等21个附属岛屿和澎湖列岛64个岛屿。台湾岛是中国第一大岛，由于地处热带及亚热带气候之交界，自然景观与生态资源丰富。

台湾是中国不可分割的一部分，原住民族（高山族）在17世纪汉族移入前已在此定居；自明末清初开始，有较多的福建南部和广东东部人民移垦，最终形成以汉族为主体的社会。南宋澎湖属福建路；元、明在澎湖设巡检司。台湾于明末被荷兰和西班牙侵占。1662年，郑成功收复台湾。清政府于1684年设置台湾府，属福建台湾省，1885年建立台湾省；1895年清政府以《马关条约》将台湾割让与日本。1945年抗战胜利后台湾光复。1949年，国民党政府在内战失利中退守台湾，海峡两岸分治至今。

中国共产党和中央人民政府始终把解决台湾问题、完成祖国统一大业作为自己的神圣职责，进行了长期不懈的努力，先后发表5次《告台湾同胞书》，提出了一系列对台方针政策。其中一次是党的十一届三中全会结束不久的1979年1月1日，全国人大常委会发表《告台湾同胞书》，其内容主要是商讨结束两岸军事对峙状态、提出两岸三通、扩大两岸的交流。邓小平根据国际国内形势发展变化，从中华民族根本利益和国家发展战略全局出发，创造性地提出"一国两制"伟大构想，为确立"和平统一、一国两制"的方针做出了历史性贡献。

1990年11月21日，台湾方面成立海峡交流基金会，简称"海基会"。1991年12月16

日，大陆方面成立海峡两岸关系协会，简称"海协会"。这两会主要任务是商谈办理两岸交流所衍生的各项事务。1992年10月底至12月初，大陆海协会与台湾海基会在香港举行会谈，会谈后又通过数次函电往来，最终形成了各自以口头方式表述"海峡两岸均坚持一个中国的原则"的共识，后被概括为"九二共识"。"九二共识"的核心是坚持一个中国。"九二共识"的精髓是求同存异。1993年4月27日，在新加坡海皇大厦，大陆海协会会长汪道涵与台湾海基会董事长辜振甫举行首次会谈，即"汪辜会谈"，翻开了1949年以来两岸关系新的一页。这是建立在体现一中原则的"九二共识"基础上的会谈。

党的十六大后，就对台工作提出了一系列新主张新举措，赋予对台方针政策新的内涵。2005年3月14日通过的《反分裂国家法》把关于解决台湾问题的大政方针法律化。2007年10月15日至21日，党的十七大召开，大会报告强调："坚持一个中国原则决不动摇，争取和平统一的努力决不放弃，贯彻寄希望于台湾人民的方针决不改变，反对'台独'分裂活动决不妥协。"这表达了我们坚持和平统一的一贯立场和最大诚意，表明了全中国人民坚决反对"台独"、捍卫国家主权和领土完整的共同意志和坚定决心。2008年12月15日，台湾海峡两岸实现了直接"三通"，即通邮、通商、通航。

党的十八大以来，在以习近平为核心的党中央坚强领导下，在两岸同胞共同努力下，两岸关系和平发展取得了重要的积极成果。一是推动两岸政治关系实现历史性突破。2015年11月7日，在新加坡香格里拉大酒店会见大厅，两岸领导人习近平、马英九将手伸向对方，紧紧握在一起。两岸领导人均以"先生"称呼对方。这是1949年以来两岸领导人的首次会面，具有划时代的意义。国台办与台湾方面陆委会建立了常态化的联系沟通机制和"两岸热线"，两部门负责人开展了互访活动。二是妥善应对台湾局势变化。加强政策宣示，清晰划出红线，为民进党上台后的两岸关系定方向、立规矩，坚决打击、遏制"台独"，有效减少了台湾局势变化对两岸关系的冲击，维持了台湾局势和两岸关系基本稳定。三是大力促进两岸经济社会融合发展。2008年至2017年上半年，两岸授权民间团体签署23项协议，建构了两岸制度化合作机制。① 两岸产业、金融合作持续深化，两岸经贸和台商对大陆投资总体保持稳定。两岸各领域民间交流持续热络。四是国际社会一个中国格局更为稳固。国民党在台湾执政期间，我们坚持在不造成"两个中国""一中一台"前提下，通过两岸协商合情合理安排台湾参与有关国际组织大会活动。民进党上台后，我们强化在一中原则上处理涉台国际问题，台湾当局拓展"国际活动空间"的图谋接连遭到失败。

多年来的实践充分证明，我们制定和实施的对台工作大政方针，顺应了时代潮流和历史趋势，把握了民族根本利益和国家核心利益，体现了尊重历史、尊重现实、尊重人民愿望的实事求是精神，反映了对两岸关系发展规律的深刻认识，使祖国统一大业在曲折前进中不断取得新成果。但同时，阻碍两岸交流和破坏祖国统一的消极因素仍然存在，"台独"势力仍然很猖獗，"以武拒统"的军事准备没有削弱，"以拖待独"的思维仍然活跃，特别是2016年5月之后，台海形势更为复杂严峻，"台独"势力干扰破坏两岸关系的风险变数增多。台湾当局拒不接受"九二共识"，阻挠、限制两岸交流，放任纵容"台独"势力推

① 《党的十九大报告辅导读本》编写组. 党的十九大报告辅导读本 [M]. 北京：人民出版社，2017：400.

动"去中国化""渐进台独"。2017 年 12 月 26 日，台湾防务部门发布了所谓"国防报告白皮书"，其中强调所谓的"不对称"作战，首度公开台美军售流程和协训，把台美军事合作台面化。尽管"台独"主张和行为遭到两岸同胞坚决反对，但祖国统一仍然形势严峻。同时，国际反华势力仍在阻挠和破坏台湾同祖国大陆完全统一。长期以来，台湾问题一直是以美国为首的国际反华势力干涉中国内政的一个战略性筹码。冷战结束后，国际反华势力仍然在极力用台湾问题遏制中国。美国不时向台湾地区出售包括军舰、导弹在内的先进武器装备，并放言"协防台湾"。美国和日本等国家的反华势力都企图让中国大陆与台湾"维持现状"，即"不战、不统"。可见，祖国统一大业仍然面临严峻的挑战。

台湾位于我国沿海岛屿中枢，扼西太平洋海上航道要冲，是我国南北两大战略海区的连接点和枢纽部，是我国跨越西太平洋第一岛链走向太平洋的战略门户，是我国集攻防于一体的战略要地和海防屏障。如果台湾从我国版图分裂出去，不仅我国海上战略屏障顿失，战略防御纵深锐减，两大战略海区的联系被拦腰截断，而且大片海洋国土、海洋资源将被他国窃取，我国将永远被封闭在西太平洋第一岛链以内，丧失安全通道的出海口，维系国家经济发展命脉的对外贸易交通运输线将处于分裂势力与外部敌对势力的监控与威胁之下。这不仅会严重威胁我国的安全，也会窒息和扼杀中华民族复兴不可缺少的战略空间。因此，在事关祖国统一和兴衰荣辱的问题上，中国人民和中国政府没有妥协的余地。党的十八大报告强调："解决台湾问题、实现祖国完全统一，是不可阻挡的历史进程。"

党的十九大报告强调："解决台湾问题、实现祖国完全统一，是全体中华儿女共同愿望，是中华民族根本利益所在。"这是对历史经验的科学总结，也是面向未来的庄严宣示。党的十九大报告还强调："必须继续坚持'和平统一、一国两制'方针，推动两岸关系和平发展，推进祖国和平统一进程。"这就昭告了世人我们解决台湾问题坚持的方针和道路。所以，我们要牢牢把握以下推动两岸关系和平发展的基本要求。

一是必须坚持一个中国原则。任何事物的存在与发展都有自己的基础。一个中国原则是两岸关系的政治基础。推动两岸关系和平发展，最根本的是坚持一个中国原则。一个中国原则具有不可动摇的事实和法理依据。两岸同属一个国家、两岸同胞同属一个民族，这一历史事实和法理基础从未改变，也不可能改变。体现一个中国原则的"九二共识"，明确界定了两岸关系的根本性质，是确保两岸关系和平发展的关键。正如习近平总书记所指出的，两岸关系能够和平发展，"关键在于双方确立了坚持'九二共识'、反对'台独'的共同政治基础。没有这个定海神针，和平发展之舟就会遭遇惊涛骇浪，甚至彻底倾覆"。党的十九大报告明确提出："承认'九二共识'的历史事实，认同两岸同属一个中国，两岸双方就能开展对话，协商解决两岸同胞关心的问题，台湾任何政党和团体同大陆交往也不会存在障碍。"党的十九大胜利召开，擘画了全面决胜小康社会、全面建成社会主义现代化强国的宏伟蓝图，也为新时代推动两岸关系和平发展、推进祖国和平统一进程指明了方向，必将极大地鼓舞和激励广大台湾同胞参与推动两岸关系和平发展、实现中华民族伟大复兴的进程。

二是必须秉持"两岸一家亲"理念。从根本上说，两岸关系就是两岸同胞的关系。党的十九大报告明确提出："我们秉持'两岸一家亲'理念，尊重台湾现有的社会制度和台湾同胞生活方式，愿意率先同台湾同胞分享大陆发展的机遇。""两岸一家亲"是习近平总书记倡导的两岸关系和平发展理念，丰富了做台湾人民工作的思想内涵。两岸一家亲，亲就亲在两岸是割舍不断的命运共同体、两岸同胞是一家人，大家有着共同的血脉、共同的历史、共同的文化、共同的命运。为两岸同胞谋福祉、共同创造全体中国人的美好未来，是大陆推进两岸关系和平发展的根本出发点和落脚点。

三是必须扩大两岸经济文化交流合作。党的十九大报告明确提出："我们将扩大两岸经济文化交流合作，实现互利互惠，逐步为台湾同胞在大陆学习、创业、就业、生活提供与大陆同胞同等的待遇，增进台湾同胞福祉。"这是"两岸一家亲"理念的主要体现，也是深化两岸经济社会融合发展的内在要求。"据统计，1987 年两岸人员往来不足 5 万人，两岸贸易额仅有 15 亿美元；2016 年两岸人员往来达到 939 万人次，两岸贸易额达到 1 796亿美元，分别增长了 187 倍和 120 倍。"① 扩大两岸经济合作，关键是要把习近平总书记提出的加强宏观经济政策沟通、拓展产业合作、加快扩大双向投资、深化金融业务合作、维护在大陆投资的台资企业合法权益、欢迎台湾同胞参与"一带一路"建设等主张落到实处。扩大两岸文化交流，关键是要按照习近平总书记提出的要求，传承和弘扬中华文化优秀传统，增强同胞精神纽带，不断增强民族认同、文化认同、国家认同，推动两岸同胞共同弘扬中华文化，促进心灵契合。

四是必须坚决反对"台独"分裂势力及其活动。"台独"损害国家主权和领土完整，破坏两岸关系和平发展，威胁台海和平稳定，只会给两岸人民尤其是台湾同胞带来祸害。我们绝不容忍"法理台独"分裂行径，也绝不坐视"渐进台独"侵蚀和平统一的基础。2015 年 11月 7 日，两岸领导人习近平、马英九在新加坡历史性会面时，习近平说："当前，对两岸关系和平发展的最大现实威胁是'台独'势力及其分裂活动。'台独'煽动两岸同胞敌意和对立，损害国家主权和领土完整，破坏台海和平稳定，阻挠两岸关系发展，只会给两岸同胞带来深重祸害。两岸同胞要团结一致、坚决反对。"党的十九大报告明确提出："我们坚决维护国家主权和领土完整，绝不容忍国家分裂的历史悲剧重演。一切分裂祖国的活动都必将遭到全体中国人坚决反对。我们有坚定的意志、充分的信心、足够的能力挫败任何形式的'台独'分裂图谋。我们绝不允许任何人、任何组织、任何政党、在任何时候、以任何形式、把任何一块中国领土从中国分裂出去。"这明确宣示了中国人民反对"台独"分裂势力及其活动的坚定决心和坚强意志，也再一次昭告了"台独"必然失败的历史下场。

资料：

反分裂国家法

（2005 年 3 月 14 日第十届全国人民代表大会第三次会议通过）

第一条　为了反对和遏制"台独"分裂势力分裂国家，促进祖国和平统一，维护台湾海峡地区和平稳定，维护国家主权和领土完整，维护中华民族的根本利益，根据宪法，

---

① 《党的十九大报告辅导读本》编写组. 党的十九大报告辅导读本［M］. 北京：人民出版社，2017：404.

制定本法。

第二条　世界上只有一个中国，大陆和台湾同属一个中国，中国的主权和领土完整不容分割。维护国家主权和领土完整是包括台湾同胞在内的全中国人民的共同义务。

台湾是中国的一部分。国家决不允许"台独"分裂势力以任何名义、任何方式把台湾从中国分裂出去。

第三条　台湾问题是中国内战的遗留问题。

解决台湾问题，实现祖国统一，是中国的内部事务，不受任何外国势力的干涉。

第四条　完成统一祖国的大业是包括台湾同胞在内的全中国人民的神圣职责。

第五条　坚持一个中国原则，是实现祖国和平统一的基础。

以和平方式实现祖国统一，最符合台湾海峡两岸同胞的根本利益。国家以最大的诚意，尽最大的努力，实现和平统一。

国家和平统一后，台湾可以实行不同于大陆的制度，高度自治。

第六条　国家采取下列措施，维护台湾海峡地区和平稳定，发展两岸关系：

（一）鼓励和推动两岸人员往来，增进了解，增强互信；

（二）鼓励和推动两岸经济交流与合作，直接通邮通航通商，密切两岸经济关系，互利互惠；

（三）鼓励和推动两岸教育、科技、文化、卫生、体育交流，共同弘扬中华文化的优秀传统；

（四）鼓励和推动两岸共同打击犯罪；

（五）鼓励和推动有利于维护台湾海峡地区和平稳定、发展两岸关系的其他活动。

国家依法保护台湾同胞的权利和利益。

第七条　国家主张通过台湾海峡两岸平等的协商和谈判，实现和平统一。协商和谈判可以有步骤、分阶段进行，方式可以灵活多样。

台湾海峡两岸可以就下列事项进行协商和谈判：

（一）正式结束两岸敌对状态；

（二）发展两岸关系的规划；

（三）和平统一的步骤和安排；

（四）台湾当局的政治地位；

（五）台湾地区在国际上与其地位相适应的活动空间；

（六）与实现和平统一有关的其他任何问题。

第八条　"台独"分裂势力以任何名义、任何方式造成台湾从中国分裂出去的事实，或者发生将会导致台湾从中国分裂出去的重大事变，或者和平统一的可能性完全丧失，国家得采取非和平方式及其他必要措施，捍卫国家主权和领土完整。

依照前款规定采取非和平方式及其他必要措施，由国务院、中央军事委员会决定和组织实施，并及时向全国人民代表大会常务委员会报告。

第九条　依照本法规定采取非和平方式及其他必要措施并组织实施时，国家尽最大可能保护台湾平民和在台湾的外国人的生命财产安全和其他正当权益，减少损失；同时，国家依法保护台湾同胞在中国其他地区的权利和利益。

第十条　本法自公布之日起施行。

（三）朝鲜半岛局势多变

1945 年 2 月，根据雅尔塔会议的安排，朝鲜半岛被以北纬 38 度线为界划分为南北两个势力范围。1948 年 8 月 15 日，大韩民国（韩国）宣告成立。1948 年 9 月 9 日，朝鲜民主主义人民共和国宣告成立。1949 年 10 月 6 日，中国与朝鲜民主主义人民共和国建立外交关系。1950 年 6 月 25 日，朝鲜战争爆发。1953 年 7 月 27 日，《朝鲜停战协定》在板门店正式签署，朝鲜半岛沿三八线非军事区被划分为两个国家。1992 年 8 月 24 日，中国与韩国正式建立大使级外交关系。

长期以来，朝鲜半岛政治局势时冷时热，军事形势时缓时紧，存在诸多不稳定、不确定因素。

资料：

三八线

三八线是位于朝鲜半岛上北纬 38 度附近的一条军事分界线。第二次世界大战末期，盟国协议以朝鲜半岛上北纬 38 度线作为苏、美两国对日军事行动和受降范围的暂时分界线，北部为苏军受降区，南部为美军受降区。日本投降后，就成为大韩民国和朝鲜民主主义人民共和国的临时分界线，通称"三八线"。朝鲜战争结束后，在三八线的基础上调整南北军事分界线，划定临时军事分界线两侧各两千米内为非军事区。习惯上仍称其为三八线。

1. 朝鲜国防

朝鲜（朝鲜民主主义人民共和国）位于朝鲜半岛北半部，由朝鲜劳动党一党执政，实行社会主义制度。其政治经济体系由"先军政治"所主导，奉行"自主、和平、友好"的外交政策。朝鲜最高领导人先后为金日成、金正日、金正恩。

（1）朝鲜的"先军政治"。朝鲜宪法规定：朝鲜"实行全民全国防卫体系"，"武装力量的使命是贯彻先军革命路线"，"贯彻以全军干部化、全军现代化、全民武装化和全国要塞化为内容的自卫军事路线"。朝鲜于 1995 年开始推行"先军政治"，即视军事为国家第一要务。"先军政治"的领导方式是"先军"，用治军方式推动社会其他方面的工作。"先军政治"保障军费投入，国家财政再困难也要保障国防和军队建设的需要。"先军政治"强调凝聚军魂，培养优秀军人：一方面，加强国防和军队建设，提高战斗力；另一方面，把优秀军人派到各行各业作为先导力量，发展生产。"先军政治"特别重视"先军文化"，强调朝鲜人民军不仅是保卫祖国和建设祖国的强大主力军，还是先进文化的传播者和创造者。

（2）朝鲜的武装力量。朝鲜人民军由陆军、海军、空军组成。三军实行义务兵役制。朝鲜武装力量的最高统帅是朝鲜劳动党中央委员会总书记。

朝鲜在现代武装力量建设中重视研发核武器。1994年，美国和朝鲜在日内瓦签署《关于解决朝鲜核问题的框架协议》，旨在终止朝鲜的核武器计划。但朝鲜却秘密研发核武器。2002年12月，朝鲜驱逐了在宁边开展工作的国际原子能机构核查人员。2003年1月，朝鲜宣布完全退出《不扩散核武器条约》。随后，美国和朝鲜通过六方会谈继续就朝鲜的核问题进行谈判，但不见成效，谈判进程在2008年12月停止。此后，朝鲜加快了对核武器的研发步伐。

2016年1月6日，朝鲜进行了自称的"第一次氢弹试验"，并于随后的2月7日，成功发射"光明星4号"人造地球卫星。八个月后的9月9日，朝鲜成功地进行第五次核试验。据测定，当天在北纬41.40度，东经129.10度发生5.0级地震，震源深度0千米，位置距离中朝边境不足100千米。有资料显示，朝鲜目前拥有能够生产武器级高浓缩铀和武器级高浓缩钚的核设施。2017年9月3日，朝鲜再度进行核试验，此次核试验为朝鲜的第六次核试验。

2018年1月1日，朝鲜最高领导人金正恩在通过朝鲜中央电视台发表的2018年新年贺词中表示，去年，朝鲜完成国家核武力建设的历史大业，有能力应对和封锁任何核威胁。他说，美国全境都在朝鲜的核打击范围内，并且核按钮就在他的办公桌上。

2. 韩国国防

韩国地处朝鲜半岛南部，国土面积为10万平方千米（约占朝鲜半岛总面积的45%），海域面积为国土面积的4倍。韩国陆地自然资源比较贫乏。因此，韩国把海洋作为"本民族未来的生活海、生产海、生命海"。

（1）韩国国防基本方针。韩国在国防建设中，借助美国的军事力量以对付朝鲜、加强自身国防和军队力量、确保国家安全。

韩国一直认为它的外部威胁主要来自朝鲜。所以，它的国防对象主要是朝鲜。韩国把保卫领海视为发展经济的重要保证。基于上述考虑，韩国一直在加强主要针对朝鲜的国防和军队建设，特别是海军和防空力量建设。

（2）韩国武装力量。韩国的武装力量由常备军、预备役和准军事部队组成。常备军分陆、海、空三个军种，实行征兵制和募兵制。

2017年2月27日，乐天集团董事局决定为韩国部署"萨德"提供用地。同年3月6日，"萨德"系统的部分装备通过军用运输机运抵驻韩美军乌山空军基地。3月16日，"萨德"系统核心装备X波段雷达运抵韩国。4月26日，驻韩美军往星州高尔夫球场部署"萨德"反导系统。

资料：

"萨德"系统

"萨德"系统，即末段高空区域防御系统，是美国全球导弹防御系统的一个子系统，是一种可车载机动部署的反导系统，具有在大气层内外拦截来袭的短程、中程和远程洲际弹道导弹的独特能力。一套"萨德"系统通常由指挥中心、1部地面X波段雷达、6部8联装发射装置和48枚拦截弹组成，其拦截高度介于大气层内40千米以上至大气层外150千米之内，射程可达200千米，可以击中超音速8倍以上速度发射的弹道导弹。现有的导弹防御系统通常都是在距离地面10~15千米的末段低空进行拦截。"萨德"系统最大的优点在于它的X波段雷达。该雷达探测距离最远可达2000千米，而且分辨率非常高，可以完成探测、搜索、追踪、目标识别等多功能任务。"萨德"进行的13次拦截试验，取得11次命中目标的优异成绩，被认为是当今世界上最先进的导弹防御系统之一。把它部署在韩国，就成为美国东亚反导体系的重要一环。事实上，"萨德"探测距离最远范围远远超出防御朝鲜导弹所需的距离，不仅直接损害中国等国的战略安全利益，也破坏地区和全球的战略稳定。

3. 中国对处理朝鲜核导相关问题的立场

2017年12月23日，安理会针对朝鲜11月发射洲际弹道导弹，一致通过第2397号决议。决议适度强化了对朝制裁措施。朝鲜半岛核问题由来已久，错综复杂，其症结在于朝鲜与美国、韩国之间的矛盾，以及彼此间根深蒂固的敌对立场和互不信任态度，加之日本掺和其中（配合美国干涉朝鲜半岛事务），使朝鲜半岛形势更为复杂。中国方面认为，任何只顾追求自身绝对安全、只从自身利益出发而采取的单边行动只会使问题更加复杂化，不仅无法实现自身的真正安全，反而会使相关目标的实现更加困难。作为朝鲜半岛的近邻，中国始终坚持实现半岛无核化，坚持维护半岛和平稳定，坚持通过对话协商解决问题的立场。中国方面希望有关各方积极考虑中方提出的"双暂停"倡议和"双轨并进"思路，同中国一道坚持推动对话协商，为推动半岛无核化进程，实现半岛和平稳定做出努力。

资料：

"双暂停"和"双轨并进"

2017年3月8日，外交部长王毅在两会记者会上表示，为应对半岛危机，中方的建议是，作为第一步，朝鲜暂停核导活动、美韩暂停大规模军演。各方通过"双暂停"，摆脱目前的"安全困境"，重新回到谈判桌前来。之后，按照双轨并进思路，将实现半岛无核化和建立半岛和平机制结合起来，同步对等地解决各方关切，最终找到半岛长治久安的根本之策。王毅指出，解决半岛核问题不能只有一手，需要两手并进。制裁是履行决议，促谈同样也是履行决议。

"双暂停"强调"暂停"，有可能永久停止，有可能再启动，对美韩都不是很大困难。双轨不是只走一条路，只谈无核化朝鲜不满意，只谈和平机制韩国不满意，所以要强调并行。外交世界里一言一行都是大事，先后顺序也是政治。"双暂停"避免了"你先走我后走"的争端，"双轨并进"则坚持了同步对等原则。"双暂停"和"双轨并进"两个建议文字不多，文章不小，法、理、情都考虑到。中国为了朝鲜半岛和平稳定、实现朝鲜半岛无核化，为了东北亚的长治久安，一直在努力尽自己的责任担当。

4. 朝鲜半岛新局势

2018年2月9日至25日，平昌冬奥会在韩国江原道平昌、江陵、旌善等地举行。朝鲜啦啦队、跆拳道示范团、记者团和民族奥林匹克委员会官员等一行280人参加了这次运动会。朝鲜此举引起了国际社会广泛关注。奥委会主席托马斯·巴赫在国际奥委会开幕式上与代表会谈中表示，平昌冬奥会给朝鲜半岛带来了"真正的希望"，"为韩国和朝鲜之间的和平对话打开了大门"。

2018年3月25日至28日，应中共中央总书记、国家主席习近平邀请，朝鲜劳动党委员长、国务委员会委员长金正恩对中国进行非正式访问。国际社会对此高度关注，普遍认为此访对于朝鲜半岛乃至地区局势进一步缓和具有积极意义。

2018年4月20日，朝鲜劳动党召开第七届中央委员会第三次全体会议，"讨论和决定新阶段的政策问题"。会议强调了全力发展经济的新路线，决定自2018年4月21日起，朝鲜将中止核试验与洲际弹道导弹发射试验。

2018年4月27日，朝鲜最高领导人金正恩在板门店跨过军事分界线，与韩国总统文在寅进行了历史性会晤。这是朝鲜战争停战60多年之后朝鲜最高领导人首次踏上韩国土地的会晤，也是继2000年和2007年后，朝韩领导人第三次会晤。双方会晤后签署《关于实现半岛和平、繁荣及统一的板门店宣言》（简称《板门店宣言》），再次确认了致力于实现半岛无核化的共同目标，同意共同推动实现停战协定向和平协定的转换，为半岛构建永久和平机制。

《板门店宣言》中的三点内容引起国际社会特别关注。一是无核化问题。宣言确定了半岛无核化是朝韩共同的目标，同时提出了完全弃核。这一点立刻引起国际社会高度关注。二是构建半岛和平机制。宣言提出了争取年内把停战协定转换为和平协定的时间表。三是改善南北关系。这一内容包括全面停止"敌对行为"，在开城设立南北共同联络事务所、举行离散家属会面等。

朝韩双方首脑会晤当天，中国外交部发言人陆慷发表谈话说："我们希望并相信朝韩双方能够落实好此次领导人会晤共识，持续推进和解与合作。希望有关各方保持对话势头，合力推动半岛无核化和半岛问题政治解决进程。中方愿为此继续发挥积极作用。"

（四）中国海洋权益面临复杂纠纷

我国既是一个陆地大国，也是一个海洋大国，在海洋拥有巨大的战略利益。在我国周边安全环境中，维护海洋权益的斗争具有较大的复杂性和敏感性。由于历史的和现实的原因，我国与海上 8 个邻国均有海域划界和岛屿归属之争。在未来一个较长时期，我国安全威胁将主要来自海上。

1. 关于东海大陆架和钓鱼岛的争议

（1）东海大陆架。中国政府一再重申，东海大陆架是中国领土的自然延伸。这种自然延伸是同大陆边的外缘或者至少同大陆坡的底部相连接的。按照陆地领土自然延伸的原则，我国坚持中国的大陆架要求抵及冲绳海槽线。"《海洋法公约》规定，2 500 米深度是切断大陆架的标准，而冲绳海槽已达 2 900 米，可以断定该海槽是中国大陆架和琉球群岛之间的分界线。冲绳海槽证明中国大陆架和琉球群岛的岛架是不相连的。"[1] 但是，日本方面却主张按东海大陆架的中间线平分划界。这样，便产生了 20 多万平方千米的争议区。如果按日本的主张划界，中国在东海的大陆架范围将被拦腰截断，应归我国管辖的海域面积将减少一半。这是中国人民和政府不能答应的。

（2）钓鱼岛。2012 年 9 月 25 日，中华人民共和国国务院新闻办公室发表《钓鱼岛是中国的固有领土》白皮书。该白皮书指出，钓鱼岛及其附属岛屿是中国领土不可分割的一部分。无论从历史、地理还是法理的角度来看，钓鱼岛都是中国的固有领土，中国对其拥有无可争辩的主权。而日本窃取钓鱼岛、美日对钓鱼岛私相授受是非法的、无效的，日本主张钓鱼岛主权是毫无道理的，中国为维护钓鱼岛主权进行坚决斗争是正当的、合理的。

第一，钓鱼岛是中国的固有领土。钓鱼岛及其附属岛屿位于中国台湾岛的东北部，是台湾的附属岛屿，分布在东经 123°20′～124°40′，北纬 25°40′～26°00′的海域，由钓鱼岛、黄尾屿、赤尾屿、南小岛、北小岛、南屿、北屿、飞屿等岛礁组成，总面积约 5.69 平方千米。钓鱼岛位于该海域的最西端，面积约 3.91 平方千米，是该海域面积最大的岛屿，主峰海拔 362 米。黄尾屿位于钓鱼岛东北约 27 千米，面积约 0.91 平方千米，是该海域的第二大岛，最高海拔 117 米。赤尾屿位于钓鱼岛东北约 110 千米，是该海域最东端的岛屿，面积约 0.065 平方千米，最高海拔 75 米。

钓鱼岛是中国固有的领土，其根据有：

一是中国最先发现、命名和利用钓鱼岛。中国古代先民在经营海洋和从事海上渔业的实践中，最早发现钓鱼岛并予以命名。在中国古代文献中，钓鱼岛又称钓鱼屿、钓鱼台。目前所见最早记载钓鱼岛、赤尾屿等地名的史籍，是成书于 1403 年（明永乐元年）的《顺风相送》。这表明，早在 14 世纪或 15 世纪中国就已经发现并命名了钓鱼岛。

1372 年（明洪武五年），琉球国王向明朝朝贡，明太祖遣使前往琉球。至 1866 年（清同治五年）近 500 年间，明清两代朝廷先后 24 次派遣使臣前往琉球王国册封，钓鱼岛是册封使前往琉球的途经之地，有关钓鱼岛的记载大量出现在中国使臣撰写的报告中。如，明朝册封使陈侃所著《使琉球录》（1534 年）明确记载"过钓鱼屿，过黄毛屿，过赤屿，

---

① 季国兴. 中国的海洋安全和海域管理 [M]. 上海：上海人民出版社，2009：243.

……见古米山，乃属琉球者"。明朝册封使郭汝霖所著《使琉球录》（1562 年）记载，"赤屿者，界琉球地方山也"。清朝册封副使徐葆光所著《中山传信录》（1719 年）明确记载，从福建到琉球，经花瓶屿、彭佳屿、钓鱼岛、黄尾屿、赤尾屿，"取姑米山（琉球西南方界上镇山）、马齿岛，入琉球那霸港"。

1650 年，琉球国相向象贤监修的琉球国第一部正史《中山世鉴》记载，古米山（亦称姑米山，今久米岛）是琉球的领土，而赤屿（今赤尾屿）及其以西则非琉球领土。1708 年，琉球学者、紫金大夫程顺则所著《指南广义》记载，姑米山为"琉球西南界上之镇山"。

以上史料清楚记载着钓鱼岛、赤尾屿属于中国，久米岛属于琉球，分界线在赤尾屿和久米岛之间的黑水沟（今冲绳海槽）。明朝册封副使谢杰所著《琉球录撮要补遗》（1579 年）记载，"去由沧水入黑水，归由黑水入沧水"。明朝册封使夏子阳所著《使琉球录》（1606 年）记载，"水离黑入沧，必是中国之界"。清朝册封使汪辑所著《使琉球杂录》（1683 年）记载，赤屿之外的"黑水沟"即是"中外之界"。清朝册封副使周煌所著《琉球国志略》（1756 年）记载，琉球"海面西距黑水沟，与闽海界"。

钓鱼岛海域是中国的传统渔场，中国渔民世世代代在该海域从事渔业生产活动。钓鱼岛作为航海标志，在历史上被中国东南沿海民众广泛利用。

二是中国对钓鱼岛实行了长期管辖。早在明朝初期，为防御东南沿海的倭寇，中国就将钓鱼岛列入防区。1561 年（明嘉靖四十年），明朝驻防东南沿海的最高将领胡宗宪主持、郑若曾编纂的《筹海图编》一书，明确将钓鱼岛等岛屿编入"沿海山沙图"，纳入明朝的海防范围内。1605 年（明万历三十三年）徐必达等人绘制的《乾坤一统海防全图》及 1621 年（明天启元年）茅元仪绘制的中国海防图《武备志·海防二·福建沿海山沙图》，也将钓鱼岛等岛屿划入中国海疆之内。

清朝不仅沿袭了明朝的做法，继续将钓鱼岛等岛屿列入中国海防范围内，而且明确将其置于台湾地方政府的行政管辖之下。清代《台海使槎录》《台湾府志》等官方文献详细记载了对钓鱼岛的管辖情况。1871 年（清同治十年）刊印的陈寿祺等编纂的《重纂福建通志》卷八十六将钓鱼岛列入海防冲要，隶属台湾府噶玛兰厅（今台湾省宜兰县）管辖。

三是中外地图标绘钓鱼岛属于中国。1579 年（明万历七年）明朝册封使萧崇业所著《使琉球录》中的"琉球过海图"、1629 年（明崇祯二年）茅瑞徵撰写的《皇明象胥录》、1767 年（清乾隆三十二年）绘制的《坤舆全图》、1863 年（清同治二年）刊行的《皇朝中外一统舆图》等，都将钓鱼岛列入中国版图。

日本最早记载钓鱼岛的文献为 1785 年林子平所著《三国通览图说》的附图"琉球三省并三十六岛之图"，该图将钓鱼岛列在琉球三十六岛之外，并与中国大陆绘成同色，意指钓鱼岛为中国领土的一部分。

1809 年法国地理学家皮耶·拉比等绘《东中国海沿岸各国图》，将钓鱼岛、黄尾屿、赤尾屿绘成与台湾岛相同的颜色。1811 年英国出版的《最新中国地图》、1859 年美国出版的《柯顿的中国》、1877 年英国海军编制的《中国东海沿海自香港至辽东湾海图》等地图，都将钓鱼岛列入中国版图。

第二，日本窃取钓鱼岛的经过。日本在明治维新以后加快对外侵略扩张。1879年，日本吞并琉球并改称冲绳县。此后不久，日本便密谋侵占钓鱼岛，并于甲午战争末期将钓鱼岛秘密"编入"版图。随后，日本又迫使中国签订不平等的《马关条约》，割让台湾全岛及包括钓鱼岛在内的所有附属各岛屿。

日本窃取钓鱼岛的行径：

一是密谋窃取钓鱼岛。1884年，有日本人声称首次登上钓鱼岛，发现该岛为"无人岛"。日本政府随即对钓鱼岛开展秘密调查，并试图侵占。日本上述图谋引起中国的警觉。1885年9月6日（清光绪十一年七月二十八日）《申报》登载消息："台湾东北边之海岛，近有日本人悬日旗于其上，大有占据之势。"由于顾忌中国的反应，日本政府未敢轻举妄动。

1885年9月22日，日本冲绳县令在对钓鱼岛进行秘密调查后向内务卿山县有朋密报称，这些无人岛"与《中山传信录》记载的钓鱼台、黄尾屿和赤尾屿应属同一岛屿"，已为清朝册封使船所详悉，并赋以名称，作为赴琉球的航海标识，因此对是否应建立国家标桩心存疑虑，请求给予指示。同年10月9日，内务卿山县有朋致函外务卿井上馨征求意见。10月21日，井上馨复函山县有朋认为，"此刻若有公然建立国标等举措，必遭清国疑忌，故当前宜仅限于实地调查及详细报告其港湾形状、有无可待日后开发之土地物产等，而建国标及着手开发等，可待他日见机而作"。井上馨还特意强调，"此次调查之事恐均不刊载官报及报纸为宜"。因此，日本政府没有同意冲绳县建立国家标桩的请求。

1890年1月13日，冲绳县知事又请示内务大臣，称钓鱼岛等岛屿"为无人岛，迄今尚未确定其管辖"，"请求将其划归本县管辖之八重山官署所辖"。1893年11月2日，冲绳县知事再次申请建立国标以划入版图。日本政府仍未答复。甲午战争前两个月，即1894年5月12日，冲绳县秘密调查钓鱼岛的最终结论是："自明治十八年（1885年）派县警察对该岛进行勘察以来，未再开展进一步调查，故难提供更确切报告。……此外，没有关于该岛之旧时记录文书以及显示属我国领有的文字或口头传说的证据。"

日本外务省编纂的《日本外交文书》明确记载了日本企图窃取钓鱼岛的经过，相关文件清楚地显示，当时日本政府虽然觊觎钓鱼岛，但完全清楚这些岛屿属于中国，不敢轻举妄动。

1894年7月，日本发动甲午战争。同年11月底，日本军队占领中国旅顺口，清朝败局已定。在此背景下，12月27日，日本内务大臣野村靖致函外务大臣陆奥宗光，认为"今昔形势已殊"，要求将在钓鱼岛建立国标、纳入版图事提交内阁会议决定。1895年1月11日，陆奥宗光回函表示支持。同年1月14日，日本内阁秘密通过决议，将钓鱼岛"编入"冲绳县管辖。

日本官方文件显示，日本从1885年开始调查钓鱼岛到1895年正式窃占，始终是秘密进行的，从未公开宣示，因此进一步证明其对钓鱼岛的主权主张不具有国际法规定的效力。

二是钓鱼岛随台湾岛被迫割让给日本。1895年4月17日，清朝在甲午战争中战败，被迫与日本签署不平等的《马关条约》，割让"台湾全岛及所有附属各岛屿"。钓鱼岛等作为台湾"附属岛屿"一并被割让给日本。1900 年，日本将钓鱼岛改名为"尖阁列岛"。

第三，美国与日本私相授受钓鱼岛非法无效。第二次世界大战后，钓鱼岛回归中国。但 20 世纪 50 年代，美国擅自将钓鱼岛纳入其托管范围，20 世纪 70 年代美国将钓鱼岛"施政权""归还"日本。美日对钓鱼岛进行私相授受，严重侵犯了中国的领土主权，是非法的、无效的，没有也不能改变钓鱼岛属于中国的事实。

之所以说美国与日本私相授受钓鱼岛非法无效，其理由有：

一是二战后钓鱼岛归还中国。1941 年 12 月，中国政府正式对日宣战，宣布废除中日之间的一切条约。1943 年 12 月《开罗宣言》明文规定，"日本所窃取于中国之领土，例如东北四省、台湾、澎湖群岛等，归还中华民国。其他日本以武力或贪欲所攫取之土地，亦务将日本驱逐出境"。1945 年 7 月《波茨坦公告》第八条规定："《开罗宣言》之条件必将实施，而日本之主权必将限于本州、北海道、九州、四国及吾人所决定之其他小岛。"1945 年 9 月 2 日，日本政府在《日本投降书》中明确接受《波茨坦公告》，并承诺忠诚履行《波茨坦公告》各项规定。1946 年 1 月 29 日，《盟军最高司令部训令第 677 号》明确规定了日本施政权所包括的范围是"日本的四个主要岛屿（北海道、本州、九州、四国）及包括对马诸岛、北纬 30 度以北的琉球诸岛的约 1 000 个邻近小岛"。1945 年 10 月 25 日，中国战区台湾省对日受降典礼在台北举行，中国政府正式收复台湾。1972 年 9 月 29 日，日本政府在《中日联合声明》中郑重承诺，充分理解和尊重中方关于台湾是中国不可分割的一部分的立场，并坚持《波茨坦公告》第八条的立场。

上述事实表明，依据《开罗宣言》《波茨坦公告》和《日本投降书》，钓鱼岛作为台湾的附属岛屿应与台湾一并归还中国。

二是美国将钓鱼岛纳入托管范围是非法的。1951 年 9 月 8 日，美国等一些国家在排除中国的情况下，与日本缔结了"旧金山对日和平条约"（简称"旧金山和约"），规定北纬 29 度以南的西南诸岛等交由联合国托管，而美国为唯一施政当局。需要指出的是，该条约所确定的交由美国托管的西南诸岛并不包括钓鱼岛。

1952 年 2 月 29 日、1953 年 12 月 25 日，琉球列岛美国民政府先后发布第 68 号令（即《琉球政府章典》）和第 27 号令（即关于"琉球列岛的地理界限"布告），擅自扩大托管范围，将中国领土钓鱼岛划入其中。此举没有任何法律依据，中国坚决反对。

三是美日私相授受钓鱼岛"施政权"是非法的。1971 年 6 月 17 日，美日签署《关于琉球诸岛及大东诸岛的协定》（简称《归还冲绳协定》），将琉球群岛和钓鱼岛的"施政权""归还"给日本。海内外中国人对此同声谴责。同年 12 月 30 日，中国外交部发表严正声明指出："美、日两国政府在归还冲绳协定中，把我国钓鱼岛等岛屿列入归还区域，完全是非法的，这丝毫不能改变中华人民共和国对钓鱼岛等岛屿的领土主权。"当时台湾当局对美日私相授受钓鱼岛"施政权"的行为也表示坚决反对。

面对中国政府和人民的强烈反对，美国不得不公开澄清其在钓鱼岛主权归属问题上的立场。1971 年 10 月，美国政府表示，"把原从日本取得的对这些岛屿的施政权归还给日本，毫不损害有关主权的主张。美国既不能给日本增加在他们将这些岛屿施政权移交给我们之前所拥有的法律权利，也不能因为归还给日本施政权而削弱其他要求者的权利。……

对此等岛屿的任何争议的要求均为当事者所应彼此解决的事项"。同年11月，美国参议院批准《归还冲绳协定》时，美国国务院发表声明称，尽管美国将该群岛的施政权交还日本，但是在中日双方对群岛对抗性的领土主张中，美国将采取中立立场，不偏向于争端中的任何一方。

第四，日本主张钓鱼岛主权毫无依据。1972年3月8日，日本外务省发表《关于尖阁列岛所有权问题的基本见解》，阐述日本政府对于钓鱼岛主权归属问题的主张：一是钓鱼岛为"无主地"，不包含在《马关条约》规定的由清政府割让给日本的澎湖列岛和台湾及其附属岛屿的范围之内。二是钓鱼岛不包含在"旧金山和约"第二条规定的日本所放弃的领土之内，而是包含在该条约第三条规定的作为西南诸岛的一部分被置于美国施政之下，并根据"归还冲绳协定"将施政权"归还"日本的区域内。三是中国没有将钓鱼岛视为台湾的一部分，对"旧金山和约"第三条规定将钓鱼岛置于美国施政区域内从未提出过任何异议。

日本的上述主张，严重违背事实，是完全站不住脚的。这是因为：

一是钓鱼岛属于中国，根本不是"无主地"。在日本人"发现"钓鱼岛之前，中国已经对钓鱼岛实施了长达数百年有效管辖，是钓鱼岛无可争辩的主人。如前所述，日本大量官方文件证明，日本完全清楚钓鱼岛早已归属中国，绝非国际法上的无主地。日本所谓依据"先占"原则将钓鱼岛作为"无主地""编入"其版图，是侵占中国领土的非法行为，不具有国际法效力。

二是无论从地理上还是从中国历史管辖实践看，钓鱼岛一直是中国台湾岛的附属岛屿。日本通过不平等的《马关条约》迫使清朝割让包括钓鱼岛在内的"台湾全岛及所有附属各岛屿"。《开罗宣言》《波茨坦公告》等国际法律文件规定，日本必须无条件归还其窃取的中国领土。上述文件还对日本领土范围作了明确界定，其中根本不包括钓鱼岛。日本试图侵占钓鱼岛，实质是对《开罗宣言》和《波茨坦公告》等法律文件所确立的战后国际秩序的挑战，严重违背了日本应承担的国际法义务。

三是美国等国家与日本签订的片面媾和条约"旧金山和约"所规定的托管范围不涵盖钓鱼岛。美国擅自扩大托管范围，非法将中国领土钓鱼岛纳入其中，后将钓鱼岛"施政权""归还"日本，都没有任何法律依据，在国际法上没有任何效力。对于美日上述非法行径，中国政府和人民历来是明确反对的。

第五，中国为维护钓鱼岛主权进行坚决斗争。长期以来，中国为维护钓鱼岛的主权进行了坚决斗争。中国通过外交途径强烈抗议和谴责美日私相授受钓鱼岛。1951年8月15日，旧金山会议召开前，中国政府声明："对日和约的准备、拟制和签订，如果没有中华人民共和国的参加，无论其内容和结果如何，中央人民政府一概认为是非法的，因而也是无效的。"1951年9月18日，中国政府再次声明，强调"旧金山和约"是非法无效的，绝对不能承认。1971年，针对美、日两国国会先后批准"归还冲绳协定"的行为，中国外交部严正声明，钓鱼岛等岛屿自古以来就是中国领土不可分割的一部分。

中国通过国内立法明确规定钓鱼岛属于中国。1958年，中国政府发表领海声明，宣布台湾及其周围各岛属于中国。针对日本自20世纪70年代以来对钓鱼岛所采取的种种侵权行为，中国于 1992 年颁布《中华人民共和国领海及毗连区法》时，明确规定"台湾及其包括钓鱼岛在内的附属各岛"属于中国领土。2009 年颁布的《中华人民共和国海岛保护法》确立了海岛保护开发和管理制度，对海岛名称的确定和发布作了规定，据此，中国于 2012 年 3 月公布了钓鱼岛及其部分附属岛屿的标准名称。2012 年 9 月 10 日，中国政府发表声明，公布了钓鱼岛及其附属岛屿的领海基线。同年 9 月 13 日，中国政府向联合国秘书长交存钓鱼岛及其附属岛屿领海基点基线的坐标表和海图。

一直以来，钓鱼岛问题受到港澳同胞、台湾同胞和海外侨胞的共同关注。钓鱼岛自古以来就是中国的固有领土，这是全体中华儿女的共同立场。中华民族在维护国家主权和领土完整问题上有着坚定的决心。两岸同胞在民族大义面前，在共同维护民族利益和尊严方面，是一致的。港澳台同胞和海内外广大华侨华人纷纷开展各种形式的活动，维护钓鱼岛领土主权，强烈表达了中华儿女的正义立场，向世界展示了中华民族爱好和平、维护国家主权、捍卫领土完整的决心和意志。

除此之外，中国在东海、黄海与周边一些国家在海域划分上的矛盾一时也难以解决。

（3）日本现有的军事力量。日本 1945 年战败投降后，军队被解散，军事机构被撤销。1950 年朝鲜战争爆发后，美国基于其自身需要，指令日本重新发展军事力量。由此，日本自卫队规模不断扩大。

自卫队的最高统帅是首相，最高军事决策机构是内阁会议。日本政府特别是安倍政府极力想修改"和平宪法"，特别是修改"和平宪法"第二章"放弃战争"的内容。日本政府对其在二战时期的侵略罪行极力掩盖，篡改历史事实。他们在历史课本中通常回避这段历史，用错误的历史观去教育后代，使多数日本人根本不知道这场罪恶战争的真相。

2. 关于南海海域及南海诸岛的争议

南海总面积约 350 万平方千米。南海诸岛包括东沙、西沙、中沙和南沙四大群岛，分布于南海的中心部位，扼太平洋和印度洋的咽喉，不仅地理位置非常重要，而且蕴藏着丰富的矿产和水产资源。其中南沙群岛是南海诸岛中分布面积最广、岛礁数量最多、位处最南的一组群岛。南沙群岛由 230 个岛屿、礁滩和沙洲组成，分布在 24.4 万平方千米的海域中。其中露出水面的岛屿 25 个，明暗礁 128 个，明暗沙洲 77 个，太平岛面积最大，约 0.5 平方千米。

南沙群岛历来是中国的领土。中国人民最早发现、命名和开发经营南海诸岛，中国政府最早并持续和平、有效地对南海诸岛行使主权管辖。20 世纪 70 年代之前，南海诸岛属于中国是国际社会普遍认知，没有任何国家提出异议。中国对南海诸岛及其附近海域拥有无可争辩的主权。

自从发现南海蕴藏有丰富的油气资源后，周边国家开始觊觎这一海域。

菲律宾率先违反《联合国宪章》和国际法，于 20 世纪 70 年代起，开始抢占南沙群岛东部的部分岛屿和沙洲。中国政府对此一贯坚决反对，一直进行严正交涉和抗议。1973 年 7 月，吴庭艳执掌的越南南方政府派兵占领南海西部 6 个岛礁。当时由胡志明领导的越南北方政权公开表示南沙群岛是中国的领土。但是，1975 年 4 月，越南一反承认南沙群岛是中国领土的立场，接管了南越军队侵占的岛礁，并不断扩大侵占行动。马来西亚从 1983 年起，先后占领了南沙群岛南部的 3 个礁。随后，上述国家又单方面宣布了大陆架和 200 海里专属经济区范围，把南沙群岛的全部或部分岛礁列入自己的"版图"，并加紧在南沙海域进行资源开发，致使南海争端日益突出。因此，南沙群岛已形成四国五方控制的局面。除我国大陆控制 7 个岛礁和台湾当局占据太平岛外，共有 38 个岛礁被别国占领。其中越南侵占 29 个岛礁，菲律宾侵占 8 个岛礁，马来西亚侵占 3 个礁。另外，文莱也宣布对南沙群岛的一个礁拥有"主权"，并将该礁周围 3 000 平方千米海域划归其经济区。印度尼西亚也宣布建立 200 海里专属经济区，把南沙部分海域划归自己。这就使南沙问题又形成了五国六方乃至六国七方进行争议的复杂局面。

美国等西方大国正在积极插手南沙事务，试图利用南沙问题挑拨我国与东盟国家的关系，并制造"中国威胁论"，对我国施加"更有针对性的压力"。应当引起警惕的是，西方大国插手南沙事务主要是通过与其他有关各方合作进行的，这越来越清楚地显示出它们共同对付中国的意图。

为了妥善解决南海问题，中国政府进行了多方面的努力。2002 年 11 月 4 日，中国与东盟各国外长及外长代表在金边签署了《南海各方行为宣言》。这是中国与东盟签署的第一份有关南海问题的政治文件。宣言强调，通过友好协商和谈判，以和平方式解决南海有关争议。

2013 年 1 月 22 日，菲律宾单方面就中菲在南海的有关争议提起仲裁。中国政府随即声明，中国不接受、不参与菲律宾提起的仲裁。

2016 年 6 月 8 日，中国外交部发布了《中华人民共和国外交部关于坚持通过双边谈判解决中国和菲律宾在南海有关争议的声明》，重申中国坚持不接受、不参与菲律宾提起的仲裁案。

2016 年 6 月 30 日，罗德里戈·杜特尔特宣誓就职成为菲律宾共和国第 16 任总统。同年 10 月 18 日至 21 日，杜特尔特应邀对中国进行国事访问。中国国家主席习近平、国务院总理李克强、全国人大常委会委员长张德江、国务院副总理张高丽先后与杜特尔特会晤。2017 年 11 月 16 日，中菲发表《联合声明》，中菲关系出现良好转折。

随着中菲关系继续向好，中国与东南亚其他国家的务实合作继续推进。2017 年 9 月，新加坡总理李显龙在访美前访华，标志着中新关系开始转而向好。

近些年来，东南亚经济向好，"有缘"中国因素。2017 年，中国"一带一路"倡议在马来西亚以致东南亚地区已渐入人心。这项倡议给东盟国家的经济发展带来亮色，逐步与《东盟互联互通总体规划 2025》对接。2017 年，中方承建的马来西亚东海岸铁路项目、中泰铁路合作项目一期工程先后开工，中新互联互通南向通道开通运营，多个工业、制造业项目在马来西亚、老挝、印度尼西亚等国落地，更多合作大可期待。经过 50 年发展，作为世界第六大经济体的东盟已成长为世界上最成功的区域组织之一。在"拥抱变革、融入世界"的同时，东盟更加关注自身发展逻辑，强化在地区多边框架的"中心性"地位、发挥在国际事务中的重要影响力。2017 年，东盟在对外交往方面呈现多元、平衡、务实的特点。

但是，东南亚形势的隐忧仍然存在。除了存在恐怖主义的威胁外，一些国家随着经济实力的增强，正在加强海军、空军力量建设，而且其针对性也很明确，这是值得关注的。

（五） 陆地边界争端尚未全部解决

从总体上说，中国与周边国家的边界问题大多得到了解决。对中国周边安全环境产生不利影响的边界争端主要是中印边境争端。中印边界全长约 2 000 千米，分为东、中、西三段。中印两国存在大片领土争端，争议面积共达 12.5 万平方千米，大小 8 块，均在中印边界传统习惯线我方一侧。2003 年 6 月，中印两国总理各自任命特别代表，探讨解决边界问题的政治指导原则和框架。经过 5 轮会晤，中印双方就解决边界问题的政治指导原则达成一致，并于 2005 年 4 月 11 日在两国总理见证下正式签署《关于解决中印边界问题政治指导原则的协定》。此后，两国边界问题特别代表根据共同达成的政治指导原则继续进行了磋商。同时，印度在加快军事转型。

进入 21 世纪，美国掀起军事转型大潮。一心想成为世界强国的印度不甘人后。2004 年 6 月，印度海军提出将战略由"区域拒止与控制"转为"远洋进攻"。2007 年，印度空军提出"战略性威慑防空"理论，强调利用信息和太空技术，通过加油延长战机留空时间，以便发起大纵深和远距离的突击作战。这类新军事学说的出炉，标志着印军作战理念从"以静制动"拒止对手，发展为"以动制动"惩戒对手，带有鲜明的攻势色彩。

此后，印度针对宿敌巴基斯坦陷入政局动荡，经济、军力发展不利的情况，改变了以往"西攻北防"的战略，将作战目标转向北方对华，战备重点也转为"轻巴重华"。2009 年，印度陆军修订未来 5 年作战纲要，强调在战争处于准备阶段时，应考虑"两线"作战的可能，重点提升陆军战略投送能力及与海空军的协同作战能力。2010 年，印军着手修改战争理论，积极准备"两线作战"，企图同时打赢对华、对巴两场战争。此后，印军不断细化"两线作战"构想，着手在东部边境增加部署、强化预置，而海军也将战略重心东移，搅局中国南海，意图在海上对中国进行战略牵制。

印度的"雄心"是成为一流军事大国。因此，核威慑力量便成为其优先发展的重点。自从成为拥核国后，印度不断加快"三位一体"核打击力量的建设，除租借俄罗斯核潜艇和研发国产核潜艇外，还大力发展"烈火"系列战略弹道导弹。2012 年 4 月，印度首次成功发射"烈火-5"型导弹。该型导弹长 17 米，自重达 50 吨，有效载荷达到 1 吨，可以携带多枚核弹头，使用固体燃料，采用三级推进技术，是印度当时射程最远、飞行速度最快的导弹。印度从此跻身"洲际导弹俱乐部"。2018 年 1 月 18 日，印度再次试射一枚地对地"烈火-5"型弹道导弹。导弹飞行 19 分钟，飞行距离 4 900 千米。印度国防部人士说，这次试射"进一步增强了印度导弹自主研发能力和威慑力量"。

印度还大力推进由"先进防空导弹"（AAD）和"大气层外防空导弹"（PAD）组成的反导系统建设。2012 年 11 月 23 日，"两套系统参与、同时拦截两个目标"导弹拦截试验（注：此次试验包含一次实弹拦截和一次模拟拦截。实弹拦截中，用 AAD 拦截导弹在 15 千米高空拦截"大地"改型弹道导弹。模拟拦截中，用电子模拟的假想拦截弹在 120 千米高空拦截射程 1 500 千米的假想靶弹）取得成功后，印度迫不及待地宣称自己是"世界第二反导大国"。

网络、太空、反导等新型作战力量建设，也是印度实现"大国梦"的新发力点。作为计算机软件开发大国，印度不仅将网络进攻写入作战条例，还组建了一支以网络进攻为目标、规模达 1.5 万人的新型网络部队。在太空军事能力建设上，印度是世界上第六个有能力发射卫星的国家，近年来不仅多次成功发射一箭多星，还宣称携带 GPS 辅助型静地轨道增强导航系统（GAGAN）的卫星业已就位，可为印军提供更精确而完整的卫星导航。

资料：

洞朗事件

2017 年 6 月 18 日，印度边防部队 270 余人携带武器，连同 2 台推土机，在多卡拉山口越过锡金段边界线 100 多米，进入中国境内阻挠中方的修路活动，阻挠中国边防部队在洞朗地区的正常活动，引发局势紧张。中国边防部队在现地采取了紧急应对措施。此后，印度边防部队越界人数最多时达到 400 余人，连同 2 台推土机和 3 顶帐篷，越界纵深达到 180 多米。针对这一起损害中国领土主权、威胁中国安全利益的行为，中国本着最大善意，保持高度克制并迅速表明态度且画出底线。2017 年 8 月 28 日 14 时 30 分许，印方将越界人员和设备全部撤回边界印方一侧。

（六）影响边疆地区安全的其他不稳定因素

中国是一个多民族的社会主义国家，共有 56 个民族。由于实行正确的民族、宗教政策，我国各族人民团结一致、齐心协力，共建中华美好家园。但是，境内外一小撮民族分裂主义分子，在国际上某些反华势力的操纵、唆使下，置民族大义和国家利益于不顾，配合国际反华势力对中国进行的"西化""分化"和"和平演变"战略，采取政治斗争与暴力对抗相结合的方式，进行民族分裂活动。例如，活动在我国新疆境内的"东突"民族分裂势力，与国际恐怖主义势力相勾结，以泛伊斯兰主义和泛突厥主义思想为理论基础，以反对中国共产党的领导，建立"东突厥斯坦国"为目的，以宗教为掩护，大肆进行分裂新疆的破坏活动，严重危害新疆各族人民群众的生命财产安全，也严重危害我国边疆地区的安全与稳定。

又如，逃往国外的达赖集团，打着宗教旗号，大肆进行"藏独"分裂活动。以美国为代表的西方反华势力不断通过这些民族分裂势力，对我国进行"西化""分化"活动，妄图以"西藏问题"为突破口，支持"藏独"分裂势力搞所谓的"西藏独立"。这些都将对我国边疆地区的安全与稳定产生不利影响。因此，我们必须头脑清醒、居安思危，维护好祖国和人民的利益。

资料：

三股势力

2001 年 6 月 15 日，上海合作组织签署《打击恐怖主义、分裂主义和极端主义上海公约》，首次对恐怖主义、分裂主义和极端主义做了明确定义。所谓三股势力，是指暴力恐怖势力（如拉登就是恐怖主义组织头目）、民族分裂势力（如俄罗斯车臣非法武装组织）、宗教极端势力（如乌兹别克斯坦的伊斯兰运动组织）。

（1）暴力恐怖势力。自20世纪60年代末起，暴力恐怖势力就开始在中亚地区兴起。所谓暴力恐怖势力，是指"通过使用暴力或其他毁灭性手段制造恐怖，以达到某种政治目的的团体或组织"。20世纪80年代以后，此种势力活动日益猖獗。世界著名的恐怖组织如基地组织等均以中亚地区为重要活动基地。

（2）民族分裂势力。中亚地区民族众多，民族问题与民族冲突不断。所谓民族分裂势力，即"从事对主权国家构成的世界政治框架的一种分裂或分离活动的团体或组织"（正式名称是泛突厥主义，因为中亚是突厥语民族地区）。

（3）宗教极端势力。宗教极端势力是指打着宗教的旗号，利用"宗教"作掩盖传播极端主义思想主张、从事恐怖活动或分裂活动的社会政治势力。

三、建设海洋强国，维护我国海洋权益

海洋强国是指在开发海洋、利用海洋、保护海洋、管控海洋方面拥有强大综合实力的国家。2013年7月30日，中共中央政治局就建设海洋强国研究进行第八次集体学习，习近平总书记主持学习时强调，建设海洋强国是中国特色社会主义事业的重要组成部分。党的十八大做出了建设海洋强国的重大部署。实施这一重大部署，对推动经济持续健康发展，对维护国家主权、安全、发展利益，对实现全面建成小康社会目标、进而实现中华民族伟大复兴都具有重大而深远的意义。要关心海洋、认识海洋、经略海洋，推动我国海洋强国建设不断取得新成就。[1]

（一）关心海洋

《2013年中国的国防》白皮书指出："中国是陆海兼备的大国，海洋是中国实现可持续发展的重要空间和资源保障，关系人民福祉，关乎国家未来。开发、利用和保护海洋，建设海洋强国，是国家重要发展战略。"

1. 强化海洋国土观念

"国土指属于一个国家管辖的地域空间，包括领陆、领空、领海、毗连区、专属经济区、大陆架等。"[2] 我国是一个陆地大国，也是一个海洋大国。历史证明：重海则兴，轻海则衰。海洋国土问题是关系我们现在和未来国计民生的大事，必须高度关注，热情关心。我国陆地面积约960万平方千米，海域面积约470万平方千米。我们不仅要知道我国拥有12海里领海主权，即在内水和领海内拥有38万多平方千米的完全主权，还要知道我国在260多万平方千米的专属经济区、大陆架等海域拥有勘探开发自然资源的主权，以及海洋科研、海洋环保、人工设施建设三方面的管辖权。

①　进一步关心海洋认识海洋经略海洋 推动海洋强国建设不断取得新成就［N］. 人民日报，2013-08-01（01）.
②　李行键. 现代汉语规范词典［M］. 北京：外语教学与研究出版社，2004：498.

2. 强化海洋权益观念

当今，困扰人类社会的三大难题是人口、资源、环境问题。面对资源日趋减少的"绿色国土"，中国只有走向"蓝色国土"，以保持生存，继续发展。目前，中国的海洋权益已经遭到严重的损害：南沙群岛的大多数岛屿和钓鱼岛等自古属于中国的岛屿被他国非法占领或控制；周边一些国家提出争议或企图分割本该属于中国管辖的海域（这类海域占 1/3 多）；每年大量的中国海洋渔业资源和数千万吨油气资源被他国掠夺。一个大国的海洋权益遭到如此严重的侵害，在当代历史上是绝无仅有的。此外，中国还面临走向大洋去依法开发人类共同资源的挑战。从海权战略角度看，围绕着海洋权益所展开的争夺，其胜利与失败绝不亚于一场战争对一个国家的生存与发展所产生的影响。所以，我们必须强化海洋权益观念，坚决维护海洋权益。

2013 年 7 月 30 日，习近平在主持中共中央政治局就建设海洋强国研究进行第八次集体学习时强调，要维护国家海洋权益，着力推动海洋维权向统筹兼顾型转变。我们爱好和平，坚持走和平发展道路，但决不能放弃正当权益，更不能牺牲国家核心利益。要统筹维稳和维权两个大局，坚持维护国家主权、安全、发展利益相统一，维护海洋权益和提升综合国力相匹配。要坚持用和平方式、谈判方式解决争端，努力维护和平稳定。要做好应对各种复杂局面的准备，提高海洋维权能力，坚决维护我国海洋权益。要坚持"主权属我、搁置争议、共同开发"的方针，推进互利友好合作，寻求和扩大共同利益的汇合点。

3. 强化海洋国防观念

当前，中国经济已发展成为高度依赖海洋的外向型经济，对海洋资源、空间的依赖程度大幅提高，在管辖海域外的海洋权益也需要不断加以维护和拓展。这些都需要通过建设海洋强国加以保障。维护和拓展海洋权益，建设海洋强国，必须建设强大的海洋国防。这首先必须强化与国家海权战略合拍的海洋国防观念。从 1840 年鸦片战争到 1949 年中华人民共和国成立，中华民族遭受来自海上的侵略多达 470 余次；现在，中国的海洋权益遭受着他国严重的侵害；未来，围绕海洋权益的斗争将更加激烈，更加复杂；中国维护和拓展海洋权益，建设海洋强国，将面临更加严峻的挑战。所以，必须常怀海洋忧患意识，强化海洋国防观念。一是更新海防范围观念。过去，不少人是把 12 海里领海以外的海域视为公海，把领海线视为海防线，把领海和海岸作为防卫范围。现在要更新这种观念，把海上防卫范围扩大到整个国家依法管辖的海域，即专属经济区和大陆架外缘以内的海域。在南海，一直到曾母暗沙等岛礁和海域都是我国的海防线。二是更新海防职能观念。过去，只注重保卫内陆和岛屿。现在要更新这种观念，不仅要抵御敌人从海上来侵略我国内陆，还要保卫海岛主权和维护国家海洋权益；不仅要以军事手段建设海洋国防，还要使用与军事有关的政治、经济、文化、法律等手段建设海洋国防。三是更新海防地位观念。过去，总是把海防从属于陆防。现在要更新这种观念，海军不仅要协同陆上战区作战，还要成为海上作战行动的主体力量，联合作战，担负保卫国家海上方向安全、领海主权和维护海洋权益的任务。

（二）认识海洋

高度关注海洋，深刻认识海洋，建设海洋强国，必须增强海洋知识。海洋是人类未来生存和发展的重要依托。1994 年 11 月 16 日正式生效的《联合国海洋法公约》，把海洋划分为内水、领海、毗连区、专属经济区、大陆架、公海、国际海底七个区域。我国主张管辖的海域空间结构示意图如图3-1所示。划分海洋区域必然涉及领海基线以及海洋国土、海洋权益等概念。维护海洋权益必须明确这些概念。

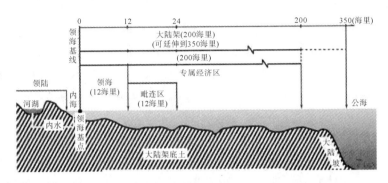

图3-1　我国主张管辖的海域空间结构示意图

1. 内水

内水是指沿岸领海基线向陆地一面至海岸线的水域，又称内海水。内水是国家领水的组成部分，具有与国家陆地领土相同的地位，完全处在一国管辖之下，非经该国许可，他国船只不得进入。

2. 领海

沿海国主权管辖下与其海岸或内水相邻的一定宽度的海域，是国家领土的组成部分。领海的上空、海床和底土，均属沿海国主权管辖。沿海国在其领海内行使主权，领海宽度不得超过12海里。中国政府于1958年9月4日宣布，中国的领海宽度为12海里。

3. 毗连区

毗连区是指毗连领海的一定区域。从测算领海宽度的基线量起，不得超过24海里。我国在1992年颁布的《中华人民共和国领海及毗连区法》中，正式建立起我国的毗连区制度，规定了我国的毗连区是在领海之外、邻接领海宽度为12海里的一带海域。在该海域内，为防止和惩处在我国陆地领土、内水或者领海内违反有关安全、海关、财政、卫生或者入出境管理法律、法规的行为，我国有权行使管制权。毗连区对于海洋军事航行自由有所限制。

4. 专属经济区

专属经济区是指领海以外并邻接领海的一个区域。专属经济区从测算领海宽度的基线量起，不应超过200海里。一个国家的船只或飞机进入另一个国家的专属经济区进行军事航行时，其自由是有一定限制的，其航行必须遵守国际法有关法律和规章。

5. 大陆架

大陆架是指沿海国的大陆架，包括其领海以外依其陆地领土的全部自然延伸，扩展到大陆架边外缘的海底区域的海床和底土。沿海国家对大陆架的海床和底土以及海床和底土中的矿物资源和非生物资源享有以勘探和开发为目的的主权权利。

6. 公海

公海指不包括国家领海或内水的全部海域。1982年《联合国海洋法公约》规定公海是不包括在国家的专属经济区、领海或内水或群岛国的群岛水域以内的全部海域。公海供所有国家平等地共同使用。它不是任何国家领土的组成部分，因而不处于任何国家的主权之下；任何国家不得将公海的任何部分据为己有，不得对公海本身行使管辖权。

7. 国际海底

国际海底是指国家管辖范围以外的海底和洋底及其底土。国际海底及其资源是人类共同的继承财产。任何国家不应对区域的任何部分或其资源主张或行使主权权利，任何国家或自然人或法人，也不应将区域的任何部分据为己有。1982年《联合国海洋法公约》为国际海底制定了法律制度，这种制度不影响该区域的上覆水域和上空的法律地位。

8. 领海基线

领海基线是指沿海国家测算领海宽度的起算线。基线内向陆地一侧的水域称为内水，向海的一侧依次是领海、专属经济区、大陆架等管辖海域。领海基线通常是沿海国大潮低潮线，但是在一些海岸线曲折的地方，或者在海岸附近有一系列岛屿时，便使用直线基线划分的方式，即各海岸或岛屿确定各自的适当点，以直线连接这些点，划定基点，这些点就被称为领海基点，这些直线就是这一海域的领海基线。中国海岸线曲折，确定领海基线有一定难度，目前大部分领海基线尚未划定。2012年9月10日，中国政府发表声明，公布了中国钓鱼岛及其附属岛屿的领海基点基线。中国有关部门已对钓鱼岛及其附属岛屿开展常态化监视监测。

9. 海洋国土

海洋国土又称"蓝色国土"，是一个沿海国家的内水、领海和管辖海域的形象统称。管辖海域包括领海以外的毗连区、专属经济区、大陆架、历史性海域或传统海疆等。中国的海洋国土，包括渤海全部，黄海、东海和南海的一部分、台湾岛的周边海域及国际海底区域的一部分。

10. 海洋权益

海洋权益包括海洋权利和海洋利益，是国家在海洋上依法享有的政治、经济、安全等各方面的权利和利益的总称。海洋权益既是国家主权的重要组成部分，又是国家利益的重要组成部分。

据1982年《联合国海洋法公约》，国家海洋权利包括：沿海国家在国家自己管辖海域（领海、毗连区、专属经济区、大陆架）分别享有的主权、主权权利和管辖权；在国家自己管辖之外海域（公海、国际海底区域、他国管辖海域）依法享有的有关航行自由和捕鱼、深海底资源勘探开发等权利。

国家海洋利益主要是指维护国家主权和领土完整的政治利益，以及开发利用领海、专属经济区、大陆架、公海、国际海底等所获得的收益。

（三）经略海洋

经略海洋，这里指从国家发展战略的高度谋划、经营海洋，包括开发、利用、治理、保卫海洋。

1. 大力发展海洋经济

2017年5月4日，我国国家发展改革委、国家海洋局根据《国民经济和社会发展第十三个五年规划纲要》，会同有关方面编制了《全国海洋经济发展"十三五"规划》。该规划在总体要求中明确提出要坚持"改革创新、提质增效，陆海统筹、协调发展，绿色发展、生态优先，开放拓展、合作共享"四个基本原则。

在改革创新、提质增效方面，该规划将改革创新、提质增效作为编制的重要原则，就是落实国家创新驱动发展战略，把发展基点放在创新上，引导海洋新技术转化应用和海洋新产业、新业态形成，并通过"智慧海洋"工程等培育海洋经济增长新动力，进而有效推动海洋经济体制机制创新，提升海洋经济发展质量和效益。

在陆海统筹、协调发展方面，该规划将陆海统筹作为编制的重要原则，用"三个统筹"全面阐述陆海统筹的要求，即统筹陆海资源配置、产业布局、生态保护、灾害防治协调发展，统筹沿海各区域间海洋产业分工与布局协调发展，统筹海洋经济建设与国防建设融合发展。这"三个统筹"涉及资源开发、产业布局、交通建设、生态环境保护等方方面面。

在绿色发展、生态优先方面，该规划将绿色发展、生态优先作为编制的重要原则。这一原则既是海洋经济可持续发展的必然，也体现了海洋生态文明建设的客观需要。实现绿色发展、生态优先，就是要将生态环境保护作为海洋经济发展的前提条件，加强海洋资源集约节约利用，强化海洋环境污染源头控制，切实保护海洋生态环境，始终坚持开发与保护并重，不断增强海洋经济可持续发展能力。

在开放拓展、合作共享方面，该规划将对外开放与合作作为编制的重要原则。具体来说，就是要通过主动参与国际海洋经济合作，构建利益共同体，逐步提升我国海洋产业在全球价值链中的地位与作用。同时，通过交流与合作，共同发展海洋经济，享用海洋资源创造的经济成果，提高人类福祉。

2. 不断完善国家海权战略

经略海洋，必然涉及国家海权战略。国家海权战略是依法行使领海主权和海洋管辖权，开发和利用海洋，维护和拓展海洋权益的全局性、长远性的方略。

当代国家国防安全范围的界定性和利益安全范围的扩展性，决定了当代世界濒临海洋的国家海权战略争夺的矛盾性和冲突性，也决定了中国为了国家安全所需要的海权战略会面临来自别的国家或地区势力的干扰或打压。"海权与中国整体战略发展的关系所强调的是中国要从战略高度上把握地缘政治影响力的发展与自身内在政治、经济、社会建设步伐之间的关系。要使二者相辅相成，而不是被动地互相影响。当然，作为战略参照体系，这里还强调了另外一层战略关系，那就是中国在自身战略发展的进程中还要有计划、有步骤地强化对周边战略环境的掌控力。因为这种掌控力表现在地缘政治上主要体现在中国对海域周边的战略控制能力。"[①] 中国经略海洋，应把增强周边安全环境的战略掌控能力作为改善周边安全环境的起点，不断完善海权战略，对中俄战略关系、中美战略关系、中日战略关系、中国同东盟相关国家的关系、台海关系进行多方面的考虑。

从地缘战略角度考察，中国北方周边战略环境的稳定有赖于俄罗斯；西北境内稳定和周边战略环境稳定有赖于中亚五国；西南的印度与中国有领土纠纷且一直把中国当作战略假想敌；东南诸国与中国隔海相望且或多或少与中国有海上领土和海域之争；东边的日本

① 鞠海龙. 中国海权战略参照体系［M］. 北京：中国社会科学出版社，2012：3.

强调海洋是它未来战略的根本，它在国家战略上与美国保持特殊关系，在经济上与东盟国家关系密切，在海洋上争夺中国的东海大陆架和钓鱼岛等海权战略利益。"不得不承认，中日两国在海权上的较量的确关系着两个国家未来至少半个世纪的国运。"① 中国目前对周边战略环境的掌控力与其应该拥有的掌控力还存在较大的差距，这对中国经略海洋很不利。有鉴于此，首先，发展中俄战略伙伴关系是经营我周边安全战略环境的基础，也是我地缘战略突破口的最佳选择；其次，"东南海权决胜于日本，是中国未来地缘战略突破的必由之路，也是中国崛起于东亚的必由之路"②，选择这条路，是当代国际战略一般规律的驱使，是应对来自外部特别是日本的严重挑衅不得不做出的战略选择，是中国突破别国联合组成的围堵"岛链"、走向远海、维护和拓展国家海洋权益必须做出的战略选择。

3. 进一步增强海军实力

完善海权战略，有效经略海洋，增强海军力量必不可少。中国海军正在努力拓展远海训练，探索远海作战任务编组训练模式，组织由新型驱护舰、远洋综合补给舰和舰载直升机混合编成的远海作战编队编组训练，深化复杂战场环境下使命课题研练，突出远程预警及综合控制、远海拦截、远程奔袭、大洋反潜、远洋护航等重点内容训练，通过远海训练组织带动沿海有关部队进行防空、反潜、反水雷、反恐怖、反海盗、近岸防卫、岛礁破袭等对抗性实兵训练。2012年9月25日，中国第一艘航空母舰"辽宁"号正式服役。这对于提高中国海军综合作战力量现代化水平、增强防卫作战能力，发展远海合作与应对非传统安全威胁能力，有效维护国家主权、安全和发展利益，促进世界和平与共同发展，具有重大意义。航母给中国海军的发展和强大带来了希望，给中国的海权战略带来了希望。中国终于在海权战略之路上迈出了一大步。"中国海权的确需要有远洋战略威慑力，但是更需要从地缘政治的角度强化近海安全的陆基与海基基础。"③ 对于中国的近海安全而言，朝鲜半岛、中南半岛、南海、台湾岛，是至关重要的四大海权战略支撑点。中国对这四大战略支撑点的掌控程度，关系到中国海洋权利的安全程度，关系到中国经略海洋的效益程度。所以，中国必须对此高度重视。

四、坚持总体国家安全观

（一）总体国家安全观的提出

增强忧患意识，做到居安思危，是我们治党治国必须始终坚持的一个重大原则。我们党巩固执政地位，团结带领人民坚持和发展中国特色社会主义，保证国家安全是头等大事。2013年11月，党的十八届三中全会决定设立国家安全委员会。2014年4月15日，中共中央总书记、国家主席、中央军委主席、中央国家安全委员会主席习近平主持召开中央国家安全委员会第一次会议，习近平特别强调："要准确把握国家安全形势变化新特点新趋势，坚持总体国家安全观，走出一条中国特色国家安全道路。"这次会议中首次正式提出总体国家安全观。2014年11月1日，十二届全国人大常委会第十一次会议审议通过了《中华人民共和国反间谍法》，相应废止了1993年2月22日通过的国家安全法。

（二）总体国家安全观的内涵

当前，我国国家安全的内涵和外延比历史上任何时候都要丰富，时空领域比历史上任

① 鞠海龙. 中国海权战略参照体系［M］. 北京：中国社会科学出版社，2012：4.
② 鞠海龙. 中国海权战略参照体系［M］. 北京：中国社会科学出版社，2012：4.
③ 鞠海龙. 中国海权战略参照体系［M］. 北京：中国社会科学出版社，2012：5.

何时候都要宽广，内外因素比历史上任何时候都要复杂。

总体国家安全观的内涵：国家安全工作坚持总体国家安全观，以人民安全为宗旨，以政治安全为根本，以经济安全为基础，以军事、文化、社会安全为保障，以促进国际安全为依托，维护各领域国家安全，构建国家安全体系，走中国特色国家安全道路。

（三）总体国家安全观的体系

总体国家安全观的体系：集政治安全、国土安全、军事安全、经济安全、文化安全、社会安全、科技安全、信息安全、生态安全、资源安全、核安全等于一体的国家安全体系。

国家安全制度体系与安全治理体系相互强化。国家安全制度体系是国家安全治理体系的制度基础，国家安全治理体系是国家安全制度体系的实践运行。安全制度体系为本，安全治理体系为用。完善安全制度体系就是建设安全治理体系，发展安全治理体系能够促进安全制度体系。

（四）总体国家安全观与国防和军队建设

践行总体国家安全观，就能有力有效地推动军民融合深度发展、实现经济建设和国防建设协调发展，这是确保总体国家安全的基础工程。国防安全观是总体国家安全观的重要组成部分。一个文恬武嬉、忘战懈怠的民族是处于危险境地的民族。国防安全则国家可保，民族有望。军事安全是总体国家安全至关重要的因素。军事安全失守对国家安全是致命性危害；军事安全又以自身安全捍卫着总体国家安全。总体国家安全观对国防和军队建设提出了更高的要求，同时也为国防和军队建设提供了有力的政策保障。

（五）新时代贯彻落实总体国家安全观

习近平总书记在党的十九大报告中强调："坚持总体国家安全观。统筹发展和安全，增强忧患意识，做到居安思危，是我们党治国理政的一个重大原则。"安全，关乎人民的最基本利益。维护人民利益，保障人民安全，是国家的最基本职责。国家自身安全，是国家担负起保障人民安全职责的根本前提。国家安全是人民幸福安康的基本要求，是安邦定国的重要基石。贯彻落实总体国家安全观，必须做好以下三方面的基础性工作。

1. 认清安全形势

当今，世界多极化、经济全球化、社会信息化、文化多样化不断深入发展，这些发展变化，在带给人们新资源、新机遇、新空间的同时，也给我们带来了新压力、新挑战、新风险。综合分析国际国内形势，发现我国面临的安全发展环境复杂多变，各种可以预见和难以预见的风险因素明显增多，国家安全的内涵和外延比历史上任何时候都要丰富，时空领域比历史上任何时候都要宽广，内外因素比历史上任何时候都要复杂，维护国家安全的任务更加繁重艰巨。这就必须按照党的十九大报告的要求，坚持以总体国家安全观为指导，以国家利益为上，以人民安全为宗旨，以政治安全为根本，审时度势，与时俱进，创新国家安全理念，完善国家安全制度，坚持维护国家主权、安全、发展利益。

2. 准确把握贯彻落实总体国家安全观的原则①

（1）既重视外部安全，又重视内部安全。对内求发展、求变革、求稳定、建设平安中国，对外求和平、求合作、求共赢、建设和谐世界。

---

① 参见 2014 年 4 月 15 日，习近平在中央国家安全委员会第一次会议上的讲话。

（2）既重视国土安全，又重视国民安全。坚持以民为本、以人为本，坚持国家安全一切为了人民、一切依靠人民，真正夯实国家安全的群众基础。

（3）既重视传统安全，又重视非传统安全。构建集政治安全、国土安全、军事安全、经济安全、文化安全、社会安全、科技安全、信息安全、生态安全、资源安全、核安全等于一体的国家安全体系。

（4）既重视发展问题，又重视安全问题。发展是安全的基础，安全是发展的条件，富国才能强兵，强兵才能卫国。

（5）既重视自身安全，又重视共同安全，打造命运共同体，推动各方朝着互利互惠、共同安全的目标相向而行。

3. 围绕目标使命

贯彻落实总体国家安全观，必须聚焦和围绕实现"两个一百年"奋斗目标和中华民族伟大复兴的历史使命，坚持党对国家安全工作的领导，建立健全党委统一领导的国家安全工作责任制，强化维护国家安全责任，守土有责、守土尽责；坚持以人民利益为根本利益，创新社会治理，化解社会矛盾，促进社会公平正义，在做好维护社会和谐稳定工作中维护国家安全。

新编大学军事理论教程

思考题

1. 怎样理解战略的含义？

2. 战略一般有哪些基本特征？

3. 什么是国际战略格局？

4. 国际战略格局的基本特征有哪些？

5. 中国地缘环境的基本情况如何？

6. 怎样理解威胁的转化？

7. 我国周边安全环境中存在着哪些主要问题？

8. 我国的海域面积是多少？

9. 什么是领海、毗连区、专属经济区、大陆架、公海、国际海底？

10. 什么是领海基线？

11. 什么是海洋权益？

12. 国家安全的定义是什么？

13. 总体国家安全观的内涵是什么？

14. 如何准确把握贯彻落实总体国家安全观的原则？

15. 中国政府制定《反分裂国家法》的目的是什么？

第四章　军事高技术

第一节　军事高技术概述

一、高技术的基本概念

技术是指人类在实践活动中直接应用的知识、技能和操作方法。

高技术，亦称高新技术，是科学技术领域中处于前沿或尖端地位，对促进经济和社会发展、增强国防力量有巨大推动作用的技术群。当代高技术主要指信息技术、新材料技术、新能源技术、生物技术、航天技术和海洋开发技术等。高技术是动态的、发展的概念，即具有时代性。

（一）信息技术

信息技术是指生产、获取、传输、处理和利用信息的技术。信息技术主要包括传感技术、通信技术和计算机技术，以及支持主体技术的微电子技术、激光技术、自动控制技术、空间技术等，是当今世界新技术革命的核心与先导。信息技术在军事上被广泛应用于侦察、预警、通信、指挥、控制、电子对抗和后勤保障等方面。

（二）新材料技术

新材料技术是指研制、生产新型材料的技术。新材料技术主要包括新型金属材料、半导体材料、光学晶体玻璃材料、陶瓷材料、高分子材料和复合材料等技术，是提高社会生产力的技术基础和先导，对提高武器装备的战术技术性能有重大影响。

（三）新能源技术

新能源技术是指开发利用新能源的技术，主要包括对核聚变能、太阳能、风能、生物质能、地热能、海洋能及氢能等新能源的开发与利用的技术。

（四）生物技术

生物技术亦称生物工程，是指运用基因操作和生物反应等技术达到生产生物材料、创造新的生物物种或其他特定目的的技术。生物技术主要包括基因工程、细胞工程、酶工程、发酵工程和蛋白质工程等。军事上可应用于制造生物武器或对生物武器的防护等。

（五）航天技术

航天技术亦称空间技术，是指探索、开发和利用太空以及地球以外天体的技术。航天技术主要包括航天器和航天运输系统的研制、试验、发射、运行、返回、控制、生命保障及应用技术等。航天技术在军事上的应用十分广泛，对军事战略和武器的发展有着深远的影响。

（六）海洋开发技术

海洋开发技术是指开发利用海洋资源所涉及的各种技术的统称。海洋开发技术主要包括：海洋调查和海洋预报技术，海底石油、天然气和其他矿藏的开发技术，海洋资源的提取技术，海洋能源的开发技术，海洋空间的利用技术，渔业技术，海洋运输技术等。

人类的战争历史表明，一种先进技术发明之后，人们或快或慢、或早或迟会认识到它的军事价值，并把它运用于战争。随着政治斗争和军事斗争的强化，政治家和军事家对先进军事技术的需要越来越迫切，导致人类重大技术成果运用于战争的周期越来越短。

二、军事高技术

军事高技术是指应用于军事领域的高技术。它是对建立在现代科学技术成就的基础上，处于当代科学技术前沿，并且对武器装备、军事理论和作战样式的发展起巨大推动作用的高技术的总称。它是高技术的重要组成部分和表现形态，是诸多高技术中为了满足国防现代化的需要而发展起来的高新技术群。

高技术大致分为民用高技术与军事高技术。军事高技术既有与民用高技术相同的特征，也有自己突出的特征。军事高技术的特征主要表现在四个方面。一是发展的超前性。"现在80%的科技成果或者产生于军事领域，或者首先应用于军事领域。"① 二是效果的突袭性。历史上，坦克、化学武器、原子弹、弹道导弹、雷达、精确制导武器的研制成功和使用，都曾经带来突袭性或突然性，在战争中起过巨大作用。三是应用的双重性。军用高技术和民用高技术之间并没有严格的分界线。冷战结束以后，许多国家都把经济建设置于优先发展的战略地位，并将大量军事高技术成果转为民用，"军民结合"已经成为各国军事高技术发展的主要途径和基本模式。四是高度的保密性。美国把军事高技术分为三类：渐进性技术、突破性技术、"王牌技术"。三类技术都严格保密，保密期限依据其作用不同而不同。像核武器技术之类的"王牌技术"，在半个多世纪后的今天仍然高度保密，不向别国转让。

第二节　高技术在军事上的应用

一、精确制导武器和技术

（一）精确制导武器

精确制导武器，是指采用精确制导技术，直接命中概率在50%以上的武器。直接命中

---

① 沈永平. 军事高技术知识［M］. 北京：解放军出版社，2000：3.

概率的含义是：武器的圆概率误差小于弹头的杀伤半径。圆概率误差是指以目标为中心，弹着概率为50%的圆域的半径，其单位为米，用CEP（圆概率误差的英文缩写）表示。各类导弹以及制导炸弹、制导炮弹、制导鱼雷均属于精确制导武器。精确制导武器主要用于攻击坦克、装甲车、飞机、舰艇、雷达、指挥控制通信中心、桥梁、武器库等。

精确制导武器通常是指常规武器，不包括核武器。

1. 精确制导武器作战的主要特点

（1）直接命中率高。直接命中率高是精确制导武器最基本的特点，也是精确制导武器名称的由来。目前，一些有代表性的精确制导武器，命中率已在80%以上，激光制导炸弹和电视制导炸弹的圆概率误差均在2米以内。海湾战争中，1991年1月17日凌晨，美军一架F-117隐形战斗机将一颗重达1吨的"宝石路"激光制导炸弹，准确无误地投在了为伊拉克军队服务的巴格达市通信大楼上，从而拉开了多国部队空袭伊拉克的序幕。多国部队在38天的对伊空袭中，使用AIM-7F/M导弹击落了25架伊军飞机，而且多数为首发命中。

（2）自主制导能力强。高性能的毫米波制导系统、红外探测器和人工智能计算机在武器上的应用，使精确制导武器不仅具有较高的直接命中率，而且还通常具有"发射后不用管"的自主制导能力，它可以完全依靠弹上的制导系统独立自主地捕捉、跟踪、击毁目标，不需要人工或其他辅助设备进行干预。美国的"黄蜂"空对地导弹，采用的就是人工智能技术和先进的信号处理技术，所以它具备了初步的智能化特征。它可以在复杂的地物背景中鉴别出要攻击的目标，并能进一步判断出目标是否处在战斗部（弹头）杀伤范围之内。如果是在杀伤范围之内，则自动测算出最佳爆炸高度，将战斗部引爆，从目标顶部将其击毁；如果不在杀伤范围之内，则继续对目标进行锁定跟踪，直至目标进入有效杀伤范围为止。

（3）作战效能好。精确制导武器虽然技术比较复杂，制造成本高，但由于其具有较高的直接命中率，因而作战效能好，效费比高。同无制导功能的武器相比，精确制导武器在完成同一任务时，其弹药消耗量小，所需作战费用大大低于常规弹药。在海湾战争中，多国部队使用的精确制导弹药仅为用弹总量的8%，但80%以上的预定目标是由它击毁的。目前，精确制导武器的效费比通常为常规弹药的25～30倍。

精确制导武器除上述特点外，还具有较高的机动能力和较强的全天候作战能力，并且射程远、威力大，能有效摧毁所要攻击的目标或大面积杀伤敌人。

2. 精确制导武器的种类

（1）导弹。导弹是指依靠自身动力推进，能控制其飞行弹道（轨迹），将战斗部（弹头）导向并毁伤目标的武器。一枚完整的导弹必须具备四大要素：战斗部、控制系统、推进系统、飞行器（弹体）。人造卫星的运载火箭因其有效载荷不是战斗部，不能被称为导弹；制导炸弹因缺少动力装置，不能被称为导弹；火箭因缺少制导系统，不能被称为导弹；制导鱼雷因不具备飞行器功能，也不能被称为导弹。而火箭助飞的鱼雷因具备了上述四大要素，所以能被称为导弹。

①导弹的分类。导弹的种类较多，名称各异，其分类法通常有三种：一是按发射点与目标位置的关系分类，可分为地地导弹、地空导弹、岸舰导弹、空地导弹、空舰导弹、空

空导弹、潜地导弹、舰空导弹、舰舰导弹、空潜导弹、舰潜导弹、潜潜导弹等；二是按攻击活动目标的类型分类，可分为反坦克导弹、反舰导弹、反潜导弹、反飞机导弹、反弹道导弹、反卫星导弹等；三是按作战使用分类，可分为战略导弹和战术导弹。

②导弹武器系统。导弹和使导弹完成作战任务的一套完整的技术设备统称为导弹武器系统。导弹武器系统由以下四大系统组成。

一是导弹系统。该系统是导弹武器系统的核心，通常由推进、制导、弹头、弹体结构和弹上电源五个分系统组成。导弹推进系统就是导弹动力装置，其核心是发动机。导弹制导系统的主要任务是实时测量导弹相对目标的位置、确定导弹的飞行轨迹、控制导弹的飞行轨迹和飞行姿态、保证战斗部准确命中目标。导弹弹头系统是导弹毁伤目标的专用装置，亦称导弹战斗部，按战斗部装药的不同分为导弹常规弹头、导弹特种弹头和导弹核弹头。战术导弹多用常规弹头，战略导弹多用核弹头。每枚导弹所携带的弹头可以是单弹头或多弹头，多弹头又可分为集束式、分导式和机动式。战略导弹多采用多弹头，以提高导弹的突防能力和攻击多目标的能力。导弹弹体结构系统是用于构成导弹外形、连接和安装弹上各分系统且能携带各种载荷的整体结构。弹上电源系统是用于保证导弹各系统正常工作的能源装置。除弹上电源外，通常还包括各种配电和变电装置。

二是地面（机载、舰载）设备系统。该系统用于保证导弹发射和控制导弹飞行的各种弹外设备。它用于运输、转运和安装导弹，使导弹处于不同战备等级，以及进行技术准备、发射准备和从弹外控制导弹飞行。

三是侦察瞄准（探测跟踪）系统。该系统用于获得目标信息（方位、距离），并使导弹指向所需方向。许多战术导弹的侦察瞄准（探测跟踪）系统可以是导弹上的一个装置，也可以是地面制导装置的一部分。在战略导弹中，侦察瞄准和制导是有明确的先后之分的。特别是对于战略核导弹用的侦察瞄准系统，有的国家已将其发展成独立的专门系统，其中包括综合利用测地卫星、侦察卫星等获取的信息，最后确定打击目标的准确坐标，并据此规定射击方向和装定射击诸元，使发射后的导弹能按要求自动地准确导向目标。

四是指挥系统。该系统是对用于指挥员对所属部队发号施令，沟通上下级指挥机关和友邻部队之间信息交换的各种技术设备的统称。其具体组成按导弹类型不同而有差异。

（2）制导炸弹。制导炸弹，是指投放后能对其弹道进行控制并导向目标的航空炸弹。它是在普通航空炸弹的基础上增加制导装置而成的。制导炸弹与导弹不同。导弹本身有动力装置，可以做远距离飞行。而绝大多数制导炸弹本身没有动力装置，只能靠飞机投弹时所赋予的初速度做滑翔飞行，在炸弹本身制导设备的作用下，自动修正飞行偏差，控制炸弹准确命中目标；少数带小动力推进系统的制导炸弹则由于其自带动力系统的推进作用，飞行距离以及在空中逗留的时间有所增加。制导炸弹与空地导弹相比，它的作用距离较近，机动能力有限，但结构简单，造价较低。制导炸弹主要用于炸毁防空兵器、火炮、坦克、装甲车和仓库，破坏机场跑道、桥梁、堤坝、隧道，特别是坚固的建筑设施，以及炸沉水上目标等。在各种类型的精确制导武器中，制导炸弹占有比较重要的地位。目前，制导炸弹主要有以下两种：

① 电视制导炸弹。这是装有电视导引头，能自动导向的航空炸弹。其工作原理是：飞

行员发现目标后，使电视导引头的摄像机对准并"锁住"目标，在载机飞到距目标一定距离时投下炸弹，电视导引头便自动跟踪目标，连续测定弹道偏差，并形成控制指令，控制系统根据指令操纵舵面偏转，引导炸弹飞向目标。电视制导炸弹的命中精度较高，但受天气的影响较大，一般只能在能见度良好的白天使用。

②激光制导炸弹。这是装有激光制导导引头，能自动导向的航空炸弹。在普通航空炸弹上安装一个激光寻的器就成了激光制导炸弹。激光制导炸弹的使用方法是：在载机投弹前先用地面或飞机上的激光照射器照射目标，当机上的激光搜索跟踪器捕捉到激光反射回波后，即可进行投弹。炸弹投下后，由激光导引头控制舵面，修正偏差，自动跟踪被照射的目标。这种炸弹的优点是：成本较低，因为可用普通航弹改装，所以成本比电视制导炸弹还要低；命中精度高，其命中精度理论误差不超过1米，比电视制导炸弹精度更高。但激光制导炸弹受气象条件影响较大，遇有雨、雾、灰尘、水气、烟幕时，命中精度会大大下降。

（3）制导炮弹。制导炮弹是指弹丸上装有末段制导系统和空气动力装置，发射后能自动捕获目标并自动导向攻击目标的炮弹。它像导弹那样自动跟踪目标，却没有导弹那样的动力装置；它像普通炮弹那样用火炮来发射，但又比普通炮弹多一种特殊本领——能自动导向目标。所以，它又叫末端制导炮弹。制导炮弹主要用于打击远距离的坦克、装甲车和舰艇等点状活动目标。目前，炮射制导炮弹主要有以下三种：

①激光制导炮弹。如美国的"铜斑蛇"激光制导炮弹。该炮弹用155毫米口径榴弹炮发射，射程为3~20千米，采用激光半主动寻的制导系统。

②毫米波制导炮弹。如美国的"萨达姆"毫米波制导炮弹。该炮弹被人们誉为"灵巧的智能型炮弹"，它用155毫米或203毫米大口径榴弹炮发射，每发炮弹装有3个子弹头，子弹头用35千兆赫辐射能作被动寻的制导。炮弹发射后，由延时引信控制母弹在目标区上空500米高处将子弹头抛出。子弹头被抛出后，随即打开降落伞，以10米/秒的速度下降。当下降到距地面150米左右时，子弹头内的毫米波探测器开始工作。由于子弹头挂有涡旋环形降落伞，所以它能自动旋转扫描搜索目标。一旦爆炸，弹丸射出去，以10倍音速所产生的高动能可贯穿坦克的顶部装甲。

③红外寻的制导炮弹。如瑞典的"斯特勒克斯"制导炮弹。该炮弹用120毫米口径的迫击炮发射。在已知目标方位的情况下，可在距目标8千米时发射炮弹。当炮弹飞过弹道最高点后，红外导引头就开始搜索目标，当感应到目标所产生的红外线后，导引头自动锁定，在制导与控制系统的作用下飞向目标。

（4）制导地雷。制导地雷是指具有自动辨认目标能力，能主动攻击一定范围内活动装甲目标的新型地雷。它是集自锻破片技术、遥感技术和微处理技术等高技术于一身的智能武器。目前主要有两种：

①反坦克制导地雷。它装有一个无源音响传感器和一套通信设备，能发现300米外的装甲目标，并待其接近至100米时自行引爆。

②反直升机制导地雷。它装有音响传感器、光电传感器和微处理机，能在地面半径为1 000米的空间内自动寻的，识别敌我目标，待直升机飞临传感器警戒范围内，传感器引爆地雷，自动抛射药将雷体抛向目标，以自锻破片摧毁目标。

（5）制导鱼雷。制导鱼雷是进攻性水中兵器，通常由潜艇或水面舰艇发射，执行反潜和反舰任务。在远距离的反舰战斗中，导弹的威力超过鱼雷，但在水下作战领域，尤其是深水作战领域，鱼雷仍占有头等重要的地位，特别在潜艇威胁日益严重的今天，各国海军对制导鱼雷的发展更加重视，都把制导鱼雷作为当今重点发展的水中兵器之一。

制导鱼雷出现于第二次世界大战末期。之后，人们在被动声制导、有线制导的基础上研制出了主动声制导、主被动声复合制导等制导鱼雷。目前，主动声制导系统的作用距离可达 1 700 米，被动声制导系统的作用距离可达 2 500 米。20 世纪 70 年代以来，制导鱼雷的制导系统大多采用多频制，并采用编码和时空分析技术，从而使制导鱼雷能在干扰条件与复杂的海洋环境中检测出真假目标信号，具有很强的抗干扰能力。鱼雷的制导形式除了利用声制导以外，还可利用尾流制导。

（二）精确制导技术

精确制导技术是指以高性能光电探测器为基础，采用目标识别、成像跟踪、相关跟踪等新方法，控制和引导武器准确地命中目标的技术，包括红外制导、激光制导、电视制导、微波制导和毫米波制导等技术。精确制导技术是精确制导武器的核心技术，贯穿于精确制导武器作战使用的全过程。

1. 按制导方式分类

（1）自主制导。自主制导是指弹体（导弹或弹药）依据事先储存于自身内的固定运行参数（飞行方案或叫飞行程序），自行控制弹体飞向目标的技术。其引导指令信号仅由弹载制导设备灵敏感知地球或宇宙空间物质的物理特性而产生，制导系统与目标和指挥站之间不发生联系，因此称之为自主制导。自主制导设备在制导过程中不依赖任何外部控制信息，只利用弹体内部或外界某些固定的参考基准作为依据，如惯性制导（利用弹载惯性仪表的测量值、飞行时间、引力场变化和导弹初始状态，自动确定导弹的瞬时运动参数）、星光制导（利用恒星作为固定参考点，飞行中用星光跟踪器观测星体的方位，校正惯性基准随时间的漂移）、程序制导、地形匹配制导等。其最大优点是发射后不用管，抗干扰能力强，适于打击固定目标。多数弹道导弹主要采用自主制导方式。

（2）寻的制导。寻的制导是指依靠弹上导引装置接收目标辐射或反射的能量（如红外、激光、无线电波）形成导引信号而自动导向目标的制导，分为主动寻的制导、半主动寻的制导和被动寻的制导。即弹上的寻的器（或称引导头，亦称目标跟踪器）接收由目标辐射或反射的能量，测定目标和弹体相对运行的参数，按照确定的关系直接形成引导指令，产生选定的导引规律所需要的信号，自动控制武器飞向目标。弹体运行时，弹载制导系统接收来自目标的能量，由弹载角度敏感器觉察出其接近目标时的方向偏差，弹载计算机依照偏差形成引导指令，确保武器飞向目标。根据弹上导引头所敏感的辐射源的物理特性，寻的制导可分为雷达寻的、红外寻的、激光寻的和电视寻的等多种类型；根据辐射源的位置，寻的制导可分为三种。

①主动寻的制导。主动寻的制导的辐射源在武器（导弹或弹药）上。它是由武器主动发射能量（光波或电波）寻找目标，并由武器导引头接收来自目标的反射能量，从而发现目标，自动控制武器飞向目标。这种制导无须武器以外的控制系统参与就可以独立完成任

务。（见图4-1）

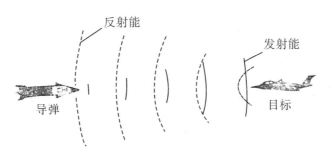

图 4-1　主动寻的制导原理示意图

　　②半主动寻的制导。半主动寻的制导的辐射源不在武器上，它的能量发射装置在地面、水面或空中。当武器以外的设备发射能量（光波或电波）寻找到目标时，该武器导引头才能接收到来自目标的反射能量，才能发现目标，控制自己飞向目标。（见图4-2）半主动寻的制导有雷达半主动寻的制导和激光半主动寻的制导两种。

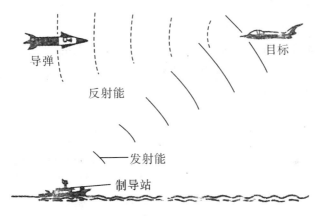

图 4-2　半主动寻的制导原理示意图

　　③被动寻的制导。被动寻的制导的辐射源来自目标本身。武器导引头根据目标的不同物理特性作为跟踪的信息来源。如美国"响尾蛇"系列空对空导弹，大多数就采用被动红外寻的制导。它的红外导引头由红外位标器、陀螺机构与电子线路三大部分组成。红外位标器接收飞机或其他飞行目标的热辐射，经处理后形成制导指令，自动跟踪目标，并控制导弹飞向目标。（见图4-3）

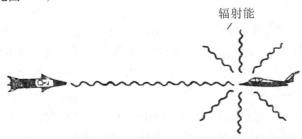

图 4-3　被动寻的制导原理示意图

（3）遥控制导。由控制机构通过传输信道，对远处被控对象发送指令信息实施控制的制导方式叫遥控制导。该制导系统由两大部分组成，一部分是安装在弹体上的信息接收系统，一部分是安装在地面、飞机或舰艇上的信息发送系统，即制导站。由制导站从远处发送指令信息控制弹体飞行，攻击目标。遥控制导有多种分类法，通常根据所用装置的特点分为以下三种：

①有线指令制导。这是指通过连接制导站与导弹的专用导线，传输制导指令的一种遥控制导。在导弹飞行过程中，专用导线是悬在空中的，它要受导线的强度、长度和释放速度等因素的约束。用光纤做导线，传输指令不易受干扰，是近距离反坦克，反装甲车的理想武器。

②无线指令制导。这是指将制导指令经由发射天线以无线电波的形式发送到弹上的一种遥控制导。弹上的信息接收设备接收到制导指令后，形成弹上控制信号，控制导弹的飞行。雷达是无线电指令制导最早和最广泛使用的跟踪测量装置。随着光电器件、集成电路、信号处理、计算机等技术的迅速发展，军事中使用红外、激光、电视等设备作为跟踪测量手段的情形日益增多。

③波束制导。这是指由制导站发出无线电或激光波束作为指导基准，使设备形成制导指令，控制导弹飞行的一种遥控制导，又称驾束制导。制导站跟踪测量装置使该波束始终指向目标，并形成强信号线，弹上装置自动测定其对等强信号线的偏离角度与方向，并控制导弹使其处于波束中心处飞行，直至击毁目标。早期波束制导中，被使用较多的是雷达波束制导。

（4）复合制导。复合制导是指采用两种及以上制导方式相结合的制导。先进的复合制导可以取长补短，大大提高命中精度和抗干扰能力，在同等精度的情况下可以比单一制导方式的作用距离远。复合制导可分为串联复合制导和并联复合制导两类。目前，复合制导可分为六种：一是惯性+雷达相关末制导，二是惯性+星光制导，三是惯性+地形匹配制导（以地形匹配制导辅助惯性导航系统，由惯性导航系统控制导弹按预定弹道飞行，中段用地形匹配制导修正惯性导航的误差，直至接近目标），四是惯性+半主动寻的中制导+主动寻的末制导，五是遥控+寻的制导，六是惯性+遥控+寻的制导。

复合制导系统结构比较复杂，弹上设备体积大，成本较高，因元器件多而降低了系统的可靠性。随着惯性器件、光电器件、微型计算机、信息处理和传输技术的发展，复合制导系统的小型化、低成本、高可靠性问题正逐步得到解决，并将得到愈来愈广泛的应用。

2. 按技术原理分类

（1）惯性制导。惯性制导是指利用装在弹上的陀螺装置、加速度表等惯性仪表进行的制导，即通过惯性测量装置测定武器的飞行状态数据，按照选定的导引规律形成指令，再与制导程序中预定数据相比较，当发现实际飞行轨道与原定轨道发生偏差时加以修正。其特点是抗干扰能力强、隐蔽性好，但制导误差会随着时间的增长而增大。

（2）地形匹配制导。地形匹配制导是指利用装在弹上的图形识别装置和遥感技术获得导引信息，将导弹自动引向目标的制导，即将导弹实测地图信息与预先储存在弹上的基准地图信息作比较，确定导弹所在位置与它偏离预定位置的误差，形成导引信号，控制导弹飞向预定的弹道。地形匹配制导通常利用地球表面海拔高度（或地形特征）数据来确定飞行器的地面坐标位置，以修正惯性制导的工作误差。其特点是抗干扰能力强、制导精度高，但设备复杂。地形匹配制导常用于巡航导弹的制导。

（3）卫星制导。卫星制导是指利用接收卫星发射的信号进行的制导，主要是利用全球卫星导航系统进行制导。美国的"导航星"全球定位系统（GPS）技术最成熟，应用最广泛。它在天上的导航卫星分布在 6 个轨道面，轨道高度约 2 万千米，运行周期 12 小时，可以同时接收至少 4 颗卫星的信号（信号到达时间和调制数据等），通过数据处理，实时确定武器所在位置的三维坐标和运动速度。武器上安装的 GPS 制导系统，可在飞行过程中实时地接收导航卫星发出的信号，确定自身位置等信息和制导。卫星制导主要用于中段制导，一般与惯性制导复合使用。它分为有源和无源两种，其中无源卫星制导较为隐蔽，抗干扰能力强；有源卫星制导容易遭受干扰。

（4）激光制导。激光制导是指利用激光技术获得导引信息，并按选定的导引规律进行的制导。也就是说，激光制导是用来控制飞行器飞行方向或引导兵器击中目标的一种激光技术。激光制导与其他种类的制导相比，具有结构简单、作战实效成本低、抗干扰能力较强、命中精度高等优点。不足之处是受大气及战场条件影响较大，不能全天候工作等。

激光制导的基本原理是：用激光器发射激光照射目标，装于弹体上的激光接收装置则接收照射的激光信号或目标反射的激光信号，算出弹体偏离照射或反射激光束的程度，不断调整飞行轨迹，使战斗部沿着照射或反射激光前进，最终命中目标。

激光制导可分为激光波束制导和激光寻的制导两种：

①激光波束制导。这种制导是把激光接收器装在弹上，制导站的激光器对着目标照射，形成激光波束，发射后的导弹在激光波束内飞行，当导弹在飞行中偏离激光波束轴线时，接收器能灵敏感知导弹偏离的大小和方位，于是形成误差信号，并形成控制指令进行修正。

②激光寻的制导。这种制导是利用目标散射的激光回波进行制导，又分为主动（激光照射器和接收器都装在弹上）和半主动（弹上只装激光寻的器，激光照射器在弹体之外）两种。

（5）红外制导。红外制导是指利用目标辐射的红外线获得制导信息进行的制导，即利用目标辐射的红外能量来测量弹与目标的位置和角度参数，导引和控制武器飞向目标的制导方式。红外制导常用于空对空导弹和地对空导弹。

目前主要使用的红外制导是被动式红外制导，其工作体制上又分为成像制导和非成像制导两种。所谓红外成像制导，是利用热成像仪摄取目标图像信息，利用计算机进行处理后形成控制信号的制导。按其摄像的方式又可分为光学机械扫描式和凝视式两种。凝视式是未来发展的主流。所谓非成像红外制导，是利用武器的红外导引头接收目标辐射的红外线，跟踪目标并形成控制信号的制导。

（6）电视制导。电视制导是指利用电视技术提供目标信息，形成制导指令进行的制导，即利用电视摄像机获取目标图像信息，形成控制信号来控制武器飞向目标的制导方式。电视制导又可分为可见光电视制导、红外电视制导、激光电视制导。

资料：

中国东风-41 弹道导弹

东风-41 弹道导弹（中国代号：DF-41，北约代号：CSS-X-10），是目前中国军方对外公布的战略核导弹系统中最先进的系统之一。它采用三级固体运载火箭作为动力，最大射程约 1.4 万千米。其载车能在公路进行机动，同时具有一定的越野性能。此外，该型导弹采用了电脑控制的惯性制导系统，这使得导弹的命中精度得到大幅提高。

东风-41 采用多弹头独立重返大气层载具（MIRV）技术，从而实现了运载火箭及分弹头自适应变轨。该技术并非是简单地在一枚导弹上装载多枚分弹头，而是让每个分弹头都有独立的飞行弹道，可调整轨迹攻击不同目标。这样每枚反导拦截导弹最多只能摧毁一个分弹头。东风-41 可携带 6~10 枚分导式核弹头，这将严重动摇各国反导系统的可靠性。

2016 年 4 月 19 日，中国进行可分导的新型东风-41 洲际弹道导弹试验。该型导弹2018 年服役。

二、伪装和隐形技术

（一）伪装技术

伪装是指隐蔽自己和欺骗、迷惑敌人的措施。现代伪装技术，是指用现代伪装材料以及科学方法和手段隐蔽自己和欺骗、迷惑敌人的技术。

1. 现代伪装技术相关分类

（1）伪装范围分类。伪装范围一般分为三类：一是战略伪装，即对带全局性、长远性、高层性的目标所进行的伪装；二是战役伪装，即对一定区域和时间内的目标所进行的伪装；三是战术伪装，即对具体目标所进行的伪装。

（2）伪装方法分类。伪装方法一般分为两类：一是天然伪装，即利用地形和能见度不良的天候（夜暗、雾、雨、雪）等自然条件实施的伪装；二是人工伪装，亦称技术伪装，是用伪装器材、工程作业和其他技术手段实施的伪装。

（3）伪装技术分类。伪装技术一般分为四类：一是遮障技术，包括天然遮障和人工遮障两种；二是融合技术，指通过减小目标与背景之间的对比度或消除目标与背景之间的差别，使目标融合于背景之中的技术；三是示假技术，指设置假目标欺骗、迷惑敌人的技术；四是规避技术，指利用敌方侦察监视器的侦察监视盲点躲避侦察监视的技术。规避方法主要有两种：一种是准确掌握敌方侦察卫星的运动规律，特别是敌方侦察卫星的过境时间，利用好这种时间差，使己方军队和兵役的机动避开敌方卫星的侦察监视；一种是利用不良天气或合理选择目标背景以及转移路线，有效地躲避敌方的侦察监视。

2. 现代伪装材料

这是实施伪装所用的器具和材料的统称，分为制式伪装器材和就便伪装器材。制式伪装器材是指事先按一定规格制作的伪装器材。其种类较多，如伪装网、伪装服、角反射器、伪装涂料、单兵伪装材料等。就便伪装材料是指就地取材的伪装材料，如一些工业制品以及木材、竹材、树枝、草皮、木屑等。

3. 现代伪装技术在战争中的应用

（1）防光学伪装。这是指为降低敌光学侦察仪器的发现概率和制导武器的命中概率而实施的伪装。防光学伪装方法主要包括：采取遮障措施，设置假目标，施放烟幕，消除或降低目标颜色的差别，实行灯火管制等。

（2）防雷达伪装。这是指为降低雷达及其制导的武器对目标的探测和命中的概率而实施的伪装。雷达波近似直线传播，因此，利用地形、地貌是防雷达侦察伪装的最佳途径。但对于雷达通视区内的目标，则应消除和模仿雷达波的反射差别。消除方法有：提高背景反射雷达波的强度，使雷达荧光屏上目标回波淹没在背景回波中；利用雷达分辨率的限制，将目标配置在地物近旁，使目标的光标信号与地物的光标信号融为一体；减少目标对雷达波的反射强度，或使用衰减无线电波的干扰器材作为隔绝遮障，或在目标的表面涂盖对雷达波吸收率高的材料，以达到弱化雷达反射目标的目的。模仿方法有：在目标上装上雷达波接受与发射装置，当这种装置接收到雷达所发射的脉冲时，经延迟、放大后再发射出去，使敌方雷达显示屏上看到的距离和位置均与真实目标不同；设置雷达假目标等。

（3）防热红外伪装。这是指为降低敌热红外侦察仪器的发现概率和热红外武器的命中概率而实施的伪装。其主要措施有两类：一是消除目标背景的红外辐射差别。如将目标配置在与红外侦察器材不通视的天然屏障中，利用具有一定厚度与背景相似的粗糙器材将目标遮掩，在发热目标表面涂上隔热层或覆盖隔热材料以降低红外辐射。二是模仿红外辐射差别。如在防光学侦察的假目标内设置热源，以对付红外夜视和照相侦察；施放热红外烟幕直接设置热源，以对付红外探测仪的侦察监视。

（二）隐形技术

隐形技术，亦称隐身技术，是指减弱目标辐射和反射的特征信息，使之难以被探测系统发现的技术。隐形技术是传统伪装技术向高技术化发展和延伸的产物，是 21 世纪主要发展的军用高技术之一。它是综合了如流体力学、材料学、电子学、光学、声学、热学等众多领域的技术于一身的技术。

1. 隐形技术的分类

（1）无源隐形技术。无源隐形技术大体分为三类。

①隐形外形技术。该技术包括两种：一是防雷达探测隐身外形技术，即在外形设计上避免出现任何边缘、棱角、尖端、缺口等垂直相交的面，将这些部位设计成锐缘或弯曲缘，以抑制强天线型散射和谐振散射。二是防可见光探测隐身外形技术。在可见光侦察条件下，目标的尺寸越小越难辨认；目标的外表形状越不规则，外形轮廓越不清楚。因此，隐形兵器的外形设计考虑到了这些因素。

②隐形结构技术。该技术分为五种：一是防雷达探测隐形结构技术，主要包括合理设

计发动机进气和排气系统；减小辐射源数量，尽量消除外露突起部分；采用遮挡结构；缩小兵器尺寸；采用高密度燃油及适应这种燃油的发动机等。二是防红外探测隐形结构技术。该技术主要是通过改造红外辐射源来抑制目标的红外辐射。其技术措施包括：采用散发热量较小的发动机；改进发动机结构和改进发动机喷管的设计；采用闭合环路冷却的环境控制系统，以降低载荷设备的工作温度。三是防电子探测隐形结构技术。该技术通常包括减少无线电设备，采用低截获概率技术改进电子设备，减小电缆的电磁辐射，避免电子设备天线的被动反射率。四是防可见光探测隐形结构技术。该技术主要包括控制目标的亮度和颜色，控制目标发动机喷口的火焰和烟迹信号，控制目标照明和信标灯火，控制目标运动构件的闪光信号。五是防声波探测隐身结构技术。该技术主要包括改进发动机和辅助机的设计，采用减振和隔声装置，减小螺旋桨运动对介质的扰动噪声，合理进行目标整体设计等。

③隐形材料技术。隐形材料是隐形技术的关键。目前的隐形材料主要有三种：一是吸波、透波材料。它将照射其上的雷达波或吸收，或透过，从而减小雷达回波强度，以达到目标隐形目的。二是吸热、隔热材料。吸热材料是指那些热容量较大或能将热能转换成其他能量的材料。隔热材料是导热系数小、热阻大的材料。目标热能低便于隐身。三是吸声、阻尼声材料。这类材料具有优越的吸声性能。用于潜艇的吸声和阻尼声的隐形材料，主要有吸声涂料和吸声瓦（降噪阻尼吸声橡胶片）两种。

无源隐形技术有许多优点，但也有其固有的缺陷，如隐形外形会在一定程度上影响飞行器的气动性能和弹药装载量；吸波涂层会增加平台和武器的重量，影响其速度和机动性。

（2）有源隐形技术。有源隐形技术可有效地克服无源隐形技术上述缺陷，获得更好的隐形效果。有源隐身技术主要是利用光电、红外等主动干扰手段隐蔽目标，其发展势头越来越强劲。现实的有源隐形技术主要有三种。

①有源抵消技术。发射与敌方雷达波幅度相近、相位相反的电磁波，使二者能量抵消，使敌方雷达手无法发现目标。

②低截获概率电子设备。尽量减少机载电子设备电磁信号被截获的机会，如机载雷达自主管理发射功率，捕获到目标后立即将辐射能量自动降低到跟踪目标所需要的最小值；在时间、空间和频谱方面控制电子设备的电磁波发射；采用频率捷变技术。

③主动伪装措施。在兵器上安装特殊照明系统或采用电致变色材料。安装特殊照明系统可调节目标的表面亮度，降低或消除目标与背景的对比度；采用电致变色材料可使目标与背景颜色相近或一致，从而取得隐身效果。

2. 当代隐形武器简介

（1）隐形飞机。这是指广泛采用减弱自身的辐射和反射信息的技术，不易被探测系统发现的飞机。它具有较强的隐蔽性、生存力和较高的作战效能。已研制成功的隐形飞机主要有：SR-71 隐形高空侦察机、F-117A 隐形战斗轰炸机、B-1B 隐形战略轰炸机、B-2 隐形战略轰炸机等。中国已研制出自己的隐形战机。在隐形战机的研制方面，美国目前居于世界的领先地位。

（2）隐形导弹。导弹已成为现代战争的主战兵器。发明和使用隐形导弹的主要国家是美国，它已经研制成功的隐形导弹有 AGM-86B、AGM-129 型隐形战略巡航导弹和 AGM/MGM-137 型隐形战术导弹以及"战斧"巡航导弹等。

（3）隐形舰船。这是指经过减小雷达散射截面积、降低噪声、抑制红外辐射、控制自身的电磁辐射特征和对航迹进行了隐形等技术处理的舰船。世界上首款隐形舰船是法国的"拉斐特"隐形护卫舰。该舰满载排水量为 3 600 吨，最大航速为 25 节，最大续航能力为 7 000 海里。

（4）隐形坦克。坦克作为地面作战的主要突击兵器，一旦增加了隐形性能，就如虎添翼，可以减少被对方红外、雷达等高技术侦察器材的发现率，免遭敌人导弹、制导炮弹等武器攻击。从 20 世纪 80 年代中期以来，美、英等军事强国都在研制隐形坦克，并取得了较大的进展。

此外，还有隐形枪。隐形枪多由短枪改装，外形像一般的枪。隐形枪包括手杖式、手套式、钢笔式、照相机式等单发枪和手提箱式等连发枪。目前，正在研制中的隐形武器装备还有隐形通信系统、隐形火炮等。现代隐形兵器的发展和应用，对增加作战的突然性起着重要的作用。但是，它还存在着不少缺陷，在通常情况下，它只能在一定范围和条件下发挥一定的隐形作用。隐形技术的发展，将进一步促进侦察监视技术和隐形武器的发展。

三、侦察监视技术

（一）侦察监视技术概述

侦察是指为弄清敌情、地形和其他有关作战方面的情报，进行考察、秘密察访等活动。监视是指从旁严密注视。侦察监视技术是指为弄清敌情、地形和其他有关作战方面的情报，进而跟踪目标所采用的技术。

1. 侦察监视技术分类

一是按侦察监视技术设备载体的活动区域区分，可分为地面、水面、水下、航空和航天侦察监视技术。二是按侦察监视的任务和范围区分，可分为战略、战役和战术侦察监视技术。三是按侦察监视技术的原理区分，可分为光学、电子和声学侦察监视技术。

2. 侦察监视过程

侦察监视过程一般分为六个阶段：一是发现目标阶段，即通过把目标与背景进行比较，将目标从背景中提取出来，确定目标的位置；二是区分目标，即把目标的外形和运动特征进行区分，确定目标的种类；三是识别目标，即对目标进行详细的辨认，确定目标的真假、敌友以及确切的种类和型号；四是目标定位，即探测出目标的方位、高度和距离；五是目标监视，即对发现的目标进行严密的注视和观察；六是目标跟踪，即对运动目标进行不间断的监视。

（二）侦察监视技术简介

1. 地面侦察监视技术

地面侦察监视技术，是指在陆地上进行侦察监视所使用的技术。

（1）无线电技术侦察。无线电技术侦察即使用无线电技术器材搜集和截收敌方无线电信号的侦察，主要是截收和破译敌方无线电通信信号，查明敌方无线电通信设备的配置、战术技术性能和使用情况，据此判明敌方的编成、部署、指挥关系和行动企图。

无线电技术侦察的方式主要有三种：

①无线电侦收。无线电侦收即使用无线电收信器材接收敌方的无线电通信信号，以获取情报。

②无线电侦听。无线电侦听即使用无线电收信器材收听敌方的无线电通话，以获取情报。

③无线电测向。无线电测向即使用无线电测向设备确定正在工作的无线电台的方位。

无线电技术侦察的主要优点：一是隐蔽性较好，二是侦察距离较大，三是不易受气候条件限制，四是可以不间断地对敌方进行侦察监视。其主要缺陷：一是受强电波的干扰，二是受侦察距离的限制，三是受器材性能的约束，四是受敌方的隐蔽措施的制约。

（2）雷达侦察。雷达侦察即使用雷达设备，利用物体对无线电波的反射特性测定目标的方位、距离和运动速度的侦察。它的主要特点：一是探测距离较远，二是测量精度较高，三是能全天候工作。它是目前广泛应用的一种侦察技术。雷达侦察包括使用战场侦察雷达、对空情报雷达、对海警戒雷达、地炮雷达、预警雷达等进行的侦察。

（3）地面传感器侦察。地面传感器侦察即使用传感器对地面目标运动所引起的电磁、磁、声、地面震动和红外辐射等变化量进行探测，并把它转换成人能识别与分析的图像及电信号的侦察。

目前，使用较多的传感器有：

①震动传感器。它是利用地面扰动波来探测目标。它的主要优点是探测灵敏度高，探测距离较远（通常可有效探测到 30 米以内运动的人员和 300 米以内运动的车辆），具有一定的区分目标的能力（如能够区分出是人为扰动还是自然扰动，但不能识别是徒手人员还是全副武装人员，是轮式车辆还是履带式车辆）。

②声响传感器。它的工作原理与麦克风相同。它能重现目标运动时所发出的声音，识别目标的能力较强。如果运动目标是人员，通过它能直接听到目标的声响和说话内容，还能判明目标的身份和国籍。如果运动目标是车辆，通过它可以判明车辆的类别。它可以探测出 40 米范围内人与人之间的正常对话内容，可以探测出数百米远的运动车辆。

③磁性传感器。它是利用磁场的变化探测目标。它具有较强的目标识别能力，能分辨徒手人员、武装人员和各种车辆，而且探测速度较快，通常速度为 2.5 秒。但它易受能源限制，探测范围较小，对武装人员的探测距离是 3~4 米，对运动车辆的探测的距离在 20~25 米。

④应变电缆传感器。它是利用应变钢丝的变形引起阻值变化来探测目标。它的探测范围同电缆布设长度相等，一般在 30 米左右。这种电缆只能人工埋设，因此易受野战条件限制。但是，在边海防和特殊设施预警上使用较方便。它的主要优点是探测速度快，一般为 2.5 秒，而且可靠性高，识别人员和车辆的效果较好。

⑤红外传感器。它是利用钽酸锂受热释电的原理来探测目标。它的体积小，隐蔽性能好，探测速度快，但只能由人工设置，而且限于探测正面的扇形区域，还不具备识别目标

性质的能力。

2. 水下侦察监视技术

水下侦察监视技术，是指使用水下侦察监视设备探测水下目标的技术。水下侦察监视设备大体分为两大类：一是水声探测设备，二是非水声探测设备。

（1）水声探测设备。它主要包括声呐、水下噪声测量仪、声线轨迹仪、声速仪等。

声呐，是指利用水下声能来探测水中目标及其状态的仪器。

按声呐的工作方法，可将其分为两大类。一是主动式声呐。它主动地向海中发射声信号，通过接收反射回来的声信号测定目标的方位和距离。它的突出优点是可以探测静止无声的目标。它的主要缺陷是容易被敌方侦听，暴露自己；侦听距离较近。二是被动式声呐。它不主动发射声信号，而是被动接收海中发出的噪声信号来发现目标，判断目标的方位和性质。它的突出优点是隐蔽性、保密性较好，识别能力较强，侦察距离较远。它的主要缺陷是不能探测静止无声的目标，也不能测定目标距离。

按声呐的使用对象，可将其分为四类：水面舰艇声呐、潜艇声呐、海岸声呐、航空声呐。其中航空声呐包括吊放式声呐、拖曳式声呐和声呐浮标系统三种。

（2）非水声探测设备。它主要包括磁探测仪、红外线探测仪、废气探测仪等。

3. 航空侦察监视技术

航空侦察监视技术，是指使用航空侦察监视设备对空中、地面、水面和水下情况进行侦察监视的技术。其使用平台主要有有人驾驶侦察机、无人驾驶侦察机、侦察直升机、预警机四种。

航空侦察监视设备主要有八种。

①可见光照相机。它分为画幅式、航线式和全景式三种。

②红外照相机。它采用只能透过红外辐射的锗制镜头和对红外辐射敏感的专门红外胶卷拍摄目标图像，根据所拍摄的红外黑白照片的色调变化或红外彩色照片的色彩变化，识别和发现隐蔽目标。它具有在夜间或浓雾等不良条件下拍摄远距离目标影像的能力。

③多光谱照相机。它是把电磁波划分成几个窄的谱段，用几台照相机（可以是一架多镜头照相机或多架单镜头照相机或光束分离型多光谱照相机）同时对同一地区拍照，得到同一地区几个谱段的成套照片。它具有"剥"去绿色植物伪装，发现目标真相的能力。

④激光扫描照相机。它主要用于低空和夜间摄影，所拍摄的照片具有逼真生动、立体感强、分辨率高、容易判读的特点。

⑤红外扫描设备。它是利用光学扫描技术和对中、远红外辐射敏感的半导体材料，将地物辐射的能量转变成电信号，进行放大处理后再转变成可见光图像。根据提供图像的方式不同，红外扫描设备可分为红外扫描相机、前视红外系统和热像仪等。

⑥电视摄像机。它体积较小，重量较轻，没有机械传动部件，容易获得地面遥感数据，而且对光照度要求较低，分辨率较高。

⑦合成孔径雷达。它是利用雷达与目标的相对运动，把尺寸较小的真实天线孔径，用数据处理方法，合成较大的等数天线孔径雷达。它分辨率高，可以全天候工作，能有效透视一些伪装目标，但图形几何畸变较大，判读比较困难。

⑧机载预警雷达。它包括脉冲多普勒雷达和相控阵雷达。前者是利用多普勒效应探测运动目标。它具有盲区小，对低空、超低空目标的探测距离远，机动性能强等特点。后者是电扫描相控阵天线利用计算机控制相位的方法实现波束的扫描。它具有扫描灵活、可靠性高、抗干扰能力强、对机载气动影响小和有利于隐身等特点。

4. 航天侦察监视技术

航天侦察监视技术，是指使用安装有侦察设备的航天器在外层空间进行侦察的技术。它具有轨道高、速度快、范围广、限制少等特点，还可以长期、定期、连续、反复地对全球或某一地区进行侦察监视，并能在较短的时间内实时提供侦察情报。目前的航天侦察监视，已从满足战略情报需要发展到了满足战役、战术情报需要。

按任务和侦察监视设备分，航天侦察监视卫星可分为四种。

①照相侦察卫星。它可以同时使用可见光照相机、红外照相机、多光谱照相机、电视摄像机等不同类型的照相设备进行侦察监视，达到优势互补。有的照片直观，易于判读；有的能识别伪装；有的可识别多种目标；有的可近乎实时地传送目标图像。目前，能够发射并回收照相侦察卫星的国家不多，美国名列前茅。美国的照相侦察卫星已发展到第六代。其前三代分别为普查型和详查型；第四代发展到一颗卫星既可普查，又可详查；第五代实现了图像传输数字化；第六代配置了先进的光电遥感器，进一步提高了夜间侦察监视能力和情报的准确性，对地面目标的分辨率可达 0.1 米，还可以截获电子信号，并具有变轨能力。

②电子侦察卫星。这种卫星上装有侦察接收机和磁带记录器，当卫星飞经敌方上空时，将接收到的无线电信号记录在磁带上，当卫星飞经本国地球站上空时，再回放磁带，以快速通信方式将信息传回来。这种卫星的飞行高度一般在 300~1 000 千米。其主要任务是侦察敌方雷达的位置、使用频率等性能参数，为实施电子干扰、战略轰炸、弹道导弹突防提供情报；再就是探测敌方军用电台和发信设施的位置，以便窃听和破坏。它的主要优点有天线覆盖面积大，侦察范围广，持续时间长，侦察监视效果好，安全可靠等。

③导弹预警卫星。这是使用红外探测器监视、发现和跟踪敌方战略弹道导弹的发射及其主动段的飞行，以提供早期预警信息，探测核爆炸情况的卫星。它属于地球同步卫星，通常由 3 颗预警卫星组成预警网，每颗卫星负责地球表面 1/3 区域的侦察监视。它的红外望远镜能在导弹发射后大约 90 秒钟探测到导弹尾焰产生的红外辐射信号，并将信号传送到地面站，再传送到指挥中心。此过程仅需 3~4 分钟，可以为己方争取到 15~30 分钟的预警时间，以便己方采取拦截措施。

④海洋监视卫星。海洋监视卫星是用于探测、监视海面状况和舰船、潜艇活动，侦收舰载雷达信号和窃听舰船无线电通信的卫星。它能全天候侦察、鉴别舰船的编队、航向和航速，能探测水下核舰艇的尾流辐射等，还能为舰船的安全航行提供海面状况和海洋特性等重要数据。它的突出特点是覆盖海域广阔，能探测运动目标，运行轨道高，可由多颗卫星组网。

目前，侦察监视技术呈五大发展趋势：一是空间上的多维化，二是速度上的实时化，三是手段上的综合化，四是侦察、监视系统与打击系统更加一体化，五是侦察监视系统的生存能力进一步提高。

四、电子对抗技术

电子对抗是指为削弱、破坏敌方电子设备（系统）的使用效能，保护己方电子设备（系统）正常发挥效能而采取的各种措施和行动的统称。电子对抗对于在现代战争中夺取制海权、制空权甚至整个战场的主动权，都具有极其重要的意义。因此，它在现代战争中的地位越来越高，已成为现代军事领域中发展最快的技术之一。

（一）电子侦察与反侦察

1. 电子侦察

电子侦察是指使用电子技术设备截收有关电磁辐射信号的侦察，包括无线电技术侦察、雷达侦察等。

（1）无线电技术侦察。这是指使用无线电侦测设备搜集和截收无线电信号的技术侦察，包括无线电侦听（即使用无线电收信器材收听敌方无线电通话，从中获取情报的方法）、无线电侦收（即使用无线电收信器材接收敌方无线电通信信号，从中获取情报的方法）、无线电测向（即使用无线电测向技术设备测定有源目标的方向和位置）。

（2）雷达侦察。这是指使用雷达设备进行的侦察。雷达侦察既可以侦测、记录敌方雷达及雷达干扰设备的信号特征参数，还可以对其识别、定位。它包括使用战场侦察雷达、对空情报雷达、对海警戒雷达、地炮雷达和预警雷达进行的侦察。

在海湾战争中，多国部队为了获取伊军雷达及防空系统的情报，进行了大量的电子侦察活动，仅美国投入的53颗各类卫星中，就有至少12种共18颗侦察卫星重点为这场战争服务。此外，多国部队还投入了300余架预警侦察飞机以及大量的地面电子侦察技术设备，使伊军大多数军事行动都处在多国部队"电子耳目"的监视之下。

2. 反电子侦察

反电子侦察，亦称信号保密，是为防止敌方截获或利用己方电子设备发射的电磁信号而采取的措施，目的是使敌方难以获取有价值的情报，不易实施有效的干扰和摧毁。

目前，反电子侦察的主要措施有八种：一是以电子设备设置隐蔽频率，即平时采用常用频率工作，战时使用隐蔽（特殊）频率工作；二是减少发射次数，缩短发射时间，尽可能采用有线通信、摩托化电信、可视信号通信等通信手段；三是使用定向天线，充分利用地形的屏蔽作用，减少朝地面方向的电磁辐射强度；四是将发射功率降低至完成任务的最低限度；五是灵活转移发射阵地，不使敌人掌握我方电子设备的发射规律；六是减少发射活动，恰当实施沉默；七是设置简易辐射源，以实施辐射欺骗或无线电佯动；八是采取信号保密措施，使用不易被敌人截获、识别的跳频电台等新体制电子设备。

电子侦察无论是平时还是战时都在不间断地进行着，反电子侦察已成为经常性的电子防御措施。反电子侦察涉及所有作战部队，必须严密组织、统一实施，与其他反侦察手段结合使用。

（二）电子干扰与反干扰

电子干扰与反干扰的斗争是电子对抗的主要形式。电子干扰与反干扰的目的是干扰和破坏敌方电子设备的正常工作，保护己方电子设备正常发挥效能；削弱或破坏敌方电子系统进行战场侦察、作战指挥、通信联络和兵器控制能力；为隐蔽己方企图，达成战役、战斗的突然性和提高己方飞机、舰艇、装甲车辆等武器装备的生存能力创造有利条件。

1. 电子干扰

电子干扰是指对敌方电子设备或系统采取的电波扰乱措施。目的是使敌方电子设备或系统的使用效能降低甚至失效。它包括电子干扰技术和电子干扰战术。

（1）按干扰的性质分类，分为压制性电子干扰和欺骗性电子干扰。压制性电子干扰是指使敌方电子设备接收到的有用信号模糊不清或完全被掩盖的电子干扰。欺骗性电子干扰也叫电子欺骗，是指使敌方电子设备接收虚假信息，以至产生错误判断和错误行动的电子干扰。

（2）按干扰产生的方法分类，分为无源电子干扰和有源电子干扰。无源电子干扰也叫消极干扰，是指利用本身不发射电磁波的器材反射或吸收敌人电子设备发射的电磁波而形成的电子干扰。有源电子干扰也叫积极干扰，是指通过发射或转发电磁信号对敌方电子设备进行压制或欺骗的电子干扰。有源电子干扰可以广泛用于雷达、无线电通信、制导、导航、光电等电子设备的干扰。

2. 反电子干扰

反电子干扰，简称反干扰，亦称抗干扰，是指为降低或消除敌方电子干扰对己方电子设备（系统）使用效能的影响而采取的措施。反电子干扰包括反电子干扰技术和反电子干扰战术两种。

（1）反电子干扰技术。这是指为提高电子设备本身在干扰条件下的工作能力而采取的措施，通常体现在电子设备的发射机、天线、接收机和信号处理系统中，包括防止接收机过载、提高信号强度和抑制（鉴别）干扰等技术。

（2）反电子干扰战术。这是指在敌方实施电子干扰时，为完成己方电子设备所担负的作战任务而采取的战术措施和行动。反电子干扰战术主要包括：将不同频率、各种体制的雷达进行组网，以发挥整体抗干扰能力；综合运用各种探测和通信手段；设置隐蔽电子设备台站（网）和复式电子设备；用火力摧毁干扰源等。

（三）电子摧毁与反摧毁

1. 电子摧毁

电子摧毁是指对敌方的电子设备进行彻底破坏。电子摧毁的主要途径和手段有火力摧毁、派遣人员摧毁和反辐射摧毁等。

反辐射摧毁主要采用反辐射导弹、反辐射无人机等武器系统实施。反辐射导弹实施摧毁的方式有两种。第一种是接收到目标信号后再发射。由于导弹具有"记忆"（锁定）装置，发射后，即便是被攻击的雷达关机，它也可凭"记住"的位置不偏离航线，从而击中目标。第二种是"先升空后锁定"，即先盲目发射，让其无定向在空中飞行、盘旋，一旦接收到目标信号，便咬紧目标，将目标摧毁。反辐射导弹的自导引系统是采用无源被动的跟踪方式，本身不辐射电磁信号，具有稳定性好、不易受干扰和突防能力强等特点，而且制导精度较高，所以很受青睐。

2. 反摧毁

反摧毁是雷达利用战术或技术保护自己及友邻雷达免遭反辐射导弹攻击的技术。目前常用的反摧毁技术有以下五种：一是采用诱饵引偏技术，部署假雷达阵地；二是采用雷达发射控制、关机、间歇交替工作；三是采用反辐射导弹告警系统；四是采用新体制雷达；如低截获概率雷达、双/多基地雷达、高频雷达、毫米波雷达等；五是雷达与无源传感器联合组网实施综合对抗技术。

五、航天技术

（一）航天技术的概念及组成

航天技术，亦称空间技术，是指探索、开发和利用太空以及地球以外天体的技术，主要包括航天器和航天运输系统的研制、试验、发射、运行、返回、生命保障及应用技术等。航天技术一般由航天运载器技术、航天器、航天器测量技术三大部分组成。

1. 航天运载器技术

航天运载器技术是指克服地球引力和空气阻力，把地球上的物体运送到外层空间的技术。运载器技术是航天技术的基础。而运载火箭是最重要也是最主要的运载器。

2. 航天器

航天器是指在太空沿一定轨道运行并执行探索、开发、利用太空等任务的飞行器，分为无人航天器和载人航天器。无人航天器包括人造地球卫星、空间平台和空间探测器等；载人航天器包括载人飞船、空间站、航天飞机等。

3. 航天器测量技术

航天器测量技术指地面测控站根据航天器向地面发送的信息，对航天器进行遥测、遥控、跟踪和通信，保证航天器在轨道上正常工作的技术。

军事航天技术，是指把航天技术应用于军事领域，为了军事目的进入太空和开发、利用太空的综合性工程技术。它是军事技术的组成部分。

（二）用于军事领域的航天器

1. 军用卫星

军用卫星是指用于军事目标的人造地球卫星，包括侦察卫星、军用通信卫星、军用气象卫星、军用导航卫星、军用测地卫星、截击卫星和军事技术试验卫星等。军用卫星是发射数量最多的一类卫星。军用卫星种类较多，这里介绍七种。

（1）侦察卫星。这是指装有光电遥感器、雷达或无线电接收机等侦察设备，用以获取军事信息的人造地球卫星。侦察卫星包括电子侦察卫星、照相侦察卫星、海洋监视卫星、预警卫星和核爆炸探测卫星等。

①电子侦察卫星。它是指用以侦察敌方电子设备的电磁辐射信号以获取情报的侦察卫星。它与地面接收站共同组成卫星电子侦察系统。它一般运行在高度约 500 千米或 1 000 千米的近圆轨道上。电子侦察卫星的特点是侦察范围广、速度快、效率高、不受国界和天气条件限制，可以长时间、大范围地连续监视。

②照相侦察卫星。它是指利用光电遥感器摄取地面目标图像的侦察卫星。它具有图像

分辨率高、侦察范围大、不受国界限制等特点。有的照相侦察卫星还具有全天候侦察的能力。光学照相分辨率高、直观、易判读，但受天气的影响大；回收型侦察卫星的分辨率高，但实时性较差；雷达成像侦察卫星可以不分昼夜地工作，并能穿透地表发现地下目标，但分辨率略低。

③海洋监视卫星。它是指用于探测、监视海面状况和舰船、潜艇活动，侦收舰载雷达信号和窃听舰船无线电通信的侦察卫星。海洋监视卫星能在全天候条件下鉴别舰船的编队、航向、航速，并能探测水下核潜艇的尾流辐射等，还可以为舰船的安全航行提供海面状况和海洋特性的重要数据。

④预警卫星。预警卫星亦称导弹预警卫星，主要是用于监视、发现和跟踪敌方战略弹道导弹的发射及其主动段的飞行，并提供早期预警信息的侦察卫星。预警卫星通常由多颗卫星组成预警网，可在敌弹道导弹袭击时，为己方争取 15~30 分钟的预警时间。该类卫星通常在地球同步轨道或周期约为 12 小时的大椭圆轨道上由几颗卫星组成预警网，利用卫星上的红外探测器，探测导弹主动段飞行期间发动机尾焰的红外辐射，配合使用电视摄像机及时、准确地判明导弹发射。美国现役的预警卫星是"国防支援计划"（DSP）卫星，它采用地球同步轨道，一般 3~4 颗星组网工作，覆盖全球。

⑤核爆炸探测卫星。它是指用以监视和探测大气层内和外层空间核爆炸的侦察卫星。核爆炸探测卫星平时主要用以监视核试验的情况，战时用以收集核爆炸参数（坐标、时间、威力、高度等），以估计核袭击的效果。

（2）军用通信卫星。这是指用于军事目标的通信卫星。通信卫星是指用作无线电通信中继站的人造地球卫星，由专用系统（有效载荷）和保障系统组成，通常分为军用通信卫星、海事通信卫星、电视广播卫星、跟踪和数据中继卫星等。它实际上就是设在太空中的无人值守的无线电中继站或转发台，其有效载荷主要是通信天线和通信转发器。利用卫星通信，具有通信距离远、传输容量大、覆盖区域广、通信质量好、经济效益高等优点。军用通信卫星又分为战略通信卫星和战术通信卫星。

通信卫星是继侦察卫星后又一类具有重要军事应用价值的卫星。目前，美国 70% 以上的战略通信任务是由通信卫星完成的，卫星通信已经成为其军事情报、指挥、控制与通信一体化大系统的"神经网络"。

（3）军用气象卫星。这是指用于军事目标的气象卫星。气象卫星是指能够从太空对地球及其大气层进行气象观测的人造地球卫星，分为太阳同步轨道气象卫星（亦称极轨气象卫星）和地球静止轨道气象卫星（简称静止气象卫星）。气象卫星观测的地域宽广，观测时间长，观测数据汇集迅速。

（4）军用导航卫星。这是指用于军事目标的导航卫星。导航卫星是指从太空发射无线电导航信号，能为地面、海洋、空中和太空用户导航定位的人造地球卫星。导航卫星是高悬在太空的无线电导航台。利用卫星导航定位，具有高精度、全天候、能覆盖全球和用户设备简便等优点。

（5）军用测地卫星。这是指用于军事目标的测地卫星。测地卫星是指用于大地测量的人造地球卫星，可测量地面点位坐标、地球形体和地球引力场等参数。

（6）截击卫星。截击卫星亦称反卫星卫星，是用以攻击、破坏敌方太空目标的人造地球卫星，是天基反卫星的一种。截击卫星可利用卫星上的雷达或红外寻的器，探测与跟踪目标，自动变轨接近目标，利用自身爆炸或发射火箭、炮弹、激光、粒子束等杀伤手段摧毁目标。

（7）军事技术试验卫星。这是指用于军事目标的技术试验卫星，即用于新技术试验或为应用卫星进行先期试验的人造地球卫星。其试验内容广泛，如对新的仪器设备、生物对空间环境的适应性、无线电新频段传输、空间截击等进行试验。

2. 军用载人航天器

（1）载人飞船。这是指能保障航天员在太空执行航天任务，航天员坐舱能返回地面垂直着陆的航天器。载人飞船分为卫星式载人飞船、登月载人飞船和行星际载人飞船等。载人飞船的军事应用主要有四个方面：一是对地侦察监视，二是建造大型航天器，三是运送航天战斗员，四是进行空间作战。

（2）航天飞机。航天飞机亦称轨道器，是带有机翼的靠运载火箭发射进入太空轨道，返回地面时能在机场跑道水平着陆，并可重复使用的兼有载人、运货功能的航天器。航天飞机是火箭、航天器和航空器技术的综合产物，它在军事上的应用主要有四个方面：一是施放和回收军用卫星，二是试验新型空间武器，三是建造空间军事系统，四是直接进行作战行动。

（3）空间站。空间站亦称航天站、太空站或轨道站，是在太空具备一定试验和生产条件、可供航天员生活和工作的长期运行的航天器。它分为单一式空间站和组合式空间站。空间站在太空运行期间，靠载人飞船和航天飞机等接送航天员、运送货物和设备。空间站主要用于：航天医学、生物系和生命科学的研究，地球资源勘察和国土普查，军事侦察和大地测量，微重力环境下新材料、高纯药物生产的试验，天文学观测等。

空间站应用于军事，可以充当空间作战的指挥中心。有军事专家预言："在未来的战争中，空间站可谓是航行于天际的'航天母舰'，是布设于太空的军事基地。"空间站将有可能承担起实施任何形式的太空作战任务。不过，目前，空间站的建设成本太高，一个国家难以单独建设——即使像美国这样的强国也难以承担。所以，采取国际合作的形式是建设大型空间站的主要方式，如国际空间站就是16个国家的合作项目。

3. 空间武器

空间武器的概念有狭义和广义之分。狭义的空间武器特指部署在太空平台上直接用于杀伤卫星、空中及地面目标的武器。广义的空间武器包括了各种空间作战平台。具体地讲，空间武器是指部署在太空、陆地、海洋和空中，用于攻击和摧毁太空飞行目标以及从太空攻击陆地、海洋、空中重要目标的武器。

从功能上区分，空间武器有反卫星武器、反导弹武器和轨道轰炸器；从构成原理上区分，空间武器有核能、动能和定向能武器。

（1）反卫星武器。该武器是用以攻击、破坏、干扰敌方卫星等航天器的空间武器。它分为陆基反卫星武器、海基反卫星武器、空基反卫星武器、天基反卫星武器。反卫星武器主要利用核能和动能、定向能等杀伤手段毁伤目标。反卫星武器也可分为三类：一是导弹武器，包括携带核弹头或常规弹头的反卫星导弹和依靠直接碰撞杀伤卫星的动能拦截弹；二是定向能武器，包括激光武器、粒子束武器和高功率微波武器；三是电子对抗武器，用于干扰卫星的通信和数据传输。

（2）反导弹武器。该武器是用于拦截弹道导弹的武器系统，包括部署在地基、空基和天基的反导弹武器。根据其杀伤方式，反导弹武器又可分为常规破片拦截弹、定向能拦截弹和动能拦截弹。反导弹武器和反卫星武器的工作原理是相同的，其区别主要是作战对象不同。

（3）轨道轰炸器。该武器平时环绕地球的轨道上运行，接到作战命令后，借助反推火箭的推力脱离轨道再入大气层攻击地面目标。它是一种空间对地攻击武器。

（三）军用航天器的发展趋势

1. 新一代军用卫星的综合性能将稳步提高

随着科学技术的发展，新一代军用卫星的综合性能将稳步提高。一是军用卫星的发射数量将会增多。美国和俄罗斯是世界上最主要的两个航天大国，他们的军用卫星占各自卫星总量的比例均超过70%。目前，军用卫星的发射仍然活跃。二是军用卫星的种类将会增多。用于攻击军用卫星的"杀手卫星"——反卫星卫星将有可能研制成功并部署。三是军用卫星的作战性能，主要是智能化程度将更高。如侦察卫星的对地探测能力和目标定位精度将大幅度提高；小型的低轨道通信卫星群将逐步形成，使作战通信更快捷灵便等。四是军用卫星的生存能力将明显增强。如军用卫星的隐身、预警、变轨、抗打击能力将会提高等。

2. 军用小型卫星和小型卫星群将异军突起

现在的小卫星是指质量在500千克以下，功能与同类型大卫星相当的卫星。如美国研制的"观测镜"成像卫星重量仅200～300千克，在700千米轨道高度对地面目标的分辨率可达1米，成像带宽达15千米，工作寿命5年。随着纳米技术和微机电系统的进一步发展，将出现纳卫星。这种纳卫星质量只有几千克，功能却很齐全。在技术上，采用多颗小卫星构成卫星群（或称星座），也是军用卫星发展的方向之一。

与大型军用卫星相比，军用小卫星具有一些独特的优点：一是研制周期短，成本低；二是体积小，发射更方便；三是生存能力更强；四是卫星仪器技术更新快，使用更灵活。小卫星这种短、平、快的优势，正好与未来战争速战速决、快速反应、抗毁等新的要求相吻合，充分显示出其军事应用价值，因而许多国家的军事部门对小卫星都表现出了极大的兴趣。

3. 空间对抗将日益激烈

由于军用航天器在现代战争中的作用越来越重要，围绕各种军用航天器，尤其是军用卫星的空间对抗也越来越激烈，最典型的将是围绕导航定位卫星所展开的导航战。所谓导航战，是指在战场环境下，用电子办法对抗敌方导航系统的工作，以及针对敌方对己方导航系统的干扰开展反对抗。也就是说，导航战的直接目的就是使敌方不能利用高精度（P码）GPS导航来危害己方军队或国家利益，使敌方无法采用GPS进行对抗，使民间应用GPS时受到的破坏或降级达到最小，保证友方部队在战场上可以接收到GPS信号。

对GPS实施干扰有两种措施：一是对下行（接收）信号进行干扰，二是发送虚假定位信息。目前主要是采取对下行（接收）信号进行干扰的方式。伊拉克战争中，伊军采用俄罗斯提供的技术及装备对美国的 GPS 系统进行干扰，使美军一些采用 GSP 制导的导弹偏离目标。这是首次将导航战应用到实战之中。未来的战场空间对抗将更加激烈。

4. 军用载人航天器将后来居上

未来有可能出现运人和运货分开的专用型航天飞机，以简化系统复杂度，提高可靠性和经济效益。载人航天飞机注重高可靠性和适当小型化，能在普通机场上着陆，减少轨道和气象条件对航天飞机起降的限制。目前，已经有人设想利用载人空间基地进行军事活动，把它建设成为航天作战、指挥、保障、支援四位一体的空间军事基地。随着载人航天技术的进一步突破，军用载人航天器的作用将得到更大程度的发挥。

5. 空间武器系统将走向实战部署

截至 2002 年，太空中共有约 700 颗人造卫星在运行，而美国几乎占了一半。在美国的 300 多颗卫星中，用于侦察、通信、导航、预警等目的的各种军用卫星有 110 多颗。美国认为，21 世纪，国家对空间能力的依赖，就像 19 世纪和 20 世纪工业的生存和发展依赖于电力和石油一样，空间将进一步成为国家安全和国家利益的重心。多年来，美国在加强弹道导弹防御系统的同时，加快了太空军事化的开发运用的步伐，其空间武器技术也取得了比较大的突破，如电磁波、动能拦截弹等动能武器和高能激光、粒子束、微波束等定向能武器技术日趋成熟。美国天基激光武器将运行在 1 300 千米高空，总功率达数兆瓦，有效射程 4 000~5 000 千米，可以摧毁 9 000~11 000 米高空的弹道导弹，并对中、低轨道的卫星进行拦截。

六、军队指挥自动化控制技术

（一）军队指挥自动化系统的概念

指挥自动化系统，即建立在计算机技术、信息技术和系统工程方法基础之上的，对指挥所需信息的收集、储存、传递和处理具有自动化功能的系统。它能把指挥、控制、通信、情报等有机地结合在一起，提高指挥效能。

军队指挥自动化系统是指在军队指挥系统中，综合运用以信息技术为核心的现代科学技术及军事理论，实现军事信息收集、传递、处理自动化，经过实现高效的指挥、领导与管理，保障军队发挥最大效能的"人—机"系统。军队指挥自动化系统是我军沿用苏军的提法，在西方国家，人们习惯于把军队指挥自动化系统称为 C^3I 系统，即由指挥（Command）、控制（Control）、通信（Communication）和情报（Intelligence）等分系统组成的综合系统。因为英文指挥、控制、通信的第一个字母是"C"，情报的第一个字母是"I"，所以西方把这个系统称为"C^3I"系统。此外，西方还把军队指挥自动化系统称为 C^4I 系统（即 C^3I+计算机）。目前，最新的一种提法是 C^4ISR 系统，即 C^4I+Surveillance（监视）+Reconnaissance（侦察）。尽管各种指挥自动化系统规模大小各不相同，但就它们的功能来说，都必须具有与人体的大脑、神经和感官相似的部分，即电子计算机中心（相当于大脑）、通信网（相当于神经系统）和信息终端（相当于感觉器官）。在整个系统中，各级指挥所既是上级指挥所的信息终端，又是下属的指挥中心。

（二）军队指挥自动化系统的结构与分类

1. 结构

军队指挥自动化系统结构是根据军队体制、作战编成和指挥配系构成的。它自上而下逐级展开，左右相互贯通，构成一个网状、有机的整体。该结构也是一个"金字塔"式的能级结构，这种结构能够保障各级的作战指挥和作战协同，具有较强的生存适应能力。在整个系统中，各级指挥所既是上级指挥所的信息终端，又是下属的指挥中心。

2. 分类

军队指挥自动化系统，按军种、兵种可分为陆军指挥自动化系统、海军指挥自动化系统、空军指挥自动化系统、战略导弹部队指挥自动化系统等；按用途可分为作战指挥自动化系统、武器控制指挥自动化系统、防空指挥自动化系统、后勤指挥自动化系统等；按作战任务范围可分为战略指挥自动化系统、战役指挥自动化系统、战术指挥自动化系统等。世界各国情况不同，指挥自动化系统涉及范围和分类方法亦不尽相同，但一个完整的指挥自动化体系应该是各军种、兵种密切协同的战略、战役、战术指挥自动化系统群体。

（三）军队指挥自动化系统的构成

军队指挥自动化系统包括信息收集、信息传递、信息处理、信息显示、信息监视、执行等分系统。（见图4-4）

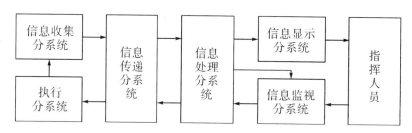

图4-4　军队指挥自动化系统

1. 信息收集分系统

该系统由配置在地面、海上、空中、空间的各种侦察设备，如侦察卫星、侦察飞机、雷达、声呐、光学摄像机、遥感器及其他侦察、探测设备组成。它的作用是及时收集敌我双方的兵力部署、作战行动、战场地形和气象等情报信息。

2. 信息传递分系统

该系统由终端、交换、线路和用户等设备组成，俗称通信网络。分散在不同地区的各军兵种的各种情报，必须可靠、迅速地传递到指挥中心，而指挥员的决策和命令也要立即传递给下属部队，这都要依赖信息传递分系统来实施。信息传递分系统是实现军队指挥自动化的基础，整个自动化指挥系统都要通过信息传递把各地的电子计算机等技术设备有机地连接起来，并组成一个完整的系统，以充分发挥自动化的功能。

3. 信息处理分系统

该系统包括由电子计算机及其输入输出设备等组成的硬件部分和计算机软件部分，它是自动化指挥技术系统的核心部分。电子计算机的硬件是构成电子计算机系统的各种机械的、磁性的、电子的设备的总称。通常将电子计算机称为主机，外存储器和输入输出设备等均称为外部设备。软件是对应于硬件而言，包括计算机操作系统、多种高级语言和程序开发工具、数据库管理系统及其他应用软件等，它是为了充分发挥电子计算机功能的各种语言的总称。

在自动化指挥系统中，既要有技术先进的硬件，更要配上功能齐全的软件。软件分两类：一类是系统软件，另一类是应用软件。系统软件是用来保障电子计算机系统运转、操作、管理的全套程序，它是电子计算机系统的组成部分。应用软件是指针对某种特定的需要所编制的程序，军事上的应用软件，只能依据具体作战指挥的特点自行编制。

4. 信息显示分系统

该系统由各种类型的可视信息输出设备，如供个人使用的小型显示器和供集体使用的大屏幕显示器等组成。它的作用是把信息处理分系统输出的各种信息，包括军事情报、敌我态势、武器装备状况、作战方案、命令及其执行情况等，用文字、符号、图表等形式，显示在用户的屏幕上。

5. 信息监视分系统

该系统由监视器键盘、打印机、多功能电话机、记录装置等组成，通常以工作台的形式组装在一起，以便实现人机对话。它的作用是辅助指挥人员决策、下达命令、实施指挥控制，并可用于改变指挥自动化系统的工作状态及监视系统运行情况。

6. 执行分系统

该系统没有一个规范的定式，可以是下属部队的指挥自动化系统，也可以是自动执行命令的装置，如导弹的制导装置、火炮的火控系统等。执行分系统的工作情况，如武器的打击效果等信息，可通过信息收集反馈给决策监控分系统，以便指挥员随时做出新的判断。

（四）军队指挥自动化系统的功能

1. 迅速收集和处理情报

高技术条件下作战，情报来源广泛、数量多、变化快。为保障指挥员能在尽可能短的时间内做出分析判断，快下决心，必须对大量情报实时准确地收集和处理，否则就不能适应现代作战的指挥要求。

2. 自动查找和提取情报

用电子计算机系统建立起情报数据库，预先将有关敌我双方的军事、政治、经济情报，以及军队编成、兵力部署、敌我态势、作战方案、勤务保障计划和各种作战资料用数据的形式输入到数据库中储存起来，需要时可根据资料的名称、时间或内容，通过键盘发出指令，迅速从数据库中找出来，还可对旧资料补充新内容。

3. 辅助参谋人员拟制军事文书

指挥自动化系统不仅能为参谋人员及时提供参考资料，辅助拟制作战预案，还能根据实际情况对各种预案进行比较，迅速选择出最佳方案供指挥员参考。作战方案定下后，指挥员根据作战方案，利用指挥自动化系统生成作战命令，然后通过计算机网络自动下达。所下达的命令会实时显示在有关部队的终端设备上。

4. 实时观察战场情况

在战斗过程中，指挥自动化系统可以实时把战场信息以动态或静态的图像传输到指挥部，显示在大屏幕上，供指挥员实时了解战场主要方向的战况。

5. 对武器进行自动控制

现代武器射程远、速度快、威力大，一般要求指挥员在十分短促的时间内就能定下对武器系统使用和控制的决心。自动化战略武器控制系统，可以在预警时间很短的情况下迅速完成预警、识别、跟踪、拦截等一系列步骤，保障指挥员不失时机地实施指挥。其他如火炮射击、对空防御系统等，在实现指挥自动化后，效率大大提高。例如，预警卫星发现来袭导弹后，立即报告给指挥中心的电子计算机，电子计算机进行处理后，能自动识别目标，区分敌我，并把处理结果显示在屏幕上，向指挥员报告面临的威胁。指挥员根据情况，或者发出警报，组织军民紧急疏散；或者命令己方的导弹起飞，组织拦截；或者针锋相对，用导弹回击敌方目标。

6. 提高后勤指挥效率

在高技术战争中，军队对各种物资供应的依赖性越来越大，后勤保障过程更加复杂、紧张，人工方法难以满足需要。采用后勤自动化指挥系统，可以实时处理大量数据，迅速拟制各种报表、计划方案，提高管理的科学性，合理解决物资的储存和调运等问题。

以上列举的只是军队指挥自动化的部分功能，指挥自动化技术在军事科研、人员训练、行政管理等方面的应用也都有了迅速的发展。从未来发展看，任何可以被数学描述的有规律的智力活动，原则上都可以由指挥自动化系统来完成。

（五）军队指挥自动化系统对作战的影响

1. 对作战指挥的影响

一是使指挥机关的组织结构发生变革。建立军队指挥自动化系统，既可精简指挥机关人员，又可提高指挥效率。同时，由于系统中各种现代化的装备必须有相关的技术人员维护，这也使得指挥机关的人员构成必须由指挥人员和工程技术人员组成。二是使指挥工作方式发生变革。为了使指挥机关的工作方式适应指挥自动化系统的运行节奏，必须简化工作程序，改革作战文书格式和指挥方式。三是使指挥决策更加科学化。决策中，指挥员除了充分发挥主观能动性外，还可以最大限度地利用自动化系统的"智能"功能，对预定作战方案进行可行性验证，从中优选出最佳方案。四是使战场调控更趋完善。由于战场信息可以及时反馈给指挥机关，指挥员一方面可以根据这些反馈的信息对战场的兵力部署做出及时的调整，另一方面还可以依据这些信息，运用各种战场调控手段，控制战场节奏。

2. 对军队机动的影响

先进的装甲车辆、飞机、舰船上装备了精确定位和导航设备，使军队不论是在战区内实施机动还是在其他地域执行机动任务，不论是在一般的陆、海、空域还是在复杂的区域，都可以通过这些先进的设备了解和确定自己的精确位置、运动速度等数据。卫星通信设备可以保障部队在机动中随时与上级取得联系。便携式计算机中的各种地形资料为机动部队提供更方便、更可靠的支持，使部队在执行机动任务的过程中，不再像过去那样，一旦与上级失去联系，就无所适从。

3. 对武器效能的影响

现代化的武器装备，从观察搜索目标到确定攻击方案、实施攻击，均可由计算机自动控制完成。如法国研制的"阿迪拉"地炮自动指挥控制系统，不仅可以同时指挥6个炮兵连，同时处理 3 项射击任务，而且从观察员发出火力申请到炮兵连完成射击准备只需 30～60 秒。该系统具有处理前沿观察员的火力呼唤、确定最佳射击方案、为每门火炮计算确定射击诸元等功能，从而发挥武器系统的最大效能。计算机技术的发展及其在武器装备上的应用，使自动无人驾驶坦克和飞机可以按照预先设置在计算机中的指令自动寻找攻击目标，根据目标的位置、大小、防护能力、自身状态、安全界等因素，自动选择和确定攻击方案，然后将攻击效果反馈给战场指挥中心，初步实现了武器装备的"智能化"。

4. 对作战保障的影响

军队自动化指挥系统的应用对作战保障的影响主要体现在信息保障和后勤保障两个方面。现代战争的信息保障特点是立体化、全球覆盖的侦察与监视，全方位、大纵深的预警，多样化、抗干扰的信息传输，高效率、全时空的信息处理手段。各种信息技术装备和战场信息系统构成了作战"神经系统"，谁的"神经系统"更完善，对战场信息流利用得更好，谁就能掌握战场的主动权，控制战争的全局。现代战争的立体化突击、全天候作战方式，要求后勤保障也必须全方位、全天候保障。后勤保障如何做到既满足作战需要，又尽量减少战场过多储备物资，这是一大难题。而指挥自动化系统的应用和发展为解决这一难题开辟了有效的途径。指挥自动化系统对作战的模拟和仿真试验，可以科学地预测不同规模作战的各种物资消耗量，制订后勤保障需求方案，有计划地组织生产、采购、运输和储备，使后勤保障在宏观上日趋科学化。同时，随着自动化指挥系统的不断完善和发展，后勤补给系统的管理也日趋自动化。

七、无人机

（一）无人机的概念和分类

1. 无人机的概念

无人机，传统概念就是无人驾驶的飞机。无人机理念的提出可以追溯到 1914 年，第一次世界大战之初，英国将军卡德尔和皮切尔在战争需要的启发下，萌生了无人机的想法，他们又把这个想法告诉了英国军事航空协会。英国军事航空协会对他们这个想法很感兴趣，就把具体研制无人机的任务交给了 A. M. 洛教授。1917 年的 3 月，就是一战临近结束的时候，世界上第一架军用无人驾驶飞机由 A. M. 洛教授研制出来了。当时的无人机的技术含量不高，适用范围非常小，仅仅能够作为高射炮兵射击训练的靶机，没有实战用途。

现代意义的无人机，是美国在越南战争的刺激下研制出来的。美军在越南战场的惨败中，加深了对无人机的认识，重视无人机在实战中的作用，发现了无人机的潜力和价值。越战结束之后，美军投入大量的人力、物力和财力研制无人机，使无人机的科技含量不断提高，作用不断增强，地位不断提升。

20 世纪 80 年代，以色列在贝卡谷地之战中对无人机的出色运用，极大地促进了各国对无人机的重视和发展。随后在海湾战争、科索沃战争、阿富汗战争和伊拉克战争中，美军更是大量运用"捕食者"无人机进行精确打击，将无人机的发展与使用推向了新的高潮。

现代无人机是指利用无线遥控和远程控制技术，执行特定飞行任务的一种飞行器。

2. 无人机的分类

按体积大小划分，无人机可分为大型无人机、中型无人机、小型无人机、微型无人机。有些微型无人机小到可以在手掌上起飞。

按使命划分，无人机可分为战略型无人机、战役型无人机和战术型无人机。

按航程划分，无人机可划分为近程无人机、中程无人机、远程无人机。

按用途划分，无人机可划分为侦察型无人机、攻击型无人机和多用途型无人机。所谓多用途型无人机，就是察打一体机，具有侦察、打击一气呵成的功能。这是无人机发展的主要方向。

（二）无人机的主要特点

1. 战场适应能力强

由于无人机不考虑驾驶员的存在，它可以在任何环境中执行作战任务，如有核沾染、生物战、化学战等不适合人进入的恶劣环境，它都可以去。

2. 抗风险能力强

敌方的军事首脑驻地和高价值的军事要地，肯定会布置大量的防空火力系统，如果有人飞机去攻击，就会造成飞行员的伤亡。如果用无人机去攻击，就可以避免人员伤亡。

3. 战场生存能力强

由于使用无人机可以不考虑飞行员的存在，设计和制造它时，只要符合空气动力学相关原理和控制自动化原则就行，它的形状和结构可以多样化，而且可以小型化。在速度相同的情况下，飞机体积越小它的生存能力就越高。所以，无人机的战场生存能力非常强。

4. 续航时间长

有人飞机到敌方去执行攻击任务，若飞行十几个小时，这对飞行员的身体极限是一种挑战，飞行员到了身体极限之后，往往难以很好地完成攻击作战任务。无人机则不存在这方面的问题。

5. 成本低和效费比高

一是制造成本低。有人驾驶的军用飞机造价动辄上千万，甚至上亿。美军隐身第五代战斗机 F-22，一架造价就上亿美元。目前，最贵的无人机是美国的"全球鹰"，它的造价也只有 F-16 战斗机的四分之一左右，与 F-22 战斗机相比就更廉价了。二是维护和使用成本低。我国的战斗机飞行员从读本科开始训练，要经过将近七年才能真正形成空军战斗机驾驶员的战斗力。而无人机操作员的培养比较简单，如果对民航机或空军退役的驾驶员进行训练，一般只要 48 小时就可以投入使用。

6. 配置灵活，任务多元化

由于无人机体积比较小，使用和维护比较方便，所以它在战场上的运用非常灵活。对于微型无人机，一个士兵就可以进行装配。在 2012 年珠海航展上展示的中国微型无人机只有一个背包大小，重量在 35 千克左右，20 分钟之内就可以完成装配，通过手抛就能起飞，使用很方便。在战场上，各战属单位都可以使用这种无人机，通过它获取战场信息或攻击目标。

（三）无人机的实战作用

1. 信息获取

现代战争中，信息的及时获取特别是实时获取是无人机最突出的优势，也是敌我双方首先考虑的问题。所以，信息获取是无人机首要的任务和最基本的用途。

2. 对地打击

无人机能够携带以导弹为主的多种对地打击武器，对地面军事目标进行打击。它可以用空对地导弹或炸弹对敌防空武器实施压制，用反坦克导弹等对坦克或坦克群进行打击，用集束炸弹等武器对地面部队集结点等进行轰炸。特别是反辐射无人机，是一种利用敌方雷达辐射的电磁波信号，发现、跟踪、摧毁雷达的武器系统。

3. 电子干扰

无人机的电子干扰作用也就是干扰敌方的信息指挥系统，从而保护我方的信息指挥系统。无人机在现代战场上，可以发出电磁波对敌方的信息指挥系统进行不间断的电子压制和干扰，从而保护我方的军事行动。

4. 预警和通信中介

无线电信号或电视信号，都是沿直线传播的。但地球是球面的，信号传送到一定距离之后会衰弱，或者传送不过去。通过无人机搭载中继设备，可以为空中和地面设备提供通信中继支持，扩大作战半径和通信范围。

5. 目标指引

现在有很多制导的武器都需要一定能量（或电磁波或激光）的指引——能量始终对准被攻击的目标，以引导导弹去攻击。无人机上装载这种设备，就可以执行这种目标指引任务。

（四）目前无人机存在的主要缺陷

目前，无人机存在的主要缺陷。一是载荷相对较小，一般在900千克左右。二是信号随距离增加而延迟。无人机飞出后，动辄就上千千米之远。后方基地的操作员把信号传送给无人机时，就有一两秒的网络延迟时间。而战场上的情况往往瞬息万变，可能就因为这一两秒的延时，造成有效打击的机会丢失。解决这些问题，是无人机发展的重要方向。

（五）当前各国无人机的主要型号

1. 美国的"全球鹰"

美国一直把"全球鹰"作为战略性威慑武器。在中日因钓鱼岛问题发生纠纷时，美国派出三架"全球鹰"无人机进驻日本，企图对中国造成威慑。"全球鹰"有强大的侦察能力，它可以对敌方的军事目标、军事行动了如指掌，这对敌方是一种严重威胁。"全球鹰"的航程可以达到2.6万千米，飞行高度2万多米，续航时间42小时。这是任何一种有人飞机不可能做到的。

2. 美国的X-47B

这是目前世界上最先进的一种无人攻击机。2013年5月14日，它在布什号航空母舰上进行了弹射起飞实验。2014年年初，它在航空母舰上成功进行了降落测试。在航空母舰上降落，对有人驾驶飞机的海军飞行员来说，是难度最大的挑战之一。可见这种无人机的科技含量之高，性能之先进。

3. 美国空军的 MQ-1"捕食者"

这是一款中空长航时、察打一体无人机，是目前世界上装备数量最大，参加实战最多的中空长航时无人机，由美国通用原子公司研制。目前最新的升级版号是 MQ-9"收割者"无人机。这种无人机可以用来探测核武器爆炸，即可以引导它飞到已经出现伽马辐射的核爆炸地点进行探测，避免机载飞行员去冒险探测。

4. 英国的"雷电之神"

"雷电之神"的外观好像科幻图像中外星人的飞船。它具有隐身功能，被雷达发现的概率非常小。它可以进行远程攻击，适合于洲际飞行，续航能力很强。"雷电之神"是英国人独立研制的，已经试飞成功。虽然到目前为止它还没有形成真正意义上的战斗力，但是其创造思路是很有借鉴意义的。

5. 法国的"神经元"

这是由法国主导、多国联合研制的一种无人攻击机，现在已经试飞成功。到目前为止，它是飞行速度最快的无人机，甚至比 X-47B 的飞行速度还快。但是，总体来看，它的技术含量比 X-47B 要低一些。

6. 中国的"翼龙"无人机

"翼龙"无人机由中航工业成都飞机设计研究所研制，是中空长航时无人机中的明星产品，不仅具备对敌目标进行精确打击的能力，还能够携带侦察设备对敌方目标进行远距离长航时侦察，总体性能达到了国际上同类型无人机的先进水平。

7. 中国的"翼龙-Ⅱ"无人机

"翼龙-Ⅱ"是"翼龙"的升级版，类似于美军 MQ-9"收割者"无人机。它可执行侦察、监视和对地打击等任务，经扩展还可以进行情报收集、电子战、搜救，适合于军事任务、反恐维稳和边境巡逻。

8. 中国的"彩虹-5"无人机

"彩虹-5"无人机由中国航天科技集团公司研制，性能指标与"翼龙Ⅱ"无人机接近，续航能力超过 40 小时，能够挂载超过 480 千克的多型任务载荷，是我国又一款接近世界一流水平的中空长航时无人机。

9. 中国的"翔龙"无人机

这是中国又一款自主研制的无人机，它可以与美国的"全球鹰"媲美，属于大型款无人机。其尺寸和飞行高度与"全球鹰"相近，飞行速度比"全球鹰"更快，但续航时间不如"全球鹰"——"翔龙"的续航时间只有 10 个小时，而"全球鹰"的续航时间则是 42 个小时。目前，"翔龙"无人机正在改进之中，其性能必将进一步优化提高。

从无人机的发展趋势看，各国特别是发达国家对无人机的作用将进一步重视，军力中无人机的装备数量将进一步增加，无人机的性能将进一步提高，其作战效能将进一步增强，其使用范围将进一步扩大。对无人机的研究和应用，可以使我们紧贴现代化战争思路，发展信息化战争理论，提高战术技术水平，推动我军现代化建设。

八、新概念武器

新概念武器主要是指在工作原理、结构、功能和杀伤破坏机制上与传统武器不同的新型武器。这类武器正处于发展中，这里仅介绍四种。

（一）定向能武器

所谓定向能武器，是指武器的能量是沿一定方向传播的。在一定距离内，该武器有杀伤破坏作用，在其他方向则没有杀伤破坏作用。

1. 高功率微波武器

高功率微波是指峰值功率在 100 兆瓦以上、频率在 1~300 吉赫的电磁波。高功率微波武器是指利用高功率微波的能量直接杀伤破坏目标或使目标丧失作战效能的一种定向能武器。它又称射频武器。微波武器起杀伤破坏作用的是微波束的能量。由高功率微波源产生的微波，经过高增益的定向天线放大后，向一定空间辐射出功率高、能量集中、方向性强的微波射束，当其照射到目标上后，就可以干扰、破坏或烧毁电子设备以及杀伤作战人员。

目前，微波武器主要分成两类：一类是微波束武器，主要是利用定向辐射的高功率微波束杀伤破坏目标；另一类是微波炸弹，主要是利用高强度辐射场覆盖被攻击的点状目标，在目标内部电子线路中产生感应电流和电压，击穿或烧毁其中的敏感元件，使电脑中存储器丧失存贮的信息，破坏软件数据等。高功率微波武器的主要攻击对象是电子系统，因此在信息化战争中大有用武之地。

2. 粒子束武器

粒子束武器是指通过特定的方法将电子、质子或离子加速到接近光速，聚集成密集的束流，然后直接（或去掉电荷后）射向目标，以束流的动能或其他效能杀伤破坏目标的武器。它分为带电粒子束和中性粒子束两大类。粒子束武器是一种尚处在研究关键技术和论证可行性阶段的先进战略防御武器，如果研制成功，在未来的战争中，部署在空间轨道上的粒子束武器可作为反卫星和反导弹的武器。

同天基激光武器相比，粒子束武器的优点主要有三点：一是粒子束武器不需光学部件和反射镜，而是用磁铁聚焦粒子束，并且设备坚固；二是加速与聚焦粒子束的加速器与磁铁等设备本身就产生强辐射，不会受空间辐射的影响，适合在空间工作；三是粒子束不仅能把能量沉积到目标表面上，而且能透入目标内部，至少在理论上可以通过几种不同的方式毁伤目标。1989 年，美国利用小型的中性粒子束装置进行了空间试验，演示了中性粒子束设备在空间工作的能力，成为第一个在空间试验中性粒子束技术的国家。

（二）基因武器

基因（英语 gene 的音译）是生物体携带和传递遗传信息的基本单位，存在于细胞核内的染色体上，它控制生物性状的发育和表现。基因工程，亦称遗传工程，是通过人工转移和重新组合生物遗传物质中的基因，改变生物的性状和功能的技术。基因工程可培育动物、植物和微生物的新品种，可用于增加产量，改善品质，控制和治疗遗传病等。基因武器，也称为遗传工程武器，是运用遗传工程这一新技术，按人们的需要通过基因重组，人为地改变一些致病微生物的遗传基因，培育出新的危害性更大的生物战剂。例如，把生物战剂中"致病力强的基因"转移，制造出致病力更强的新战剂，或把"耐药性基因"转移，制造出耐药性更强的新战剂；如果把几种有害的基因一起转移，就会制造出危害性更大的生物战剂。因此，基因武器是现代生物技术制造出的新型生物武器。

基因武器的突出特点：一是成本低廉、制造容易、杀伤力大。花费 5 000 万美元建立的一个基因武器库，其杀伤力远远超过花费 50 亿美元建起的核武器库。二是使用方法简单多样。可用人工、飞机、导弹或火炮，把经过遗传工程改造过的细菌、细菌昆虫和带有致病基因的微生物投入他国主要河流、城市或交通要道。三是不易被发现，并且难以防治。因为只有制造者才会知道经过改造病毒的遗传密码，别人很难破解或控制。同时，基因武器的作用过程是在秘密之中进行的，人们一般不能提前发现并采取有效的防护措施，而当伤害被觉察到时，人已经中了基因武器的病毒，这一点正是基因武器与其他生物武器、化学武器的区别。

（三）非致命武器

非致命武器是指为达到使人员或装备失能，并使附带破坏最小化而专门设计的武器系统。非致命武器按用途可分为反装备非致命武器和反人员非致命武器两大类。

1. 反装备非致命武器

该武器主要是通过破坏装备本身的材料结构或外部条件，使其无法正常发挥作用，通常以阻止装备快速实施机动为主要目的。目前，国外发展的反装备非致命武器主要有五种：一是超级润滑剂。将这种润滑剂用飞机或炮弹抛洒在机场跑道、航母甲板、铁轨、高速公路、桥梁等目标上，可有效地阻止飞机起降和列车、军车前进。二是材料脆化剂。这是一种能引起金属结构材料、高分子材料、光学视窗材料等迅速解体的特殊化学物质，可以用来破坏敌方的飞机、坦克、车辆、舰艇及铁轨、桥梁等基础设施。三是超级腐蚀剂。这是一种对特定材料具有超强腐蚀作用的化学物质。四是超级黏胶。这是一种具有超级强黏结性能的化学物质，它能破坏装备传感装置和使发动机熄火。五是动力系统熄火弹。该熄火弹是利用阻燃剂来污染或改变燃料性能，使发动机不能正常工作而熄火的武器。美国已研究开发了一批高性能阻燃器，它可以遏制敌方坦克、装甲车集群的行动。

2. 反人员非致命武器

该武器可以使敌方战斗减员，使敌方造成沉重的伤员负担。目前，国外正在研究的反人员非致命武器主要有以下三种：一是化学失能剂。该失能剂分为精神失能剂、躯体失能剂，它能够造成人员的精神障碍、躯体功能失调，从而丧失作战能力。二是刺激剂。这是以刺激眼、鼻、喉和皮肤为特征的非致命性的暂时失能性药剂。若长时间大量吸入这种药剂，可造成肺部损伤，严重的也可导致死亡。三是黏性泡沫。这是一种化学试剂，喷射在人员身上立刻凝固，束缚人员的行动。美军在索马里行动中使用了一种"太妃糖枪"，可以将人员包裹起来并使其失去抵抗能力。它可以作为军警双用武器，目前美国已开发出了第二代肩挂式黏性泡沫发射器。

（四）计算机病毒及其武器

1. 计算机病毒

计算机病毒（Computer Virus）指编制者在计算机程序中插入的破坏计算机功能或者破

坏数据，影响计算机使用并且能够自我复制的一组计算机指令或者程序代码。与医学上的"病毒"不同，计算机病毒不是天然存在的，而是某些人利用计算机软件和硬件所固有的脆弱性编制的一组指令集或程序代码。它能通过某种途径潜伏在计算机的存储介质（或程序）里，当达到某种条件时即被激活，通过修改其他程序的方法将自己精确拷贝或者可能演化的形式放入其他程序中，从而感染其他程序，对计算机资源进行破坏。计算机病毒是人为造成的，对其他用户的危害性很大。

计算机病毒的基本特点：一是繁殖性。计算机病毒可以像生物病毒一样进行繁殖，当正常程序运行的时候，它也进行自身复制。是否具有繁殖、感染的特征是判断某段程序是否为计算机病毒的首要条件。二是破坏性。计算机中毒后，可能会导致正常的程序无法运行，计算机内的文件被删除或受到不同程度的损坏。计算机病毒对文件的破坏通常表现为：增、删、改、移。

计算机病毒的危害性：一是潜伏性。一般情况下，计算机病毒感染系统后，并不会立即发作攻击计算机，而是具有一段时间的潜伏期。潜伏期长短一般由病毒程序编制者所设定的触发条件来决定。二是传染性。计算机病毒入侵系统后，会在一定条件下破坏系统本身的防御功能，迅速地进行自我复制，从感染存储位置扩散至未感染存储位置，通过网络更可以进行计算机与计算机之间的病毒传染。三是破坏性。计算机系统一旦感染了病毒程序，系统的稳定性将受到不同程度的影响。一般情况下，计算机病毒发作时，由于其连续不断的自我复制，大部分系统资源被占用，导致计算机的运行速度下降，使用户无法正常使用。严重者，可使整个系统瘫痪，无法修复，造成损失。四是隐蔽性。计算机病毒通常会以人们熟悉的程序形式存在。有些病毒名称往往会被命名为类似系统文件名，例如Internet 单词的一个"n"被假图标改为了两个"n"，很难被用户发现，一旦点击访问这些图标指向的网站，很有可能面临钓鱼或挂马威胁；又如文件夹 exe 病毒，其图标与 Windows默认的文件夹图标是一样的，十分具有迷惑性，当用户双击打开此文件夹时，就会激活病毒。五是多样性。由于计算机病毒具有自我复制和传播的特性，加上现代传播媒介的多元化，计算机病毒的发展在数量与种类上均呈现出多样性特点。六是触发性。一般情况下，计算机病毒侵入系统后，并不会立刻发作，而是较为隐蔽地潜伏在某个程序或某个磁盘中，当达到病毒程序所敲定的触发条件（例如设定日期为触发条件，或设定操作为触发条件），病毒程序立即自动执行，并且不断地进行自我复制和传染其他磁盘，对系统进行破坏。例如，"March 25th"病毒，在每年的 3 月 25 日便会在被感染的计算机中激活。

2. 计算机病毒武器

计算机病毒武器是指通过某种手段或途径，把计算机病毒投放到敌方计算机系统的一种武器。计算机病毒武器的组成，首先是计算机病毒，即用于破坏敌方计算机的硬件、软件和数据；其次是逻辑程序，即用于在特定时间或针对特定对象激活计算机病毒；最后是隐蔽程序，即用于保护计算机病毒不被敌方发现。

海湾战争以来的高技术战争表明，计算机病毒武器是现代作战的重要武器，是攻击敌方计算机网络系统的重要手段，已经成为信息战的主要进攻武器之一，它即将成为信息化战争不可或缺的武器，是继核武器、航空母舰之后的又一种新型战略威慑武器。

第三节 高技术与新军事变革

所谓新军事变革，是指先进的军事技术与创新的军事理论（或军事学说、军事思想）以及创新的军队编制有机地结合在一起，革故鼎新，从而引起战争样式的深刻变革和军事效能的极大提高，并进一步促进整个军事领域发生巨大变化的过程。其实质是把工业时代的机械化军事形态改造成信息时代的信息化军事形态的过程。

军事高技术的发展，对新军事变革有着重大的影响作用。

一、军事高技术的发展影响战争理论的变化

工业时代战争的基本形态是机械化战争形态。那么，在军事高技术的推动下，信息时代战争的基本形态是什么样？叫什么名称比较合适？战争动因有什么变化？战争空间有何扩展？战争力量有何增强？对于这些问题，世界各国军事界特别是军事理论界提出了多种多样的看法。

（一）关于战争的动因

这种看法有三种理论：一是经济驱动论。这是俄国经济学家波波夫提出的。该理论认为，信息时代战争的根本原因仍是经济因素，战争是由经济驱动的。二是文明冲突论。这是美国哈佛大学教授塞缪尔·亨廷顿提出的。该理论认为，现代战争和未来战争的发生，是由不同文明特别是基督教、印度教、伊斯兰教等不同宗教间的矛盾冲突引起的。三是浪潮冲突论。这是美国未来学家阿尔文·托夫勒提出的。持该理论的学者认为，浪潮冲突论可以说明现代和未来战争的根源，即第一次浪潮是农业文明，第二次浪潮是工业文明，正在向我们走来的第三次浪潮是信息文明。在旧文明向新文明过渡时期，必然发生两种冲突：①国内维护旧文明的保守力量与倡导新文明的革新力量之间的冲突；②拥有不同文明国家之间的冲突。不同文明冲突的"文明"中不仅包括文化传统和宗教，还包括政治、经济、科技和军事。

（二）关于信息时代基本战争形态的称谓

英国战争理论家称之为"非对称战争"。法国贝尔纳·德布雷西将军称之为"第四代战争"。俄国军事理论家斯里普琴科少将称之为"第六代非接触战争"。美国国防部称之为"网络中心战"。

（三）关于战争空间的扩展和新战争力量

美国国家战略理论家戴维·康德尔在 1999 年 9 月提出了"第四、第五维战争空间"与"空间力量"和"信息力量"的新概念。他认为，继陆地、海洋、空中这三维空间之后，随着太空军事活动的加强和信息网络技术的发展，第四维战争空间——外层空间和第五维战争空间——信息空间已经形成。第四维战争空间的问世，催生着一个新军种——天军。美国、俄罗斯正在把他们的航空航天部队和空间部队发展成为天军。在"第五维战略空间"——信息空间活动的战争力量则是"信息军"。"信息军"的最大特点是具有多功能性，它既可以用于作战预警、侦察监视、恐怖活动、战略战、象征性袭击，也可以用于

经济战、政治战、文化战、非战争行动、后勤支援等。

二、军事高技术的发展影响军队建设理论的变化

在工业时代的机械化军队向信息时代的信息化军队转型过程中,军事界对军队建设问题提出了许多新概念、新见解。这里仅介绍六种。

(一)"多能军队"论

这是美国国防部1998年提出来的,其要点是要求美军做到"四能":一能对付各种威胁;二能打赢各种强度、各种样式的战争;三能遂行多种职能,包括作战任务和非战争行动;四能为国家最高军事当局提供多种战略选择。

(二)"无缝隙总体力量"论

这是美国国防部1999年提出来的。其要点有三:一是现役部队和预备役部队混合编组,实行一体化;二是常规部队、核部队、特种作战部队的作战能力实行融合,在战役、战术行动上密切协同,形成高度一体化的军事力量;三是各一体化部队具有很强的适应能力,能快速完成不同作战类型之间的转换。

(三)"核心能力"论

这是美国空军至2025年长远建设的理论框架,它要求美空军具备六大核心能力:一是拥有航空航天优势,二是拥有信息优势,三是具备全球快速机动能力,四是具备全球攻击能力,五是具备精确作战能力,六是具备灵活的作战支援能力。

(四)"航空航天远征部队"概念

早在2000年年底,美国空军就已组建了10支航空航天远征部队。这种部队的特点主要有四点:一是战备程度高,反应速度快,能在20~70小时内完成一切准备并遂行战斗任务;二是能近实时地掌握战区和地面的各种情报信息,拥有全面信息优势;三是可以准确地确定目标位置,有强大的远程精确打击能力;四是可以不间断地得到战略、战术空运部队的保障,有持续作战能力。

(五)"军事后勤革命"论

这是时任美军陆军参谋长赖默上将等高级将领提出的理论。其核心内容是:将美军后勤建设成"配送型后勤",以"配送管道"代替仓库。具体地说就是建立两大系统:一是"无缝隙后勤系统"。它是把指挥控制系统、数字化武器系统、国防服务系统、全球电子商务网等网络系统连为一体的后勤系统,具有准确管理、后勤干预、配送管理、物资管理等功能。二是"全资产可视系统"。该系统可以使后勤管理人员对某种物资在补给链上的位置和状态了如指掌,从而及时、准确地控制物资流向,调配部队所需要的物资。

(六)"空军司令部2002"概念

这是时任美军空军部长彼得斯在2001年提出的一个新概念,也是美空军部专门为航空航天远征部队设计的司令部。其特点主要有四点:一是组成人员一专多能,精干灵活;二是能够高效率、高效能地利用各种资源,可以实时制定计划和决策,并用电子手段传输命令和文件;三是指挥官与参谋人员分工明晰,分别有自己的工作流程;四是长于后勤管理,善于协调公共事务,与国会、公众和新闻媒体关系和谐。

三、军事高技术的发展影响作战理论的变化

军事高技术的发展，导致了多种新作战理论的产生。这里列举九种。

（一）"非线式作战"论

这是美军陆军 1993 年提出的作战理论。该理论认为，高技术战争条件下，"在地面战场上，没有明确规定的作战线"；"海上作战行动、特种作战行动和平判部队的作战行动往往是非线式的"；"全维联合战役行动在主要方面是非线式的"。非线式作战的主要特点有四：一是战场流动性大，兵力密度小，结构不规则，作战行动很灵活；二是交战双方的前后方界限模糊，没有完整、稳定的作战线；三是战场前沿的意义下降，没有严格的前方、后方、纵深之分；四是战役战斗在全纵深同时展开，纵深作战具有决定性作用。

（二）"非对称作战"论

这是美军在总结海湾战争经验时提出来的理论。该理论在美国防部《2020 年联合构想》中得到了进一步完善和发展。非对称作战是指两种不同类型部队之间的交战。其目的是以己方部队的长处攻击敌人的弱点，从而战胜敌人。

（三）"非接触作战"论

这是美国战略与国际问题研究中心在 1993 年提出来的作战理论，其要点有三：一是集中机动火力，而不是集中兵力和兵器，以达成火力优势；二是与敌人保持合理的交战距离，使敌人打不着我，我则能打着敌人；三是综合运用陆、海、空、天各种火力和信息战手段，对敌人实施全方位、不间断的打击。

（四）"导航战"理论

这是时任美国国防部副部长甘斯特在 1999 年提出来的作战理论。该理论的实质是要使美军在战场上夺取和保持导航优势，即在确保美军自己自由地使用全球定位系统的同时，有效干扰或阻止敌方使用该系统。

（五）"全方位高级作战"论

这是美国陆军在 2000 年提出来的作战理论。该理论的要点有三：一是始终保持制信息权；二是能够在冲突升级的关键时刻压制敌军，夺取绝对制空权；三是能够实施近战、机动战、压制战、摧毁战、情报战、信息战等多种作战样式。

（六）"联合持续打击环境"论

这是美国国防部在 2000 年提出来的作战理论。该理论的实质是要求美军能够在不同军兵种部队之间实时传递目标信息，对稍纵即逝的运动目标，特别是敌人的指挥控制系统和导弹发射装置等高价值目标，能持续不断地予以打击和摧毁。

（七）新"火力圈"论

这是美国国防部在 2000 年提出的海陆战场作战理论。该理论的实质是使用各种海上力量（主要是舰载力量）对陆上武器系统进行打击，对一定范围内的陆上目标实施火力突袭，支援陆空作战，形成一种新概念——"火力圈"。该理论要求，当海军的舰艇或作战飞机等作战平台进入该"圈"之后，这些平台的所有武器系统便被纳入联合特遣部队指挥官的对陆攻击武器系统数据库，指挥官根据火力支援方案，指示某一或某些作战平台遂行

火力打击任务。

(八) "舰对目标机动" 论

这是美国海军陆战队在2001年提出的作战理论，实际上是一种全新的两栖作战理论。其基本点有四：一是利用先进的侦察与监视系统，查明敌人海上和岸上防御的弱点；二是先不确定两栖作战区，也不进行长时间的准备，而是利用最新情报信息，在最后时刻调整作战计划，确定两栖作战区和打击目标；三是登陆部队直接从超视距的海上攻击敌方纵深目标，不一定要在岸上建立登陆场；四是登陆部队指挥官利用分散指挥与协调的方式进行指挥，而不是传统的指挥方式。这种理论的作战，易于达成突然性，从而迅速使敌人的防御瘫痪。

(九) "自主作战能力" 论

这是美国海军作战部和陆战队司令部联合提出的作战理论，其要点是：利用机器人技术和自动化控制技术，增强海军和陆战队的无人驾驶飞机和无人驾驶车辆在复杂环境中的作战能力，扩大海军在敌近海地区的作战空间，增强侦察和打击能力，减少己方人员伤亡。

思考题

1. 什么是军事高技术？

2. 什么是精确制导武器？

3. 什么是导弹？

4. 什么是航天技术？

5. 什么是侦察卫星？

6. 什么叫激光通信？

7. 激光的防护措施有哪些？

8. 什么是电子对抗？

9. 什么是雷达干扰？

10. 什么是军队指挥自动化系统？

11. 军队指挥自动化系统通常由哪几个分系统构成？

12. 军队指挥自动化系统有哪些功能？军队指挥自动化系统对现代作战有何影响？

13. 什么是新概念武器？

第五章 信息化战争

第一节 信息化概述

一、信息的定义

当今时代，信息无处不在，它从各个方面广泛地影响着人类社会。但是，人们长期以来对"信息"一直没有形成一个统一的定义。有的认为，信息是一种消息，即人们通信时所要告诉对方的内容。有的认为，信息是人们进行运算和处理的条件、内容和结果，常常以数字、数据、图像、曲线和控制指令等形式出现。有的认为，信息是事物运动、发展和变化的情况和动态。有的认为，信息是人类能够直接或间接感知的一切有意义的实质性东西，即人类感性认识的来源和形成理性认识（经验、知识）的基础。

目前，较为趋同的定义是：信息是事物运动状态或存在方式的不确定性的描述。

二、信息的基本特性

（一）时效性

信息从产生、传播、接收到利用这一过程的时间间隔与信息的效用存在着密切的关系。时间间隔越短，信息的效用越高，作用越大；时间间隔增大，信息的效用就会下降甚至丧失。因此，信息的实效性和效用存在着正向关系。

（二）寄载性

信息的产生依赖于物质世界的运动和人意识的活动，一旦成为反映物质和意识的信息后，信息又可以脱离所反映的物质和意识，但信息不能独立存在，它的表示、传播、存储、显示总是依赖于某种载体或媒介，如纸张、磁盘、电磁信号、显示器，等等。因此，信息同信息媒体是不可分割的。

（三）共享性

信息可供人们共同享用，而且在信息扩散给大家以后，信息载体包含的信息量不会因此而减少。信息的这一属性与能源和材料是不同的，一定数量的能源、材料用了以后就转化为其他形式的能量。而信息永远不会因为多人共享和使用而消耗掉，并且人们可以对它进行多次加工处理，添加新的内容，去掉陈旧的东西。社会的信息化和网络化以及信息传输手段的改善，可以让更多的人更快、更高效地共享和利用信息。但是，这种共享和利用信息是因条件而异的。没有相应的物质条件和相应的知识是难以共享和利用信息的。

（四）可增值性

信息资源的增值性主要表现在两个方面：一方面是对具体形式的物质资源和能量资源进行最佳配合，使有限的资源发挥最大的作用；另一方面是可以利用急剧增长的信息去发掘新的材料和能源。而信息本身在不断使用中也得到增值。

（五）多效用性

信息的多效用性是由信息具有的知识秉性决定的。知识是人类长期实践的结晶。知识不仅是人类认识自然的有效工具，也是人类改造自然的最佳武器。无论认识世界还是改造世界，信息都是基础，是知识的源泉，是决策的依据，是控制的灵魂，是管理的保证。

三、信息技术

信息技术是指能够完成信息的获取、传递、处理、再生和应用等功能的各种技术的统称。从本质上看，信息技术就是能够扩展人的信息器官功能的技术。

信息技术是一组技术群，从大的方面划分，可分为两类。第一类是信息基础技术。这是信息技术设备与系统所需元器件的制造技术。该技术主要有微电子技术、光电子技术、光子技术、生物电子技术、超导电子技术、真空电子技术等。第二类是信息应用技术。该技术主要包括信息获取、信息传输、信息处理、信息储存等技术。

信息技术还可以从不同范围、用途、功能和层面进行划分。

四、信息化

（一）信息化的内涵

2002年10月22日，我国信息化领导小组批准颁布了《国民经济和社会发展第十个五年计划信息化重点专项规划》，对信息化的内涵进行了明确的界定："信息化是以信息技术广泛应用为主导，信息资源为核心，信息网络为基础，信息产业为支撑，信息人才为依托，法规、政策、标准为保障的综合体系。"由此可见，信息化包含了"信息技术""信息资源""信息网络""信息产业""信息人才"和相关"法规、政策、标准"六个方面。

信息化发展的实践表明：信息化既是一个体系，也是一个过程，还是一种状态。作为一种体系，它包含了"信息技术""信息资源""信息网络""信息产业""信息人才"和相关"法规、政策、标准"六个方面要素。作为一种过程，它将经历数字化、网络化和智能化的发展阶段，最终实现人类信息化社会。作为一种状态，它实现了以信息技术广泛应用为主导，信息资源为核心，信息网络为基础，信息产业为支撑，信息人才为依托，法规、政策、标准为保障的目标。

（二）信息化的基本特性

1. 信息主导特性

没有信息的活动是盲目的活动。谁能够及时准确地掌握、利用信息和取得信息优势，谁就能使物质、能源产生倍增效应，谁就能获得先机和胜利的可能。

2. 知识核心特性

谁拥有超前的、丰富的、胜他人一筹的信息尤其是知识，谁就能够广泛地参与社会活动，就能取得决定性的优势。

3. 网络结构特性

网络结构是信息化的显著特征之一。在互联网这个纵横交错的大空间里，人们无论是近隔一墙，还是远隔天涯，都可以实时交流思想，获取和利用信息，捕捉制胜先机。

4. 智能支持特性

智能是一种具有内在逻辑性的综合能力，包含了信息、知识、策略和行为四个基本要素。没有信息就没有知识，没有信息和知识就不会有智能。在信息化社会里，充分利用智能、仿真、虚拟、模拟等信息技术系统，高效提炼有用的信息，快速形成辅助方案，可以把决策者从信息浩海中解脱出来，集中时间和精力进行高质量的决策。

5. 空间广延特性

信息网络空间的立体范围之大，覆盖能力之强，是其他空间无法比拟的。只有信息载体到达不了的地方，没有信息网络空间触及、渗透不到的地方。

6. 数据集成特性

现代信息技术特别是数字化技术的深度开发应用，使数据高度压缩、大容量存储和综合集成成为现实。随着信息化的发展，数据存储的方式不断发生新的变化，数据存储的能力也在不断提高。

7. 速率高特性

在信息技术强力支撑和计算机系统及其他各类信息系统、信息装置的倍增作用下，信息的获取、传输、处理、存储、分发速率空前提高，达到了近似实时甚至实时化。

8. 数质精确特性

如多普勒雷达配置到飞机、卫星上，就能够探测显示出地面人员和车辆的详细运动情况，脉冲雷达对距离上的分辨率从几百米提高到了 1 米以下。目前，使用先进的卫星成像侦察技术对地面实施详细侦察时，其分辨率已达到厘米级。宇航员使用侧视成像雷达、红外辐射仪、大幅面测绘相机等专用设备，对陆地、海洋与大气环境进行观测，所摄的地面照片分辨率已达到米级和厘米级。

9. 应变灵敏特性

利用现代信息技术所创造的先进的生产工具，具有人类认识世界和优化世界所需要的信息功能。人类在信息化条件下生产和生活，更能满足柔性化的需要；进行国防和战争活动，更能立于不败之地。

第二节　信息化战争概述

一、信息化战争的基本概念

信息化战争作为一种全新的战争概念，目前尚无统一的定义和规范的解释。信息战理论的发源地——美国的英语语汇中没有"信息化"一词。在美国军语中，类似的概念有"信息战争""以信息为基础的战争"和"信息时代的战争"。在中国的军事理论界，"信息化战争"是科索沃战争之后才经常使用的术语。其渊源主要有两个。

一是我国著名的科学家钱学森首创。1995 年 7 月 21 日，钱学森在国防科工委首届科技学术交流大会上的书面发言中指出："从人类历史的过程看，最初出现的战争是徒手战争，然后有了冶炼技术，才出现了冷兵器战争。继之，是由于火炸药的发明，才出现热兵器战争。科学技术的进一步发展，又导致内燃机的制造和其他机械兵器的制造，于是战争又进而演化为机械化作战。到 21 世纪 50 年代，更因核技术和火箭技术的发展，出现了远程核武器。远程核武器的巨大破坏力，再加上现在高度发展的信息技术和电子计算机技术，就形成现阶段和即将到来的 21 世纪的战争形式：在核威慑下的信息化战争。"这是首次开创性地提出"信息化战争"概念。这一概念的提出不仅顺应了我国我军研究世界新军事革命的潮流，而且具有启迪和规范作用，使人们认识到人类面临的下一个战争形态将是信息化战争。

二是中国学者的演绎和创新。中国人民解放军原总参谋部、总政治部、总后勤部 1997 年新修订印发的《中国人民解放军军语》中没有"信息化战争"词条，只有"信息战"词条，即"敌对双方在信息领域的对抗活动。主要是通过夺取信息资源，掌握信息的生产、传递、处理等的主动权，破坏敌方信息传输，为遏制或打赢战争创造有利的条件"。中国军事科学院作战条令部编写的《信息化作战理论学习指南》一书对信息化战争的解释是：信息化战争是人类社会进入信息时代后，交战双方依托信息化战场，以信息化军队为主要作战力量，以信息化武器装备为主要作战手段而进行的战争行为，是由信息时代战争形势、军事力量状态和主导兵器的技术形态等决定的战争动因、性质、规模等整体的表现形态。

较长时期以来，我国的学者特别是军事领域的学者对信息化战争做了较多的研究，获得了不少学术成果。

二、信息化战争的生成

（一）电子计算机问世，播下了信息化战争的种子

人类在认识和改造世界的过程中，经历了多次信息革命。一般认为，迄今为止，人类社会已经发生了五次信息革命。第一次信息革命以语言的产生为标志。这次信息革命标志着人类反映、接收、传递、交流和分析加工处理信息的能力有了一个质的飞跃。第二次信息革命以文字创造为标志。这次信息革命促进了信息的大量积累和广泛传播，加强了人们的社会交往，增强了人类改造自然、发展生产的能力，扩大了人们的社会活动范围与规模，这是一次信息载体和传播手段的重要革命。第三次信息革命以印刷和造纸术的发明为标志。这次信息革命使人类知识的积累和传播突破了历史、时空和地域界限，使信息可以广泛传播于世界的各个角落，对科学技术的推广、文化教育的进步、社会事业的发展产生了极其深远的影响，为人类进入近代文明奠定了基础，是一次信息记载和传播手段的更深远的革命。第四次信息革命以无线电技术的发明为标志。这次信息革命作为人类最早利用

电能传播信息的创举，是信息由物质传播转化为电传播的一次新的革命，它进一步缩小了人类交流信息的时空界限，任何人和机构要想绝对控制信息的传播已不太可能。第五次信息革命以微电子技术与现代通信技术和计算机的结合为标志。这次信息革命才是现代意义上的信息革命。

从 20 世纪 40 年代开始，在现代自然科学实现重大突破的基础上，科学技术突飞猛进：1942 年建成了原子反应堆；1946 年电子计算机问世；1957 年人造卫星上天；1958 年第一块集成电路问世，引发了一场微电子革命；1960 年激光器诞生；1973 年实现了遗传基因的剪接与重组。计算机不仅用于经济，同时也用于国防，推动着战争体系向信息化发展。20 世纪 50 年代，人类社会开始信息化进程之后，很自然地把军队带入了信息化发展的道路。到 20 世纪 60 年代，美国军队就开始重视信息的作用，只是没有明确提出信息化建设的概念。20 世纪 70 年代中期，美军在信息、空间监视、远程导弹等方面完成了一系列革新。可见，电子计算机问世，播下了信息化战争的种子。

（二）海湾战争——信息化战争萌芽

海湾战争，从 1991 年 1 月 17 日凌晨 3 时开始，到 2 月 28 日上午 11 时宣布停火为止，历时 42 天。以美国为首的多国部队出动 9.6 万架次飞机对伊拉克全境进行了长达 38 天的空袭和 100 个小时的地面作战。战争的结局是多国部队取得全面胜利，基本上摧毁了伊拉克的战争机器。美国国防部认为，海湾战争是人类社会刚刚进入信息时代的第一次信息战争。全面分析这场战争，不难看出这场战争仍然是一场由高技术支撑的机械化战争，或者说是在人类文明由工业时代向信息时代过渡时期发生的第一场带有部分军事形态"时代差"的、划时代的高技术战争，而不能称之为信息化战争。因为在海湾战争中，美军只有大约 10% 的作战飞机具备投射精确制导弹药的能力，投射的精确制导弹药只有 8%。在作战理论上，海湾战争主要采用的是美国陆军的"空地一体战"作战理论。但必须看到，这是第一场典型的迈向信息化战争的战争，它毕竟显露出了信息化战争的一些胚芽。

1. 战前，开通了更多的信息系统，为兵力集结和之后的作战行动提供了更多的信息保障

"沙漠盾牌"行动伊始（1990 年 8 月初），美军中央总部司令施瓦茨科普夫及其参谋人员，带着指挥通信分队以及大量通信器材先期到达沙特阿拉伯，着手建立前方指挥通信系统。到 8 月底，美军建立在海湾战区的 C^3I 系统初具规模，包括建立了中央总部前方指挥部，即海湾战区信息系统中心。该中心是美国全球指挥控制系统的一部分。海湾战争虽然是一场局部战争，但它涉及的活动是全球性的，需要运用太空的侦察卫星、通信卫星、导航卫星、气象卫星，以及美国本土、欧洲、亚洲和大洋洲的地面通信设施。在"沙漠盾牌"行动阶段，多国部队建成了许多不同级别和不同类型的指挥控制中心，有固定式和非固定式的，也有空中、地面和海上的，从而形成了比较完备的 C^3I 系统。28 个参战国在本国领土上建有军事指挥部，在海湾战区开设了指挥中心。在这些国家中，美国建立的 C^3I 系统最为完备，它分为三个层次：第一层是以美国本土上的全球军事指挥控制系统为主体的战略指挥系统；第二层是由驻沙特中央总部的前线指挥部和陆、海、空等司令部机关指挥中心构成的海湾战区指挥系统；第三层是由战术空军控制中心、旗舰指挥中心、陆军军

师级指挥中心构成的战术指挥系统。从中央总部的前线指挥部到各军兵种司令部机关、军师司令部机关，以及大型武器系统，都有自己的 C^3I 系统或终端设备，并与卫星通信系统、国防数据通信网、战场全数字地域通信系统等互连互通。

在信息传输方面，多国部队有 26 颗卫星组成的综合通信系统为其战略、战役、战术级军事行动提供通信保障。中央总部前方指挥部利用由微机组成的局域网与下级指挥机构进行信息传输。美军在海湾战争开战前建立的战区信息网络，可容纳十几个国家的信息处理、传输设备和指挥通信机构，形成了一个庞大的自动化信息处理与传输网。在海湾 90 天的通信量比欧洲 40 年的还多。在开战后的高峰期，战区信息系统创造了每天 70 多万次电话呼叫和 15.2 万次电文传递的世界纪录。另外，它还管理着 3.5 万个无线电频率。

在情报侦察方面，各种侦察卫星发挥了重大作用，在全部情报信息中有 90% 是由卫星提供的。卫星不仅侦察伊拉克的军事目标，还对派往海湾战区担任作战和运输任务的各种飞机、舰船进行监视，为控制作战和运输行动提供实时的情报保障。在海湾战区，美军使用的情报侦察卫星系统包括：在太空运行的照相侦察卫星、电子侦察卫星、导弹预警卫星、气象卫星、大地测量卫星，在空中飞行的侦察机、无人驾驶侦察飞行器，在地面的侦察分队、雷达、夜视器材，在海面的侦察船等。它们构成了太空、空中、陆地、海面、水下立体化、一体化、全方位的信息探测系统，为这次军事行动提供了有力的信息保障。

2. 战中，把伊拉克的指挥控制系统以及相关设施作为首要打击目标

经过 5 个多月的作战准备，多国部队于 1991 年 1 月 17 日凌晨对伊拉克军队发起了代号为"沙漠风暴"的军事打击。第一天，多国部队就对伊军的 C^3I 系统以及相关设施实施了大规模的空袭。空袭中把 12 个目标作为重点目标，其中有 4 个目标直接关系着指挥控制系统，即领导指挥系统、发电设施、电信和 C^3I 枢纽、一体化战略防空系统。这 4 个目标被排在打击目标的最前面，而对伊军地面部队有生力量的打击，则列为第 11 位目标。可见，对伊军军事指挥控制系统与相关关键设施的打击，是多国部队夺取"制信息权"，确保信息优势的重要手段之一。为使伊拉克 C^3I 系统的通信枢纽失灵，多国部队在空袭的第一天就轰炸了伊拉克的微波中继塔、电话交换台、配电室、光纤通信关节点以及载有同轴电缆的桥梁，使伊拉克的防空力量失去了"眼睛"和"耳朵"，大大丧失了信息力量的支持，从而大大减少了对多国部队的威胁。

3. 战法上广泛使用信息对抗措施，确保信息优势

海湾战争前夕，伊拉克的指挥通信系统比较先进，已基本上实现了自动化和网络化。多国部队在与伊拉克的信息对抗行动中，除了对伊拉克进行硬杀伤性攻击外，还实施了软杀伤性、非杀伤性对抗与干扰行动。这一系列的信息对抗行动，都是在 C^3I 系统的统一计划、指挥、控制下实施的。多国部队在海湾战争中广泛使用了传单、无线电广播和高音喇叭广播等心理战措施。美军在科威特战区先后投下了 33 条不同内容的 2 900 万份传单。多国部队建立的"海湾之声"无线电广播电台，从地面和空中配合播音，每天广播 18 小时，与战争同时结束，持续广播 40 天，在促使伊军官兵投降或开小差方面发挥了很大作用。伊军一位师长说，心理战对部队的士气是一种极大的威胁，其威力仅次于空中轰炸。

海湾战争中，多国部队使用最多的软杀伤方式是以电子侦察、电子干扰为主的电子信

息对抗。多国部队使用十来种电子战飞机，多种执行电子干扰任务的无人飞行器，以及作战飞机自身携带的自卫性电子干扰装置，在地面和海面对伊拉克进行电子信息对抗，使伊拉克的无线电通信、雷达、导弹、飞机以及火炮的电子火控系统等辐射电磁波的信息装置，都失去了正常的工作能力。

尽管美国当时只有现代的单项信息技术，网络化程度还比较低，没有进行真正的全面的数字化方面的建设工作，也没有真正意义上的信息战理论做指导（海湾战争前期，美军信息战理论尚处于自发性的学术研究之中，并未形成系统的理论，因而也不可能用信息战理论指导海湾战争），但是，信息、信息系统和信息化武器装备在海湾战争中的巨大作用，引起了世界军事界的极大震动。人们开始认识到物质、能量和信息在战争中的相对作用将发生根本性的变化，隐约看到了信息化战争的萌芽。

（三）科索沃战争——信息化战争初露端倪

科索沃战争发生于 1999 年 3 月 24 日，结束于 6 月 10 日，历时 78 天。这是继海湾战争之后一场规模最大、持续时间最长、信息化程度最高的战争，是一场完全由空中力量主宰的高技术战争。这场战争，没有海战和地面作战，其主要作战样式是空袭、防空袭和信息战。战争结局是以美国为首的北约部队获胜。将这次战争形态视为信息化战争的端倪，是由社会信息化程度和参战军队信息化程度决定的。端倪，是指事情的头绪或眉目。我们通过科索沃战争，可以窥视信息化战争的眉目。20 世纪末，全球社会信息化进入了基本成熟期。社会信息化的迅猛发展开始于 20 世纪 90 年代中期。这场新的信息革命是以数字化多媒体集成和互联网等技术综合而成的，网络技术是主要标志，它把全球信息化推向更新、更广、更高的境界。到 20 世纪 90 年代末，人类社会开始全面进入信息社会。2000 年 7 月，西方 7 国及俄罗斯国家元首在日本冲绳召开信息化首脑会议，颁布了《全球信息社会冲绳宪章》，该宪章将人类社会正式称为"信息社会"。由此可见，科索沃战争是在全球信息社会已经到来的情况下爆发的一场战争。在这场战争中，信息作战和信息化武器装备发挥了以下主导作用：

（1）信息化武器装备发挥了主导作用。依托信息优势实施的远程、中程和近程精确打击成为这场战争的基本手段。精确制导弹药的使用由海湾战争时的 8% 上升到 35%，而摧毁的目标却占南联盟被毁目标总数的 74%。使用弹药的种类包括联合直接攻击弹药、联合防区外武器、"战斧"巡航导弹、常规空射巡航导弹、GBU-37 钻地弹等安装有卫星导航与地理坐标复合制导装置的新型精确制导武器。可见，在信息化弹药的使用上，科索沃战争与海湾战争相比已经发生了巨大的变化。

（2）成功地使用了 C⁴ISR 系统。在这次战争中，多国部队成功地使用 C⁴ISR 系统实施战区外战役指挥与战区内战术控制相结合的作战指挥。北约驻欧洲部队总司令克拉克在远离战区 1 000 多千米的布鲁塞尔北约总部，运用 C⁴ISR 系统对相距遥远的各种打击力量实施了实时指挥与协调；空袭中首次使用了"初期联合空战中心能力系统""北约综合数据传输系统"和"海上指挥控制系统"等。使用先进的指挥控制系统，大大提高了北约部队尤其是美军指挥控制系统的可靠性和生存能力。

（3）交战双方广泛实施信息对抗。科索沃战争被视为世界第一场交战双方都广泛实施信息战的战争。北约方面广泛实施了战略、战术级信息战，包括战前制造舆论攻势，严密控制战时报道，集中打击对方的传媒设施，高频度实施心理战宣传，实施多种方式的综合侦察监视，保持战场高度透明，以精确制导武器实施"斩首"作战，大量实施电子战，充分利用战场信息系统实施毁伤评估，对南联盟实施全方位信息封锁等。南联盟方面则针锋相对，利用已有的技术条件，以民心士气的激励对抗心理攻击，以传统手段与高技术手段相对抗，采取多种方式实施网络战，有效削弱了多国部队的信息攻击。这次战争中，信息化武器运用之普遍，作用之突出，方法之灵活，效果之显著，都是海湾战争无法比拟的。信息主导在战争全过程中真正得到了体现。因此，将科索沃战争视为信息化战争的端倪，是有足够的理论和实践根据的。

（四）伊拉克战争——信息化战争显露雏形

伊拉克战争从 2003 年 3 月 20 日开始，到 5 月 1 日结束，持续 43 天时间。实际上，主要作战阶段到 4 月 13 日美英联军攻占提克里特就已经结束，只用了 24 天时间。伊拉克战争与海湾战争相隔 12 年，是相同的对手在相同的地域进行的一场大不相同的战争。其主要区别在于：

一是战争目的不同。多国部队在海湾战争的目的是把伊拉克军队驱逐出科威特，恢复科威特的合法主权，而在伊拉克战争的目的是推翻萨达姆政权，建立亲美新政权。

二是作战指导思想不同。多国部队在海湾战争的作战指导思想基本上是消耗战思想，而在伊拉克战争的作战指导思想是"效果战"思想。

三是使用的部队不同。多国部队在海湾战争中使用的大多是传统的机械化部队，而在伊拉克战争中使用的是新型空天远征部队、部分数字化部队、"斯特赖克旅战斗队"和处于转型中的机械化部队。

四是采用的作战理论不同。多国部队在海湾战争主要采用的是美国陆军的"空地一体战"作战理论，而在伊拉克战争主要采用的是"快速决定性作战""网络中心战"等联合作战理论。

五是武器装备的信息化程度不同。在海湾战争中，美军只有大约 10% 的作战飞机具备投射精确制导弹药的能力，投射的精确制导弹药只占投弹总量的 8%；在伊拉克战争中，几乎所有的美军作战飞机都安装了用于精确打击的目标系统、数据链和导航定位电子设备，能够投射多种精确制导弹药，投射的精确制导弹药占投弹总量的 68%。这些不同之处导致战争形态发生了根本性的变化：从机械化战争形态向信息化战争形态转变。"但是，由于伊拉克军队是一支落后的机械化半机械化军队，美英联军也没有完全实现信息化，战争中双方没有发生激烈的攻防作战和复杂的电磁对抗，伊拉克战争所展示的信息化特征是不完全和不充分的。"① 伊拉克战争的信息化程度比海湾战争以及科索沃战争、阿富汗战争的信息化程度都高。这场战争既体现了世界军事变革的最新成果，也标志着新军事变革发展到了一个新阶段。通过这场战争，人们看到了信息化战争的雏形。所谓雏形，即事物初步形成但未达到完善的状态和面貌。

---

① 樊高月，符林国. 第一场初具信息化形态的战争——伊拉克战争 [M]. 北京：军事科学出版社，2008：2.

1. 作战思想显露了信息化战争雏形

海湾战争以后，美国军事理论界非常活跃，不仅制定和颁发了 100 多本联合作战条令，而且公布了《2010 年联合构想》《2020 年联合构想》《快速决定性作战》《网络中心战》《联合作战概念》等理论性文件，提出了许多新思想，使美军作战思想发生了巨大变化。这些反映信息时代作战特点的新思想，在伊拉克战争中得到了不同程度的运用，收到了较好的效果，在作战思想方面初步显露了信息化战争的雏形。这主要表现在五个方面。

（1）变集中兵力为集中效能。与前几场战争相比，美军在伊拉克作战中占有更大的信息优势。美英联军投入战场的情报监视侦察系统，特别是 E-2、E-3、E-8 预警和指挥控制飞机，由于战术技术性能得到了不同程度的改进，为美英联军集中战斗效能提供了更加有力的信息情报支援，使其完全掌握了制空权。这种全面、实时、准确的战场情报信息支援，使美英联军能够在广阔作战地域迅速机动打击伊军，在最有利的时间和地点集中战斗力的效能。与前几场战争相比，美军在伊拉克战争中使用的 C⁴ISR 系统有了很大的改进，网络化程度大幅度提升了。C⁴ISR 系统网络化为美军联合作战提供了一体化的信息支撑能力，使美军基本上实现了战场感知系统、指挥控制系统和作战行动系统之间的纵向无缝链接，使指挥官能够实时地感知战场态势，迅速定下作战决心和迅速部署作战行动。

（2）变对称作战为非对称作战。美军 2001 年版《联合作战纲要》指出："非对称作战是不同类型的部队之间的战斗，如空对地、空对海、海空对地空，以及地对空和海。""如果双方部队、技术和武器相类似，与敌军交手的行动就是对称的；如果双方部队、技术和武器不同，或者一方采取恐怖主义行动，不按通常的牌理出牌，这种情况下的作战行动就是非对称的。"美军在伊拉克战争中运用非对称作战理论，强调充分发挥空、地、海、天和特种部队一体化联合作战的优势，利用不同作战力量之间的不对称关系，实施非接触、非线式作战。美英联军以压倒性的信息优势和精确打击优势，对伊拉克实施"斩首行动""震慑行动"和广泛猛烈的心理作战，仅用三个星期的时间就以较小的代价攻占了伊拉克的首都巴格达，显示了其在现代战场的非对称作战优势。

（3）变消耗战为基于效果作战。美军 2001 年公布的 2.0 版《快速决定性作战》，把基于效果作战定义为"是对知识、计划和作战都有重要意义的哲学，它重视在战略、战役和战术层次使用军事和非军事能力以获取所期望的战略结果，或对敌人造成所期望的'效果'。'效果'是军事或非军事行动造成的物理、功能和心理结果、事件或后果"。在"基于效果作战"思想的指导下，美军使用 BGM-109"战斧"巡航导弹、AGM-154 联合防区外发射武器、GBU31 联合直接攻击炸弹等精确制导弹药 2 万枚，对伊拉克政府首脑机关、指挥控制设施、共和国卫队等"重心"目标实施精确打击。贯穿战争始终的"硬打击"和"软杀伤"信息作战行动，使伊军情报、侦察、指挥控制等信息系统遭到毁灭性打击，也对伊拉克军民造成了强烈的心理震撼，有效地削弱了伊拉克军民的战斗力和战斗意志。

（4）更加强调攻心夺气。伊拉克战争中心理战不仅层次更高、手段更丰富、覆盖面更广泛，而且更为深入。一是心理战不仅直接针对战争双方，还覆盖了整个世界舆论。美国凭借自身在信息领域的优势，在战前和战中展开了铺天盖地的宣传活动，反复宣讲萨达姆政权是世界安全的重大威胁。伊拉克也不示弱，通过各种信息渠道展示自己无辜的面目，以争取国际社会的同情。二是武力战中蕴涵了大量的心理战。美军在伊拉克的"斩首行动"，对伊拉克的军队和平民、高级官员和一般官员起到了震慑人心、分化瓦解的作用。三是依靠专业心理战部队，实施长时间、大规模、高强度的全维心理战攻势。动用心理战电子飞机等先进技术手段，发送心理战信息，进行威慑、劝降、收买人心。四是利用和控制新闻媒体，争夺话语权，实时通过电视、互联网、广播、报刊开展舆论战。

（5）更加强调快速决定性作战。美军"快速决定性作战"的要义是：综合运用国家力量的军事和非军事手段，选择对手无法对抗的方向和维度实施非对称攻击，快速、高强度和集中攻击敌方起决定性作用的战略和战役重心、关节点和薄弱环节，剥夺敌人关键能力和凝聚力，通过震慑，使敌人屈从于己方意志和要求，在不需大规模集结兵力和实施持久作战的情况下，快速决定性地达成战争目的。① 伊拉克战争中，美军把快速决定性作战思想用于实战，取得成功。这主要表现在：一是所有战略、战役和战术级的行动都始终围绕推翻萨达姆政权、改造伊拉克社会这一中心目标展开。二是战前和战中通过联合情报、侦察监视系统，从地面、低空、中空、高空、太空对伊拉克构成立体、全维的侦察监视体系，实施了"以知彼知己为中心的作战"。三是通过高效的指挥与控制，把信息优势转化为决策优势，基本实现了一体化联合作战。四是强调"先"与"快"，包括先敌决策、先敌动手、先敌展开，在绝对速度和相对速度上都快于敌人。如美国突然对伊拉克实施"斩首行动"；美军地面部队第 3 机械化步兵师创造了日推进 170 千米的高速度记录，开战 3 天就前进 400 千米，直逼伊拉克首都巴格达城下。五是通过综合运用精确打击、制敌机动和信息作战，重点打击伊军重心、关键薄弱环节和因果链，基本达成了"基于效果作战"。六是通过共用相关作战图像、联合交互计划、全球信息栅格等，为空中、海上和地面作战部队提供实时或近实时的战场感知，初步实现了网络中心战。

2. 作战样式显露了信息化战争雏形

伊拉克战争中，美军的精确打击、非接触作战、并行战、网络中心战、一体化联合作战成为这场战争的主要作战样式，显露了信息化战争雏形。这主要表现在五个方面。

（1）变"粗放"式打击为精确交战。精确交战是指在信息化战场上作战人员通过运用精确制导武器，有效地控制打击目标、火力和强度，以最小的消耗和损失达成最理想的作战效果。伊拉克战争中，美军除了使用多种精确制导导弹外，还使用了新型的联合直接攻击弹药、AGM-154 联合防区外武器、GBU-28 激光制导炸弹、CBU-89 集束炸弹、CBU-97 传感器引爆子母炸弹等精确制导弹药。美军使用的制导弹药 80% 加装了卫星导航定位系统，它可以根据目标的空间位置三维参数自动寻的。美军的巡航导弹、机载炸弹及炮弹等精确制导弹药都采用了先进的 GPS/INS 制导装置，其系统的可靠性达 95%，圆周概率误差仅 3 米。美军的"联合直接攻击弹药"安装了折叠式弹翼装置，打击距离可达 74 千米。B-1 战略轰炸机能携带 24 枚联合直接攻击弹药，可同时对 24 个目标实施精确打击。"伊拉克战争时，美国陆、海、空军武器装备的信息化程度分别达到 50%、60%、70%，空间系统超过 70%，指挥控制系统超过 80%，90% 以上的作战平台可以携带和发射精确制导

---

① 徐根初. 跨越：从机械化战争走向信息化战争 [M]. 北京：军事科学出版社，2004：83.

弹药。"①

（2）变接触作战为非接触作战。在伊拉克战争中，"战斧-3"巡航导弹在敌方防御圈外上千千米的地方发射，打击精度达到3米，比海湾战争时提高了一倍。联合直接攻击弹药采用 GPS 制导后，精确度也由海湾战争时的13米提升到3米。伊拉克战争中的非接触作战显露出了5个基本特点：一是在作战指导上以己之长，击敌之短；二是在作战目标上打击敌作战"重心"，而不是四面出击，全面开花；三是在作战空间上实施全维、全纵深同时作战；四是在力量运用上分散部署兵力，集中释放作战力量；五是在作战行动上实施大范围机动作战和多种作战样式综合运用，尤其强调发挥远程精确打击的作用。

（3）变顺序战为并行战。美军的并行战是在时间上同时，即同时攻击多个重要目标；在空间上同步，即对敌领土全境和全纵深实施打击；在战争级上同一，即同时打击战略、战役级和战术级目标。也就是说，不受地理的限制，在战争的战略、战役、战术三级同时使用兵力。在伊拉克战争中，美军全面实践了并行战理论。一是战争一开始就同时对伊拉克全纵深目标进行大规模的攻击。在战争之初的"斩首行动"中，美军对萨达姆等高级领导人的多处行宫、住宅同时进行精确打击；在后来的"威慑行动"中，美军对伊拉克的防空系统、指挥控制系统、交通枢纽、舆论工具等重要目标同时进行打击。从作战空间看，美军在伊拉克全纵深多个省的多个目标同时进行精确打击。二是并行推行空袭作战、海上作战、地面作战、特种作战、心理作战等作战行动，使伊军作战系统同时遭到多层次、全方位的沉重打击。三是把敌人作为一个系统集成，主要打击敌人作战重心。美军始终把萨达姆作为打击的作战重心之一，以期迅速"斩首"，致使伊拉克军民"群龙无首"，从而尽早取得战争胜利。

（4）变平台中心战为网络中心战。网络中心战的实质是：通过成熟的网络化部队，提高信息共享程度和态势感知质量、协作以及自我同步能力，在广阔空间实施高度同步的联合作战，极大地提供完成任务的效率。在伊拉克战争中，美军 C⁴ISR 系统的网络化程度有了很大提高，基本实现了战场感知系统、指挥控制系统和作战行动系统之间的横向无缝链接。一方面，战区指挥官可以实时或近实时地感知战场态势，迅速定下作战决心和部署作战行动；另一方面，可以把平行的作战单元以及相关要素横向连接起来，形成互联、互通、互动的信息网。美军把网络中心战理论用于伊拉克战争，初步检验了网络中心战的各种能力。一是检验了传感器网络的战场态势感知能力。伊拉克战争中，美国动用了90多颗军事卫星和70余颗民用卫星，为美军的 C⁴ISR 系统提供全天候、全天时信息保障。其中5颗导弹预警卫星每30秒向地面发送一次伊拉克导弹发射信息；6颗光学雷达侦察卫星每天10多次飞临伊拉克上空，提供分辨率精确至分米的图像；24颗全球定位卫星随时捕捉战场上机动目标的位置，准确引导 GPS 制导弹药攻击目标。特别是使用"蓝军跟踪系统"、无人航空器进行超视距跟踪，使战场态势信息每2.5分钟刷新一次，而海湾战争则是每2小时刷新一次。二是验证了信息网络的传输能力。伊拉克战争中，美军利用全球指挥控制、全球战斗支援、国防文电、国防信息网等系统，构成战时信息传输网络，使美国中央司令

① 樊高月，符林国. 第一场初具信息化形态的战争——伊拉克战争 [M]. 北京：军事科学出版社，2008：178.

部与战区内 25 国驻军保持高效联系，其中国防卫星系统通信效能比阿富汗战争提高了 75%。利用上述系统，作战指令通过加密电子邮件能以 10 兆速率传输给作战部队。三是验证了指挥控制网络的快速决策支持能力。在伊拉克战争中，美军通过将中央司令部前方指挥所、空军前方指挥所、陆军 21 世纪旅和旅以下部队作战指挥系统联为一体化指挥体系，为上自五角大楼、中央司令部，下至 4 个参战军种部队的指挥机构，提供了近实时的战场数据和目标景况，实现了信息的快速融合与处理，确保了各级作战指挥的高效协调。四是验证了"发现即摧毁"能力。美军在海湾战争中发现目标到打击目标要用 10 个小时或 10 多个小时，在阿富汗战争中至少需要 19 分钟，而在伊拉克战争中只需要几分钟。伊拉克战争结束不久，即 2003 年 11 月，美国国防部军队转型办公室颁布文件——《军事转型战略途径》，第一次正式提出网络中心战是美国新的战争方式，是信息时代进行联合作战的一种独特途径；确定美军以此作为统一美军建设和作战理论发展的指导思想；规定武器装备开发、编制调整和教育训练，加快军事转型。2004 年 1 月，美国国防部颁布《网络中心战：创造决定性作战优势》和《网络中心战实施纲要》，开始把提高网络中心战能力作为统揽军事转型的整体框架和中心环节，力争在 2015 年前后建成全球信息网络，2020 年左右能够打比较成熟的网络中心战。

（5）变协作式联合为一体化联合。在伊拉克战争中，没有出现海湾战争那样的空袭作战、地面作战阶段划分，也没有出现科索沃战争那样的空袭，取而代之的是要素更为齐全、空间更为广阔、速度更为迅捷、结合更为紧密的联合作战。美军各种作战行动统一安排，协调实施，特种作战、精确打击、地面推进、信息作战、心理作战，互相支援，互相作用，互相影响，互相加强，表现出了一些不同以往的联合作战的特征。一是联合作战的一体化程度相当高。由于有网络化的信息系统支撑，美军在很大程度上实现了指挥控制一体化、力量编成一体化、作战行动一体化和后勤保障一体化，使联合作战能力得到了大幅度的提升。在战略层次，太空的卫星，地上的战略轰炸机，海上的航母战斗群，战区的地面部队、特种部队和"爱国者"导弹拦截系统，通过 C^4ISR 系统整合为一体化的作战体系。在战役层次，空中精确打击与地面闪电突击同步实施，通过高速度的地面进攻挤压伊军的防御空间和时间。在战术层次，通过战术飞机、远程巡航导弹、战略轰炸机直接为地面部队提供支援，形成了高效能的火力网。综观伊拉克战争的全过程，一体化作战在形式上已经由相对简单的空地一体发展到空、地、海、天、电多维一体。二是联合作战充分发挥了速度优势。就空中打击而言，美军从目标选定、计划拟制到实施火力打击，只需要 10 分钟左右。就地面进攻而言，美军西线主力第 3 机械化步兵师在发起突击的第一天就急进 160 千米，3 天推进 400 多千米，使伊军无法组织起有效的抵抗。三是联合作战达成了瘫痪敌方作战体系的效果。美军通过对伊军作战重心的打击，在短时间内造成了伊军作战体系的瘫痪，使伊拉克方面信息闭塞，指挥不灵，交通、通信中断，军心、民心动摇，从而加速了美军的胜利。

3. 作战空间显露了信息化战争雏形

作战空间是作战活动所涉及的空间范围。伊拉克战争与海湾战争相比，美军作战活动所涉及的空间范围有了很大的扩展，从地面到海上到天空到太空再到特种作战、信息作战和认知领域，即从平面到立体再到多维空间，基本构成了信息化战争雏形。这主要表现在两个方面。

（1）变立体作战为多维一体作战。在伊拉克战争中，美军把机械化战争三维一体的作战空间扩展成为信息化战争陆、海、空、天、信息、特战、认知七维一体的作战空间。一是在地面战场上部署有美军第 3 机械化步兵师、第 101 空中突击师、第 82 空降师一部、第 1 陆战师和第 332、386 空中远征大队，英军第 7 装甲旅、第 16 空降旅、第 102 后勤旅和第 3 陆战旅等部队，分左、中、右三路从南面向巴格达发起进攻；美军第 173 空降旅从北面向巴格达发起进攻，对伊军形成南北夹击之势。二是在海面战场上部署有美国、英国、澳大利亚的航母编队、特遣舰队、驱逐舰队、护卫舰队、运输舰队、两栖部队，封锁了伊拉克周围的海域，开辟和控制了海上通道，以巡航导弹和两栖部队支援地面作战，以舰载机支援空中作战。三是在空中战场上部署有美国、英国的空中远征联队、"爱国者"导弹连、战略轰炸侦察机中队、空中加油机中队，完全掌握了制空权。四是在太空战场上部署有美国空军军事卫星通信系统联队、全球定位系统联队、天基红外系统联队、航天联队等部队，控制着 160 余颗军用、民用侦察、通信、气象和全球定位卫星，为美军作战行动提供全时空、全方位的信息情报支援。五是在信息作战战场上依靠各军种建制的电子战力量和网络战力量（特别是美国空军第 67 网络作战联队），运用多种战略侦察机、反辐射无人机、反辐射导弹，各种机载、舰载电子战设备，对伊军情报侦察系统、防空预警雷达、机动雷达和伊拉克国家电视台的电磁频谱实施猛烈持久的电子攻击和电子干扰，对伊军指挥控制系统网络进行精确的硬摧毁和"软杀伤"。六是在特种作战战场上投入 1 万多人的特种部队进行特种作战。如进行非正规战、直接行动、特种侦察、训练反政府武装组织、策反等。七是在认知领域通过广泛而持久的心理战，影响伊拉克决策者和广大军民的精神、情感和认知。美军借助国外商用媒体和第四心理战大队、空军国民警卫队第 193 特种作战大队等心理战部队，开展全过程、全时空、高强度的心理战。

（2）从"战争迷雾"到单向透明。克劳塞维茨把战争的不确定性和偶然性称之为"战争迷雾"。战争迷雾历来是困扰军事指挥员的难题。然而，在信息时代的战争中，战场透明化已经不再是可望而不可即。在伊拉克战争中，信息化战场已经遍布信息传感器，形成了优势互补的高中低、全纵深、全天候、全时空侦察监视网，大大减少了"战争迷雾"，营造了单向透明化战场，美军可以任意筛选、使用高质量的信息为战争服务。其主要做法包含四个方面。一是多层次、多技术情报验证。美军针对伊拉克地形特点，利用卫星和空中侦察机，进行多层次的立体侦察。在距地面 300～600 千米的太空轨道上，美军部署了多颗间谍卫星对伊军进行战略侦察；在伊拉克上空 2 万米高处有 U-2 侦察机和"全球鹰"无人侦察机进行战役战术侦察；在 6 000 米高度，有"捕食者"无人侦察机进行动态的敌情详察。凡是重要的目标和情报，往往都有两种以上侦察技术手段加以验证，从中获得真正有用的信息。二是高技术侦察手段与人力侦察并重。早在伊拉克战争爆发之前，美军就向伊拉克境内派出了大批特种部队，进行情报搜集和验证工作。他们携带先进的全球定位系统、加密通信器材、数码相机等侦察设备，对太空和空中侦察获得的情报进行进一步核实，同时发现和搜集太空和空中侦察遗漏的目标信息。对伊拉克的 1 500 多处重要目标，美军都通过人力手段进行了补充侦察，这对美军准确打击目标起了很大的作用。三是加强对情报信息的融合与处理。美军的战略和战区指挥机构都有专门的情报分析中心，主要负责搜集、分析、综合、处理来自各个渠道的情报信息，为指挥决策、武器控制提供高质量的情报保障。四是充分发挥C^{4}ISR系统的作用，增强战场态势感知能力。C^{4}ISR 系统互联互通，作战总部的高级指挥官可以通过大显示屏感知战场实况，前线作战人员可以通过便携式终端，随时随地获取信息，大大提高了对战场态势的感知能力。综观伊拉克战争，战场对美军单向透明是相对的，美军也有不少看不透的"战争迷雾"。如美军多次实施"斩首"打击都未能如愿以偿，这表明美军在情报搜集和信息传输方面还存在一些问题。又如，美军和英军在战争中多次发生误伤，也表明战场对美军还不够单向透明。

4. 后勤保障显露了信息化战争雏形

在伊拉克战争中，美军按照《2010 年联合构想》和《2020 年联合构想》提出的全新后勤理论——"聚焦式后勤"对部队进行精确化保障，取得了较好的效果。所谓精确化保障，就是充分运用信息技术为核心的高技术手段和运用后勤保障力量，按适时、适地、适量原则达到尽可能精确的程度，最大限度地节约后勤资源。这种新型的军事后勤，是与工业时代数量规模型相对应的信息时代后勤的新形态。在伊拉克战争中，后勤保障显露了信息化战争雏形。这主要表现在两个方面。

（1）初步实现了聚焦式后勤。美军在《2020 年联合构想》中指出："聚焦式后勤将利用先进的信息系统，把实时的全部资产可视图融入通用相关作战态势图，在所有后勤职能部门和后勤单位之间建立有效的联系。这些系统与强大的决策辅助手段相结合，将提高对部队需求的分析、计划和预测能力。"在伊拉克战争中，美军建立了以信息为主导、以行动为中心的后勤保障体系，在集中统一指挥下，实施统分结合的后勤保障。运输装备大都装有全球定位接收器，可通过卫星系统和基地发出指令，不受军兵种系统和作战编成的束缚，随时向参战的三军部队实施补给，基本实现了作战需要多少送多少，哪里需要送哪里。空军按照分散部署、集中使用的原则，在中东和欧洲 10 多个国家的 14 个空军基地部署了作战力量，后勤保障由各空军基地负责，海军 6 个航母编队的各种保障，由驻巴林的海军后勤机构负责，收到了很好的效果。在战争中，后勤力量看似分散，实则集中；看似繁杂，实则有序，其主要原因就是透明的后勤信息贯穿了保障的全过程。美军后勤指挥官通过信息技术，几乎可以掌握每一个散兵坑里士兵的需求，也可以随时掌握每一个运输保障车队的位置，并向他们发出相关的保障指令。美军在伊拉克战争中只用了 4 000 多个集装箱的物资，与海湾战争相比少用了 90%，取得的效果却更好。不过，美军的"聚焦式后勤"这才刚刚开始，仍存在着不少问题。如实战中"断供"现象时有发生。特别是美英联军的地面部队作战中，多次因弹药、燃料、水和食品补给不足而被迫暂停行动，有的坦克和装甲车因燃料不足而被迫停止推进，有的作战部队 36 小时才发给两餐方便食品，有的士兵根本吃不上饭而向伊拉克居民乞食。

（2）初步实现了社会化保障。在伊拉克战争中，美军充分利用军队外部资源，把后勤保障的非核心职能工作承包给民间企业，通过与民间公司签订合同等方式为部队提供物资、勤务等保障。在兵力投送方面，民间运输力量成为主力。美国 22 个货运和客运航空公司的 200 多架大型运输机，参加了美军兵力投送行动；90%以上的美军官兵是乘坐民航班机前往海湾的。在装备维修方面，民间技术专家成为主力。美国陆军战区后勤的信息系统，有 4 000 多台计算机、100 多台服务器，其技术维护和管理工作，除两名现役军人外，其余全部由地方合同商派遣技术人员给予保障。在医疗救治方面，除了征招大量医术高明的外科专家参加预备役，还与本土各大综合医院签约，以确保前方的伤病员回国治疗。在伊拉克战场上，美军后勤职业军人与地方技术人员的比例接近 10∶1，大体是海湾战争时的 10 倍。伊拉克战争预示：在信息化战争中，社会力量保障军队作战，不只局限于运输、供应、医疗，而是扩大到了整个后勤领域，特别是信息技术保障方面，将更多地依赖地方先进的技术和高素质的专业技术人员。

综观伊拉克战争，它显露了信息化战争雏形。正因为信息化战争才显露雏形，人们对信息化战争的认识还比较粗浅，对信息化战争的研究正在深入，各种观点正不断出现。所以，对于信息化战争的作战样式、特征和发展趋势，仁者见仁，智者见智。

三、信息化战争的基本特征

（一）作战手段信息化

信息化战争的首要标志是作战手段信息化。作战手段信息化主要是指使用信息化武器装备进行战争。武器装备信息化是进行信息化战争的基础和前提，是真正具备信息化战争能力的关键因素。信息化战争不再仅仅是使用硬杀伤武器装备，而是使用精巧的智能化武器装备。工业时代所进行的机械化战争，强调的是火力的运用，需要的是钢铁，而信息化战争则十分注重打击对方的信息设施，强调的是信息的控制，需要的是硅片。在信息化战争中，信息化能力占优势的一方才会拥有战场上的主动权。

作战手段信息化目前主要体现在三个方面。

1. 普遍使用信息化作战平台

信息化作战平台为远离战场的远程打击提供有利条件。目前，潜艇可以距离战场约 1 600 千米发射巡航导弹，空射巡航导弹可以从 1 000 千米外发射并命中目标，能极大地提高作战能力，增强作战效果。在近 20 年间较大规模的局部战争中，美国将地面、海上、空中、太空信息与作战平台联为一体，各平台密切程度不断提高，显示出信息化战争的某些特征。

2. 普遍使用智能型精确制导弹药

在武器系统具有自动完成对目标的探测、分析、攻击和评估能力的基础上，信息化弹药具有"发射后不用管"、自主识别和攻击目标的能力。美军研制的"黄蜂"反坦克导弹，在超低空远距离发射后，能自动爬高，自动搜索、发现和识别敌方坦克，自动攻击目标的要害部位。

3. 普遍使用 C^{4}ISR 系统

C^{4}ISR 系统是军队作战的"神经中枢"和"大脑"。信息化战争，作战指挥控制必须依靠一体的网络化来保障和调动各个方面的军事力量进行作战，主要是通过 C^{4}ISR 系统使作战指挥联为一体，使整个信息化武器系统和军队成为有机的整体，形成强大的力量。

（二）作战力量一体化

一体化是信息技术广泛交叉渗透的必然结果。信息化战争中的一体化作战，主要体现在三个方面。

1. 通过信息化技术设施实现各军兵种间的指挥通信一体化

军队的信息化建设是信息化战争的物质基础，也是实现一体化联合作战的前提。美军提出的"网络中心战"的基本思想就是通过建立数字化的信息网络，使战场上分散配置的各种作战力量、作战平台实现接近实时的互联互通，形成一体化作战力量，在战场上协调一致地行动。

2. 在指挥方式上从过去的"以协同作战为中心"改为"以行动为中心"

信息化战争中，军队的作战行动更多地体现为"以行动为中心"，也就是根据战场情况的变化，随时调整原定作战计划和调整各军兵种的力量，协调一致地完成作战任务，成为真正意义上的联合作战。

3. 打破传统的军兵种界限，实现多维一体化作战

信息化战争中，各军兵种的陆、海、空、天、信息等多维作战力量和作战平台统一协调，真正形成陆、海、空、天、信息等一体化作战力量，实现最佳作战效果。如2001年11月中旬，美军在阿富汗一次作战中，先由"地狱火"无人侦察机发现、跟踪"基地"组织副手阿提夫一伙人的转移，实时把信息交给"捕食者"无人侦察机监视。"捕食者"搜集到这伙人集合在某小镇一所房屋内开会的情报和图像后，立即把这一情报和图像通过数字化网络直接传输给美国本土指挥部。指挥部根据这个情报，命令距离目标最近的飞机前去进行打击。在其他飞机未到达前，"捕食者"无人侦察机又发现基地组织要转移，指挥部就立即指令"捕食者"无人侦察机用自身携带的导弹进行攻击。这样就以最快的速度对"基地"组织进行了打击，随后赶到的飞机又一同对目标进行攻击，炸死了拉登的副手阿提夫和100多名"基地"成员。

（三）作战空间广阔化

信息化战争是全时空的信息对抗，凡是计算机通信网络所到之地，无论是地面、海上、空中乃至太空都是信息化战争潜在的战场。在这难以划定边界的战场中，一切信息目标，无论它在哪里，都是交战双方角逐的对象。作战空间的拓展随着科学技术和武器装备的发展而不断变化。例如，飞机和航空技术的发展，使战场由陆海平面战场发展为陆海空三维一体的立体战场；航天技术的发展，又使战场由陆海空战场发展为陆海空天四维一体的战场；信息技术的发展，使现代战场又由陆海空天战场发展为陆、海、空、天、信息等多维空间一体的战场。信息化战争的战场呈现出大纵深、高立体、全方位的特征，除了陆、海、空、天战场不断扩大外，还出现了网络战场、数字化战场、虚拟战场等新的战场，信息空间、电磁空间、网络空间、心理空间等都成为斗争激烈的领域。电磁空间的电子战成为"兵马未动，电子战先行"的作战首选行动。

现代作战的空间维度不断增多，内涵也在拓展，战场因此不断扩大。第一次世界大战的主要战役，战场范围仅有数百至数千平方千米；第二次世界大战的主要战役，战场范围也不过只有数万或数十万平方千米；而海湾战争，战场空间急剧扩展，东起波斯湾，西至

地中海，南到红海，北达土耳其，总面积达 1 400 万平方千米。阿富汗战争的作战规模远远不及海湾战争和科索沃战争，但其作战空间范围要远比海湾战争和科索沃战争大得多。虽然战争的主战场限制在 65 万平方千米的阿富汗境内，但战争的相关空间延伸到了美国本土，遍及全球。美军从距阿富汗 5 000 千米外的印度洋上的迪戈加西亚基地，使用 B-52 和 B-1B 轰炸机进行远程奔袭，B-2 隐形战略轰炸机甚至从美国本土起飞实施作战。除主战场外，在世界范围内有 89 个国家向美军授予领空飞越权，76 个国家授予美军飞机着陆权，23 个国家同意接纳美军部队。美军在空中部署有各种侦察预警机，全方位、全时段地监视对方的所有行动；在外层空间，美军利用多颗卫星组成太空侦测网，全面监视、搜寻塔利班和拉登一伙人的动向及位置。2003 年进行的伊拉克战争，其战场范围与阿富汗战争差不多。另外，从指挥所位置的变化也可以看出战场范围的扩大。在海湾战争中，指挥所先设在前线，后移至美国本土东海岸的佛罗里达，指挥机构距战场 1 万多千米。在科索沃战争中，很多指挥过程、兵力调动和技术保障活动（包括战场评估、侦察、气象分析等）都没有在前线，而是在远离直接交火的区域进行。此外，心理战还把战场延伸到了人的心理空间。可见，信息化战争的战场空间是多么广阔。

（四）作战形式非接触非线式化

在信息化战争中，由于兵力兵器分布在陆、海、空、天广阔的战场上，由信息网络密切联为一体，打击的目标覆盖敌方全纵深，很难像以往战争那样划出清晰的战线，作战空间、作战形式呈现出非线式特征。非线式作战是远程精确打击、非接触作战的必然结果，是信息化战争所表现出的一种客观形态。从近来 20 年几场较大规模的局部战争看，非接触非线式作战已走上战争舞台。这种作战形式的主要特征有五个方面：一是全纵深展开，二是多方向多手段实施，三是远距离攻击，四是精确打击，五是大幅度减少或避免人员伤亡。它否定了传统的集中重兵、前沿突破、梯次攻击、逐步推进的作战程序，否定了过去那种"层层扒皮"式的进攻方式和"节节抵御"的防御方式，使作战一开始就使敌前方后方、内部外部同时受压，使战争从一开始就展现出速决性和决战性等鲜明特征。

（五）作战人员知识化

信息化战争中的较量主要是知识和智谋的较量。就武器装备来说，信息化战争的武器装备是高智能化的武器装备。从战争的作战样式来说，信息化战争是非物理性摧毁与有限的、有节制的、附带性毁伤降至最低程度的物理摧毁相结合的作战样式。非物理性攻击主要指电子干扰、计算机病毒、计算机"黑客"等对电子装备和计算机网络进行的各种信息攻击。从知识和技术构成上说，在信息化战争中实施信息攻击就是典型的知识力量之间的较量。研究表明，武器系统的爆炸威力提高一倍，战斗效能仅提高 40%。但是，增加信息处理能力使武器对目标的命中率提高一倍，战斗效能则会提高 400%。精确制导武器和反辐射武器的威力固然巨大，但遥感性杀伤武器、信息干扰武器、各种计算机病毒、网络"黑客"等因素的威力也不容小觑，它们往往能发挥比精确制导武器和反辐射武器更强大的威力，能起到精确制导武器和反辐射武器起不到的作用。信息化武器装备是夺取信息化战争胜利的重要因素，但不是决定因素，决定因素是能够熟练使用信息化武器装备和相应的作战理论的人，是一支具有高知识、高智能的人才队伍。

第三节　信息化战争的发展趋势

一、武器装备和作战指挥的智能化程度将更高

信息化战争的最高表现形态是智能化。知识化军人运用智能化武器装备和智能化指挥控制手段进行谋略对抗、知识对抗、智能对抗。信息攻击的目标将主要是敌方的知识系统，信息渗透将主要向精神世界和思维空间渗透。谁的知识化程度高，武器装备的智能化程度高，谋略运用的艺术水平高，谁就可能获取战场的制信息权，从而获得战场的主动权。随着信息技术特别是人工智能技术在军事领域的广泛应用，智能化武器装备的数量将会更多，质量将会更高；武器平台、指挥手段等方面将进一步朝着智能化方向发展。所谓智能化武器装备，是指不用人直接操作和控制，采用了人工智能技术，可自行按照人的意志完成侦察、搜索、瞄准、攻击目标以及情报的搜集、综合、处理等多种军事任务的高技术武器装备。如人工智能飞机、人工智能坦克、人工智能弹药、人工智能地雷等。指挥手段智能化，主要包括智能计算机及配套设备、图文显示系统及文电处理系统等。信息化战争中的计算机是具有"神经元"的光计算机，这种计算机能模拟人的大脑功能，是具备"能学会想"综合神经网络的新概念计算机。以这种高度智能化的计算机为核心的 C^4ISR 系统，会为作战指挥提供更加先进的智能化手段。

二、信息化作战平台将成为战场的主要支撑

信息化作战平台，是指信息化弹药所依托的作战平台。未来的作战飞机、舰艇、坦克，直至外层空间的卫星等，都将大量装备先进的电子信息系统与电子战系统，使每一个信息化作战平台都成为 C^4ISR 系统的一个节点，具备电子战能力，并向隐形化、遥控化、小型化和全智能化方向发展，使作战平台的纵深突防能力、攻击能力和生存能力大大增强。特别是隐形飞行器、隐形舰船以及无人机等将成为未来信息化战争中新型的信息化作战平台，这些信息化作战平台将与有人驾驶飞机和舰船相辅相成，形成一支互为依存的强大的陆上、海上、空中打击力量，从而成为信息化战争的主要支撑。

三、作战形式将发生质的变化

随着信息技术的发展和武器装备性能的改进，武器装备的精度、杀伤力、机动性、生存力、隐蔽性、反应速度和目标捕捉能力将大大提高，进而引起作战形式发生质的变化。其具体表现在七个方面。一是电子战将贯穿始终。未来信息化战争中的电子装备种类将更多，部署密度将更大，电磁信号将更加密集，电子战频谱将更宽，信号特征将更复杂，为夺取制电磁权而展开的电子战将渗透到各个作战领域，贯穿于战争的始终。二是机动战将广泛实施。未来信息化战争中的机动战不仅是兵力、兵器、火力的机动，更是软杀伤力的机动。软杀伤力机动将成为兵力机动和火力机动的前提而被大量运用。三是计算机病毒战将普遍展开，这种软杀伤力将更强。四是非接触作战将成为主要作战方式。五是隐形战将

充满战场空间。未来信息化战争中，隐形飞机、隐形导弹、隐形舰船、隐形战车将在战场上大量出现，在看不见的战场上进行隐形较量将是未来信息化战争的一个突出特征。六是太空战将有较大进展。随着航天技术的发展和军用卫星、航天飞机、载人飞船、太空站的增多，各国将把众多的军用航天器部署在太空，从而促进天军的组建和发展，太空战将随之展开。七是虚拟战场欺骗战将悄然兴起。虚拟现实技术的发展使虚拟战场成为可能。战争中，一方通过运用信息化战场上的某一网络节点，将虚拟现实技术植入敌方指挥控制系统，向敌方传送假命令、假计划，从而使其军事行动陷入混乱。

四、作战思想将有新的突破

随着战争内涵的扩大，未来战争的作战思想将有新的突破。一是战争主体将多元化。在未来信息化战争中，作战主体不仅仅是军队，能使用计算机的人都可能成为作战人员。二是战争的目的将有所改变。战争目的将由"消灭敌人、保存自己"转变为"控制敌人，保护自己"；战争表现形式将由血与火的有声战争搏斗转变为精神、意志、智慧的无声战场角逐；作战目标将由侧重以信息系统为核心的物质目标转变为侧重以认识体系为核心的精神目标；作战的侧重点将由用信息流控制能量流、物质流取得战场主动权转变为用信息流直接控制战争的策划者和决策者，从而达到"不战而屈人之兵"的目的。三是战争的层次将更加模糊。在未来信息化战争中，战争的战略、战役和战术层次逐渐模糊。这是因为战役或战术行动具有战略意义。由于武器装备的作战效能越来越高，精确打击和信息战作战行动对敌方的军事、政治、经济和心理的攻击力越来越强大，因而小规模的作战行动就能有效达成一定的战略目的，一场战斗或一次战役就有可能是一场战争。还因为作战行动主要是在战略级展开，不再是从战术突破到战役突破，而是一开战就把敌方的军事、政治和经济等重要战略目标作为打击对象。战略信息战和超视距非接触式的精确打击，使得战争在全纵深内展开，使战略、战役和战术融为一体。如科索沃战争中，双方几乎没有发生过战斗，北约的战争目的主要是由战略性空袭达成的。

第四节　信息化战争与国防建设

一、创新先导性的国防与军队建设理论

(一) 破除落后的传统观念，养成现代信息思维

1. 养成网络化思维

武器平台是机械化作战的核心，网络是信息化作战的灵魂。在机械化作战中，以武器平台为中心的作战形式和以平台为基点的发展模式，造成了人们的点状思维方式。他们考虑问题往往从一点出发，围绕本专业、本部门、本系统利益，在局部范围内兜圈子、绕弯子，效益低下。信息化战争要求我们必须开阔眼界，拓宽思维面，立足以体系为中心的作战形式和以网络为基点的发展模式，从网络的角度来观察、分析和解决问题。

2. 养成非线式思维

非线式思维是相对于线式思维而言的。信息化战争中，超视距打击的非接触作战，越过前沿直捣纵深、撇下重兵直接"斩首"的非线式作战，对人们的传统思维方式提出了挑战。信息化战争要求我们打破常规，进行非线式思维，在研究和解决问题时，不按比例、不按常规、不拘传统，实事求是，根据信息化作战发展的实际情况和未来信息化战争的需要，促进国防与军队信息化建设理论的创新。

3. 养成集成式思维

构成强大战斗力的武器装备系统是由系统集成联合起来的大系统，而不是一件或几件高技术武器装备。再先进的武器装备，若离开了它必要的大系统，其效能都会大打折扣。以信息集成为核心，以武器集成为基础，以编制基础为保障，以作战集成为归属，通过广泛联系的集成思维方式，引导、谋划和设计国防与军队信息化建设问题，是一种重要的思维方式。

（二）立足客观现实，着眼发展趋势

1. 抓住现实问题进行研究

在信息时代，国家安全不仅仅是有形的陆海空防问题，国家安全的内涵大大拓展了。从涉及的领域看，国家安全已从政治、军事领域扩大到经济、外交、文化、科技、信息、环境资源等领域。从时空上看，由过去人们一般认为的国家安全主要是指陆海空安全及国内稳定，拓展到太空、电磁信息领域，陆、海、空、天、信息五维空间都成了国家安全的领域。从国家安全的发展趋势看，由过去注重国家地缘明确的"硬范围"向注重超越地缘界线的"软领域"发展。在以信息为核心的高新技术条件下，信息安全已成为国防安全的一个至关重要的问题。抓住这些事关国防与军队建设的现实问题和长远问题进行研究，是目前国防和军队建设的重大课题。

2. 突出前瞻性研究

继信息战理论提出并用于战争实践后，新的作战手段、作战武器不断发展，如导航战、点穴战、"黑客"战、非对称作战、信息威慑、病毒攻击、逻辑炸弹、陷阱芯片等作战手段，激光武器、等离子体武器、第三代核武器、空间打击武器、动能武器、微型武器、次声武器等作战武器，给军事理论、军事思想的创新提出了新的思路、新的启示。军事科学是国防与军队建设的先导，先进的战争理论能够促进国防与军队建设。根据未来战争的技术条件和其他条件，预测战争理论的发展变化，并据以加强国防与军队建设，是赢得未来信息化战争胜利的必由之路。

3. 借鉴先进理念

实现理论创新，必须站在世界军事变革的前沿，善于吸纳别人的先进理念，海纳百川，兼容并蓄，结合自身客观实际进行改革、创新。如冷战结束后，苏联解体，东欧剧变，国际政治格局发生了重大变化，美国面对多极格局的发展可能对它一超独霸的地位形成的挑战，恃强思变，迅速调整了美国安全的全球战略；海湾战争后，美军抓住机遇，加速了部队建设的转型，利用高技术优势率先改造机械化部队，把航天技术、通信技术、计算机建设与作战行动融合运用，开创了 C^4KISR 技术在军事领域应用的先河，其中能为我

所用的先进理念都值得我们借鉴。

（三）面向实践运用，探索有效途径

1. 在军事斗争实践中创新军事理论

实践的观点是认识论的首要的和基本的观点。军事实践作为能动地从事战争及其准备的特殊社会活动，具有当今时代的特征。从实践经验看，有直接实践和间接实践；从实践手段看，有真实实践和虚拟实践；从实践形态看，有战争实践和非战争军事行动实践；从实践领域看，有军事实践和其他社会实践。认识新形势下军事实践的特点规律，探索军事理论与军事实践相结合的新形式，是开拓军事理论科学发展的必然要求。在军事斗争实践中发展军事理论，就要把军事科研的主力投向军事斗争及其准备的主战场，把军事斗争的重大现实课题作为军事理论研究的主攻方向，把军事斗争的实践成效作为检验军事理论的主要价值标准，进而形成军事斗争实践推动军事理论发展的创新模式，最大限度地拉近军事理论与战争实践的距离。

2. 创设虚拟实践环境，检验军事理论

计算机模拟仿真开辟了虚拟实践的新领域。作为信息时代军事实践的重要形式，虚拟实践开启了面向未来、设计未来和赢得未来的广阔空间，将促使军事理论研究由总结过去向开拓未来转变，由传统性思辨式向定向与定量相结合的系统论证式转变。随着数字化军队、数字化战场和数字化环境的相对成熟，虚拟实践将成为一种经常性的军事实践，发挥越来越大的作用。"事实上，'科学技术牵引—安全需求驱动—创新军事理论—制导军事实践'，这种信息时代的军事理论与军事实践互动关系的雏形已经出现，它与实装试验、实兵演习等相结合，是对在战争实践中创新军事理论的基本模式的重要补充。"① 开发模拟仿真手段，开展数字化的军事理论研究，是拓宽军事理论科学发展途径的时代选择。

3. 研究世界新军事实践，发展军事理论

三十年来，几场较大规模的局部战争，向世界传递了未来军事发展的大量信息，各国从中广泛吸取国防和军队建设的新鲜经验。这种局部战争启发世界，一国领先，多国追赶的现象已成为研究战争和推进军事发展的普遍方式。他山之石，可以攻玉。原始创新是基础，是根本性突破。集成创新是突破，是信息时代的必然要求。引进、消化、吸收、再创新是特色，是发展中国家提高自主创新能力的突破点。我军要密切跟踪世界军事发展趋势，研究世界上新鲜的军事实践，始终站在世界军事发展前沿，及时掌握信息化作战演变的动态，进而研究信息化战争，联系我们的国情军情发展、创新军事理论，指导我们的国防与军队现代化建设。

4. 借鉴社会实践，充实军事理论

进入信息化时代，社会发展的整体性、融合性、协调性增强，形成创新成果互惠互利、发展经验相互借鉴、理论资源共同享用的局面。美国正在大力开发的网络中心战，就是借鉴商业网络营销经验而来的。诸如此类的学习、移植和嫁接，在科技装备、后勤管理、教育训练等方面已经十分普遍。社会生产实践和科学实践不断发展，军事理论研究的

---

① 叶征. 信息化作战概论 [M]. 北京：军事科学出版社，2007：469.

一个重要任务就是把综合性、基础性、通用性的社会实践成果及时转化为军事实践，通过跨学科研究和跨领域引进，达到运用系统工程、组织管理等方面的理论成果，借鉴高技术领域的实践经验的目的。

二、加快军队信息化建设步伐

（一）军队武器装备向信息化方向发展

发展信息化武器装备应着力于两个方面。一方面，提升单个武器装备和各种作战要素的信息化水平，使武器装备的性能倍增，看得更远更清，打得更远更准，走得更远更快。另一方面，着力发展综合集成一体化作战体系。体系对抗是未来作战的最大特点，是信息化战争的基本特征。如何把侦察、情报、通信、指挥，武器装备的打击能力、后勤保障等联为一体，是打信息化战争的关键要素。这对于正处于半机械化向机械化建设发展的我军，既是严峻的挑战，也是发展的机遇。因此，我国军队既要在夯实机械化建设的基础上努力实现"跨越式"发展，又要积极瞄准信息化建设目标，努力发展具有我军特色的"杀手锏"。

（二）军队规模向小型化方向发展

为什么军队规模要向小型化发展呢？一是由于军事技术的发展，军队数量、质量与战斗力强弱的关系发生了变化。在以往的战争中，军队力量主要是由军队和武器装备等有形因素构成，但在以信息技术为核心的新军事革命时期，军队作战力量中最重要的武器将不再是高性能的战斗机、坦克、战舰，而是在信息系统控制下充分整合、发挥兵器的作用。二是由于高技术武器装备提高了部队的战斗力，为缩小军队规模提供了物质基础。高技术武器装备的精度提高了、威力增大了，军队的战斗力增强了，就可以用少量部队完成原来需要大量部队来完成的任务。

（三）军队指挥体制向灵活高效、扁平网络化方向发展

传统军队指挥体制中存在信息流程长、横向沟通能力弱、抗毁能力差等弊端。减少和克服这些弊端，就要利用信息流动快的特性来改革指挥体制，将垂直指挥关系为主的树状结构体系，改变为横宽纵短的扁平网状结构体系，减少指挥层次，增强横纵向联系传递方式，实现信息传输快、指挥灵活高效的体制。这种指挥体制具有两个特征，即指挥体系扁平化和指挥系统网络化。

（四）军队整体建设向"一体化"方向发展

军队建设的"一体化"，就是将军队的决策指挥系统、武器装备系统、战斗部队、支援部队、勤务保障部队等融为一体，高度合成，打破传统军兵种界限，在建制上分属各军兵种的作战力量和作战平台，在统一协调下进行多维立体作战，真正形成陆、海、空、天、信息等一体化作战力量，实现最佳作战效果。

三、培养新型高素质的人才队伍

（一）不断提高军事指挥人才的政治素质

政治素质是军事指挥人才的关键性素质，它决定军事指挥人才的发展方向和内在动

力。政治素质越高，军事指挥人才为党、为国家、为人民而献身和工作的内在动力就越强。人民解放军始终不渝地坚持人民军队的性质。这个性质决定了首先着力培养忠于党、忠于国家、忠于人民、忠于社会主义的军事人才。

（二）注重培养具有现代知识的复合型军事指挥人才

未来战争将主要是以信息技术为核心的信息化战争，高新技术武器装备种类将更多、性能将更复杂、技术含量将更高，一体化联合作战将在多维空间进行，硬软打击兼顾，新的作战方式、方法将层出不穷。这些变化，要求军事指挥员必须是复合型人才。现代条件下虽然对军事指挥人才"专"的要求更高了，但这种"专"是在军事人才具有广泛知识基础上的"专"。培养军事指挥人才必须朝综合性、复合性的方向发展，即培养既懂政治又懂军事，既懂指挥管理又懂专业技术的复合型人才。

（三）着力培养具有高超驾驭能力的军事指挥人才

邓小平曾说："现在当个连长，同过去的连长可不一样了。过去的连长，驳壳枪一举，就是'冲啊'！现在连长的知识要求比过去多得多，更不用说连以上的干部了。打起仗来，给你配几辆坦克，配一个炮兵连，还要进行对空联络，你怎么指挥啊？这就要求提高干部的指挥水平。"要使指挥员成为善于驾驭信息化战争的能手，就要培养他们敏锐的洞察力、科学的判断力、良好的认知力、自主的创新力。

四、提高国防后备力量的信息化水平

（一）提高国防后备力量的信息化水平势在必行

在信息化条件下，充分利用新军事革命的成果，将信息化带来的新观念、新技术、新方式方法融入、嵌入后备力量的建设之中，加快后备力量的信息化建设，构建一支结构优化、布局合理、编制科学、规模适度、科技密集、素质优良、指挥灵便、可靠管用，具备快速动员、遂行各种保障能力和适应信息化战争的新型后备力量。

（二）统筹提高常备军与后备力量的信息化水平

要按照"三结合"武装力量体制的要求，提高常备军与后备力量的信息化水平，既大力加强常备军的革命化、现代化、正规化建设，不断提高常备军的信息化水平，又高度重视后备力量建设，统筹提高常备军与后备力量的信息化水平；既充分发挥军队院校培养高素质军事人才的主渠道作用，又依托地方国民教育为军队培养新型的高素质军事人才。在后备力量建设上，遵循质量为主、合理够用的原则，加大质量建设的力度，压缩数量规模，加强高新技术军兵种建设，以适应信息化条件下战争的需要。

（三）健全信息化条件下国防动员体系

战事未起，动员先行，这是战争的基本程序和规律。快速、高效地实行战争动员，将战争潜力迅速转变为战争实力。一方面，平时充分做好国防动员的组织准备，建立起科技型的、"一体化"的后备队伍；另一方面，健全国防动员机制，由粗放、较慢的"立体型"动员向精确、快速的"扁平型"动员转变；再一方面，从地方选拔信息技术过硬的人才投入作战行动，或直接参与信息作战，或维修保养信息作战设备等。总之，要建立健全一套结构合理、功能齐全、反应迅速，既能够充分发挥常备军信息化作战效能，又能够充分发挥后备队伍信息化作战效能的体系。

思考题

1. 信息化作战的基本概念是什么?
2. 信息化作战的基本特征有哪些?
3. 目前，我国军事学术界一般认为信息化战争的概念是什么?
4. 信息化战争的基本作战样式有哪些?
5. 信息化战争有哪些主要特征?
6. 如何加强信息化条件下国防与军队建设?

参考文献

［1］中国军事百科全书编审委员会. 中国军事百科全书：军事思想［M］. 北京：军事科学出版社，1997.

［2］中国人民解放军军事科学院. 马克思恩格斯军事文集：第2卷［M］. 北京：战士出版社，1981.

［3］中国人民解放军军事科学院. 列宁军事文集［M］. 北京：战士出版社，1981.

［4］中国人民解放军军事科学院. 斯大林军事文集［M］. 北京：战士出版社，1981.

［5］毛泽东. 毛泽东选集：第2卷［M］. 2版. 北京：人民出版社，1991.

［6］朱德. 朱德军事文选［M］. 北京：解放军出版社，1997.

［7］中共中央文献编辑委员会. 刘少奇选集：上卷［M］. 北京：人民出版社，1981.

［8］廖国良，李士顺，徐焰. 毛泽东军事思想发展史［M］. 2版. 北京：解放军出版社，2001.

［9］中央军委办公厅. 邓小平关于新时期军队建设论述选编［M］. 北京：八一出版社，1993.

［10］柳建辉. 十年辉煌——十六大以来中国共产党治国理政纪实［M］. 北京：人民出版社，2012.

［11］中共中央宣传部. 习近平总书记系列重要讲话读本（2016年版）［M］. 北京：学习出版社，2016.

［12］十八大报告文件起草组. 十八大报告辅导读本［M］. 北京：人民出版社，2012.

［13］《党的十九大报告辅导读本》编写组. 党的十九大报告辅导读本［M］. 北京：人民出版社，2017.

［14］中共中央党史研究室. 中国共产党的七十年［M］. 北京：中共党史出版社，1999.

［15］朱梅生. 军事思想概论［M］. 北京：国防大学出版社，1997.

［16］韩怀智，谭旌樵. 当代中国军队的军事工作：下册［M］. 北京：中国社会科学出版社，1989.

［17］谢国良，袁德金. 中国古代军事思想概论［M］. 北京：解放军出版社，1994.

新编大学军事理论教程

［18］孟世凯. 夏商［M］. 北京：中国青年出版社，1994.

［19］周秉钧. 白话尚书［M］. 长沙：岳麓书社，1990.

［20］克劳塞维英. 战争论［M］. 中国人民解放军军事科学院，译. 北京：商务印书馆，1978.

［21］王俊，杜政，文家成. 海湾战争心战谋略［M］. 北京：国防大学出版社，1992.

［22］杜波，韩秋风，文家成. 全方位心理战——海湾战争、伊拉克战争透析［M］北京：解放军出版社，2004.

［23］文家成. 国防教育大视野［M］. 北京：中国和平出版社，2007.

［24］文家成. 大学军事理论教程［M］. 成都：四川大学出版社，2009.

［25］姜汉斌. 国防政治学［M］. 北京：人民出版社，2007.

［26］王保存. 世界新军事变革新论［M］. 北京：解放军出版社，2004.

［27］张少华. 科学发展观与军队思想政治建设［M］. 北京：军事科学出版社，2006.

［28］叶征. 信息化作战概论［M］. 北京：军事科学出版社，2007.

［29］刘粤军. 信息化军事知识读本［M］. 北京：长征出版社，2003.

［30］刘子明. 中国近代军事思想史［M］. 南昌：江西人民出版社，1997.

［31］陶汉章. 孙子兵法概论［M］. 北京：解放军出版社，2009.

［32］樊高月，符林国. 第一场初具信息化形态的战争——伊拉克战争［M］. 北京：军事科学出版社，2008.

［33］徐根初. 跨越：从机械化战争走向信息化战争［M］. 北京：军事科学出版社，2004.

［34］姚枝仲. 中国与世界关系进入新时代［N］. 人民日报，2018-01-05（23）.

［35］季国兴. 中国的海洋安全和海域管辖［M］. 上海：上海人民出版社，2009.

［36］王传友. 海防安全论［M］. 北京：海洋出版社，2007.

［37］鞠海龙. 中国海权战略参照体系［M］. 北京：中国社会科学出版社，2012.

［38］沈永平. 军事高技术知识［M］. 北京：解放军出版社，2012.

［39］袁德金，彭怀东. 中国古代军事思想的起源和发展［J］. 中国军事科学，2006（6）：87-96.

［40］广东革命历史博物馆. 黄埔军校史料（1924—1927）［M］. 广州：广东人民出版社，1993.

［41］库桂生. 国防经济学说［M］. 2版. 北京：高等教育出版社，2003.

［42］费孝通. 中华民族多元一体格局［M］. 北京：中央民族大学出版社，1999.

［43］张晓生，吴华. 中国近代战策辑要：上卷［M］. 北京：军事科学出版社，1993.

［44］史文，许敏. 晚清时期对国家起源的思考和诠释［J］. 武汉大学学报（人文科学版），2006（1）：56-61.

［45］李学勤. 近年出土文献与中国文明的早期发展［N］. 光明日报. 2009-11-5（11）.

［46］马克思，恩格斯. 马克思恩格斯全集：第1卷［M］. 中共中央马克思恩格斯列

宁斯大林著作编译局，译. 北京：人民出版社，1956.

[47] 马克思，恩格斯. 马克思恩格斯全集：第 27 卷 [M]. 中共中央马克思恩格斯列宁斯大林著作编译局，译. 北京：人民出版社，1972.

[48] 列宁. 列宁选集：第 1 卷 [M]. 中共中央马克思恩格斯列宁斯大林著作编译局，译. 北京：人民出版社 1995.

[49] 毛泽东. 毛泽东著作选读：下 [M]. 北京：人民出版社，1986.

[50] 毛泽东. 毛泽东选集：第 1 卷 [M]. 2 版. 北京：人民出版社，1991.

[51] 中共中央文献编辑委员会. 朱德选集 [M]. 北京：人民出版社，1983.

[52] 毛泽东. 毛泽东选集：第 4 卷 [M]. 2 版. 北京：人民出版社，1991.

[53] 毛泽东. 毛泽东选集：第 3 卷 [M]. 2 版. 北京：人民出版社，1991.

[54] 袁德金，王建飞. 新中国成立以来军事战略方针的历史演变及启示 [J]. 军事历史，2007 (6)：1-5.

[55] 毛泽东. 毛泽东选集：第 5 卷 [M]. 北京：人民出版社，1977.

[56] 邓小平. 邓小平文选：第 3 卷 [M]. 北京：人民出版社，1993.

[57] 邓小平. 邓小平文选：第 2 卷 [M]. 2 版. 北京：人民出版社，1994.

[58] 中国人民解放军总政治部. 江泽民国防和军队建设思想学习纲要 [M]. 北京：解放军出版社，2003.

[59] 江泽民. 论科学技术 [M]. 北京：中央文献出版社，2001.

[60] 中国人民解放军总政治部. 基层军官理论学习读本 [M]. 北京：解放军出版社，1995.

[61] 江泽民. 论党的建设 [M]. 北京：中央文献出版社，2001.

[62] 中共中央文献研究室. 江泽民论有中国特色社会主义（专题摘编）[M]. 北京：中央文献出版社，2002.

[63] 江泽民. 论国防和军队建设 [M]. 北京：解放军出版社，2003.